天下文化
BELIEVE IN READING

科學文化 195

不願說理的人是偏執
不會說理的人是愚蠢
不敢說理的人是奴隸

反智

The
Irrational
Ape

by
David Robert Grimes

楊玉齡————譯

Why Flawed Logic Puts us all at Risk
and How Critical Thinking Can Save the World

反智

不願說理的人是偏執　不會說理的人是愚蠢　不敢說理的人是奴隸

序幕

批判性思考，可以拯救世界

　　說到英雄，彼得羅夫（Stanislav Petrov）這個名字，完全稱不上家喻戶曉。我們口裡不會提到他，紀念碑上也不會。然而，今天你我能活得好端端的，恐怕都得感謝這位默默無聞的俄羅斯人。

　　為何這麼說？事情是這樣的，話說 1983 年 9 月 26 日，彼得羅夫還是蘇聯國土防空部隊的一名中校。他在塞普可夫十五號擔任首席值勤官。塞普可夫十五號是一座地下碉堡，位在莫斯科市郊，這裡安置了蘇聯飛彈預警系統（OKO），也就是蘇聯觀測敵人彈道飛彈動靜的眼睛。那是一段神經緊繃的歲月，當時冷戰達到最高點，部署在歐洲各地的美國核彈系統令克里姆林宮憤怒不已，美蘇之間的關係從未如此緊張。就在幾星期之前，蘇聯剛剛擊落一架南韓的民航客機，機上兩百六十九名乘客全數身亡，包括一名美國的國會議員。

　　隨著雷根總統譴責蘇聯是「邪惡帝國」，兩個超級強權之間的關係更是惡化到了拉警報的戰爭邊緣──瀰漫在雙方權力走廊間的耳語，大大提升了核戰成真的可能性。這兩大敵對國家所掌控的核武火力之強大，再怎麼描述都不嫌誇大。在二十世紀前半，物理學家揭露了核融合的祕密，發現了恆星如何製造出強大到不可思議的能量。接下來的幾十年，美國和蘇聯雙雙投入巨資，探索這一點，

然而他們的目的不是為了改善人民的生活，而是為了製造能夠毀滅所有城市的核武器。動用如此致命的火力，將不會有勝利者——只可能有倖存者。

就在這樣的背景下，這個 9 月天，塞普可夫十五號的警鈴聲突然淒厲哀嚎起來，預警顯示有五枚美國飛彈朝他們發射而來。以往不敢想像的情景忽然成真了：核戰迫在眉睫！接受長期反覆訓練如何應對此等局面的彼得羅夫，任務很清楚：他有責任通報上級，戰爭開始了。然後他們只能做出以下的回應：蘇聯也必須發射整批核彈頭。蘇聯將會遭到摧毀，但是他們同樣也會摧毀美國。而且在交火過程中，介於兩大超級強權之間的所有國家，也將會被波及，如此方能讓所有可能幸免於難的敵人，沒有機會在灰燼中重新掌權。

對於如此嚴峻的前景，彼得羅夫再瞭解不過。而且他也知道，一旦這則消息上傳到指揮鏈，蘇聯軍方指揮官將毫不猶豫，立即摧毀敵人，做為報復。彼得羅夫每多耽誤一刻，就要冒著讓美軍的突擊更占上風的危險，而他的同僚軍官們也不會看不清這個事實。對他們來說，此刻已經沒有時間思考了——現在是明確行動的時刻。

然而，處身於如此嚴峻無情的壓力之下，彼得羅夫卻做出了不一樣的決策。他當然通報了上級，卻是冷靜回報說：這是蘇聯飛彈預警系統的錯誤警報！他的同僚都嚇壞了，但是身為首席值勤官，彼得羅夫說了算。接下來沒有別的事可做，只能等著瞧，看看到底是中校說對了，還是他們全體化成灰。

我們今天能夠安然無恙的活著，就證明了彼得羅夫的推理是對的。他的推理簡潔雅致：如果美國真的發動核彈攻擊，將會是傾巢而出。因為他們必須全面壓制蘇聯的飛彈防禦系統，才能一舉將敵人從地表抹去。他們必定知曉蘇聯會以武力回應。如果攻擊真的來

臨，一定只會是近乎毀天滅地的強大火力。區區五枚彈頭，太不符合這個戰略了。再說，地面雷達也沒捕捉到絲毫確認攻擊的證據。權衡種種可能性之後，彼得羅夫得出一個結論：可能性更高的解釋是預警系統發生故障。正如事後所揭露的真相，彼得羅夫的推論完全正確——蘇聯飛彈預警系統所看見的彈頭，其實只不過是低層雲的反光，被偵測器給錯誤判讀了。

由於彼得羅夫堅持要先推理，再做反應，避免了全面性的核戰毀滅。按理說，他應該是被全世界感恩的大英雄。相反的，他卻受到斥責，表面上的理由是他在危機期間，疏於記錄他的作為。然而這個要求是不可能的，一如他多年後回憶道：「我一隻手裡握著一支電話，另一隻手中拿著一個對講機，我沒有第三隻手可用了。」事實上，蘇聯軍方指揮部對於他們的尖端系統竟然失靈了，感覺很沒面子，於是急於推卸責任。

覺得自己成為代罪羔羊的彼得羅夫，後來有過一場精神崩潰。他於次年離開軍隊，進入一所研究機構。除了蘇聯軍方高階人員，沒有人曉得彼得羅夫的作為，也沒有人曉得我們大家曾經多麼接近同歸於盡。直到 1998 年，世人才終於得知彼得羅夫的事蹟。即便到那個時候，彼得羅夫依然保持一貫的謙虛，直到 2017 年過世，都宣稱他只是盡本分，做好自己的工作而已。

在排山倒海的壓力下

這當然不是冷戰期間唯一的千鈞一髮時刻。在蘇聯飛彈預警系統事件發生之前二十年，1962 年 10 月 27 日，古巴飛彈危機達到高點的時期，一個甚至更驚險的危機出現了。就在蘇聯總書記赫魯

雪夫與美國總統甘迺迪瘋狂進行外交協商，希望能避免戰爭爆發之際，另一樁危機卻在雙方都不知曉的情況下，悄悄在北大西洋海面下醞釀著。

當時蘇聯潛艦 B59 被美國海軍偵測到了，於是它就潛得更深，深到無法與外界溝通的程度。在美軍蘭道夫號航空母艦以及十一艘驅逐艦的追獵之下，B59 艦上人員已經好幾天無法和莫斯科取得聯繫。艦上人員完全不知道戰爭是否已經爆發。

美軍為了要逼迫潛艦浮出水面，開始向水中投放深水炸彈。不令人驚訝，此舉被蘇聯人解釋為攻擊行動。潛艦上三名高階官員：艦長薩維斯基（Valentin Savitsky）、政委馬斯倫尼科夫（I. Semonovich Maslennikov）、艦隊長阿爾希波夫（Vasili Arkhipov）開會商討對策。與莫斯科斷訊的 B59 潛艦，有權自主決定如何應對威脅，而且必要的話，也有權動用潛艦上的 T5 核彈頭魚雷。然而，美方追逐者完全不曉得 B59 擁有這項核武器，還在繼續對被圍困的潛艦投放深水炸彈。

B59 潛艦上的氣氛很沉重。空調壞了，使得原本就狹隘的密閉空間，更像是一個溫度攀升到攝氏五十度以上的大烤箱。二氧化碳濃度已經升高到危險的程度，而氧濃度則太低——兩者皆不利於讓人做出理性的決策。飲用水也同樣短缺，潛艦官兵每天受限制只能喝一杯水。潛艦上的情報官奧洛夫（Vadim Orlov）事後描述，在美軍深水炸彈持續轟炸之下，每一陣轟擊晃動，感覺都像是「坐在一個金屬桶裡，被人在外面用大鐵鎚猛烈敲打。」

在這個煉獄般的環境裡，驚恐的艦長薩維斯基，相信戰爭已然爆發。「外頭可能已經如火如荼開打了，而我們受困在這裡翻來滾去。我們必須猛烈還擊，把他們都擊沉，而我們自己也活不了，但

是我們將不會沾汙海軍的榮譽，」薩維斯基如此宣稱，下令官兵用一點五噸重的核彈頭魚雷，瞄準美軍蘭道夫號航空母艦。

政委馬斯倫尼科夫同意了。一般說來，發射魚雷的決策只需要艦長和政委同意即可。但是阿爾希波夫身為艦隊長，位階稍高於薩維斯基。因此 B59 潛艦想要動用核武器，必須三人都同意才可以。在薩維斯基和馬斯倫尼科夫都同意交戰的情況下，現在發動攻擊的決定便完全落在阿爾希波夫的肩膀上了。只要他開口，蘭道夫號航艦將會被核彈炸得屍骨無存，而此舉也將引發第三次世界大戰。

這時，克里姆林宮和白宮都不曉得有一個如此重大的決策在深海中進行著。按照歷史學家斯勒辛格（Arthur M. Schlesinger）的說法，「這不僅是冷戰時期最危險的時刻，這也是人類歷史上最危險的時刻。」

艦隊長對壓力並不陌生。一年前，他在 K19 潛艦服役時，潛艦上的核反應爐冷卻系統發生故障。為了避免發生核熔毀事故，阿爾希波夫和官兵臨時組裝出另一套冷卻系統，總算及時避開了慘難。但在過程中，潛艦官兵承受了驚人的高劑量輻射。雖說很多人因此輻射中毒，但終究及時避開了核熔毀。這起意外事件在蘇聯海軍內部相當出名，阿爾希波夫的勇氣也廣為人知，而且備受推崇。

如今，困在燜熱的 B59 潛艦內，所有人的眼光都落在他身上。面對同僚軍官，阿爾希波夫堅定否決了他們提出的交戰要求。雙方展開激烈辯論，然而阿爾希波夫的主張仍舊是：發射 T5 核彈頭魚雷意味著全面核戰將無法避免。阿爾希波夫辯稱，在缺乏完整資訊的情況下，這樣做太瘋狂了；相反的，他主張浮出水面，重新與莫斯科取得聯繫。

最後，阿爾希波夫說服了同僚。

　　到了這個時候，白宮終於得知北大西洋發生的潛艦追逐事件，並下令准許 B59 潛艦安然返回蘇聯。在事情過後好一陣子，莫斯科或華盛頓都不知道世界曾經只差那麼一點兒，就要毀滅，也不知道阿爾希波夫健全的頭腦，防範了一場世界大戰。幾十年後，美國國家安全檔案局的局長布蘭頓（Thomas Blanton）簡明描述道：「一個名叫阿爾希波夫的傢伙，拯救了世界。」

扭轉了末日危機

　　雖然彼得羅夫與阿爾希波夫可能永遠都不會獲得他們理應得到的讚譽，但是全人類都欠他們一筆人情債。除了各自扭轉了末日危機之外，他們的反應還有一些共通點：在情緒高張的激動環境下，這兩人都極難得的，採用了批判性思考（critical thinking），結果可以說是真正拯救了世界。在排山倒海的壓力下，他們還能逐一整理邏輯、機率、進行清楚的推論。也因為這樣，我們今天才能安然存活於此。

　　我們這些人或許永遠都不必去避免一場核爆災難，但是我們應該從這兩名蘇聯無名英雄身上，學到一件事：具有批判性思考的能力，是可以決定生死存亡的。

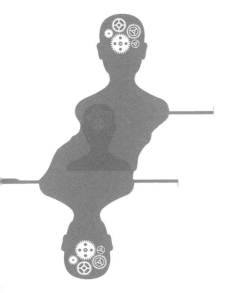

前言

從荒謬到殘酷

我們具有上帝般的科技，

卻擁抱中古時代的習俗，

懷有舊石器時代的情緒。

荒謬的打麻雀運動

1950 年代的中國，處於快速變遷之中。在贏得慘烈勝利後，中國共產黨決心要將這個農業社會，變身為現代化的共產主義烏托邦。為了達成這個目的，黨主席毛澤東想出一項大膽的計畫：大躍進。在毛澤東的想法裡，如此快速的工業化，需要農耕集體化以及一套全新政策。消滅有害動物被認為是必要的，像是滋擾人類的蒼蠅、散播瘧疾的蚊子、以及繁殖疫病的老鼠。最後這份「除四害」名單上的第四害，是一個令人意外的成員：卑微的小麻雀。這種無害的小鳥並不會散布疾病，但牠們會吃農夫耕作的穀物。在當權者眼裡，麻雀還具有政治反響，牠們就像小資產階級，是剝削無產階級的寄生蟲。隨著這種鳥被指控為「混蛋鳥、階級敵人」後，1958 年的打麻雀運動，把目標訂為消滅這些長著翅膀的革命敵人。

《人民日報》要求「所有人都必須加入戰鬥……我們必須堅守革命家的不屈不撓。」這項號召果然收到熱烈回響；單單北京地區就齊集了超過三百萬大軍。學生射擊隊接受訓練打麻雀，有系統的摧毀鳥巢，鳥蛋被弄碎，而雛鳥被殺死。有人敲打瓦罐，以製造噪音來阻止麻雀著陸。可憐的小東西疲憊不堪，成群從空中摔下來。驚慌失措的鳥兒，飛向任何可以找到的避難所，其中包括北京的波蘭大使館，後者拒絕讓暴民入內。然而這樣的喘息只是一時的，因為大使館被擊鼓的民眾給包圍了。經過兩天不間斷的擊鼓，波蘭大使館必須用鏟子來清除麻雀屍體。據估計，一年之內，十億隻麻雀被殺死，使得牠們在中國等於絕跡了。

然而主使這場毀滅的人，並沒有考慮到小麻雀的重要性。解剖顯示，牠們的主食並非穀物而是昆蟲。當然，這些並非無人預見。

中國知名鳥類學家鄭作新曾經警告，麻雀對於害蟲防治非常重要。但這項有見識的批評，惹惱了毛澤東，於是鄭作新被冠上「反動權威」的帽子，被判接受再教育以及勞改。

共產黨最終在 1959 年向現實低頭，然而損害已經造成。麻雀是蝗蟲的天敵，沒有牠們，蝗蟲數量呈現爆炸性成長。蝗蟲在全中國暢通無阻的破壞農作物。這場浩劫迫使中共的態度產生大轉彎，從蘇聯進口麻雀。但是作物產量的損失已無法恢復，再加上其他幾項大躍進的災難性政策，局面更加惡化。此一短視的直接結果便是從 1959 年到 1961 年間的中國大饑荒，據稱奪走了一千五百萬到四千五百萬條無辜的人命。

如此驚人的人命損失，是思考失敗的鮮明實例，證明了「不經思考後果就採取行動，可能造成多嚴重的局面」。毛澤東和他的同夥被政客的三段論給蒙蔽了，認為「必須有所行動；而這就是一項行動；所以，這件事非做不可。」但是，為了行動而行動，並不能保證該行動是有益的。正如一句古諺所說，通往地獄之路由善意鋪成；思慮不周的行動，可能導致並非有意的可怕後果。共產黨對於現代化的渴望太強烈了，令他們眼盲，看不到危險，令他們耳聾，聽不進呼籲謹慎的科學家忠言。中國 1960 年代的大饑荒就是一個很好的案例，顯示當批判性思考不彰，只剩下事後諸葛，可能造成什麼樣的後果。

我們人類的推理、反思和推斷能力，正是我們最精良的技能之一，或許也是我們之所以為人的最大特色。可以想見，這是我們成功的祕訣。我們能稱霸地球，在某些方面來說，令人驚訝。就動物而言，我們人類不算特別強大──我們是沒有皮毛、直立行走的猿類，體力微不足道。我們沒法像我們的類人猿表兄那般靈活爬樹。

我們的體格也無法和健壯有力的獵食動物相提並論。在我們的天然狀態下，我們受困於地面，不能飛行，也不能長時間停留在開闊的水域中，潛在水面下的時間就更短了。但是我們最傲人的天賦是一團只有一公斤多重、具有黏稠凝膠的肉狀物質，它們被我們頭骨的堡壘包裹保護著。自從人類在地球小心翼翼踏出第一步以來，我們獨特頭腦的超凡威力，就不只是彌補我們所欠缺的尖牙與利爪，而是已經成為我們得以崛起、攀上顛峰的特色之一。

我們之所以成為人類，都仰賴我們腦中的一支繁複精密的化學與電子信號之舞的賜予。語言、情感、社會、音樂、科學、以及藝術，全都來自於我們有能力思考並分享這些思考。像這樣的溝通能力，加上我們無限的推理能力，使我們成就出非凡的績業。我們的心智讓我們得以重新塑造周遭的世界，依照我們的意願來改變大自然。從原古到現在，我們始終被好奇心、深思、以及一股無法抑制的探索欲望所驅策。我們具有永不滿足的饑渴，總是想要發現更多與周遭廣大世界有關的一切，想要更加瞭解我們在浩瀚無垠的宇宙中的地位。我們越過最深的海洋，解開原子的祕密，甚至衝破我們所在星球的禁錮。

但是，不論我們的心智有多少優點，我們的推理卻普遍存在缺失。儘管擁有傑出的硬體構造，我們還是經常犯下各種錯誤，從瑣事到致命大錯，不一而足。綜觀人類歷史，這些錯誤曾對我們造成不少傷害，而現在，我們更需要理解自己可能犯下什麼樣的推理錯誤，因為此刻比以往更加關鍵——因為現在的我們，正遭逢有史以來最猖獗的騙子與傻瓜，從騙人的保健忠告，到層出不窮的假新聞和網路瘋傳現象。這些都不算新問題，但它引發的挑戰規模之大，卻已經完全不同了。我們生存在一個只要動一動手指，就能即時取

得大量知識的年代。然而弔詭的是，誤解、矇騙和造假也同樣擁有史無前例的自由，能夠散播得更遠和更快。

證據和邏輯何在？

不過，我們不用氣餒。人類心智雖然常會犯錯，但也同樣具有從錯誤中學習的獨特能力。只要我們能認出錯誤所在，就能避開錯誤推理的後果。面對排山倒海而來的、由半真半假和純粹謊言組成的噪音（好比打麻雀運動裡各種敲擊瓦罐的聲音），如果我們想要做出健全的決策，就必須學會如何區分信號與雜音，並注意和體察悄悄靠近我們的錯誤推理。

我們確實擁有一項非凡的優勢：批判性思考能力。對於批判性思考，市面上有許多定義解釋——《牛津英文辭典》給出的定義是「對某個議題進行客觀分析與評估，以便形成判斷。」

在這裡面，分析是非常重要的。如果我們能學會如何追蹤每條推斷的路徑，直到它的邏輯終點，我們得出的結論將遠比單憑本能或直覺得到的結論，更為可靠。或許更困難之處，在於我們能否用檢驗他人信念般嚴苛的標準，來檢驗自己的信念。我們必須讓證據來引導我們，並隨時準備拋棄錯誤的想法與信念，不論它們有多麼令人感到欣慰。問題不在於我們是否喜歡如此得到的結論，或者該結論是否吻合我們的世界觀；問題只在於它是否源自證據與邏輯。

這樣的反省極為重要，因為我們的世界觀天生就是歪曲的。瑞典統計學家兼醫師羅斯林（Hans Rosling）訪問調查過全球數千人，詢問五花八門的客觀問題，從衛生保健到貧窮。結果他一再發現，不論智商或教育程度如何，我們對於世界的認識都極為不足。我們

心中抱持的印象，經常與真實數據完全不符，而且這些印象遠較證據所顯示的更為悲觀。在羅斯林看來，這是因為我們往往倚賴社群媒體來形成我們的印象，於是他評論道：「倚賴媒體來形塑你的世界觀，就好像僅僅藉由觀看一張我的腳部照片，來形塑你對我的看法。」當然，現在的媒體不只有傳統的電視、報紙和廣播三巨頭，現在大部分人都從線上獲得新聞與資訊，絕大多數都是透過社群媒體。但是，剝除了傳統媒體的監管人員和法規之後，這是一個謊言更可以快速深入人心的環境。

吸睛的標題，鍵盤上的義憤！

　　問題來了：我們不特別擅長偵測謊言！2016 年，史丹福大學的研究員分別針對初中生、高中生、大學生，測試他們對幾篇文章的可靠度的判斷能力。測試結果，套用研究員的話，就是「沒指望」與「對民主造成威脅」。整體來說，學生全都很容易被誤導，將可疑的資料來源當成正規的，他們甚至沒有能力找出自己需要注意哪些東西來判斷消息來源的正確性。一個網站只不過「看起來」光鮮亮麗，或是一個社群媒體帳號只要有大量追隨者，就足以愚弄這些數位 E 世代的年輕人。譬如說，讓史丹佛大學生去閱讀一些源自美國兒科學會（American Academy of Pediatrics，這是一個名譽卓著的專業團體）以及美國兒科醫師學會（American College of Pediatricians，這是一個公認的恐同仇恨團體）的文章，內容是關於同性父母育兒。令人沮喪的是，大學生竟然以為這兩個團體的信譽同等卓著，沒能看透網頁之外的東西，或是做一點基本的事實查核。

　　據估計，社群媒體上 59% 被分享的文章，都是由沒仔細讀過內

容的人所傳播的。閱讀一篇文章需要花費力氣，然而單單根據吸引人的標題就分享文章，能夠在社交媒體上博得名聲，卻又不必花費腦力。這種社交因素極為重要；線上分享能迎合我們的放縱，遠超過傳統媒體。2014 年，著名的《科學》期刊上有一篇研究發現，從線上得知的不道德行為所引發的憤怒感覺，遠強於從電視或報紙上得知同樣行為所引發的憤怒。部分原因在於，這些內容的製作者及平臺必須依靠分享來產生營收。

甚至連傳統的非八卦報業媒體（它們的收入來源曾經仰賴可信的報導），隨著實體產品的銷量陡降，也被迫擁抱網路傳播了。而能否獲得大量線上分享的最佳預報因素，是什麼呢？強烈的情緒！2017 年《美國國家科學院研究彙刊》的一篇研究發現，道德感性語言能令政治內容在社交媒體上的擴散顯著增加。但是，這樣做的代價是把我們變成義憤的引擎，盲從選擇最吸睛的標題，不論內容的真實性或社會價值如何。

這樣做或許有發洩情緒的功用，但卻無益於找到可行的解決方案。如果真要說會起什麼作用，這樣做只能讓我們更深陷於抱團取暖；強烈的情緒可能引發更強烈的契合，但是這樣容易令人駐留在意識型態團體中，而非超越它們。這種向自己人傳道的做法，能帶給我們滿足感，但那終究是表演性的。憤怒不是一種成熟的情緒，它是一個稜鏡，會將微妙的情境扭曲成誤導人的非黑即白狀態，將複雜的人物扭曲成默劇裡的英雄或惡棍。

愈來愈多證據顯示，傳統媒體的衰微已經造成值得警惕的資訊碎片化現象。在策展個人的資源時，我們能隨心所欲編造出任何動人的場景。但是就集體來看，卻無法客觀審視我們的資訊，而是放大能證實我們偏見和既定信念的東西，同時排除了有可能挑戰它們

的東西。借用流行歌手賽門（Paul Simon）的一句歌詞：「人們只聽自己想聽的，其他都當耳邊風。」現代論述的即時性，令我們習慣追求速度超過真實度，反應超過反省。

這樣做的最終結果，我們真應當深深關注。2018年《科學》期刊上發表了一項大型研究，該研究深入探討現代論述的破碎結構，分析了從2006年到2017年間，十二萬六千篇新聞報導。研究人員的發現能幫助我們做出清醒的解讀：不論採用什麼樣的衡量標準，欺騙和謠言都能蒙蔽真相，而謠言不斷主宰敘事，謠言的傳播較真相傳得更遠、更快、更深、也更廣，所有類別的資訊都是如此，尤其是政治方面的假新聞，效果更為顯著，超過恐怖主義、天然災害、科學、都市傳說或金融方面的假新聞。同樣的，情緒化內容是該項資訊能否被廣為分享的因素，而假故事也被精心製作來誘發噁心、恐懼、以及針對性的怒氣。

假故事能醞釀不信任，讓我們比從前任何時候都更為兩極化。不只如此，假故事對於還原真相具有很強的抵抗力——揭穿一樁虛構的故事所需花費的力氣，遠比最初編造它還要大得多。這一點當然沒有逃過世界各地宣傳家的注意，這群人深諳如何利用網路來散播各種可疑消息。就目前為止，普丁領導的俄羅斯，已經成為這個新陣線最熱中的採用者——俄羅斯介入干預的鐵證，發生在全世界各個角落，目標在於向敵對國家施加暗中顛覆的影響，手段是點燃對方內部的緊張與不信任。其中一個惡名昭彰的案例，就是位於聖彼得堡外圍的網路研究局（IRA），裡面有一群酸民，受雇潛行於社群媒體中，在全世界散播爭端，並影響公眾意見。美國情報體系的一篇聯合報告發現，2016年美國總統大選充斥著俄羅斯的操控痕跡，而後續分析也顯示，俄羅斯網軍的介入宣傳，可能足以改變

大選結果。類似的干涉徵象，也出現在同年英國的脫歐公投，以及2017年的法國總統大選。

令人沮喪的是，儘管這些手段非常的偏激，但是卻極為有效。美國的一所智庫——蘭德（RAND）公司，把這種宣傳方式描述為「俄羅斯消防水喉」：大量，多管齊下，絕不鬆懈。雖然這些素材缺乏客觀事實的一致性，但是由於它們的速度夠快，而且一再反覆重申，還是能抓住我們的注意力。當消息來自多重源頭，又指向同樣結論時，會顯得更有說服力，即便這些說法本身充滿矛盾。「俄羅斯消防水喉」散播的訊息不見得都是要說服我們，而是要把我們淹沒在大量相互衝突的敘事中，直到我們像夢遊般，步入一個迷茫的慣性中。這一切加總起來的效果，對於我們的信念具有不相稱的重大影響。這是一種很危險的狀態——伏爾泰有一句警語很出名，他說：「那些能令你相信荒謬事物的人，也能令你犯下暴行。」

美國戰略情報局（OSS）一定會同意伏爾泰在兩百多年前所寫下的話。他們在第二次世界大戰期間，委託製作了一份希特勒心理側寫，得出令人信服的解讀：

> 希特勒的主要規則如下：
> 永遠不要讓群眾冷卻下來；永遠不要承認過失或錯誤；
> 永遠不要承認敵人可能擁有任何優點；
> 永遠不要留下任何選擇的空間；永不接受指責；
> 一次專心對付一名敵人，並將一切罪過都推到他頭上；
> 人們會更快相信一個大謊言，快過相信小謊言；
> 而且只要你重述大謊言的次數夠多，人們遲早會相信它。

虛幻真相效應

　　美國戰略情報局的報告，不只對史上最惡名昭彰和恐怖的獨裁者，做出一份述描；它還捕捉到專制本身的藍圖。獨裁想要興起，唯有破壞我們的分析判斷能力，瞄準我們的成見，並利用我們認知網絡裡的缺失。希特勒是一名狡詐又高明的雄辯家，他天生就知道心理學家提到的「虛幻真相效應」（illusory truth effect）——我們傾向於因為一再重複接觸到某則消息，而相信它是正確的。

　　希特勒當然不是第一個瞭解此道之人。很多人相信拿破崙一世曾經說過「修辭學裡只有一點是極其重要的，那就是重複。」研究指出，單單是重複謊言，不只能在我們不確定的議題上哄騙我們；有時候，甚至在我們已經知道正確答案的議題上，也能令我們改變態度，接受捏造的東西。

　　我們所認知的現實如此容易遭到腐蝕，是個令人困窘的概念，而且此時此刻，我們甚至親眼目睹這種情況發生在當代政壇。這一切不僅會損害我們對周遭世界的理解，還會損害社會凝聚力。到處瀰漫的謊言令我們對社會、對制度、以及對彼此的信心，為之破碎。而且經常出現的情況是，狡猾的捏造迅速填補了因為懷疑和不信任所留下的真空。彷彿這還不夠慘，更糟的是，我們現今正好站在需要以思慮周密的行動，來應對重大挑戰的關鍵點上，這些挑戰從氣候變遷的快速干擾，到冷戰地緣政治的復甦，以及迫在眉睫的抗生素產生抗藥性的大災難。在人類歷史上，我們的行動後果從未像現在這般影響深遠。

　　儘管我們擁有智慧，卻是感情的動物。我們是不理性的猿，執著於靠不住的結論，容易採取思慮欠周的行動。我們建造出難以想

像的毀滅性工具，而且隨性使用。正如偉大的生物學家威爾森（E. O. Wilson）所說的，人類真正的問題出在：我們具有「舊石器時代的情緒；中古時代的習俗；以及上帝般的科技。」

當然，我們所有人免不了都有一些妄想或是不可靠的信念。但是我們可能不會意識到，這些對我們的感知，能造成多麼劇烈的改變。想法不會孤立存在，信念也不會獨懸於真空之中。我們接觸到的所有資訊，會形成美國哲學家奎因（W. V. Quine）所稱的：我們的「信念網」。我們的諸多想法是纏繞在一塊兒的，而接受了即便只是一個可疑的信念，都可能意味著對其他概念產生螺旋式的衝擊。

就拿「疫苗造成自閉症」的說法為例，美國詹姆斯麥迪遜大學副教授列文諾維茨（Alan Jay Levinovitz）解釋道：

為了把「疫苗造成自閉症」添加進你的信念網，必須先弱化你對科學權威的信任，並強化其他更高階信念的力道……凡是留意過疫苗辯論的人，對於那些更高階的信念，應該再熟悉不過，像是：天然的勝過非天然的，科學家都是為大藥廠服務，主流媒體不可信任，你最清楚什麼東西對你的身體最好。

陰謀論者的身上，也可以看到類似的情況：相信某個陰謀論，會強烈關聯到相信其他的陰謀論。某人一旦屈服於陰謀論的念想，就會開始看到無處不在的各種陰謀。

這一切會讓我們走向兩極與分化。而民主本身是很脆弱的，我們共享的世界只有一個，如果我們對於基本事實都無法取得共識，又怎能奢望找出解決方案，來應對所遭遇的困難？

解決方案在於採取以科學方法為中心的批判性思考，因為科學

裡頭的想法都是先進且通過嚴格檢驗的。凡是禁得起批判性檢驗的科學想法，會被暫時接受，至於沒能通過檢驗的想法則會被拋棄，不論它們看起來有多簡潔優美。

這些想法裡頭，沒有什麼是天生合乎科學的。基本上，我們只是運用科學方法來檢測這些想法，而非盲目接受它們。也就是說，這種批判性思考不只能針對科學問題，也可以應用在所有領域的問題上，從攸關自身幸福的決策、或是決定要買什麼樣的保險，到扭轉全球性的危機。學會像科學家那樣思考，能解放我們所需的理性工具，以便評量我們遭遇到的大量形形色色的主張，判斷它們究竟合不合理。而且很重要的是，這樣做可以讓我們辨識出可疑的論調以及誤導的技巧。

這不只能讓我們做出更好的決定，而且也是自由社會的基石。批判性思考是煽動家的剋星。

偉大的義大利小說家兼哲學家艾可（Umberto Eco）在 1995 年的一篇文章中，列舉了法西斯意識型態的十四項共同特性。他的觀察來自歷史上的獨裁政權，然而令人不安的是，其中許多特性在現代民粹政治運動中，又再度復活了。這裡頭最主要的是一種可憎的反智和無理性態度，企圖抹黑批判性思維。艾可指出：

對於法西斯主義類型的運動來說，思考是某種形式的閹割。於是，凡事都採取抨擊態度的文化，就很可疑了。不信任知識界，永遠是原法西斯主義的一個象徵，從被聲稱是納粹領袖戈林說的話（「我一聽到有人談文化，我就要拔槍」）到頻頻使用諸如「墮落的知識份子」、「蛋頭學者」、「軟弱的勢利鬼」、「大學就是一窩窩的激進份子」這樣的表達方式。

　　不令人訝異，這類運動的目標在於扼殺批判性思維，並抹黑那些鼓舞批判性思維的人。如果一個社會願意去要求證據，去挑戰不正確的說法，而且能察覺騙人的策略，那麼它將會對暴君的攻擊火力免疫。這種分析性思考（analytical thinking）對我們來說，並非完全出於天性——它需要我們多反省，而非急著反應，以及看重真實度勝過速度。然而它雖不是一種本能，卻是後天可以學習的。

　　有人或許會認為理性是智能的副產品，但是智能與理性之間其實沒有多大關聯。智商高的人和智商低的人，都可能承受理性障礙之苦（所謂理性障礙是指，沒有能力進行理性的思考與行為，即便擁有能夠這樣做的智力）。然而，和智商不同的是，理性很容易改進。2015 年有一篇很有趣的論文，評量受測者有多容易被一般決策偏見所影響。事後，實驗人員讓某些受測者觀看一段說明錄影帶，解釋他們犯下的邏輯錯誤，或是要求他們玩一場專門設計來減少偏見的互動遊戲。接觸過類似訓練的幾個月後，他們重複犯同樣錯誤的機率，大大降低了，而他們看出可疑說法的機率，則大大提升。

　　身為科學家，我有幸接受多年的分析思維訓練。即便到現在，我依然在學習新東西，並改正舊的錯誤。身為科學傳播者，我很高興能和各種不同的人談論他們對科學和醫學的認識，並從他們的擔憂、疑慮、以及困惑中，獲得一些見解。過去這幾年來，我花很多時間在嘗試釐清大眾心目中有爭議的問題，從癌症迷思到氣候變遷到疫苗接種，以及基因改造。我親眼目睹種種黑暗面，像是費解的邏輯和不理性、陰謀論、被帶入歧途的運動、甚至是原本可挽救的傷亡。而在這一切當中，有些功課如果我們早點學會的話，可能可以讓我們變得更敏銳一點。

善用分析性思考和科學方法

　　本書之目的在於闡明我們犯錯的主要原因，並探討我們每個人要怎樣運用分析性思考以及科學方法，這不只能改進我們的生活，還能改善我們的世界。當然，期望畢其功於一役，或許太過天真，野心太大，但是我希望這樣做能展示不斷誤導我們的主要議題和思考方式。

　　我並不打算寫一本教科書。故事能讓我們產生更深的共鳴，勝過只有事實，因此我們探討的每一個主題，都會透過奇特但真實的故事來說明，這些故事發生的地點遍布世界各地，發生的時間縱貫人類歷史，從喜劇故事到災難故事都有。

　　本書共分為六個部分，由共同主軸串聯起來。

　　〈第一部：不說理〉在探討我們的推理能力。這可能是人類最重要的資產，然而邏輯的假象卻可以將我們導向可怕的後果。這些篇章聚焦於邏輯的關鍵重要性，以及細微的錯誤可以怎樣將我們引向災難。

　　〈第二部：簡單的真相？〉關注的是我們容易掉入的無休止爭吵、討論及爭辯的漩渦，探討修辭技巧如何扭曲我們清晰思考的能力，令我們容易被煽動家和騙子所惑。

　　〈第三部：心靈暗門〉揭露我們在敘述自己的人生時，有多麼不可靠。我們自身的想法、情緒、記憶、以及感官，全都比我們所知道的更容易塑造，而我們將要檢視那些把我們推入錯誤結論的內隱偏見、心理怪癖，以及感知缺陷。

　　〈第四部：該死的統計數據〉要深入探索現代世界裡無所不在的統計數據和數字，以及我們見到的數字其真實意義如何頻繁受到

誤解或扭曲，還有我們集體的不擅計算，如何頻頻受到騙子的利用。

　　我們如何以及從何處獲得資訊，對於塑造我們的感知，扮演了重要的角色，而我們對事物的理解受媒體衝擊的程度，比我們領會到的來得更大。在〈第五部：世界新聞〉，將看到我們所吸收的東西如何塑造我們的感知，從電視到社群媒體——以及我們有多麼容易被自己的資訊來源所誤導。

　　最後，〈第六部：黑暗中的燭光〉聚焦於批判性思考與科學方法，以及我們要怎樣利用這些工具來點亮我們的世界。這些篇章要闡明的是科學與偽科學的一線之隔，懷疑精神的非凡力道，以及些許批判性思維就能改進我們的決策，並可能解救世界。

　　我很討厭給人一種「科學家都是完美無缺」的印象。「科學家都是完美無缺」這句話再錯誤也沒有了。我們都是人，和其他人一樣容易犯相同的錯誤。我們會犯錯是無可避免的，但是我們能從錯誤中學習。分析性思考和科學方法本身，並不是科學界的禁臠，它們應當是所有人類的財產。科學家不應該成為奧林匹亞山頂善妒的眾神，而是應該成為普洛米修斯的繼承人，樂意分享火種。

　　在我們所生活的年代，區分信號與雜訊的能力，變得史無前例的重要以及困難——在這個年代，迷思與操控正威脅要扼殺真相。因此，我真心相信，擁抱分析性思考對我們來說，再也沒有比現在更為重要了，不論我們是藝術家還是會計師，是警察還是政治家，是醫師還是設計師。我們將從人之所以為人的基本，開始講起：那就是推理本身。

第一部

不說理

不願說理的人是偏執；

不會說理的人是愚蠢；

不敢說理的人是奴隸。

—— 德拉蒙德（William Drummond of Logiealmond），

蘇格蘭詩人

第 1 章

陰謀論

在陰謀論的黑暗面，

「逆命題錯誤」提供了正當性的錯覺，

功用就彷彿天降神兵，

每每將胡說八道灌輸到敘事中。

僵屍審判

聽起來也許會很怪，但是中世紀的教廷確實充滿了政治陰謀詭計，不遜於馬丁（George R. R. Martin）筆下《冰與火之歌》系列小說的內容。然而，即便以梵蒂岡早期的奇異標準來論，天主教的歷史上，還是少有能比得上西元 897 年 1 月的一樁事件。這件事發生在宏偉的羅馬拉特朗聖若望大教堂的法庭內，剛接受抹油儀式上任的教皇德範六世（Stephen VI）大聲控訴他的前任教皇福慕（Formosus）作偽證、腐化和有罪。這場審判雖然進行得如火如荼，慷慨激昂，但是福慕面對如此長篇大論的痛斥，始終一言不發。這樣的緘默並不令人意外，畢竟早在審判前八個月，福慕就死了。

即便如此，遭人挖出來的福慕屍身，仍被支撐成坐姿，身上還披著教皇的袍子，然後一名茫然不知所措的執事，被指定替福慕發言。不令人驚訝，福慕（很不幸，他的教皇稱號意思為「英俊」，真的很不適合死了很久的人）繼續保持沉默。按照控訴者的邏輯，這份緘默就是有罪的鐵證。德範六世指出，畢竟會為自己辯駁，才表示問心無愧，才是無辜之人；既然福慕沒有辯駁，他當然就是有罪了。於是福慕被判定有罪。德範六世一秒鐘都不浪費，立即譴責已經死透了的福慕，下令切除他右手三根指頭，讓他無法再為任何人祈福——就算福慕萬一復活了的話。

福慕的殘破屍體被扔進洶湧的臺伯河中，後來被一些僧侶撈起來，並且被羅馬市民視為奇蹟，而短暫膜拜了一下。

大教堂法庭裡的這樁令人發毛的場景，稱為殭屍審判（Cadaver Synod，拉丁文為 Synodus Horrenda），令大眾對德範六世產生了反感。[1] 當然，德範六世並非真的是白痴，這場審判的真正動機是赤裸裸的

政治鬥爭。扭曲的邏輯只不過是用來把這件汙穢的事情給正當化，替完全不合法的事件給出一個表面的理由。但這件事對德範六世並無長遠助益。就在西元 897 年的夏天都還沒結束前，德範六世就被逮捕下獄了，然後在獄中絞死。教廷事後默默忽視了針對福慕的除憶詛咒刑罰，主要是基於政治而非虔敬，很明智的讓整起醜陋事件隨著時間遭人淡忘。但是這樣的事件之所以發生，根植於一個很迷人的課題：我們可以被推理幻象誤導成什麼樣子。

我們的推理能力是身為人類最明顯的標誌。我們是能夠反省的動物，幸運擁有後設認知的能力，能夠意識到自己具有認知能力的事實。我們每一個人都在和各種抽象與具象的概念角力，從經驗中學習，同時也試著未雨綢繆。而支撐這一切的，便在於我們的推理能力，它是一個火花，能點亮即便最黑暗的地方。

但儘管我們的腦袋擁有這麼多厲害的招式，它卻不是一臺不會出錯的機器，而我們也經常犯下各種或明顯或微細的錯誤。美國心理學家奈士比特（Richard E. Nesbitt）和羅斯（Lee Ross）說起這個明顯的矛盾，聲稱：「哲學上最古老的悖論之一就是，人類心智的偉大勝利與滔天失敗之間顯著的矛盾。同一種生物，平日可以解決連最強大的電腦都難以解決的複雜問題，卻在日常生活最簡單的判斷中，頻頻出錯。」

擁有一顆強大的腦袋是不夠的，我們還需要充分訓練它去處理更多滯鈍和複雜的情況。舉一個不那麼精確的比喻，一臺電腦即使擁有最高階的硬體，若沒有必需的軟體，機器還是無法運作的。我們的頭腦結構與複雜度，勝過任何動物的腦袋，但推理是超越直覺的，需要後天的學習。不完美的推理，是通往錯誤結論的途徑。

「垃圾進，垃圾出」是電腦科學家的名言，而且不是什麼新鮮的

抱怨。號稱電腦之父的巴貝奇（Charles Babbage），在 1850 年代就曾哀嘆道：「曾經有人問過我，『巴貝奇先生，如果你投入機器的是錯誤的數字，正確的答案會跑出來嗎？』……我完全無法領會能問出這種問題的混亂思緒。」

形式謬誤

　　人腦當然不是電腦，人類與電腦截然不同。雖然我們能夠非常深入的進行思考，但是我們也很倚賴直覺來做出迅速的決定。譬如說，我們在估測某樣事物是否會造成威脅時，可能會根據它與已知威脅有多相似而定。像這樣的經驗法則就稱為捷思法（heuristics），是我們與生俱來的。這些捷徑不一定最恰當，甚至不見得正確，但對於大部分情況來說，通常已經夠好了，而且也不會消耗太多昂貴的認知精力。最重要的是，它們的產生是這麼本能，我們鮮少意識到，是這些思想過程導引我們做出某些決定。這種衝動對我們很有用，讓我們得以存活過幾千年的史前時代，在那種年代，快速的決策往往關係到生或死。

　　不過，問題來了，今日大部分我們面對的重要問題，都需要細緻的思考。捷思法雖然有用，往往並不適合我們現在面對的這些挑戰或問題。不論是與地緣政治或醫療保健有關的問題，我們都不能仰賴無意識的本能來引導我們下判斷，在這種情況下，直覺反應的做法是直通災難的保證。

　　就人類種族而言，今日面對的主要議題都不是非黑即白，可以直截了當去解決的。相反的，它們分布在各種層次的灰色光譜上，具有各自無法避免的代價。對於我們遭遇的最緊迫問題，鮮少找得

出明顯的最佳解決方案，而我們的任何決定，都需要不斷根據新資訊來反省和修訂。

幸運的是，我們可以運用的不只是反射動作和直覺反應，我們還能用分析的方式來推理，集結資訊、邏輯和想像力，做出結論。我們平日一直在小規模的這樣做——我們下決定，我們選擇交通路徑，我們規劃下一步。但是，雖說我們可能對自己的邏輯和理性很自豪，對犯錯卻沒有免疫力。我們的思維總是有可能出錯，而我們的邏輯缺失，也可能極難解決。不只如此，還有大量證據顯示，邏輯錯覺頻繁得足以將我們誘入思想誤區。因此而付出的代價，一再重複於人類所有領域，從政治到醫藥，而且可能令我們損失慘重，使得我們以及我們所生存的世界受到迫害、苦難與損傷。

這些遠不只是學術問題。雖然我們奇妙的頭腦，使我們成為現在的樣子，我們依然很容易受到怪僻的蹩腳推理的影響。看出我們錯在哪裡，對於改正錯誤至關重要。當前我們面對的挑戰，可不是小事——我們時刻都在與複雜議題搏鬥，不斷評估每件事的風險和利益，從醫療衛生到政府政策皆然。

就人類整體而言，我們所遭遇的也是生死存亡的重大問題，從氣候變遷的幽靈到流行病肆虐，乃至全球衝突。大腦的推理能力是我們擁有的唯一機會，讓我們得以找出務實的建設性解決方案，而且若想解決這些問題和更多其他的問題，我們將承擔不起輕率思維的後果。但是，到底要如何區分扎實的推理與可疑的假貨呢？

這個問題擄獲了古今以來諸多好奇的心靈。古希臘哲學家就已經花了許多時間在探討邏輯結構，他們的發現至今依然是數理邏輯的根基。這個基礎領域不僅具有理論的優雅，也具有實際的應用，支撐著一切——從搜尋引擎到太空飛行，送披薩到急救服務。邏輯

的嚴謹不只是學者和工程師的擅場，也是我們日常生活遇到的修辭論辯的根本，以及我們面對所有想像得到的議題時，賴以做出決策的工具。

　　為了達成我們的目的，我們把一個「論證」界定為導向一個決策的系列推理步驟。當我們思路中的邏輯結構天生就有缺陷時，我們將必須處理一種稱為「形式謬誤」（formal fallacy）的推理錯誤。正式的處理需要深入探索抽象的數學，但是就我們的目的而言，只需要關注一些基本概念，就足夠了。

　　一個論證若要健全，它需要具有合理的結構以及正確的前提。有個經典範例，與西方哲學之父蘇格拉底有關：

前提一：人皆不免一死。
前提二：蘇格拉底是一個人。
結　論：因此，蘇格拉底不免一死。

　　這是一個演繹推理的範例，結論直接源自前提。[2] 有趣的是，我們目前沒有任何蘇格拉底親自撰寫的文字記載，我們對他的瞭解全都來自與他同時代的人，像是色諾芬和柏拉圖。這些言論有多少反映出蘇格拉底的哲學，或者描述的是某個人、還是某個被理想化的人物，仍存在一些爭論，而環繞著此人的神祕氣氛，就稱為「蘇格拉底問題」。我們目前能夠確定的是，蘇格拉底在西元前 399 年被雅典當局處死，飲下毒芹汁而身亡。除此之外，歷史記載都很模糊。而從上述的演繹推理範例，我們可以確證：這名偉大的哲學家終究難逃一死（儘管是被處死）。

　　一個論證要合理，邏輯結構一定要正確，如此便可由前提導向

結論。但如果前提就出錯了呢？現在，讓我們來欣賞幾個荒謬的前提吧：

前提一：希臘哲學家都是時空旅行的殺手。

前提二：蘇格拉底是一名希臘哲學家。

結　論：因此，蘇格拉底是一名時空旅行的殺手。

雖然古怪，但是邏輯是合理的。接受前提，代表這樣的結論隨之而來。很顯然，光有合理的邏輯句法還不夠，因為一個演繹論證要健全，不但邏輯必須合理，前提也必須正確。

看完以蘇格拉底為例的這兩個很直接的範例，我們也許會以為測量演繹論證健全與否，是一件很簡單的事。唉，情況並非總是如此。就和其他所有事情一樣，魔鬼藏在細節裡。形式謬誤是存在於一個論證的邏輯結構中的基本錯誤，它會使得論證無效。有些形式謬誤可能極為晦澀，埋藏在煽動人心的雄辯之中。

讓我們回頭來看看，狡詐的教皇德範六世，對死去的前任教皇福慕的指控吧：

前提一：會為自己辯白，才是無辜之人。

前提二：福慕沒有為自己辯白。

結　論：因此，福慕有罪。

這裡的結論，是從一個沒有合理依據的前提一，推論出來的。有太多原因可能讓一個無辜者不為自己辯白。或許他們想保護某人或是拒絕承認某個腐敗的法庭。又或許他們只是因為早就死透了，

就像福慕。此外，許多罪犯並不無辜，倒是勇於為自己辯白。

　　除了前提不正確，這裡還存在一種形式謬誤，稱為「否定前件」（denying the antecedent）或是「否命題錯誤」（negative error）：只因為 X 意味著 Y（會為自己辯白，才是無辜之人），就假設「沒有 X」意味著「沒有 Y」（福慕沒有為自己辯白，因此他有罪）。儘管有一層表面的邏輯句法來掩飾，它本身的推理是有缺陷的。希臘學者在古代就證明過否命題錯誤有多危險，但是依然無法阻止它在千年以後被理應知曉的人所利用，就像教皇德範六世的例子。

　　像這樣的邏輯謬誤的問題在於：它們經常造成一些看似合理的結論，而遮蓋了更重要的議題。這些邏輯謬誤需要透過一些反思，才能夠發現。譬如說，我們把因和果反過來——如果我們被告知 X 意味著 Y，那麼似乎可以合理假設另一個方向也成立囉，那就是 Y 意味著 X！

　　讓我們再度以蘇格拉底為例，這樣的推斷將會變成：

前提一：人皆不免一死。
前提二：蘇格拉底不免一死。
結　論：因此，蘇格拉底是人。

　　從表面看，這句話似乎完全沒問題——此結論能通過一個簡單的合理性檢驗，而它的前提（人皆不免一死）也很正確。但是雖然這個結論是真的，這項論證卻是無效的，因為我們沒有理由假定只因為 X 意味著 Y（你是人，那皆不免一死），那麼 Y 就意味著 X（不免一死，那你必定是人）。

　　這樣的形式謬誤，稱為「肯定後件」（affirming the consequent）或

是「逆命題錯誤」（converse error）。這種錯誤普遍得令人吃驚，*因為它通常能從一個絕不嚴謹的邏輯架構中，產生一個表面上看起來正確的結論。但是這種推理能夠命中，純屬碰運氣罷了。此種論證的架構總是無效的，即使它導引出了看似可以接受的結論。譬如，若把上述例句裡的「人」換成「狗」，會是同樣正確的前提，但是卻導出錯誤的結論：

前提一：狗皆不免一死。
前提二：蘇格拉底不免一死。
結　論：因此，蘇格拉底是狗。

又或者，我們再舉一個更實際的案例：

前提一：巴黎在歐洲。
前提二：我在歐洲。
結　論：因此，我在巴黎。

* 編注：在邏輯學中，如果原命題可寫成「若 A，則 B」的條件句，那麼「若 B，則 A」就稱為原命題的逆命題；「若非 A，則非 B」稱為原命題的否命題；而「若非 B，則非 A」稱為原命題的「逆否命題」（inverse and negative proposition）。其中，只有逆否命題與原命題在邏輯上是等價的，而逆命題和否命題對原命題而言，都是形式謬誤。以本書作者剛剛所舉的兩個例子來說，「會為自己辯白，才是無辜之人」的等價敘述，唯有「有罪之人，就不會為自己辯白」這個逆否命題的形式；「你是人，那皆不免一死」的等價敘述，唯有「不會死，那你不是人」這個逆否命題的形式，其他的說法在邏輯上都不是等價。讀者可進一步參閱《邏輯的藝術：融合理性與感性的 16 堂邏輯思維課》，天下文化 2019 年 12 月出版。

　　雖然這個結論對兩百二十一萬巴黎市民來說，可能是正確的，但是對廣大的五億歐洲人民來說，顯然是錯誤的。在此，肯定後件導出的結論是：那些身在都柏林、倫敦、柏林、布魯塞爾、以及無數其他地區的人，也都身在巴黎，如此一來應當會造成極其嚴重的地鐵延誤，排隊參觀艾菲爾塔的人龍也將長之又長。

　　這樣的推論，對巴黎人而言是正確結論，但這只是僥倖而已。然而，正因為它可能製造出誤導的命中，所以往往被用在論證中，即便它的根基很薄弱。

　　其實，逆命題錯誤的案例都很容易識破。但是若運用得巧妙，即使相當精明的人，也可能被隱藏版的逆命題給騙過。譬如，廣告商在兜售奢侈品的時候，非常仰賴一種含蓄暗示的版本，從香水到豪華跑車，都是這樣處理：廣告經常展示有魅力的成功人士渴望某些產品，裡頭暗示「如此渴望那項產品，使得此人成為富有魅力的成功者」。此一場景的邏輯在於，購買該產品能讓人變得性感而且有社會地位。但是，任何人只要看過一名圓滾滾的中年男人，駕著一輛豪華跑車，就能證明此一結論不會自動成真。

🔍 911 陰謀論

　　除了訴求奢侈品之外，逆命題錯誤也能替更陰暗的論證，提供正當性的錯覺。2001 年 9 月 11 日，在一場協同攻擊中，美國有四架民航機被伊斯蘭極端份子劫持。美國航空十一號航班，以七百九十公里的時速，撞上紐約市雙子星大廈北塔第九十三層到九十九層樓之間。幾分鐘後，聯合航空一七五號航班，以九百五十公里的時速，撞上南塔第七十七層到八十五層樓之間。強烈的撞擊將雙塔覆

蓋在濃密的黑色煙霧中，濃烈的火焰將它們吞噬，讓大樓的結構受損到難以承受的地步。到了 10 點 30 分，雙塔終於敗下陣來，在驚呆的世人眼中，雙雙倒塌了。

在華盛頓特區上空，美國航空七十七號航班上的劫機者，駕機衝進五角大廈。在賓州上空，聯合航空九十三號航班的乘客，則是做出極為英勇的舉動，他們衝向劫機者，犧牲了自己的生命，在飛機還沒抵達華盛頓特區政治中心的撞機目標之前，讓飛機墜毀了。當燜燒的廢墟塵埃落定，兩千九百九十六人死在這場美國本土發生的最慘烈的恐怖攻擊中。全世界都對這場發生在世界上最強國家的大膽攻擊而震驚，宏偉的雙子星大廈崩塌的影像，也永久刻印在我們的文化意識中。

但是，煙塵都還沒完全消散，陰謀論就開始浮現了。在這場殘酷暴行過後，由於缺乏簡單的答案，陰謀論熱切填補了空缺。陰暗的推論敘述愈來愈多，這時，一個精心製作且包羅萬象的說法浮現出來。很多人斷言，燃燒的噴射客機燃油溫度不可能高到足以熔化鋼梁。另外一些人堅稱，雙塔是因為人工控制的爆破而倒塌。至於「真實」行兇者的身分，則隨著陰謀論信徒的偏見而變──有人堅稱，這場攻擊單純是基於政治利益而被允許發生的；其他人認為，這是美國政府搞出來的假旗行動（嫁禍行動），或是以色列情報局的傑作；但另一些人聲稱，整起事件是精心策劃的計謀，那些飛機其實是飛彈的偽裝，或甚至是全息投射的幻影，用來愚弄地面上和待在家中的數百萬名目擊者。

起初顯得很偏激的觀點，卻擁有無可否認的魅力。911 事件過後，網路上的陰謀論百花齊放。攻擊後不過一年，舊金山的遊行示威者就憤怒判定，小布希總統是這一切的幕後藏鏡人。YouTube

上傳的五花八門的陰謀論，被大眾熱切吸收了。其中一部這類型的紀錄片《脆弱的變化》（*Loose Change*）觀影次數更是衝上了數百萬次。它的熱門程度，促使《浮華世界》雜誌宣告它為世界上第一部「網路巨片」。

這些論點雖然千變萬化，但是它們真正傳達的信息往往是矛盾的、或是全然偏激的，它們共通的信念就是：官方說法不可信。於是，911追真相運動從曼哈頓下城的灰燼中，滑入大眾的意識。

這類想法能找到一群現成的觀眾，並不令人意外。它們以一種充滿矛盾、卻是暗黑得令人放心的方式，為一場難以理解的大屠殺找出理由。

如果911事件是點燃這類想法的火焰，那麼2003年美軍入侵伊拉克就是汽油了。小布希政府證據薄弱，很牽強的把發動恐攻的蓋達組織與伊拉克的海珊獨裁政權連在一起，聽起來就空洞得有辱智商。小布希政府又宣稱海珊擁有大規模生化武器，後來被發現也是虛構的。

入侵伊拉克極為不得人心，加拿大、法國、德國、俄羅斯都反對。2003年2月15日，反戰示威在全球超過六百座城市舉行，吸引了一千萬人到一千五百萬人參加。這是人類史上最大規模的示威抗議。小布希政府虛偽的合理化報復行動，對於主張陰謀論的人來說，更為有利了。

在群情激憤中，911迷思被戲劇性放大。2003年，十七歲的我即將進入大學，和其他人一樣，我也加入隨後的反戰示威。那年秋天剛進入大學的我，還清楚記得有一位同學吸引了一批如痴如醉的觀眾，他將所有事件逐一串連起來。照他的說法，世貿雙塔是由人工控制爆破拆除的，這是入侵伊拉克的藉口。賓拉登其實是美國諜

報人員，海珊則是無辜的代罪羔羊，在海珊領導之下的伊拉克人民生活富裕，可是美國想奪取他們的石油。

信者恆信

　　這名學生密探一點都不獨特，因為這類說法在世界各地已有許多人一再轉述。這類陰謀論說得斬釘截鐵，淺顯易懂且顯得可靠。但是儘管有這些特質，這類故事從過去到現在都是純粹胡說八道，只要對證據有一點粗略的瞭解，就能破解。

　　就拿其中一項不曾停歇過的誤傳來說吧，沒錯，飛機燃油無法熔化鋼梁。它主要是煤油，頂多燒到大約攝氏八百一十五度，而鋼材的熔點大約攝氏一千五百一十度。911 追真相運動者就以宗教般的狂熱，緊抓著這件小事實不放，只不過凸顯了他們對基本的材料科學與機械力學的深度誤解：鋼材會隨著溫度升高而快速喪失抗拉強度。在攝氏五百九十度，鋼材的強度會比正常時候減少 50%。在世貿雙塔內部的燃燒溫度下，鋼材的強度應該已經減少到正常時候的 10%。在這樣煉獄般的環境下，大廈結構純粹是因為太脆弱而無法承受。這個原因，再加上大量的結構損毀，終於導致樓層坍塌到鄰近樓層上，造成所謂的煎餅效應，於是結構崩壞隨著每一層樓的燒毀而速度加倍。鋼材不需要熔化來導致大廈傾倒，它只需要撐不住——這項發現，工程師和專業團體曾經一再重申。

　　連續坍塌噴發出巨量煙霧和氣體，煙塵降落時也粉碎了窗戶。當燃燒的煤油順著樓梯和電梯井往下灌，局部火焰被迫噴發到曼哈頓的天際線，導致有人狂熱揣測，認為是一場人工控制的爆破，拆除了世貿雙塔。然而，人工控制的爆破拆除須是從底層開始，而不

是倒過來。無論如何，這樣做需要逃過監控，因為事先得將數以噸計的炸藥，偷偷運進世貿雙塔。

透過批判性思考的鏡片看事情，911追真相運動所仰賴的信心柱石，立即碎裂成粉渣。由無數的公私機構和辦公室執行的詳盡災難調查，包括美國聯邦緊急事務管理署（FEMA）、美國國家標準暨技術研究院（NIST）、以及《大眾機械》雜誌等，早已破解陰謀論的幾乎所有說法。

911調查委員會發現穆罕默德・阿塔領導這次恐攻，而且所有劫機者都隸屬於賓拉登的蓋達組織。此外，911調查委員會也結論道，海珊及伊拉克與911事件無關。這也使得先前以「海珊勾結蓋達組織」為藉口、主張入侵伊拉克的許多政客，大為困窘。

如果不是因為我爸爸是結構工程師，而且很有耐性的解釋倒塌的過程給我聽，我搞不好也會懷疑是人工控制的爆破。如果我沒有在沙烏地阿拉伯成長（十九名劫機者當中，十五名來自該國），並親眼目睹瓦哈比派（Wahhabism）基本教義的恐怖，我可能也會懷疑世上怎麼可能有這樣極端的仇恨。如果我對伊拉克不熟悉的話，我可能也會把海珊視為無辜的好人，而不知道他的殘暴。

很幸運的，我有這方面的背景。但是令人震驚的是，911追真相運動面對無數足以完全摧毀其主張的報告和證據，竟然還具有這麼強的適應力。911追真相運動至今依然強大，不懼大量足以顛覆其主張的證據。在我撰寫這一章時，全美國還有大約15%的人，相信911是「自己人搞的鬼」；約有50%的美國人相信，後來的政府有幫忙掩飾事件的真相。即便是現在，這麼多年過去了，這種立場還能被認為站得住腳嗎？

逆命題錯誤

逆命題錯誤的自由應用，很大部分解釋了這一點。在陰謀論的黑暗面，逆命題錯誤的功用就彷彿天降神兵，每每將胡說八道灌輸到敘事中。

雖然 911 追真相運動者所提出的大量論點，都遭到充分破解，他們在面對所有反駁證據時，還是堅持己見。他們是利用了下面的逆命題錯誤，來合理化自己的信念：

前提一：如果有隱情被揭穿，官方必然嚴以駁斥。

前提二：官方駁斥了我們的主張。

結　　論：因此，必然有隱情被我們揭穿。

這樣的邏輯扭曲，使得這類缺乏證據的主張，反而很奇怪的成為有支持作用的論調。究竟有多少受尊敬和公正的機構及檢驗人士推翻了 911 追真相運動者的主張，似乎一點都不重要了。事實上，到谷歌快搜一下，可以得到好幾千個駁斥 911 官方說法的網站，而它們用的正是這種歪理。看來，911 追真相運動者選用「真相」為名字，完全沒有絲毫自覺。

當然，不只是 911 追真相運動者，一個人只要不在意合理的論證，一心擁抱逆命題，任何偏執的世界觀都可能表面上顯得合理。正如本書接下來將會談到，逆命題支撐了各式各樣的陰謀論。[3] 這種本質空洞的論證所用的邏輯，可以為一個情緒的或意識型態的論調，包上一層看似睿智的虛飾。即使完全缺乏實質內涵，逆命題依

然可被用來對抗一個以事實為根據的論點,而且許多人也經常基於這個目的,任意使用逆命題。

要殺死這些迷思和逆命題錯誤,是一樁薛西弗斯式的任務。因為九頭蛇般的新迷思,會不斷生長出來,取代掉落的舊迷思。正如社會學家戈澤爾(Ted Goertzel)所觀察的:「當某項不實的指控被揭穿,陰謀論的迷因(meme,又稱瀰因、文化基因)通常只需要推出另一個來替代就行了。」

逆命題錯誤是一面盾牌,可用來抵抗現實;逆命題錯誤也是一個圖騰,可用來保存信念,不論反駁它的證據有多強。對科學大陰謀的持久信仰,就是很好的例子,譬如說,很多人相信,製藥業隱瞞了癌症的有效療法,氣候變遷只是科學家搞出來的騙局;7% 的美國人相信登月是假的,而且更多人懷疑接種疫苗是政府的計謀。在這些說法裡,共同的思路就是科學家串通起來欺騙大眾。然而,凡是曾經與科學家接觸過的人,無疑都會發現這種想法有多可笑,因為想讓眾多科學家彼此同意,就像試圖放牧一群貓咪一樣困難。

往你身上潑髒水

我在參與學術界以外的公共服務時,曾多次見證這樣的信念。它們極精確出現在一些「大眾的認知」與「科學界的共識」失衡的主題上。

當我撰寫有關疫苗接種、核能、飲水加氟、癌症、或氣候科學之類的主題時,來自邊緣團體人士的共通策略,就是把我扣上「同夥」的帽子,堅稱我必定是業界收買來的祕密特工。這完全是胡說八道,是一套一再重複的逆命題錯誤——「他們的同夥會這樣說;

因此，這位作者必定是同夥。」這樣一來，控訴者便可以不用理睬與他們立場相反的資訊，不用接受自己有可能弄錯的事實。

長久以來，我一直很好奇，這類陰謀論到底有多普遍，以及它們干擾大眾對科學的理解到何種程度。這項興趣使得我在 2016 年寫了一篇科學論文，關於陰謀論的可行性分析，我嘗試估量「科學界共謀欺瞞社會大眾」是否真的有可能達成？例如，美國航太總署（NASA）是否有可能假造登月事件？氣候科學家是否有可能做出全球暖化的騙局？在建構一個簡單的數學模型後，無可避免的結論出爐了：即便所有共謀者都深諳保密訣竅，大型陰謀也極不可能持續長時間。

這個結果一點都不令人驚訝——雖然陰謀無疑會發生，但是要長時間保住大祕密，卻是近乎不可能的事。早在 1517 年，《君王論》作者馬基維利，就建議不要這樣做，因為據他觀察，「很多陰謀才剛開始，就被揭發和碾碎了，如果某個陰謀能在眾人之間保密很久，那簡直堪稱奇蹟。」富蘭克林也在兩百年前寫了一段更簡潔的話：「三人也許能守住一個祕密，如果其中兩人死掉的話。」

在我們這個網際網路時代，想要隱瞞什麼事就更困難了。但是我得出的這個結論，還是與陰謀論敘事的中心信條相牴觸。那篇論文發表後不到幾小時，我就被數不清的電子郵件、網文、以及影音短片給淹沒了，它們聲稱，我認為沒有科學大陰謀存在，這件事本身就證明了我是共謀者之一。

好一個漂亮的逆命題錯誤的例證！我的經驗並非獨特，「訴諸陰謀」（argument to conspiracy）正是陰謀論者在遭遇到能反駁他們主張的人時，用來扳倒對手的利器。這類指控可以在不用與對方進行任何深度論戰的情況下，就把相互衝突的資訊給否定掉，將矛盾可能招

來的認知失調給擋下來。

　　這真是太可惜了，因為我們稍後會看到，矛盾本身其實可以告訴我們很多與我們有關的現實。

第 2 章

網路暴民

某些人似乎有一種根深柢固的假設，

認為攻擊其他人已知的道德錯誤，

可以抬高自己的道德地位。

　　想像一下，有人告訴你鋼比空氣還輕。你一定會反對。因為此言若為真，那麼鋼將會輕盈飄浮在空中，有如蒲公英種子般。不用進行任何計算，我們就曉得這是不可能的。因為我們的汽車不需要用錨固定，我們的戰艦也不會像氣球般飄起來。如果我們接受鋼比空氣還輕的說法，勢必導引出許多與我們的觀測不符合的矛盾。

　　這些荒謬的結果，意味著我們能夠很有自信的反駁它。這就是歸謬法（reductio ad absurdum）的精髓，其前提被證明不實，因為它們會造成無法克服的矛盾。就這方面來說，矛盾真是超級有用，是一個警告信號，告訴我們：我們已經在假設或推理中犯錯了。偉大的數學家哈代（G. H. Hardy）把矛盾描述成：「遠比西洋棋的『棄子爭先』更高明的策略。西洋棋手可能願意犧牲小卒、甚至犧牲一枚主教、城堡之類的重要棋子，來搶得先機；但是數學家可能願意犧牲整盤棋。」[4]

萬物皆數字

　　數學形式有一個很有趣的起源，源自或許是史上最矛盾的人物之一：畢達哥拉斯。在去世超過兩千五百多年後，畢達哥拉斯這個姓氏永遠留在以他命名的三角形定理上。[5]

　　儘管名氣響亮，正史上的畢達哥拉斯是一個複雜的怪人，自尊心很強，既是數學家，也是神祕主義者，天生愛探索靈性。相較之下，他的形象更接近山達基教會創始人賀伯特（L. Ron Hubbard），而非數學家哈代。他創立了冠上自己姓氏的宗教派別——畢達哥拉斯主義（Pythagorean）。這個教派的信仰細節，已經隨著時光而消蝕，只留下片段的教義。

　　畢達哥拉斯主義熱切相信轉生（metempsychosis），也就是希臘版的輪迴轉世。根據哲學家色諾芬尼（Xenophanes）的描述，有一次畢達哥拉斯被一隻狗的叫聲嚇到，他說，那是一名死去的友人以狗的身體重生。

　　畢達哥拉斯的追隨者戒食肉類和魚類，使得他們被歸入最早記載的素食者。基於某些令人難以理解的原因，畢達哥拉斯格外厭惡豆子，也強烈禁止他的門生吃豆子。此舉真正的原因已經消逝在時間的洪流中，但是據信豆子與生命有某項神聖的連結。於是有人推斷說，畢達哥拉斯認為人在放屁的時候，會喪失部分靈魂。

　　在薩摩斯島上，畢達哥拉斯住在一個祕密洞穴裡，許多有來頭的市民在他開辦的「半圓學校」，向他諮詢各項公共事務。畢達哥拉斯在埃及待過一段時間，深受當地大祭司的象徵主義（符號體系）和神祕學所影響。他在希臘殖民地克羅頓，創立了自己的教派，在那裡，新加入的人必須發誓保守祕密，集體過生活。過了一段時間之後，女人也被允許加入。

　　「畢達哥拉斯主義符號」被認為極為重要而且神聖，只在社群內部流傳，任何信徒要是魯莽洩漏出去，將會受到嚴懲。而大師發布的命令通常也非常怪異，似乎只是突發的奇想。例如追隨者被命令不得面對太陽撒尿，在街上也不得從驢子後方走過。

　　儘管如此，畢達哥拉斯的影響力還是流傳下來了，正如羅素在《西方哲學史》中所寫的：

　　畢達哥拉斯是史上最有趣、也最讓人捉摸不定的人物之一……他或許可被簡短描述為就像愛因斯坦和艾迪夫人[6]的混和體。他創立了一個宗教，主要教條是靈魂輪迴、以及吃豆子有罪。他的宗教

具體呈現在一份宗教命令上，裡頭零零落落的提到：要掌控城邦以及建立聖人之治。

　　除了非正統的神祕信仰之外，畢達哥拉斯主義也致力於讓數學充滿宗教意義。對畢達哥拉斯主義的信徒來說，數字散發出神性，數字之間的關係掌握著宇宙的祕密。

　　說畢達哥拉斯主義是同時崇拜數學與神的宗教，完全不誇張。舉個例子：他們在發現歐幾里得第四十七命題的證據之後，還宰殺了一頭牛來獻祭。他們在數字關係的和諧中，尋找神祕意義，而且在他們的數學信仰當中，最看重神祕的比率。畢達哥拉斯主義信徒相信，所有數字都可用一個特定的比率來表達。譬如說，數字 1.5 可以寫成它的最簡整數比 3/2，又或是 1.85 寫成 37/20。同樣的邏輯應用到整數上，5 也可寫成它的最簡整數比 5/1。

　　可以用像這樣的簡單分數來表達的數字，稱為有理數（rational number）。對畢達哥拉斯主義信徒來說，「所有數字都有這樣一種形式」是堅定不移的信仰，而「有理性」（rationality）是他們靈性哲學賴以錨定的基石。自然界似乎證明了這一點。

　　畢達哥拉斯和他的信眾對音樂也深感興趣，他們觀測到：當兩根振動的弦，長度形成簡單的整數比，就會響起和諧悅耳的聲音。你可以用一把調好弦的吉他來證明這一點——撥一根空弦，讓它發出聲音。然後，按在弦原本長度剛好一半的地方，也就是十二格琴衍上。音調會比空弦高出一個八度音，音頻成為原來的兩倍。如果是電吉他，你按在二十四格琴衍上，振動長度再度減半，結果產生的音調比空弦高出兩個八度音。

　　這些對調音及和諧的抽象見解，為這些比率的神性提供了更進

一步的證據。沒有理由去質疑神聖的數祕學。對畢達哥拉斯教徒來說，萬物皆數字，而且完美。

以子之矛，攻子之盾

然而，即使最美麗的理論也可能被醜陋的現實殺死。反駁畢達哥拉斯哲學的聲音，並非來自外界的反對者，而是來自一名虔誠的門生。關於希帕索斯（Hippasus of Metapontum）的生平，資料很少，但是現存的少量記載告訴我們，他是一名虔誠的畢達哥拉斯主義的信徒，從未存心質疑「有理性」顯而易見的真確。

雖說關於他如何對畢達哥拉斯學派的哲學造成如此令人難受的傷害，有不同說法，但是通常都會提到他對 2 的平方根的研究。這對畢達哥拉斯來說，具有核心重要性。試想有一個正方形，邊長為 1，根據畢氏定理，中央對角線的長度為 $\sqrt{2}$。這具有根本上的重要性，但是畢達哥拉斯主義的教徒雖然知道該數值約為 1.414，可是它的精確比值卻很神祕，很難推論出來。他們當然有努力過——99/70 距離真正的答案差距小於萬分之一。分數 665857/470832 更為理想，與真實答案的差距小於萬億分之一。但是，只是接近是不夠的，必須要有一個精確而獨特的兩整數之比，來支撐這個信條。

但是，結果證明這場搜尋困難得令人憤怒。最後，希帕索斯以一個美麗又無情的簡潔論點，證明了這樣的搜尋只是徒勞無功。

首先，他假設有一個不可約分的分數存在，所以：$\sqrt{2} = P/Q$。

接下來，他消掉這個難以處理的根號，正如一般做法，在方程式的某一邊做了某種運算，就必須在另一邊進行同樣的運算，他將兩邊都平方了。經過移項，產生了一個等價的式子 $2Q^2 = P^2$。

乍看之下，這好像沒什麼幫助。但是，希帕索斯提出一個看起來很瑣碎、因此我們可能忽略掉的重要觀察：P^2 是 Q^2 的兩倍，所以 P^2 是一個偶數。但是只有在 P 是偶數的情況下，P^2 才可能是偶數，因此我們稱 P 為 2k。把它代回原來的式子，我們得出 $2Q^2 = (2k)^2 = 4k^2$，於是我們就能宣稱 $Q^2 = 2k^2$。

再次使用同一個論證，Q 也必定是偶數。但是這不可能，因為我們已經界定 P/Q 為一個不可約分的分數；可是兩個偶數之比，永遠可以約分。因此，一個無法逃避的矛盾，就這樣產生了。這是令人震驚的結論——只不過假設一個完美的分數存在，希帕索斯接著就證明了一個隨之產生的難以跨越的荒謬。

想要避開此一矛盾，唯有結論道：$\sqrt{2}$ 不具有「有理式」，不具有美麗且神奇的比率。至此，「無理性」（irrationality）的惡魔浮現出來，粉碎了信心，這是對神聖比率的一記重拳。更糟的是，嚴密應用反證法之後，還揭露出 $\sqrt{2}$ 並不是邪惡的異常值，不是唯一無法用分數表達的怪物。相反的，後來發現有一整群新的數字存在，它們全都是無法用簡潔的分數來表達的——也就是無理數。於是，彷彿是在嘲笑他們的虔誠，同樣的邏輯最後揭露出另一個真相：無理數的成員數量，無窮大於有理數的成員數量。[7]

然而，這項令人敬佩的智慧成就，並沒有讓希帕索斯受到所屬團體的喜愛。關於他提出這項被公認為侮辱之舉而導致的下場，傳說紛紜，很難區分是史料還是來路不明的傳言。但可以確定的是，希帕索斯用畢達哥拉斯主義的工具，汙損了畢達哥拉斯主義的神聖天堂，他的大膽激怒了眾教徒，因而判定他不虔誠。流傳最久的說法指稱，希帕索斯這項冒犯行為被判定的懲罰是：淹死在海中。然而，畢達哥拉斯主義的教徒雖可以殺死這個人，卻無法壓制他所發

現的事實。不久，無理數推翻了被他們視為最神聖的基礎。當然，無理數在數學上的意涵，和我們一般對「無理」所定義的「不合邏輯」或是「不講理」是不同的。

在這裡，有一點顯得既荒謬又好笑：畢達哥拉斯主義的教徒緊巴著「有理數」不放手，其實是不理性的；擁抱「無理數」才是唯一有理性的結論！

使用手機導致罹癌風險增加？

矛盾非常寶貴，因為它們警示我們有些事情不準確了。不過，我們在「忽略矛盾對我們造成的損傷」方面，老練得驚人。

想想看，我們被一整群看不見的光線所包圍的這件事實。我們的眼睛只能感知極少量的電磁波譜，但是電磁波譜概括了我們所有知道的顏色、以及所有我們能看見的景象。電磁輻射瀰漫在一切事物上，從照亮我們世界的可見光，到廣播媒體賴以傳播全世界的無線電波，到革新解剖影像和癌症治療的 X 光。在這個無線通信時代，我們的電話和路由器都借助微波輻射之便，以驚人的快速度，將差不多是整個人類知識的寶庫，傳送到我們指尖。但是，在一個行動電話與 Wi-Fi 愈來愈無所不在的世界，我們是否有理由擔心自己的身體健康？

上網快速掃描一下，可能讓人覺得確實如此。很多網站活靈活現的表示，手機會大大增加罹患腦癌的風險。另外一些人則堅稱我們的手機和路由器正在把我們「煮熟」。某些健康諮詢機構強調 Wi-Fi 的危險，提供了套裝產品，以降低看不見、摸不著的輻射暴露，當然他們為此而收取了看得見、摸得著的鈔票。另外還有一些

人斷言,射頻(無線電頻率)輻射的危險被電信巨頭和手機製造商給隱瞞了,有個人在 2017 年成功控訴加州衛生局,強制他們發布行動電話輻射暴露的指導方針。但是這類聲明最普遍的來源是《電磁波風險評估報告》(*BioInitiative Report*),它最早是在 2007 年於網路上發表,引起媒體界大轟動,後來在 2012 年更新。這份報告號稱是由一群研究人員及公共衛生專家所做的研究,它直白的結論毫無模糊空間:射頻輻射正造成無數健康方面的影響,包括大量增加的癌症風險。

不過,先別急著甩掉手機和拔下牆角的路由器電纜,《電磁波風險評估報告》的說法與現有大量科學數據明顯相反。世界衛生組織宣稱:「因使用手機而對人體造成的不良影響,尚無證明。」英國癌症研究中心指出,到目前為止,證據「顯示手機不太可能會增加腦瘤或其他種類癌症的風險」。如果手機會造成癌症,我們應該會看到癌症病例驟增,以回應過去這二十年來的手機用量大增。但是根據大型流行病學研究,這個現象並沒有出現。

由十三個國家合作進行的「對講機研究」(INTERPHONE study)發現,使用手機和常見腦瘤(例如神經膠質母細胞瘤、腦膜瘤等)的發生率,並不存在因果關係,而劑量反應曲線也沒有顯露出相關信號。另一個類似的丹麥大型世代研究結果也顯示,使用手機與腫瘤發生率之間沒有明顯關聯。而美國的手機使用雖然從 1992 年幾乎為零,發展到 2008 年接近 100%,但是到目前為止的研究都顯示,神經膠質母細胞瘤發生率並未增加。

到目前為止的證據,明顯有違「使用手機導致罹癌風險增加」的假說,那麼這些混淆是從何而來呢?

輻射不等於放射性

很不幸,部分來自於「輻射」(radiation)這個字眼的含糊。這個遭到深深誤解的概念,令人產生陰森的「放射性」(radioactivity)聯想。這樣的結合很不幸,因為輻射不過是指「能量在某種媒介或空間中的傳送」。就電磁輻射來說,是指一批電磁波以光速移動。電磁波譜是所有可能存在的電磁輻射頻率的範圍,而能量則與頻率成正比。雖然我們只能看見電磁波譜裡以「可見光」形式存在的一小部分,但是我們可以把電磁波譜想成一系列具有不同能量的光粒子(光子)。

其中某些光子的能量非常充足,可以把原子裡的電子轟出去,打破化學鍵。這使得它們有能力導致 DNA 受損,而 DNA 受損通常是癌症的一個先決條件。能量大到足以解放電子的光,稱為「游離輻射」(ionising radiation),而且確實有害我們的健康。但是就算高能量電磁輻射這項看似負面的特性,也具有正面的結果,可以用來增進我們的福祉,例如 X 光在放射療法中可以殺死癌細胞。不過,單單這項事實,就足以令人們不安,想到一個滿合理的問題:如果 X 光這種電磁輻射可以用來摧毀細胞,大量使用無線通訊是否會引發 DNA 受損,並最終導致癌症?

這種擔憂是可以理解的,但這主要是因為不瞭解電磁波譜究竟大得多麼不可思議。現代通訊工具諸如 Wi-Fi 和手機網路,都是完全位於微波端的範圍,頻率介於 300 兆赫到 300 千兆赫之間,因此屬於低能量光子。

我們不妨做一個通盤比較,鑑於能量最低的可見光的光子(波長約 700 奈米,而 1 奈米等於十億分之一公尺)攜帶的能量,大約

為最高能量的微波光子（波長 0.1 公分）的一千四百三十倍。手機和路由器的微波輻射顯然是非游離的，完全無法造成 DNA 損傷。也因此，我們沒有看到癌症發生率隨著微波輻射而增加，其實一點都不令人驚訝，因為微波輻射根本不夠強大，比可見光（燈光、日光）還弱，無法造成癌症必需的細胞損傷。

　　如果你很講理的想要探究，這些資訊要怎樣和《電磁波風險評估報告》所提出的說法相互映證，我簡單回答你：你辦不到！因為那份評估報告是胡說八道。雖然化裝成科學文件的模樣，它其實一點都不科學。它從未經過同儕審查（peer review），沒有被專家嚴格評估過。媒體的報導以及大眾的擔憂，令它受到全世界科學組織的注意，而它們立刻出面消毒。荷蘭衛生委員會聲稱：「《電磁波風險評估報告》沒有客觀且平衡的反映出現階段的科學知識。」類似的斥責也來自歐盟執行委員會的 EMF-NET、澳洲射頻生物效應研究中心、美國電機電子工程師學會（IEEE），以及法國食品環境及職業健康安全局。所有科學批評都有一項共通的觀察，由德國聯邦輻射防護辦公室清楚說了出來：「《電磁波風險評估報告》企圖將低頻場與高頻場合併起來，但那在技術上是不可能的。」

中詞不周延謬誤

　　就最基本的條件來說，《電磁波風險評估報告》犯了一個極為根本的邏輯錯誤。為了要支撐他們的危言聳聽，他們選擇已知的高頻游離輻射的有害衝擊，然後表達成彷彿這些衝擊也適用於非游離射頻電磁輻射。他們辯稱：

前提一：所有射頻輻射都屬於電磁輻射。

前提二：某些電磁輻射可能導致癌症。

結　　論：因此，射頻輻射會導致癌症。

這是「中詞不周延謬誤」（fallacy of the undistributed middle）的典型範例，當三段論裡的「中詞」（也就是在兩個前提中都有出現，但是沒有出現在結論中的名詞）沒有被賦予「明確分布」時，像是「全部」或「全無」，就會出現這種形式謬誤。在這裡，我們曉得「某些」電磁輻射可能造成癌症，但那不是一種明確分布。從這個邏輯中得出的結論，自然就是無效的。

我們再用一個更極端的例子，讓大家更容易明白：

前提一：所有古希臘哲學家都已經過世了。

前提二：罕醉克斯已經過世了。

結　　論：因此，罕醉克斯是古希臘哲學家。

這個範例裡的中詞為「已經過世」，是兩個前提共通的。但是已經過世並非明確分布，它包含的成員不只有罕醉克斯與古希臘哲學家。沒有明確分布來界定，這個結論就是謬誤的。你當然可以自己給它一個明確分布，把前提一改為「所有死去的人都是古希臘哲學家」，如此一來，就可以讓這個三段論有效，但還是不健全的，因為它是一個荒謬的前提。

就結構來說，中詞不周延謬誤和我們前面提過的否命題錯誤與逆命題錯誤，都是類似的產物。在殘酷無情的政壇裡，這種題材的變體經常被人蓄意使用。例如，「共產黨贊成增加課稅；我的政敵

贊成增加課稅；因此，我的政敵就是共產黨。」

《電磁波風險評估報告》也是類似的騙人手法，它將兩種不同類型的輻射合併起來，強推出一個假偽的敘事。然而，雖缺乏科學價值，《電磁波風險評估報告》還是混淆和誤導了不僅是社會大眾，甚至包括理應瞭解更深的某些科學家。[8]

2017 年，一篇發表在很有名望的期刊上的論文宣稱，射頻電磁輻射不只和癌症有關，也和自閉症有關。這篇論文落到了我桌上，也落到了心理學家畢夏普（Dorothy Bishop）的桌上。畢夏普除了是寫作高手之外，也是英國皇家學會院士，她的學術專業主要在於發展性語言障礙。這篇論文所宣稱的自閉症關聯，令她驚呆了，而我對論文裡的生理學主張的看法也是如此。這些悲慘的想像究竟源自何處？當然是《電磁波風險評估報告》啦。

事實上，這篇令人厭惡的論文的首席作者，正是那篇報告的共同主編賽吉（Cindy Sage）。賽吉並不具備學術相關背景，但是她經營了一家專門「致力於減少射頻暴露」的顧問公司。耐人尋味的是，這項事實並未載明於利益衝突聲明中。

這篇論文擷取了媒體的興趣，畢夏普和我都被許多記者採訪，要求我們評論。經過我們指出論文中天生的缺陷，大部分媒體都選擇不報導這則故事。此舉並不罕見——我發覺，有時候科學家對公眾知識能做出的最大貢獻就是：協助記者在不良的報導變質成沒有必要的恐慌之前，把它們砍掉。

然而，有些媒體還是不夠謹慎。《每日快報》秉持特有的細膩與微妙立場，下了一個這樣的標題：〈無線電科技是否可能導致你家兒童的重大健康問題？〉

這一切都源自知名學術期刊的一項編輯上的失敗；這篇論文的

評審應該看出，此一可怕聲明的唯一證據，來自那份名聲敗壞的報告，而應當直接加以回絕。相反的，由於在編審過程中某個環節的失能，使得可惡的危言聳聽取得偽裝的科學地位，並重獲新生。

畢夏普和我採取行動，讓該學術期刊瞭解箇中的判斷失誤、以及它可能造成的傷害。值得稱讚的是，他們承認已經犯下大錯，邀請我們寫一篇詳盡的反駁文章。我們做的不只如此，除了拆穿那項聲明之外，還更進一步列出一些指導方針，讓評審者和編輯對於潛在的劣等科學有所警覺。

遺憾的是，即便沒有造成傷害的證據，射頻對人體健康的影響依然駐留在社會大眾的心目中。再說，如果連部分科學家都能被這些稀奇古怪的言論給愚弄，那麼社會大眾依舊對這樣的話題感到煩憂，也就沒什麼好奇怪的了。[9]

肯定選言謬誤

除了中詞不周延謬誤，還有很多類似的重大邏輯錯誤，都有可能誤導我們，例如「肯定選言謬誤」（fallacy of affirming a disjunct），它假設有兩種無法同時為真的情況。

讓我們舉一個小範例：「他的寵物要不是一條狗，就是一頭哺乳動物 → 他的寵物是一條狗 → 因此，牠不是一頭哺乳動物。」這一串句子顯然是錯的，因為這兩個選項並非互斥的；狗是哺乳動物裡的一個子集。

當然，如果這兩個句子是完全相反的，就不會犯下謬誤了。例如，就我們目前所知，存活與死亡狀態不可能同時存在。[10] 於是，「罕醉克斯要不是活著，就是死了 → 罕醉克斯現在不是活著 →

因此,罕醉克斯死了。」這就不是肯定選言,因為這兩種狀態不能同時存在。

　　選言謬誤經常在以下這種好辯的形式中出現:「要不是你錯,就是我錯 → 而你錯了 → 因此,我就是對的。」這當然是大吹牛皮,因為實際上兩方都可能是錯的。這種形式謬誤深受政壇人士歡迎,在政界,嚴責對手往往被誤認為可以替說話者自己的立場增添可信度。事實上,責任永遠在說話者這一方,他們必須證明自己是正確的,若只是單純揭露他人論點的不一致(不論是真的,還是想像的),並不能自動證明揭露者的立場是正確的。

否定前提推得肯定結論

　　還有一個與此類似的謬誤,那就是從兩個否定前提中,推出一個肯定結論,這叫做「否定前提推得肯定結論」(affirmative conclusion from a negative premise)。這種推理謬誤,自負的樂評人可能會用,為的是達到自我膨脹的目的:「我不聽那個! → 品味好的人不聽那個! → 因此,我的品味很好。」就算這些高度主觀的前提在客觀上正確,上述這位樂評人也並未證明他的結論。

　　這般粗糙的邏輯,為那些帶著偽善心思來痛責他人的人,提供了立足點。各式各樣這類型的錯誤,本質上經常是道德說教的,以好的推理為代價,來支持自以為是的偽善。某些人似乎有一種根深柢固的假設,認為攻擊其他人已知的道德錯誤,可以含蓄的抬高自己的道德地位。這個一點都不新奇——執行死刑曾經是公開看熱鬧的場合,由一群貌似忠良的人來痛斥犯人。

　　謝天謝地,這種可憎的裝腔作勢在世界上大部分地區都已經消

失了，而我們可能會忍不住想結論說，我們人類已經超越了此種卑鄙狹隘。可惜啊，無處不在的網路暴行，很快就讓我們從這個想法中醒悟過來。如今，不論最新流行的道德秩序或衝突是什麼，自以為是的態度都如影隨形，緊追不放。

 ## 網路暴民現象

　　這種情況如此普遍，例子多得不得了。如果只想舉一個引人矚目的教訓，我們只需看看那荒唐的史冬（Lindsey Stone）公審事件即可。2012 年，史冬在一家非營利的公司上班，協助有學習障礙的成年人。史冬工作效率高，人緣又好，她有一群經常分享圈內笑話的朋友。其中一個沒有惡意、反覆開的玩笑，就是在某個警告標誌前面，擺出與標誌指示相反的姿態，例如在禁止吸菸的標示下，假裝做出吸菸的樣子。正常情況下，這一點都不會引人反感，只是一個無傷大雅的玩笑。

　　然而，在一趟前往維吉尼亞州阿靈頓國家公墓的旅遊中，這種天真的玩笑卻招致極大的反撲：當時史冬對著下方一個要求肅靜和尊重的標誌，擺出吼叫與辱罵的姿態，還拍了照片。

　　很快的，數位時代的一個始料未及的後果顯現出來了──原本只是給幾個朋友分享的照片，火速傳播到遠超過原先打算的範圍。在不曉得背景原因的情況下，這張令人生氣的照片的每一次點擊分享，都引發熾熱的憤怒回響。史冬無意間碰觸了一條很敏感的國家神經。或許比其他國家更強烈一些，美國人對於自己的軍隊有一種痴迷，只要感受到一點點批評，就能煽動全國的怒火。

　　竟然有人對埋骨於此的軍人如此不敬！怒火和照片的傳播一樣

快速蔓延開來。只有一張沒來由的照片，加上被火速瘋傳，史冬立刻成為一個可恨的賤民。至少有三萬人加入網路暴民行列，打算人肉搜索她。當然，她也被搜出來了。

辱罵大隊簡直是瘋了，對史冬個人完全沒有同情心。結果史冬不只丟了飯碗，還被一堆死亡恐嚇或強暴威脅給淹沒，理由是她缺乏道德良知。不難理解，她陷入了憂鬱和焦慮之中，不敢出門。在這種網路暴民的蜂群思維中，潛藏著一個邏輯缺口——它被扭曲到足以讓他們自認有理由對一名無害的年輕女子，發出露骨的暴力威脅，同時一邊堅信自己占據了道德高地，一邊陶醉於史冬的覆滅：「她缺乏道德良知 → 我攻擊她 → 因此我在道德上是正當的。」

語言教育學家佛萊登伯格（Joan Friedenberg）在寫到網路暴民現象時，曾評論說：「大多數網路暴民由於攻擊目標是公認的墮落，而認為自己的行為完全正當，至少直到被要求稍微周詳的做出解釋為止，像是上法庭宣誓作證，被記者詢問、或是在司法聽證上。」網路暴民的自以為是，唯有在攻擊目標被抹黑憎恨以及完全輾碎時，才能獲得滿足。於是這種乖戾的追求正義，經常充滿了獸性，完全不把攻擊目標當成人來看待。正如佛萊登伯格所指出的，「無法自圓其說，會令網路暴民在道德上完全站不住腳。」

根據「否定前提推得肯定結論」謬誤，[11] 史冬的折磨者認為，他們愈是強烈斥責她被公認的罪行，自己就愈是有道德。然而，就各方面來看，史冬不但不是惡魔，還是一個很好的人，致力於幫助殘障人士。雖然有很多證據顯示史冬的罪過只是個意外，可是就算史冬是有意冒犯，羞辱大隊的行為應該同等惡劣。就算她是個可恥的人類吧，那些虐待她的人也絕對沒有證明自己比她好到哪裡去。揮舞乾草叉，並不會使人變成英雄。

抹黑那名可憐的女子，或許能為這些狂吠的群眾帶來道德優越感，但是他們的結論只不過是託付在歪理上的一個假正經錯覺。就像所有網路上的風暴般，暴怒的合唱團很快就忘了震央人物，轉而瞄準是非曲直同樣值得懷疑的新目標。但是，對於承受過這樣圖騰式仇恨的不幸者來說，傷害可能會更持久。[12]

急於反應，怯於反省

不過，如果我沒有指出下面這個明顯的事實，就太不稱職了：雖說到目前為止，我們探討的所有東西背後都有邏輯錯誤的原因，但是其中大多數還有一個天生的、更為人性的缺失。那就是：我們通常不會像數學家或邏輯專家那樣思考，而且我們緊抓著不可靠想法的動機，往往源自某些內心深處的東西，而非只是誤解。

在接下來的篇章，我們將會看到，我們愈是強烈主張自己的看法，就愈有可能接受即便具有重大瑕疵的推理，只要它能為我們的世界觀增添力量。

我們是感情先行，然後才抓住某些理論依據，來替我們最初的感情自圓其說。我們並沒有擁抱矛盾，將之視為改進我們思想的途徑，相反的，我們表現得就像憤怒的畢達哥拉斯主義的信徒，急著壓抑所有會推翻令我們欣慰的想法的東西。

遺憾的是，我們更傾向是一種保守的動物，而非懂得反省的動物。這對人類全體是很不利的，因為若想做出健全的決定，我們必須要心甘情願，拋棄錯誤的推理，即便它有時候會殺死我們自家的美麗理論。

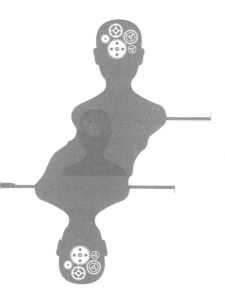

第 3 章

彩虹騙術

生動鮮活的故事，遠比只有統計數據，

更能抓住想像力，

而我們很容易在還沒有瞭解事實全貌的時候，

就根據單一案例，過早下結論。

軼事謬誤

　　我們是社會性很強的動物，且很少有東西影響我們的程度能比得上其他人的說詞。我們很依賴他人的經驗，常借用故事和傳聞，來指引我們應對這個世界、以及世上的不確定性，這算是一條心理上的捷徑。

　　生動的敘事和充滿感情的傳聞，會影響我們做決策，包括意識層面和非意識層面。這是一把雙面刃：生動的敘事和傳聞既可能幫助我們獲得判斷所需的知識，也可能欺瞞或扭曲關鍵資訊，令我們推出完全錯誤的結論——這叫做「誤導性鮮活個案謬誤」（fallacy of misleading vividness），又稱「軼事謬誤」（anecdotal fallacy）。

　　軼事資料很容易成為偽陽性（false positive，又稱錯誤肯定），誤導的「命中率」會導致對現實的扭曲印象，例如巨額的樂透彩金、絕症的神奇康復、弱者逆襲成功的戲劇性故事。但這些軼事之所以被人記住，正是因為軼事很不尋常，而非能夠證明某些潛在趨勢。當我們太過於根據這類傳奇故事來進行推論，我們的推論就會出錯，有時候甚至造成災難性的結果。

　　且讓我們以廣告為例，說明我們天生有多難抵抗個人敘事，而這個弱點又是怎樣容易被人利用。通常這都是以推薦的形式出現，由顧客稱頌某項產品或服務有多好。個人敘事能夠非常有效的扭轉其他顧客的看法，所謂「口碑」確實能逐漸灌輸一種信任感，並哄騙新顧客轉向某產品，遠比單單是客觀的讚美容易得多。

　　有一類特別引人矚目的案例：處方藥直效行銷廣告（DTCPA）的怪異現象，也就是藥廠直接針對消費大眾行銷處方藥，而非針對醫藥專業人員。基於倫理因素，這種做法在世界大部分地區都是禁

止的。有兩個顯著的例外，美國及紐西蘭，在這兩個國家，各式各樣的藥品廣告，從抗憂鬱藥物到勃起障礙藥物，都能出現在電視及平面媒體，穿插在時尚品牌和早餐燕麥片之間。

這些廣告頻頻找來病人，詳細說明他們自從服下某種藥物後，生活改善了多少，又或是找醫師來頌揚某些藥物的優點。有一個典型的案例：輝瑞藥廠在 2006 年，為降膽固醇藥物立普妥打廣告。在這支廣告裡，他們向觀眾介紹了賈維克（Robert Jarvik），說他是人工心臟的發明人。賈維克轉向鏡頭，對我們說：「我並不會因為身為醫師，就不必擔心自己的膽固醇。」他告訴我們，這種藥物如何幫助他降低膽固醇。隨後鏡頭切換，我們看到身材健美的賈維克在湖中划船。這支廣告製作精良，輝瑞砸下驚人的二億五千八百萬美元來推銷立普妥，主要是花在賈維克的廣告上。然而，它們仰仗的是，觀眾並不曉得賈維克其實從來沒有行醫過，而且根本不具有開處方的資格。

當美國眾議院的能源及商業委員會開始調查此事，賈維克不得不承認，他在成為輝瑞藥廠的代言人之前，從未服用過該藥物。更慘的是，他在猶他大學的前同事公開表明，賈維克甚至不是人工心臟的發明人，他們聲稱這份榮譽應歸於柯爾夫（Willem Kolff）和阿庫蘇（Tetsuzo Akutsu）。

在爭議聲中，輝瑞藥廠於 2008 年撤掉了賈維克的廣告。即便如此，那支廣告還是極為有效。《消費者報告》全國研究中心的調查顯示，該廣告支撐了立普妥的地位，讓它成為第一名的降膽固醇藥物，2007 年銷售額高達一百二十七億美元。不只如此，41% 的觀眾相信，立普妥比其他的替代學名藥更好，即便學名藥的價格只有立普妥的一半、且同樣有效。最引人矚目的或許是，92% 的回答者表

示很喜歡該廣告,他們覺得賈維克醫師很有說服力。

　　這件事還有一個詭異的小尾巴:後來發現,賈維克甚至沒有在該廣告如詩如畫的場景中,划船越過湖心;廣告公司找了另一名身材更健美的替身來划船。

蛇油傳奇

　　這種事並不罕見。在資訊時代,線上評鑑是大多數交易網站的標準配備,虛假評鑑和安插的推薦,是一直存在的問題。電子商務向來深受不可靠的推薦所困擾。撰寫虛假評鑑,已然成為一項家庭手工業肥缺。這就是推薦的威力,令許多國家的交易標準機構不得不介入,例如美國聯邦交易委員會(FTC)在 2009 年引入法規,要對抗騙人的推薦。然而,鑑於網路的無序蔓延特性、以及紊亂的管轄權,這樣的法規很難執行。

　　線上評分系統也是出了名的好唬弄。2017 年,杜爾維治小屋躍居「貓途鷹」(TripAdvisor)網站的倫敦評等最佳餐廳。它的超級好評,令它盤踞在英國首都一萬八千一百四十九家餐館之首,倫敦名流趨之若鶩,爭相搶著訂位。他們不曉得的是,杜爾維治小屋根本不存在──這是作家巴特勒(Oobah Butler)搞出來的惡作劇,靈感來自他曾經拿錢幫餐廳寫評論,雖說他甚至不曾光顧那些餐廳。「買主自行小心」原則應該還是要謹記在心,即使看到滿滿的阿諛讚美。

　　這完全不能算是新聞。打從人類會生病以來,人們就在發誓各種神奇萬靈丹的療效了,從驢奶到熊膽。綜觀人類歷史,有病痛的地方,就有江湖郎中樂於藉此牟利。世世代代以來,可惡的騙子無

所不在。我們可以從大量描述這種騙子的字詞，得到證明，這些術語都具有多樣的字源。例如，法文的 charlatan 可以回溯到 1600 年代，是指沿街叫賣具有誇大療效藥物的小販，英文的 quackery（庸醫的醫術）也起碼有兩個世紀之久，源自荷蘭文 Quacksalver，意思是沿街賣膏藥的人。

蛇油（snake oil）現在被認為是一個貶抑詞，指那些由騙子兜售的不實或未經證明的藥品。但是蛇油最初是指一種藥劑，號稱採集自真正的蛇，在 1863 年到 1869 年間很興盛，當時連接愛荷華州到舊金山的美國第一條橫貫鐵路正在建造。這項龐大的工程動員了世界各地來的工人，鋪設超過三千公里長的鐵軌。這是很費力氣的工作，不令人意外，許多工人都感到關節痠痛。民間偏方交易熱絡。這支國際勞工隊伍中，也包括數量龐大的中國工人，他們非常信賴一種很容易取得的傳統萬靈藥：蛇油。當他們把蛇油賣給美國同僚時，總有一堆使用者獲得極大改善的故事。

這些故事火速傳開，非法利益也隨著故事的不斷重述而倍增。腦筋動得飛快的西部商家，看見了有利可圖的市場，於是很快的，一個小販帝國快速興起。帶著演戲般的張揚和馬戲班老闆似的表演技巧，他們事先在觀眾群裡安插自己人，適時發出激動的證詞，來提升興奮度。[13] 買賣做得蒸蒸日上，儘管沒有一項證據超過傳言所說。[14]

在最厲害的蛇油推銷員當中，有一位是自封「響尾蛇王」的史丹利（Clark Stanley），他是個騙子，有一則荒誕不經但很適合他的背景故事。史丹利宣稱，他曾經當了十一年的牛仔，巧遇亞利桑那州內陸的一位神祕的霍皮族醫師，收他為學徒。就在學徒時期的研習當中，他學習到蛇油的神祕威力。然後在一名波士頓藥劑師的協助

下，他開始親自出馬，向全國各地陶醉的觀眾販售他的藥品。他的觀眾可不是一點點：1893年芝加哥世界博覽會是當時美國史上最大的公共活動，史丹利也在那裡，盡力榨取「勇猛的拓荒者形象」帶來的利益，在驚呆的眾人眼前，親手宰殺響尾蛇。殺完後，他拚命擠壓死透了的蛇身，宣稱滲出的液體正是一種神奇的萬靈丹，能治百病。

買賣愈做愈大。在某個時期，史丹利擁有好幾處生產場所，並吹噓每年得殺死五千條蛇，才能滿足需求。然而，奸詐之徒的黃金歲月漸漸來到了尾聲，1906年，美國政府開始執行〈純淨食品藥物法〉，來遏止欺詐的萬靈丹狂潮。不過史丹利還是我行我素，直到1916年，分析化學家將他那備受讚揚的萬靈藥，拿去進行嚴格的分析，發現裡頭主要成分其實是一些很世俗的東西：礦物油和松節油。在史丹利的神藥裡，一滴蛇油都沒有。

繳交二十美元廣告不實的罰款後，史丹利悄悄消失了，而不久以後，蛇油變成了一個泛指所有神奇靈藥的名詞。即便今日，在這樣一個藥物管制與交易標準更嚴格的世界，像蛇油這類商品的市場依然蓬勃，聲稱能神奇治癒各種想像得到的疾病，生意興旺得不得了。而支撐它們的，是滔滔不絕的推薦，以及大量對傳聞深信不已的信徒。

 ## 基本率謬誤

在這個節骨眼，有一點值得我們明確說清楚，之前我們只有稍微觸及而已。所有形式謬誤都有一項基本的問題，那就是在論證的某處，總是藏了一處令該論證無效的邏輯失誤。這意味著所有形式

謬誤都是不合邏輯的推理（也就是不合理推論），結論無法從前提推論出來。任何不合邏輯的推理跳躍，都會構成天生的錯誤論據。從軼事裡推出的結論，尤其問題多多——畢竟，就蛇油治療而言，可能令人忍不住會根據正面的敘事，來推論「想必總該對治療有些好處吧」。許多萬靈藥頂多只是沒有效，倒也不會更糟了。但是，在光譜較黑暗的一端，它們也可能造成傷害，不論是直接的，或是因為扼殺了必須的醫藥介入。

此外，生動鮮活的故事遠比只有統計數據，更能抓住想像力，也更容易引發恐慌、或激起流行浪潮，尤其是涉及真實人物。人類有一種不難理解的傾向：專注於生動的特定個案，卻忽略了更能讓人理解該個案的基本率資料——這基本率往往能讓我們掌握特定個案有多大的闡明性或特例性。

這稱做「基本率謬誤」（base-rate fallacy），是指我們很容易在還沒有瞭解事實全貌的時候，就根據單一案例，過早下結論。傳聞軼事會加重這個問題，因為它們能不成比例的抓住我們的注意力。

這種現象不見得都很明顯——去掉背景的觀察，能幽微的鼓動人們在推理時，做出不合邏輯的跳躍。舉一個事實為例，癌症發生率在二十世紀和二十一世紀增加很多。不可否認，這是真的，因為在二十世紀大部分時候，約三分之一的人罹患過癌症。近年的統計顯示，此一比例又大大攀升了，我們當中大約有半數的人，這輩子會得癌症。這真是駭人聽聞，於是在急著找出替罪羔羊之際，許多人很快就把罪責歸於各方面，從基改食物到接種疫苗。[15]就連科學知識較豐富的人，也可能想要找出罪魁禍首。

但是，我們的環境其實並沒有變得更毒。我們單純只是壽命變長了！事實上，癌症存活率從未像現在這樣高過，而且拜診斷與治

療的改進之賜，還在持續攀升中。癌症主要是一種老化疾病，年齡是單一最大風險因子。由於大部分人都能避開殘害我們祖先的諸多傳染病、惡劣的衛生環境、以及悽慘的瘟疫，現在的我們活得更長更久。癌症比率的增加，是團體健康改善的一個矛盾的徵兆。然而罹癌率單獨上升這個事實，卻能鼓勵人們做出與事實完全不符的邏輯跳躍。

倖存者偏差

有一項很重要的警訊：如果軼事經常都是這麼模糊，我們要如何取得數據？科學家警告，軼事出現若干次，仍然不等於有價值的數據。這話怎講？畢竟，一則軼事如果經由正確報導，或許能讓我們洞察到某個系統可能的結果，不是嗎？譬如說，我們都曉得有人中過樂透大獎，所以買了樂透，就有希望中大獎。

有時候，問題只是在於我們需要的資訊起初是看不到的，而可以得知的軼事則遮蓋了真實情況。

第二次世界大戰有一個特別具有說明性的案例，當時美軍與日軍飛行員正在爭奪太平洋的制空權。在致命的高空進行空戰是家常便飯，雙方都損失慘重。為了遏止這樣的大出血，美國海軍分析中心（CNA）決定要對返航時布滿彈孔的戰機機身，詳加研究，以查明弱點所在。

分析人員仔細審查戰機損壞的數據，製作出損壞程度與位置的分布圖。彈孔分布在整個機身各處，但是某些區域卻很奇怪，像是引擎和駕駛艙，彈孔很少見。鑑於很少個案顯示駕駛艙受損，工程師決定不要理會，加強其他部位就好。

　　但是，統計學家沃德（Abraham Wald）卻領悟到「缺少彈孔」是非常重要的訊息，於是得出了一個相反的故事。事實上，引擎及駕駛艙受損的戰機，會變成一團燃燒的火球而墜落，根本沒辦法返航接受分析。這項洞察，將海軍分析中心辛苦工作得出的結果，給撕得粉碎。

　　工程師犯的錯誤稱作「倖存者偏差」（survivorship bias），也就是人們不小心忽略了某些不明顯的失敗案例，而只根據成功案例作出結論。在競爭激烈的職場上，「倖存者偏差」經常以弱者逆襲的故事來呈現。譬如說，中途輟學的人後來成為身家數十億的公司總裁，或是自學音樂家最後揚名立萬。這裡頭暗示任何輟學自學的人都有可能成功，但是它忽視了運氣和時機所扮演的重大角色。倖存者偏差對該領域大量具有類似才華、但卻倒在半路上的人，統統視而不見——這些倒在半路上的人，就相當於沃德案例中，沒能返航的戰機。

採櫻桃謬誤

　　在含混的邏輯裡，還有一項操作，與軼事謬誤密切相關，而且有時候兩者難以區分。

　　如果說軼事謬誤是交通工具，那麼「證據不完整謬誤」（fallacy of incomplete evidence）或稱「採櫻桃謬誤」（cherry-picking fallacy）就是驅動它的引擎。所謂採櫻桃，就是選擇性的使用證據，以拒絕或忽視「與講者的主張不符」或是「會破壞講者的主張」的細節。這裡所指的證據，可能有各種不同的類型和範圍——它可能是精心選擇的具有支持性的軼事和推薦，就像我們之前在軼事謬誤所看到的；

它也有可能更糟糕，只鎖定在與自己的偏見一致的數據上，卻忽視證據真正表達了什麼。

這在公共論述上是一個很嚴重的問題，而且也是向大眾傳播科學時，持續存在的陷阱。在諸如另類療法和氣候變遷等各種天差地遠的議題上，既得利益者都能企圖規避科學的檢驗，他們靠的是緊抓住噪音數據中的異常點，就算優質的證據和分析與它們牴觸，也不予理會。我們真正需要瞭解的是：並非所有證據或實驗都有同等的價值，而我們可以利用高明的工具和方法來釐清因果關係。採櫻桃這種機制，可用來支撐遭逢極大量反駁證據的信念。至於它是怎麼運作的，我們只需要看看靈媒有多流行，就知道了。

超自然力量的神奇故事很普遍，而且還有各種傳說描述了不可思議的通靈技巧。但是，如果我們讓這些故事接受嚴格的分析，一個不同的畫面就會浮現出來。最經典的案例發生在 1996 年，韋斯曼（Richard Wiseman）和威斯特（Donald West）做了一項研究，讓一群大學生與一群自稱靈媒的人比賽。研究人員將已破獲的案件中的證物發給兩組人馬，然後要求他們說出該罪案的細節。

在這項研究中，靈媒組的表現並沒有勝過大學生，而且兩組人馬的表現都沒有比單憑運氣（隨機亂猜）來得強。而且這不只是一個特殊案例，因為在嚴格的測試條件下，靈媒從未展現出一丁點看似可信的能力。事實上，美國國家科學院在 1988 年關於這項主題的報告中宣稱：「在為期一百三十年的研究中，沒有任何科學理由能證明靈魂學現象存在。」

然而靈媒市場依舊蒸蒸日上。在美國，接受調查的回應者裡頭大約 60% 同意「有些人具有特異功能或是第六感」，而英國民眾據估計有 23% 曾經諮詢過特異功能者。上谷歌快速搜尋一下，更是會

看到滿坑滿谷的通靈者、千里眼和靈媒，在爭相搶奪付費電話的生意。所以，他們到底是如何說服我們的？看來，特異功能之所以大受歡迎，完全是奠基於精心策劃出來的軼事傳聞，以及大量的採櫻桃手法。特異功能者會標榜自己猜中的案例，同時淡化他們的失算案例，以營造出一股深具洞察力的錯覺。就像我們稍後會看到的，信眾的心理盲點和統計常識的薄弱，也有助於特異功能者的名利雙收，但是採櫻桃是一個關鍵因素。

　　尤其是那些極為擅長採櫻桃、或製造看似很厲害的軼事的特異功能者，更是能夠建立起利潤豐厚的事業。乍看之下，這樣做可能沒有大害，憤世嫉俗的人可能會暗罵一句人傻錢多，但是許多特異功能者是從喪親者和焦慮的人身上獲利。人們在身陷不確定狀態時去尋求通靈者幫助的比率，比平常狀態高出許多。雖然得到的建議可能不過是些老生常談，但也有可能造成傷害。

厚臉皮宣言

　　就拿布朗（Sylvia Browne）來說，她從 1974 年到 2013 年死去為止，可能算得上全美最知名的靈媒。身為日間電視節目的寵兒，布朗最了不得的才能在於她無恥的自吹自擂能力，宣稱擁有非凡的成功紀錄，並自詡以警方顧問的身分，破獲了多宗知名犯罪案件。但事實上，在布朗自薦協助警方的三十五宗案件裡，二十一宗她所提供的消息太過模糊，沒有什麼作用。剩下的十四宗案件，警官和家屬堅稱她完全沒有幫上忙。

　　然而布朗似乎橫行無阻，繼續在全國電視網上，插手高知名度的人物失蹤案件。例如 1995 年，克魯森二十三歲的女兒荷莉，在

聖地牙哥附近失蹤。家人心煩意亂，情急之下向布朗求助。於是，布朗在全美播出的電視節目上，自信滿滿的預言道，荷莉現在人還活著，正在好萊塢當脫衣舞孃。抓住這新生的一絲希望，慌亂的克魯森家人在接下來幾年密集尋人，可是毫無結果。最後在 2006 年，經由牙齒紀錄比對，確認一具無名女屍與荷莉特徵相符。這具屍體早在將近十年前，就被人發現。驗屍結果顯示，荷莉在失蹤後沒多久就死了。布朗的故事純屬胡說八道，一點都不準確。

　　而這種情況一直持續著。譬如說，2002 年當麥克麗蘭失蹤時，布朗在日間電視節目上，告訴麥克麗蘭的女婿雷帕斯基，說麥克麗蘭遭到一個名字縮寫為 MJ 的男子綁架了，還說她很快就會活著被找到。結果，2003 年，麥克麗蘭的屍體在離家兩英里外被人發現，法醫檢驗發現她就是被女婿雷帕斯基給謀殺的──好一個無關緊要的小疏忽啊！

　　面對驚恐又情急的親屬，布朗經常展現出全然麻木不仁的態度。例如 1999 年，六歲女童詹寧絲，在沃斯堡附近她祖父母家門前被人擄走，布朗冷靜宣稱她還活著，但是遭綁架到日本一個名叫くころ的小鎮，被迫賣淫。當詹寧絲的屍體在 2004 年被發現，證據顯示她在遭綁架後幾小時就死於鈍器創傷。還有，別浪費力氣去找什麼くころ了，世間根本沒有這個地方。

　　隨著每一次厚顏無恥的作秀，布朗的行情（以及利潤）也隨之增加。她成為電視節目《蒙提威廉斯秀》的常客，每每發表一些偉大的預言，最後年賺三百萬美元，而且每通二十分鐘的諮詢電話收費七百五十美元。她持續進行她那沒心沒肺的操控人心的旅程，身邊圍繞著一群溺愛她、為她的本領深深折服的聽眾。布朗的「知識」甚至擴展到醫療領域。有一段影片很令人驚訝：布朗告訴一名

手術後疼痛的婦女，有一塊金屬工具遺留在她體內，她需要去做一次全身性的磁振造影。這話乍聽似乎很合理，直到有人想到一個細節：磁振造影儀器基本上就是一塊大磁鐵，能將人體內的任何金屬給吸扯出來，造成傷害。不過就布朗的立場，她也沒說錯，因為那樣做至少可以把那塊金屬弄出體外。

這些，只不過是她那錯誤累累、令人下巴都要驚掉的生涯中的一小部分案例。雖然布朗自稱具有 87% 到 90% 的成功率，但我們分析她在《蒙提威廉斯秀》裡的表現後，顯示她的成功率其實是零。但布朗面對這些批評，只是不屑的聳聳肩說：「只有上帝能夠永遠正確。」如此無動於衷，顯示布朗的臉皮實在有夠厚。

她的高調作風，加上毫無根據的厚臉皮宣言，激發了仰慕者的敬畏以及懷疑者的憤怒。在某個階段，她甚至宣稱願意接受懷疑她的魔術師蘭迪（James Randi）提出的，用一百萬美元挑戰她公開證明自己的能力。她還說她一定會贏，然而她卻不斷找藉口規避挑戰，直到過世。秉持一貫作風，布朗預測自己會在八十八歲那年去世，但是卻在 2013 年七十七歲的時候死掉了——最後一次搞砸預言。

冷讀法 & 彩虹騙術

可悲的是，像布朗這樣的人遠不只一個。

電視靈媒愛德華（John Edward）在蘭迪的考驗下，敗下陣來。因電視節目《恐怖之最》而成名的艾柯拉（Derek Acorah）有一件事很出名：他被心理學家歐基夫（Ciaran O'Keeffe）捉弄，去和一位叫做 Kreed Kafer 的靈魂交流，而後者其實是完全虛構的人物，只不過名字剛好是 Derek-Faker（戴瑞克騙子）的字母重組。

　　在英國，好訴訟的靈媒摩根（Sally Morgan）惡名昭彰，被指控造假而官司纏身。在看到一篇對她表示懷疑的文章後，摩根準備控告魔術師芝諾（Paul Zenon），索賠十萬五千英鎊。身為蘭迪教育基金會主席的芝諾，質疑摩根為何要為了這麼點錢來興訟，如果她的能力是真的，大可要求幾百萬英鎊的賠償才對呀。芝諾挖苦說：「不禁懷疑，是否連摩根都不相信摩根的本領是真的。」

　　然而，這些傢伙的銀行存款和觀眾數量依舊興旺。但是，如果靈媒的表現並沒有比隨機亂猜來得強，為何還有他們立足的市場？很大部分的原因在於採櫻桃。隨機預測偶爾也會猜中，而靈媒會把焦點集中在這些案例上，強調他們的命中，同時淡化他們的失敗。

　　事實上，要猜中，可能簡單得出奇。有一個心靈感應者和靈媒都常用的古老把戲，叫做「冷讀法」（cold-reading），靈媒只要藉由分析目標對象的肢體語言、視覺線索、衣著、年齡或談吐，就可以很快弄清楚一些看似超凡的知識。通常，這些猜測正確的可能性很高，而且當猜測命中時，靈媒會緊抓著不放，並掩蓋沒有猜中的部分。做得正確的話，這會給人一種先驗知識的印象，而這時，靈媒就可以利用所有正面的命中軼事，來更進一步鞏固此一錯覺。

　　另外，靈媒還可以利用「彩虹騙術」（rainbow ruse）來賭一把，做法是說出一段同時賦予目標對象兩種相反特質的陳腔濫調。譬如說，「一般而言，你是一個正面和樂觀的人，但是有些時候你也會非常悲傷。」這句話幾乎所有人聽了都會同意，於是又提供了更多顯著的軼事證據，給耳根子軟的旁聽者或觀眾。

　　最常見的一種彩虹騙術叫做「亂槍打鳥技術」，靠的是快速提出大量非常模糊的信息，希望能命中一個目標，然後激發出回應。亂槍打鳥的說詞可能有點像這樣：「我看見一個男人，死於心臟問

題；可能是一個父親、或是一個像父親般的人……一個祖父，一個伯父，一個堂兄或是兄弟……這裡我很清楚看見是胸痛。」就一般聽眾而言，列出幾名男性人物一定能命中，特別是在西方國家，大約半數男性人口都死於心臟出問題。

所以說，靈媒幾乎都是仰仗採櫻桃式「命中」的海妖歌聲來支撐，而他們會鼓勵聽眾把焦點放在那些成功的案例上，這往往讓聽眾產生錯覺。

我們應當謹記在心：不論這些採櫻桃式的「命中」看起來有多厲害，若因此而推論他們具有超自然能力，是完全不合理的。

同樣的，他人的推薦可能會讓我們忍不住要相信那些不可能的事，但是當我們容許自己被如此空洞的手法所影響，我們就犯下推理錯誤了。

非形式謬誤

在過去幾章，我們討論了一些在邏輯論證的架構上最常見的錯誤。當然，在論證裡還有一些更神祕和扭曲的形式，但我所提出來的都是最常見的邏輯錯誤。

到現在為止，我們聚焦的論證，都是基礎邏輯結構裡的某些小毛病，使其本質上無效。更正式的說，我們所聚焦的都是推理方法的有效性。但是對於一個健全的論證來說，需要的不只是一個有效的語法而已。就數理邏輯來說，一個論證唯有在結構和前提皆正確的情況下，才可能是健全的。

就像我們在「時空旅行的古希臘哲學家」案例中看到的，並不是只有邏輯錯誤才會導致含糊不清的結論，一個論證的結構可能在

邏輯上很合理，但是如果前提有瑕疵，那麼結論也將很有問題。這樣的錯誤稱為「非形式謬誤」（informal fallacy）——這也可能被用來當成修辭學的特洛伊木馬，將各種含糊可疑的結論輸送進去。

非形式謬誤的狡猾，是一個非常富饒和重要的區域，偵測它們的惡性影響是極其重要的。因此，接下來的幾章，我們將要討論這個主題。

這叫「謬誤謬誤」！

但是在我們繼續討論之前，還有一個十分重要的引理（邏輯的墊腳石）不應該遭到忽視：某個論證含有一個邏輯謬誤，不盡然會讓它的結論不正確。

諷刺的是，「聲稱某個結論不正確，只因為它背後的論證是錯誤的」，這樣做本身也是一個不合理推論嗎？事實上，完全有可能基於錯誤的理由，而做出正確的事；此外，若你提出的建議，根據的是一個很差勁的理由，也不一定就代表你的建議是錯誤的，不值得參考。

這一類的謬誤叫做「謬誤論證」（argument from logic）或稱「謬誤謬誤」（fallacy fallacy）。我們且舉一個怪異的例子：假設你的朋友認為你不應該把手放在火焰裡，理由是他們以前這樣做之後，就把鑰匙弄丟了。雖說你斥責他們的推理是不合理推論，而且你的斥責也是正確的，但是若因此認定他們的結論也是錯誤的，恐怕就不明智了，因為把手放在火焰裡通常不會有好下場，除非你的身體能防火。

　　以下是你需要留意的重點：拆解一個論證可能很容易，但是想要摒除周邊的聲音與怒火，獨立評估該項說法，則需要更為細膩的手法。

　　換句話說，正確的結論有可能被包裹在差勁的推理中。當我們考量修辭如何誤導我們時，這只會變得更明顯。要看出這一點，接下來我們將涉足非形式謬誤的深海，探索這些推理小失誤，可能把我們操控到什麼樣的歧途裡。

第二部

簡單的真相？

純粹和簡單的真相

很少純粹，

也從不簡單。

—— 王爾德

第 4 章

魔鬼藏在細節裡

「過度簡化謬誤」成了運輸工具，

承載最毒的社會謠言及政治謊言，

而隨之產生的社會成本可能高得驚人。

維生素 C 療效的神話

如果你曾經在感冒的狀態下辛苦幹活，你很可能會聽到某個好心的朋友推薦你服用維生素 C，以消除生病的影響。這個長久以來的信念會這麼流行，要歸功於一個很讓人意外的人物——卓越的知識份子鮑林（Linus Pauling）。

身為博學的名人，鮑林的興趣無所不包，從量子化學到 DNA 結構。鮑林的成就也同樣令人難忘：到目前為止，他仍然是唯一兩次獨得諾貝爾獎的人，一次是 1954 年化學獎，另一次是 1962 年和平獎。諾貝爾得主克里克（Francis Crick，DNA 發現者之一）讚譽鮑林為「分子生物學之父」。

在 1960 年代的一場演講上，鮑林說他希望能起碼再活二十五年，好讓他能跟上科學的新進展。這句話原本可能只是隨口一提，若非觀眾席裡坐著一位有心人史東（Irwin Stone）先生。演講過後不久，史東便寫了一封信給鮑林，向鮑林推薦他聲稱的活力萬靈丹：每天服用三千毫克維生素 C。

換做一個比較不信任他人的人，可能會對這項建議嗤之以鼻，覺得可疑或根本就是騙子。但是鮑林可沒有這麼小心，他選擇遵循史東的養生法。很快，鮑林就報告說感覺體內更有活力了，而且甚至比以前更少感冒。滿懷熱情的鮑林，往後幾年穩定提升他的服用劑量，最後達到驚人的一萬八千毫克。

到了 1970 年，鮑林已經成為一名狂熱者，寫出第一本與此有關的著作《維生素 C 與普通感冒》，歌頌服用大劑量維生素 C 的好處。這本書非常暢銷，一夜之間，人們開始爭相購買大量的維生素 C，深信它能擊退感冒。在美國某些地方，一年之內維生素 C 的銷

量增加十倍，藥房的供貨都跟不上了。所謂維生素 C 能讓人避開感冒的可靠信息，深入全美乃至全世界的人心——畢竟，這可是一位兩度摘下諾貝爾獎桂冠的知識份子的醫藥建言啊。

但是，鮑林那種傳福音般的熱忱並沒有良好的根據。除了一些傳聞軼事之外，根本沒有令人信服的基本理由，可顯示大劑量維生素 C 具有任何實質效益。1971 年《美國醫學會期刊》有一篇針對鮑林這本書的嚴厲評論，作者是賓恩（Franklin Bing）醫師，他責備鮑林在沒有證據支持的情況下，發表這樣的聲明。賓恩嘆息道：「很不幸，許多外行人都會相信本書作者所推銷的想法。」

賓恩講得沒錯，但他沒法預見這個神話會持續多久。後續研究發現，極少證據能支持鮑林的說法，高劑量維生素 C 的表現也沒有超過安慰劑。然而，這些都無法撼動鮑林的主張，他的影響範圍持續擴大。鮑林後來又出版了更多本書，討論這個主題，堅稱維生素 C 是能治百病的宇宙萬靈丹，從癌症到被蛇咬到愛滋病都能治。

即便陸續湧現更多證據，顯示他的主張是錯的，鮑林的信念依舊毫不動搖。他很自信的預測，採用高劑量維生素 C 養生法的人，能多活三十五年，沒有病痛。

鮑林最後在 1994 年過世，[16] 但是他對維生素 C 的看法一直留存到今日，而且沒有減弱的跡象。事實上，高劑量維生素 C 不但沒有益處，而且不被鼓勵服用。高劑量維生素 C 的副作用包括腸胃脹氣及腹瀉——對於某些喜歡開糞便玩笑的人，可能會懷疑鮑林所報告的「活動增加」，也許主要是指他的腸子吧。但是不可否認，鮑林受公認的權威地位，是這個迷思最先能在人們心中扎根、並持續到現在的主要原因。

訴諸權威之謬誤

許多迷惑源自我們如何理解詞彙與概念。

在我們人類所有特徵裡，語文可能是最獨特和有力的了。人類興起之初，具備了適當的演化癖性與生理結構，讓我們能夠說話，而心智能力則可以將思想轉譯成文字。這些能力對於我們之所以為人，非常重要。然而，語文卻充滿了含糊與模稜兩可。

我們使用的字詞，含意非常豐富，當它們被說出來時，若欠缺前後文的脈絡，通常是不可能精確判定其意的。這種含糊性，給了我們良好的工具來傳達豐富且微妙的意思；我們的詩歌、幽默和戲劇，在語文美妙的無定形特質中，蓬勃茁壯。然而語文千變萬化的性質，也能遮掩各種過錯，而且我們的語文和概念中的彈性，有時候也會令它誤入歧途。

某些概念的含糊性質很常引發困惑，例如「專家」這個字眼，顯然就是如此。

我們通常會遵從專家的引導，來做判斷。譬如說，對於醫療問題，我們一般都會聽從醫師的建議。鑑於醫師經過扎實的訓練，這樣做非常合理。但是情況並非都這般明確，就像鮑林的例子，在某個領域的專長並不能轉換成另一個領域的專長，甚至連明智都談不上。所謂「訴諸權威」（argument from authority）就是藉由公認的權威的支持，來合理化某項結論。

但是，要假定某位專家沒有錯誤，有一個很嚴肅而且通常很難克服的問題。例如，政客可能是政策和民主制度方面的專家，但是他們的判斷往往因為意識型態而差別極大。甚至連所謂「權威」本身可能都是有爭議的，因為「專家」其實是一個很含糊的名詞。譬

如說，如果問題涉及道德上的兩難，那麼這裡所仰賴的專家，可能是一名教士或哲學家，而這兩者很可能會提出截然不同的建議。

　　即便在我們的醫學案例中，也有主觀性的空間。雖說信任醫師通常是合理的認定，但有些合格的醫師也會同意未經實證或是已被揭穿為無效的另類療法。（另類醫療業者倒是很懂得用專家的篤定口吻來說話，即便沒有證據支持他們的說法。）至於大家公認的權威，也可能由於某方面的知識不足、偏見、不誠實、或甚至團體迷思，而誤導他人。單單依憑權威，經常是不牢靠的，尤其是在手邊的專業可能本來就有疑義的情況下，譬如說，經濟學家的預測往往相互衝突，即使他們都很有學問。[17]

　　訴諸權威是一個經典的非形式謬誤。它們會出現，是在一個論點的前提有疏失時，即使邏輯是正確的。到底哪裡出問題，非常多樣——前提可能太弱以致無法支持結論，或是語言太模稜兩可，或是輕率概化。正如語言給予我們多得驚人的表達方式，它也開啟了同樣多的缺口，讓可疑的推論潛藏其中。

塞麥爾維斯醫師的苦難

　　訴諸權威傾向於倚賴一成不變的專業詮釋。但是，當知識的前沿快速變遷時，這種做法將會崩解。

　　1840 年代，德裔匈牙利醫師塞麥爾維斯（Ignaz Semmelweis）在維也納總醫院謀得了產科醫師的職位。在他來到維也納那段期間，由於未婚懷孕的人數暴增，導致歐洲出了好些殺嬰案件。為了要遏止這股可怕的潮流，免費的婦產科醫院在歐洲大陸匆匆開張。維也納總醫院也設立了兩家這樣的診所。

這個年代距離抗生素問世還早得很,當時生孩子仍然是很危險的事,許多婦女在生產後不久便死於感染。奇怪的是,雖然這兩家位於維也納的診所在各方面幾乎都很類似,但是第一家診所的死亡率卻比第二家高出許多。這個事實也傳到了產婦們的耳裡,她們會懇求住進第二家診所,否則寧願在大街上生產,也不要住進可怕的第一家診所。

這項無法解釋的死亡率差異,引起塞麥爾維斯的好奇,但是,他的調查至少在剛開始的時候沒有什麼收穫。然而在 1847 年一次平凡無奇的屍體解剖過程,他的同事科里茲卡,不小心被解剖刀割了一個小傷口,隨後就一病不起。科里茲卡的死亡產生了一條病理線索:他的痛苦病徵和塞麥爾維斯每日照料、但束手無策的婦女,一模一樣。

在科里茲卡死亡事件後,塞麥爾維斯推測是腐爛的有機物質導致感染,是屍體上的某種粒子傳播疾病。他的想法得到了立足點,因為在這之前,兩家診所有一項差別一直受到忽略:第一家診所的醫師在沒有照料病人的空檔,常拿屍體來練習手術技巧。為了測試這個理論,塞麥爾維斯創立了一套嚴格的衛生制度,包括洗手、用氯來清洗死亡的惡臭,要讓醫師避免接觸到這些屍體的粒子。效果幾乎是立刻顯現:病人死亡率直線下降。不到一個月,第一家診所的死亡率已經和較安全的第二家診所一樣了,而且發熱死亡前所未有的低。

但是,即便實驗成效無可否認,塞麥爾維斯發覺,自己遭到許多醫界大老的反對。1800 年代的醫學已站在科學時代的尖端,可是年長的醫師依然在教導古代的體液學說,相信所有疾病都是由四種體液的不平衡所導致——也就是血液、黃色膽汁、黏液、以及黑

色膽汁。在這樣的架構下，醫師主要的角色就是藉由像是放血之類的技術，來調整這份平衡。當時許多醫師依然沉浸在古代技術中，對於新生的科學方法只有極膚淺的瞭解。他們仰仗的是資深醫師及教授傳下來的知識。這使得醫學成為充滿強烈個性和僵固見解的領域，許多干預更多是源自儀式而非證據。

塞麥爾維斯的聲明，不只公然違抗了這個學派，還激怒了許多醫師的敏感神經，因為這名年輕的新秀在言語間暗示，他們可能不夠乾淨。很多人完全不理會他的研究，聲稱如果有人與醫學權威不一致，那麼結論就是那個人錯了。

到了 1865 年，塞麥爾維斯因為自己的研究受到冷落，而被逼瘋了。早已顯露出認知障礙徵狀的他，開始酗酒以及寫惡毒的信給批評他的人，一封比一封激動，既怨恨又憤怒，他指控產科醫師都是「不負責任的殺人兇手」以及「無知的人」。這樣的舉止不僅損害到他的專業地位，也令一些原本可能接受他的數據的同儕望而卻步，這些人是比較傾向科學、不那麼武斷的。

塞麥爾維斯年僅四十七歲，就被送進了療養院。

精神治療在那個年代甚至更缺乏科學探究精神的啟發。塞麥爾維斯被迫穿上約束衣，浸泡在冷水裡。在企圖逃亡不成之後，他挨揍，結果受了傷。不到兩星期，很諷刺的，塞麥爾維斯就死於感染症，無聲無息消失在世人眼中和心中。他的喪禮很冷清，只有零零落落的幾名家人和朋友參加。

在維也納總醫院，繼任者對他的發現不屑一顧，人云亦云的追隨醫界權威。很快，產婦的死亡率再度竄升。又過了幾十年，「勤洗手能拯救生命」的觀念才被普遍接受，但期間無數婦女為這場愚行，付出了生命代價。

單因謬誤——政客最愛的第一招

塞麥爾維斯的苦難，經常被引用為訴諸權威的惡例。就某個程度來說，塞麥爾維斯確實是訴諸權威的受害者，但是當代對他的發現的反應，比起流傳的通俗故事版本所述，頗有值得細究之處。

塞麥爾維斯不是第一個建議用石灰洗手的人，雖然他在這方面的研究確實很有價值。可是，他提出的所有疾病都源自屍體裡的粒子，完全不正確。這時距離巴斯德（Louis Pasteur）揭露微生物的存在，還有好多年。但是即便在塞麥爾維斯有生之年，就已經有大量證據證明他的致病模型顯然不正確。對於他究竟發現了什麼，當時也很令人迷惑，此一事實在他的精神愈來愈錯亂之際，對他也更為不利。就連剛剛興起的科學派，也感到驚愕，因為塞麥爾維斯堅稱疾病只有一種成因，以及否定有空氣傳染這回事——這兩者在當時都已證明是不正確的。更別提，塞麥爾維斯對批評者發出的刺耳反應（就算有時候能讓人聽懂），也無助於讓他的研究受人歡迎。

既然如此，你可能會問，為什麼我還要把這個案例納進本書？答案有兩重：首先，這個故事很有名，而且有證據顯示塞麥爾維斯與權威發生衝突。第二，而且也更重要的是，圍繞著塞麥爾維斯故事的微妙情況，很漂亮的闡明了一個甚至更危險且更持久的推理缺陷。塞麥爾維斯在科學上的主要錯誤，在於把多元疾病的複雜歸因於單一原因。他堅持透過這個畸形的鏡片來看待一切，使得他的許多結論都錯了。

塞麥爾維斯的故事，不經意的證明了另一項經常出現、且深具破壞性的錯誤：「單因謬誤」（fallacy of the single cause），或稱「過度簡化謬誤」（reductive fallacy）。

找出萬物的共通原因這種欲望,不難理解。我們天生就熱愛簡單的敘事,喜歡因果分明而且界定得清清楚楚。但是在真正的現實裡,這通常是例外而非常規。

或許是因為我們渴望擁有簡潔的、容易理解的敘事,來描述生命裡的無常,以致單因謬誤非常吸引人,但結果往往是完全錯誤或是簡化到近乎無用。然而,由於渴望在噪音裡發現意義,我們不斷採用這種方式,即便它無趣到了極點。在政治場域和媒體上,單因謬誤頻繁出現,已到了令人厭煩的程度。那些受到意識型態驅使的自命權威人士,對於複雜的社會現象,總是提出簡單的解釋或解決方案,似乎沒能認知到許多情況都具有複雜的原因和促成因素。於是過度簡化謬誤成了運輸工具,承載最毒的社會謠言及政治謊言,而隨之產生的社會成本可能高得驚人。

1918 年,第一次世界大戰快要結束時,德意志帝國最高階層「最高陸軍指揮部」(OHL)實施的是軍事獨裁統治。等到春季西方戰線的攻擊接近尾聲,領導階層明白大勢已去。眼看無可避免的戰敗即將到來,最高陸軍指揮部很快速的完成過渡階段,轉變成初步的議會體制。在這個新政府領導下,德國在 1919 年 6 月簽署了〈凡爾賽和約〉,然後戰爭結束了。但是早在 1918 年 11 月簽定休戰協議之時,德國右翼的民族主義份子已陷入騷亂,他們不滿:強大的德意志帝國戰爭機器怎麼可能會如此徹底的遭到擊潰?再加上〈凡爾賽和約〉把衝突責任完全歸咎德國,這份恥辱就更沉重了。

曾經不可一世的德國陸軍與海軍的潰敗,加上戰敗後付出的高昂賠款,被德意志帝國的軍事代表們視為莫大恥辱。在民族自尊受傷的灰燼、以及一場血腥戰爭後的複雜現實中,產生了一個可怕的迷思:德意志帝國之所以戰敗,一定是因為大後方的叛國份子,他

們密謀要從內部摧毀國家。這個迷思被許多人欣然接受，即便是那些應該更瞭解內情的人，像是魯登道夫（Erich Ludendorff）將軍。

1919 年，和英國的馬康（Neill Malcolm）將軍一起用餐時，魯登道夫慷慨激昂、滔滔不絕，說了一堆陳腔濫調的原因，關於為什麼德軍在前一年會敗得這麼徹底。在這堆瘋狂的藉口中，他丟出了一個如今惡名昭彰的謠言，那就是大後方辜負了軍隊。英國歷史學家惠勒班奈特（John Wheeler-Bennett）敘述了這兩名軍人之間的談話：

馬康問他：「所以，將軍，你的意思是說，你們遭人從背後刺刀子了？」魯登道夫的眼睛一亮，馬上像狗撲骨頭般，緊緊抓住這個詞彙，「刀刺在背？」他複述了一遍，「沒錯，就是那樣，一點都沒錯，我們就是遭人刀刺在背。」

於是，一個傳說從此誕生，而且再也沒有真正消逝。

隨著這個單因謬誤的現身，魯登道夫成為刀刺在背迷思的領銜傳播者。這個適時出現的傳說，可以把責任歸咎於潛伏後方的破壞份子，於是德國社會有許許多多人熱切接受了。至於這些邪惡份子的身分，則會因為相信者的個人偏見而有不同，像是：布爾什維克黨人、共產黨人、反戰主義者、公會會員、共和黨人、猶太人，有時候則是所有以上受人憎恨的類型的人。這個偏見與極端民族主義產生共鳴，而它也回應了華格納歌劇《諸神的黃昏》裡，當哈根把矛刺入齊格飛沒有防護的後背上，所具有的象徵性。

威瑪共和國（1918 年至 1933 年採用共和憲政體制的德國）早期的民主領導人以及休戰協議簽署人，被激進的右翼反動份子痛斥為「11月罪犯」。這些感情變成怒火，而且很深沉。休戰協議簽署人埃茲

貝格爾（Matthias Erzberger）於 1921 年遭到極端民族主義的執政官組織（Organisation Consul）暗殺，而外交部長拉特腦（Walther Rathenau）也在次年被這個組織謀殺。

　　當然，最簡單的「背叛」解釋，缺乏任何實質內涵，德國國內和國外學者均徹底加以駁斥。但是，「完全缺乏真實性」很少能阻止一則容易理解的故事深植人心。相信這個迷思的人，會以採櫻桃的方式，選出惡棍份子被認為的「叛國」案例。譬如說，猶太記者艾斯納（Kurt Eisner）遭判刑，罪名是在 1918 年煽動一家軍火工廠罷工。艾斯納在次年被一個民族主義者暗殺身亡。然而魯登道夫一定早就知道，像艾斯納這類的行動其實沒有影響到德國的戰敗。因為到了 1918 年，德國已經山窮水盡，再加上一堆其他原因，完全爬不起來了。

　　但是承認德國的戰敗具有好幾重複雜的原因，遠不如「刀刺在背」這個傳說簡單易懂。另外，這個傳說還給了相信者別的東西：此一無可避免的戰敗的替罪羔羊。從這個挽回顏面的虛構謊言裡，浮現出甚至更有毒的東西：致命的新興反猶太主義，以及根深柢固的政治仇恨。而這段扭曲的架空歷史，也找到了一位極富魅力的代言人：年輕的奧地利煽動家希特勒。

　　希特勒全心擁抱這個迷思，將它與心中日益增長的反猶太和反共產主義信仰，無縫融合在一起。他在著作《我的奮鬥》裡，把德國戰敗歸咎於國際猶太人和馬克思主義份子的惡毒影響。在納粹的宣傳中，把納粹黨人所推翻的民主威瑪共和國，抹黑成叛國賊的代理人，譴責它是「一團腐敗、墮落、國家的恥辱、對誠實的『國家反對派』進行無情迫害，德國竟被猶太人、馬克思信徒、以及文化布爾什維克主義統治了十四年」。當希特勒在 1933 年取得政權，

「刀刺在背」不再只是邊緣的看法，而是變成納粹的正統說法，被當成正確的事實來教導學童與國民。納粹還特別針對猶太人，單獨拉出來譴責，烙上不忠於德國的內奸份子稱號。在希特勒領導下，納粹聲稱猶太公民是寄生蟲與叛徒。這樣的指控，最後成為失去人性的執照。

　　這個由迷思點燃的去人性化，替史上最駭人聽聞且難以理解的滅族屠殺，奠定了基礎。等到 1945 年二次大戰尾聲，已有六百萬名猶太人遭到納粹處決，再加上其他遇難者數目，更是高達一千一百萬人，他們都是納粹殺人機器所謂「最終解決方案」的受害者。如此大規模的謀殺，實在讓人無法理解。這是一個醜陋的提醒者：當邪惡的表述深植一個國家的心理時，可能付出多大的人命代價。對於被用來合理化此一大屠殺的心態，我們將永遠無法完全參透，而我們自己也一定要小心，不要在尋找這些可怕問題的答案時，同樣犯下過度簡化謬誤。

假二分法——政客最愛的第二招

　　過度簡化因果的謬誤可能以無數種風格呈現，最常見的莫過於「假二分法」（false dichotomies）或「假兩難」（false dilemmas）。這都是在兩個極端選項中進行選擇，即便兩者之間其實還存有無限種其他選項。然而，儘管假二分法本質上很空洞，但卻超級適合用來妖言惑眾，將大量可能性縮窄為只有大約兩個選擇。如果這種過度簡化的修辭花招被觀眾接受，那麼演說者就能馬上提出一個二選一的結果，一方是「讓人滿意的」，另一方是「卑劣的」。也因此，假二分法天生就是偏極化和不妥協的。這種謬誤的權謀特質在於：它能用

來迫使無黨派的人或未結盟的人，要嘛與說話者結盟，要嘛就是丟臉。它帶有一個暗示：不完全贊同說話者提議的人，會被暗示（有時則是明示）為敵人。

這些都是胡說八道，卻有力得驚人，具有磁鐵般的能力，可以讓不夠警覺的人按照說話者的意願來站隊。可想而知，它在政治發展史上由來已久，最顯著的形式就是：在橫跨政治光譜的所有譜線中，宣稱「你要是不和我們一道，就是與我們為敵」。

列寧在 1920 年的一場演說中宣布：「我們以絕對的坦誠來說這場勞工階級的奮鬥；每一個人都必須在加入我們或加入對方之間，做出選擇。任何人想要避免在這個議題上選邊站，最終都將慘敗收場。」八十年後，政治立場上與列寧天差地遠的美國總統小布希，在 911 攻擊後的國會聯席會議上演說時，也用了同樣這套開場白，警告所有正在聆聽的國家，「你要不站在我這邊，就是和恐怖份子站在一邊。」列寧和小布希兩人都毫無顧忌的採用赤裸裸的修辭謊言，來箝制一切聲音，只留下對自己有利的偏激觀點。

假兩難的漫長卑鄙的血統，同樣令人難忘。我們這本書的其他章節和市面上的許多書籍，都找得到歷史範例。

例如，米勒（Arthur Miller）的劇作《薩勒姆的女巫》，背景設定在 1690 年代麻薩諸塞灣薩勒姆鎮的審巫案期間，但寫作的時間是在 1953 年，該劇非常精采的諷喻了當時瀰漫整個美國社會的反共產主義的歇斯底里。劇中，副審判長丹佛斯便援引了這個謬誤，警告說「任何人只能與這個法庭站在一起，不然就必須反對它，沒有中間的路。」除了政治領域，假兩難也常用在情感性的話題，以推動特定的敘事，而其邏輯通常不健全，因為在光譜兩個極端的中間，其實還存有其他的合理立場。

　　假二分法由於自身的特質，天生就和理性論述相對立，容易孵化出極端主義。而假兩難天生的極端，可毒害到務實的解決方案，並擊碎建設性的對話。假兩難最深沉的魅力在於：它有辦法將整個光譜壓縮成簡單、互相對立的兩個極端，而這也解釋了，為何長久以來它會深受暴君與煽動家的喜愛。而且很明顯的是，假兩難的腐蝕性影響力並未隨時間減低，現在依然常出現在很多領域中，充滿了乏味的可預測性。這種現象在社交媒體裡就非常普遍——在社交媒體裡，具有極寬廣的細微差異觀點的複雜話題，往往被提煉成完全對立的二種詮釋之間的爭吵比賽。在這類論壇上，意見光譜變成了很奇怪的雙峰譜。

　　過度簡化謬誤的吸引力在於它很容易領會：它們提供簡單的、讓人寬心的解釋，來詮釋複雜的現象。這種「自己已經理解了」的錯覺，很令人安慰，也很令人肯定，是心理上的慰藉，也是在這個令人迷惑的世界裡的保護圖騰。

　　對人類來說，瞭解因與果的渴望十分重要，而且是天生的。這項持久的欲望，數千年來一直是驅動人類發展與追求知識的引擎。它引領我們通往一切，從學會取火，到得出量子力學公式。若沒有這種無法壓制的理解欲望，我們今天將不會擁有如此大量的藝術與科學。然而，至少在我們還有欲望去瞭解的時候，一旦稍有不慎，我們也會淪為「因果謬誤」（causal fallacy）的受害者——因果謬誤早就書寫在我們的迷信裡，融入我們的儀式甚至宗教裡。

　　正如我們在下一章〈無火生煙，無風起浪〉將會看到的，想要區分因和果，有可能非常困難，而且太容易出錯，太容易造成群體的傷害。

第 5 章

無火生煙，無風起浪

狂熱的反疫苗人士

把「後此謬誤」推銷給天真的人，

煽動了整起毀滅性的風潮。

　　人類一直具有強烈的迷信傾向。不論我們多麼以理性自豪，很少有人從樓梯底下走過時，不會感到些許焦慮，或是見到鏡子破裂時，心中不會升起恐懼。有些人甚至會避開被視為不吉利的動物、地點或數字。例如，害怕 13 這個數字的「十三恐懼症」是這麼普遍，乃至有些旅館故意不設第十三樓或第十三號房。但是說句公道話，迷信可不是人類獨有的特性。偉大的心理學家史金納（B. F. Skinner）證明了，另一種動物也具有同樣的怪癖：卑微的鴿子。

　　史金納的洞見來自一個如今已是經典的制約實驗，在這項實驗裡，鴿子能以隨機的間隔時間，獲得來自某件機械裝置的點心。在拿到許多隨機的獎賞後，好奇的鴿子開始相信，是牠們行為裡的某些部分觸發了禮物的發放，於是採行了一長串的儀式，來鼓勵這件事。鴿子成功受到制約了，牠們賣力跳著複雜的舞蹈，去討好善變的點心之神。這些舉動很精細複雜，由渴望獎賞的鴿子們一再重複。史金納觀察到：

　　　　有一隻鴿子被制約成以逆時針方向在籠中轉圈，每兩次強化之間，轉二到三圈。另一隻鴿子反覆將頭撞向籠子上方某個角落。第三隻鴿子發展出「猛抬頭」的反應，好像要把頭伸到某個看不見的欄杆下，然後把它頂起來，一再重複。有兩隻鴿子發展出頭部與身體的鐘擺運動……另一隻鴿子則是做出不完整的啄食或擦拭動作，方向朝下，但是不會碰觸到地板。

　　雖然史金納的科學發現名單很長，令人驚嘆，但是很難不讓人產生感觸：竟然有人的學術生涯顛峰在於「令鴿子變得迷信」。對於史金納來說，這是行為受到增強的明顯證據——當鴿子執行牠們

的儀式，就會得到回饋。但儀式只是看起來有用，鴿子似乎並沒有質疑牠們的反應系統是否堅實。

　　不過，我們不應該太過批評鴿子，畢竟我們人類也一直在做同樣的行為。鴿子跳的這種複雜難解的舞蹈，在許多方面可以直接類比人類的祈雨舞，而祈雨舞早就由橫跨美洲、歐洲和亞洲的人們跳了不知多少個世紀了。這類儀式深深融入我們社會，是有充足理由的。我們是敏銳的觀察家，天生有能力從觀察中做出推論 —— 長久以來，這項特色對我們一直很有用。

 ## 後此謬誤

　　雖然把兩個或更多個不同的現象連繫在一起，是人類基本的衝動，但是事實上，某件事發生在另一件事後面，並不能證明第一件事造成第二件事。我們通常很難判定兩個顯著事件之間是否有因果關係，又或者它們發生的前後順序只不過是巧合的假象。然而，貿然認定某件事造成另一件事的錯誤，卻是無所不在。

　　最經典的有關因果錯誤的非形式謬誤，都被納入「後此謬誤」（post hoc ergo propter hoc）這個總術語裡，意思是「發生在這個之後，所以原因就是這個了」。這個術語簡明扼要的捕捉到此類錯誤的精髓。這種不可靠的因果謬誤，表面上非常有吸引力，因為它們提供了一系列看似完整的因果事件。但我們該記得最重要的信條：單憑發生順序，不能保證具有因和果的關係。

　　就拿瘧疾來說，這種疾病已經折磨人類幾千年了。西元前 400 年，早在這種病獲得它的現代名稱之前許久，希波克拉底就討論過它的成因，斷言瘧疾是因為沼澤環境裡不健康的空氣所引起的。鑑

於希波克拉底是公認的醫學之父,直到今日,醫師還是以他的名義來立誓,所以希波克拉底的觀點流傳久遠,也沒什麼好意外的。羅馬的許多醫師也留意到,患瘧疾的人通常住得很靠近溼地及沼澤,尤其是接觸到夜間空氣的散步者,發病比例特別高。這項觀察就古代醫學的標準,至少還挺合理的。最不合理的是同時代的醫師薩蒙尼克斯(Sammonicus),他要求病人將一串驅病符字母 abracadabra 刻寫在護身符上,然後將這串字母寫在紙上很多次,每次書寫時要減少一個字母,做為發燒的治療法。

陰溼環境與發病之間的關聯,延續了下來,經過世世代代的醫師重複確認。這份關聯反映在瘧疾最後的名稱上:malaria 的意思是「壞空氣」。直到 1880 年,法國軍醫拉韋朗(Alphonse Laveran)才在一名瘧疾病人的血液內發現寄生蟲。幾年後,1887 年,印度醫療服務中心的英國軍醫羅斯(Ronald Ross)找到了瘧疾的傳染媒介,證明了蚊子可以傳播瘧疾寄生蟲。由於蚊子是夜間活動,而且性喜在停滯水體中產卵,所以古代的「夜間沼澤地與瘧疾風險有關聯」是正確的。然而,他們的推論卻是謬誤的。不是惡劣的空氣導致這種疾病,而是寄生蟲藉由蚊子叮咬而傳染,但蚊子剛好是在水體附近繁殖和進食。

雖然瘧疾與不流動的空氣之間的關聯是誤解,但因此推出的結論卻不太可能造成傷害。若說真有影響,它甚至可以說無意間救了很多人命,因為它奉勸人們遠離蚊子進食與傳播感染的區域。這一點很像塞麥爾維斯的洗手結論,雖然基於錯誤的理由,但拯救了許多年輕婦女的生命。然而這是一場快樂的意外,而相反的情況也一樣頻繁。

疫苗接種——拯救人命的偉大方法

有時候，錯誤的推論不是有益的，而是充滿了嚴重的後果。在這方面，最具代表性的案例，當屬 1990 年代末以及 2000 年代初，虛構的「疫苗接種與自閉症相關」所引發的恐慌了。疫苗接種是繼清潔飲水和個人衛生之後，地球上最偉大的拯救人命的單一方法。儘管如此，一開始就有人反對疫苗接種。梅西（Edmund Massey）牧師在 1772 年有一場講道，題目叫做〈接種疫苗是危險和有罪的行為〉，指稱疾病是來自上帝的神聖懲罰；因此，預防天花就是「惡魔的操作」，等同於褻瀆上帝。其他一些人反對疫苗接種，則是站在比較主觀的立場，像是基於「身體完整性」，或是基於對免疫作用的誤解。

1873 年，在瑞典斯德哥爾摩，源自宗教觀點以及對個人權利的擔憂，造成反對接種疫苗的風潮，使得瑞典首都的天花疫苗接種率只有可憐的 40%，遠不如瑞典其他地方的 90%。然而次年爆發了一場天花流行之後，這種頑固態度很快就逆轉了，隨著這場疫病達到顛峰，疫苗接種的接受率也顯著上升。至少在斯德哥爾摩，天花震撼人心的現實，粉碎了市民原本可能帶有的自滿。

十九世紀的歐洲，像這樣的疫病爆發可不是小打小鬧。當時天花一年奪走四十萬條人命，也使三分之一的受害者瞎眼。那些染過病的人身上，通常滿是長了膿包後的疤痕，而且傷疤往往是永久性的。天花可不會在意階級或地位，既攻擊王子也攻擊乞丐。在無數死於天花的受害者當中，包括英格蘭女王瑪麗二世、奧地利皇帝約瑟夫一世、西班牙國王路易斯一世、俄國沙皇彼得二世、瑞典女王烏爾利卡、以及法王路易十五。

　　到了二十世紀初，對免疫學的新見解，讓疫苗接種得以興起，全力對抗自有記憶以來便禍害著人類的疾病。天花是這張恐怖名單上的頭牌，到了 1959 年，它每年至少害死兩百萬人。那一年，全球開始認真通力合作，用疫苗接種來對抗天花。到了 1979 年，天花病毒已經完全被消滅了。這是人類史上頭一遭，把一種致命病毒貶謫到史書和悲慘記憶中，只留下一點點，存放在世界各地小心控制的生物防護實驗室裡。

　　另外，對抗像是脊髓灰質炎（引發小兒麻痺症）與麻疹這類曾經普遍的疾病的疫苗，在 1950 年代開發出來，拯救了更多的人命，令許多疾病帶來的悲慘，湮滅在遙遠的記憶中。到了 1994 年，美國已經完全擺脫了脊髓灰質炎，歐洲於 2002 年跟進。

　　但是從很多方面看，疫苗卻淪為自身成就的受害者。天花這類疾病非常強悍，曾經是人類必須直面、無可逃避的，後來卻開始慢慢從文化自覺中淡出。人們不再會碰見滿臉痘疤的天花病人，也不會碰到因脊髓灰質炎而跛足的人。曾經縈繞人心的，導致孩童喪命或耳聾或腦殘的麻疹傳染，也不再是一般人共通的經驗。

　　隨著這方面的風險愈來愈抽象和不顯著，自滿開始滲入人心。人們忘了接種疫苗曾經多麼深刻改變了我們的世界。[18] 在二十世紀大部分期間，接受疫苗接種的比率都滿高的，只除了一小群頑固的社會邊緣人士對防疫接種不屑一顧。這群人始終在大時代的背景裡不時叫囂，把所有可以想到的疾病歸咎於接種疫苗。大部分時候，他們的斷言都太怪異，不受重視。[19] 在二十世紀末，年輕的父母不像當年自己的父母；年輕的父母已不用擔心孩子會在嬰兒期死亡。嬰兒能活下來，如今已成為肯定的事，理所當然的事。但是，有些年輕的父母發現了一些新的恐懼，很令他們憂心。

韋克菲爾德醫師愚弄世人

　　其中一項愈來愈大的憂慮是關於發展障礙。二十世紀晚期，自閉症在兒童中的發生率明顯開始升高，嚇壞了為人父母者。泛自閉症障礙（autism spectrum disorder, ASD）的特徵，往往就在幼兒剛接種疫苗後不久顯現出來。在有些人看來，這便暗示了一個令人不安的意涵：會不會是接種疫苗本身引發了自閉症？然而，沒有醫學證據支持這樣可怕的結果，倒是有很多與此矛盾的證據。原本這個偽造的關聯可能會從公眾意識的周邊漸漸消退，要不是惡名昭彰的英國腸胃科醫師韋克菲爾德（Andrew Wakefield）搞出了那些動作。

　　1998 年，韋克菲爾德和十二位同儕，聯合做了一項很小型的研究，對象是十二名自閉症兒童。研究結果發表在醫學期刊《刺胳針》上，宣稱發現了一群伴隨自閉症而產生的腸道症狀，他們將它取名為自閉症型腸炎，而且在該篇論文的討論部分，深埋了一個相當揣測性的暗示，認為這有可能與接種麻疹疫苗有關。這個暗示就像是一個很隨意的嘗試性的主張，毫無確證的資訊。正常情況下，這樣淺薄的臆測一定會被駁斥為沒有根據，但是韋克菲爾德不受嚴謹科學行為的束縛，他使出了很不尋常的一招：直接召開記者會！韋克菲爾德宣布，他發現 MMR 疫苗（麻疹－腮腺炎－德國麻疹三聯疫苗）與自閉症有關聯，因此這種三聯疫苗不安全。此一宣稱，剛好與自閉症日益普遍所引發的擔憂，一拍即合。

　　至少剛開始，韋克菲爾德的驚悚宣言對公眾論述沒有產生太大效果。他的說法與許多更強大的數據相悖。科學記者和健康記者都夠精明，能看出含糊可疑的科學說法的特徵，也會提防韋克菲爾德過度的自吹自擂。然而漸漸的，有一群熱心的疫苗反對者，把這則

故事推進到主流媒體，為了規避科學新聞的守門員，便把它包裝成富有人情味的故事，來傳播給較容易受騙的記者。非專業記者以憂慮的發言者自居，強調自閉症特徵就在疫苗接種後顯現出來，鞏固了因與果的印象。對於反疫苗運動人士來說，他們本來就需要大眾恐慌，以便推銷自己的想法，這無疑是天賜良機。到了 2002 年，英國所有科學報導中，大約有 10% 與 MMR 疫苗有關，而這些報導當中，80% 由不具科學或醫學背景的記者所執筆。醫師兼作家戈達克雷（Ben Goldacre）精闢總結了此一怪誕的情境：「突然之間，一群平日告訴我們八卦趣聞的人，開始就免疫及傳染病等複雜議題，提供我們評論與建議。」

專業和報導之間驚人的脫鉤，照理應該一眼就看出來了；科學記者和醫學記者整體說來，對於反疫苗運動長期以來錯誤詮釋臨床證據的傾向，早就很熟悉了，而且他們也很知道如何用科學方法來反駁韋克菲爾德的聲明。專業科學作家在報導 MMR 疫苗時，往往會強調有堅實證據顯示，疫苗接種的益處是壓倒性的，而它與自閉症有關的證據基本上是不存在的。然而，在一片保護孩童的咆哮聲浪中，來自科學社群的提醒，有關接種疫苗可以大規模搶救生命，已被淹沒在恐慌的大漩渦裡，受到了忽視。就像俗話說的，媒體無所不報，至於這群八卦記者、名流和公眾人物在科學上有多無知，則完全被忽略了。眾多媒體開始奉承韋克菲爾德及其支持者：《每日電訊報》把韋克菲爾德吹捧成「病人的鬥士」，完全無視疫苗接種在安全與效益上的醫療共識。

無可避免的，這場騷動付出了高額的代價。幾個月內，西歐國家的疫苗接種率陡然下降。這是極端危險的情況，尤其是麻疹，特別具有傳染性，經由空氣傳播，隨時都可以感染其他孩童。每一宗

病例可導致平均十二個到十八個繼發傳染。不只感染本身讓人很難受，副作用也可能具有毀滅性，包括失聰、腦部損傷。感染麻疹也可能致命，每年奪取超過十六萬條人命。由於麻疹十分頑強，需要有很高的集體抵抗力，才能防範它變成大流行。具有免疫力的個人能提供一道防火牆，保護那些無法接種疫苗的人，例如小嬰兒以及健康狀況不允許接種疫苗的人。對於像麻疹這般致命的疾病，群體免疫必須達到 94% 左右，才能防止爆發大流行。

　　由於許多媒體的好騙和糟糕的引導，韋克菲爾德那些可疑的訊息散播得又深又廣。結果就是全然誇張的疫苗高風險描述，[20] 即使壓倒性數量的證據顯示，接種疫苗極具效益和安全性。在英國，也就是這次爭議的中心點，疫苗接種率驟降到只有 62%。於是，這種致命疾病的爆發，從原本相對罕見，變成司空見慣的問題。跨過愛爾蘭海的都柏林，低落的疫苗接種率提供了麻疹病毒氾濫的理想環境，導致三名兒童性命垂危、以及好些人留下永久性的傷疤。

良心記者揭穿反疫苗騙局

　　在新聞機構展現出來的一片駭人聽聞的制式處理中，出現了一個可敬的例外，那就是調查記者迪爾（Brian Deer）。迪爾對於日益尖銳的反對疫苗接種聲浪，起了疑心，他注意到，韋克菲爾德的主張和大量科學數據完全相反。

　　2004 年，迪爾公布證據，證明韋克菲爾德收受了某些律師給付的五萬五千英鎊費用，而那些律師正在搜尋證據，以對付疫苗製造廠商。但是韋克菲爾德沒有聲明這項潛在的利益衝突，此舉等於公然違反科學倫理。另外，迪爾還列舉出毀滅性的證據，顯示韋克菲

爾德已經對 MMR 疫苗的競爭對手疫苗，提出專利申請，而且他根據自家實驗室的結果，充分明白實驗結果與他在公眾面前的主張完全相反。

《刺胳針》期刊承認韋克菲爾德的研究具有致命缺陷；韋克菲爾德的回應則是控告迪爾誹謗，此一赤裸裸且粗暴的手法，目的在遏止對他不利的大量證據。好在此舉嚴重低估了迪爾的擇善固執，他繼續公布更多有關韋克菲爾德的毀滅性醜聞。到了 2006 年，迪爾所揭露的，不只是韋克菲爾德的主張完全沒有價值，而且證實韋克菲爾德還從期待發現 MMR 疫苗有害證據的出庭律師那兒，收取了多達四十六萬五千六百五十三英鎊的巨額金錢。最後，韋克菲爾德不得不撤回控訴。

而這也成為韋克菲爾德教派的喪鐘。英國一般內科醫學委員會開始徹查。《刺胳針》期刊在發現造假的證據後，也收回該篇論文。2010 年 4 月，迪爾證明韋克菲爾德曾經竄改證據。一個月後，英國一般內科醫學委員會判定韋克菲爾德犯下嚴重的專業失格，罪行包括專業上的不誠實、以及對發展遲緩兒童的利用。韋克菲爾德遭取消醫師資格，而迪爾也公布證據，證明韋克菲爾德曾計劃要銷售一種針對自閉症型腸炎的醫學檢驗，這些檢驗估計每年可為他淨賺四千三百萬美元。

韋克菲爾德可說是從醫界寵兒，徹底墜落為醫界賤民。《英國醫學期刊》主編戈德里（Fiona Godlee）教授，將韋克菲爾德的可恥行徑做了一番總結，她的評論毫不留情：

是誰犯下這樁騙局？無疑的，是韋克菲爾德……（他）曾有過無數機會去再現該論文的發現，或是承認自己的錯誤。然而他都不

肯去做。他拒絕加入其他十名共同作者在 2004 年撤回該篇論文的聲
請，而且他一再否認有任何過錯。即使已經顏面盡失且被剝奪臨床
和學術資格，他依舊推行他的觀點。同時，在失衡的媒體報導以及
來自政府、學者、記者和醫學界的無能回應的刺激下，大眾健康的
損害仍在持續。

　　自閉症型腸炎是一個迷思，它的研究無法再現，而且只有韋克
菲爾德捏造的證據能支持它。[21] 然而，即便一切證據都指向無可避
免的騙局結論，許多人依舊團結支持韋克菲爾德，相信他們子女的
自閉症必定與 MMR 疫苗有關。他們信念的最強證據就在於：接種
疫苗之後一段時間，子女便開始展現自閉症徵象。這真是把因果謬
誤發揮到了極致——雖然它的簡潔很是誘人，但是結論卻根本對不
上。自閉症比例的升高與疫苗接種無關，倒是與最可能的罪魁禍首
「自閉症診斷標準放寬」有關。此外，接種疫苗後出現自閉症也沒什
麼好吃驚的，因為自閉症本來就是在童年早期顯現，而且一些明顯
的標記，諸如溝通障礙等，往往是在二歲到三歲變得明顯，剛好是
接種疫苗後不久。這種錯誤的因果歸咎，已足夠激起一場鋪天蓋地
的恐慌。

　　雖然對 MMR 疫苗疑神疑鬼的高峰，在 2000 年代初也許就已平
息，但是那個年代的兒童受害者卻不是唯一受苦的人。對疫苗接種
有疑慮的父母，拒絕讓子女受到防護，而他們的恐懼又漸漸擴散到
全世界。那些成長期間沒有接種疫苗、或是缺乏群體免疫背景的幼
兒，在全歐洲以及美國的結局都是可以意料到的。2011 年，歐洲共
有超過兩萬六千個麻疹個案，造成九人死亡、七千二百八十八人住
院。到了 2018 年，住院數已攀升到超過八萬二千五百九十六人。

2012 年，英國病例數上升到二十年來的高點，單是 2013 年威爾斯的一次麻疹爆發流行，就感染了一千兩百人，並造成一人死亡。愛爾蘭在 2010 年目睹了四百四十三個病例，是前一年病例的兩倍多。在愛爾蘭科克郡，疫苗接種率只有 26.5% 這麼低。

　　曾經完全擺脫麻疹的美國，如今也看到感染率在某些地區升高了。2014 年，在二十七個州共有六百七十七宗病例，達到二十年來的高點。隔年，單獨一名感染者在迪士尼樂園造成至少一百五十個病例，有關當局還注意到「2015 年的麻疹爆發可能要歸咎於疫苗接種率低於標準」。2019 年初，紐約也出現數十年來最嚴重的麻疹疫情。這些人都是疫苗恐慌史的遺禍的受害者，而反疫苗運動人士到現在仍致力推銷這份恐懼。

　　世界衛生組織很憂心，他們注意到這種情況並不新奇：「如何對付反疫苗運動，從金納時代開始就是一個問題了。[22] 長期來說，最好的辦法是一有機會，就要提供科學的有效數據，來反駁錯誤的主張。但是說來容易，做來難，因為對手的遊戲規則通常不是科學的遊戲規則。」

可得性捷思法

　　這個問題嚴重到了什麼程度呢，2019 年，世界衛生組織第一次將「疫苗猶豫」（vaccine hesitancy）列入全球十大健康威脅。支撐 MMR 疫苗恐慌的，只不過是觀察到自閉症的顯現是在疫苗接種後不久。這個巧合的時間點被當成了特洛伊木馬，讓狂熱的反疫苗人士把「後此謬誤」推銷給天真的人，煽動了整起毀滅性的風潮。至今我們仍能感受到的不幸後果，正是一個顯著的提醒者，提醒我們

錯誤思考會導致什麼樣的後果。

　　這份恐慌裡，還有另一個因素在煽動：當代的文化思潮和時代精神。回頭看這整件事，我們可能會好奇，為何有這麼多的擔憂被耗費在假設的自閉症風險上，以及為何與人們更為一致的是那份恐懼，而不是疫苗接種能預防什麼。

　　部分答案在於「可得性」。對於 2000 年代初期的父母來說，孩子因麻疹而死亡或永久傷殘的影像及故事，壓根兒就不在我們的文化詞彙中。由於許多年前的研究以及公衛上的努力，麻疹病毒禍害的鮮活畫面不再頻繁出現，因此也和憂心的父母缺乏共鳴。反觀自閉症，在現代經常有人討論，是公眾語言的一部分。雜誌和報紙時常刊載自閉兒童面臨挑戰的故事，以及揣測自閉症比率明顯提升的背後成因。這些揣測通常無視一項平凡但重要的事實，那就是自閉症的診斷準則在近年大大放寬了，因此一些從前可能給歸入智能障礙的孩童，如今終於被辨識納入自閉症的譜系中。從前這些長期住在收容機構、缺乏自理能力的孩子，對社會來說幾乎是隱形的，但是現在卻突然出現在大眾眼前了。「自閉症」這個想法很容易進入大眾心中，麻疹的毀滅性衝擊如今卻不能。而這種概念上的可得性差異，會讓我們的感知產生很大的偏差，而且是悲劇性的偏差。

　　這種「更看重容易取得的資訊、或是最近的資訊」的現象，叫做「可得性捷思法」（availability heuristics）。在評估一個概念或是形成一個意見時，這其實就是一條心理捷徑，依靠容易想起來的最接近的案例。它依據的假設是：如果某樣事物很容易想起來，那麼這樣事物必定很重要；或者說，它至少比其他替代的解釋更為重要。愈容易想起來的資訊，我們對它愈有信心。

　　事實上，這通常會讓我們的意見偏向最近的消息或是記得住的

案例。但是，某個消息是最近的或能記得的，並不代表它就是真實的，根據這種捷思途徑得出的結論，也不能算是嚴謹的。憂心忡忡的父母更容易接觸到可怕的自閉症故事，而非麻疹死亡案例，即便麻疹的危險遠超過並不存在的自閉症風險。

可得性偏差在整個捷思法家族中，只是其中一種心理捷徑。有時候此舉的理由在於：重速度勝過質量。譬如說，碰到生死存亡問題時，快速是有好處的。如果我們到了荒郊野外，突然發覺草叢中傳來沙沙聲響。最可能的情況是，沒有什麼大不了的事；可能只是風聲，或是鳥禽，或是一頭狐狸。要看我們當時人在哪裡，以及我們對周遭情況有多瞭解，我們可能會盤算最可能發生的原因。但是一般說來，我們並不會那樣盤算。我們的心思會立刻做出反應，我們的危機感會做好準備。如果這些沙沙聲響並非無害，而是一條暗藏的蛇，那麼這種捷思行動可是能救命的。

快思，慢想

這些決定和我們的反應是這麼的快速，似乎會避開積極思考。這些快速行事準則就是捷思法，藉由讓推理走捷徑，通往寧可謹慎的一方，來奮力保住性命。當然，它們一點都不完美，但是運轉得就好像自動駕駛般。心理學家康納曼（Daniel Kahneman）將我們的思維分成兩種狀態：系統一（快思系統）和系統二（慢想系統）。在康納曼的架構中，系統一是我們的快速直覺、以及看似自動的反應；系統二則是較緩慢、更具分析的思考模式，由推理主控。這兩種系統是互補的：邏輯思考很花費認知能力，而捷思法能保住我們的性命。套句康納曼的話，「這是直覺捷思法的精髓：在面對困難的抉

擇時，我們往往會以比較簡單的方式來應對，而沒有注意到替代的
選項。」

　　捷思法的功用當然不只限於保護我們避開蛇──快思系統是我
們如何思考的基礎。即便在我們慢想、進行分析思考之際，我們還
是會同時使用到兩個系統的要素，以致於捷思法深深埋藏在我們的
推理中。康納曼和同僚曾經找出一批這樣的捷思法，它們就位在我
們推論能力的中心。問題在於，從這些容易想起的案例來推論，充
滿了發生嚴重錯誤的可能性。通常我們記得最牢的案例，都是伴隨
最多情緒的，而非最具代表性的案例。譬如，人們往往過度高估死
於恐怖攻擊和暴力傷害的風險，卻全然低估了心臟病及中風等可能
性更高的生命殺手。但是很顯然，當我們只依靠捷思法時，我們冒
的風險是：可能做出錯誤推論、以及最終得出錯誤推理。用康納曼
的話來說，「捷思法挺有用的，但有時候會導向很嚴重、而且是系統
性的錯誤。」

　　直覺捷思式的推論可能很快速，但是卻伴隨著許多陷阱。舉一
個簡單的例子，那是康納曼在 2011 年的著作《快思慢想》中提過
的：一顆棒球和一根球棒加起來要一百一十美元，球棒比棒球貴了
一百美元，請問棒球要多少錢？大部分人憑直覺脫口就答十美元。
但這個答案是錯的，因為如果是這樣，球棒就要一百一十美元，而
兩者總價將會是一百二十美元。

　　想找出真正的答案，不妨將文字問題轉換成代數。假設 X 為球
棒的價錢，Y 為棒球的價錢，我們將會有兩個簡單的方程式：

$$X + Y = 110$$

$$X - Y = 100$$

這是一個聯立方程式，把兩個方程式相加，我們會得出 2X =

210。於是,球棒 X 等於一百零五美元。根據這個答案,我們會發現棒球價格為五美元。

如果你答錯了,不要氣餒——正如康納曼解釋過,這項錯誤無所不在,即便是在最聰明的學生當中:「數以千計的大學生回答過球棒與棒球的問題,而結果令人驚呆。來自哈佛、麻省理工、普林斯頓這類大學的學生,超過 50% 給出直覺式的錯誤答案。至於一般大學,明顯失察的比率更是超過 80%……很多人都過度自信,太過相信自己的直覺。他們顯然發覺認知努力有一點累人,而盡量可省則省。」

我們常說自己憑藉的是直覺,但是,對於任何需要些許精細分析的事情來說,我們全自動的反應通常是次佳的。惱人的現實在於當我們面對必須做決策的情境時,我們暗自依賴速度以及讓我們感覺良好的事,結果通常令我們偏斜,有時候甚至造成危險的後果。所以,當我們根據有限的數據來推論因果時,一定要非常小心,而且要十分謹慎,切勿過早做出沒有根據的結論。

和一句古老的諺語相反,煙經常會無火而起。然而悲慘的是,在搜尋不存在的火時,我們往往點燃了自己的煉獄。

第 6 章

野獸的天性

不論人類賦予自己多崇高的地位，

我們終究是動物界的一員，

差別只在我們擁有演化得夠充分的前額葉皮質。

白人民族主義復辟

很少有議題能像移民問題這樣，暴露出赤裸裸的張力。在世界各地，有些地區真的有人很擔心被「異形入侵者」給霸占了——傳說中的這類入侵者，甚至不需要是某種外星異形；同一個國家裡的不同族裔或種族，都可以帶來這種彷彿異形入侵的恐懼。

種族歷史複雜的美國，或許就是最佳的例證。奴隸制度點燃了美國南北戰爭的導火線。林肯的勝利雖然解放了四百萬美國黑奴，可是即便在解放後，他們還是經常受到排擠與歧視，被隔離在社會邊緣。南北戰爭結束很久之後，種族隔離政策伴隨著剝奪選舉權，依然施加在非洲裔美國人身上，將他們限定為永久的二等公民，而且經常發生暴力壓迫。

1950 年代民權運動的創始，讓人們看到一絲或許能改善世界的希望。1963 年 8 月 28 日，金恩（Martin Luther King）博士在林肯紀念碑下，對著二十五萬民權運動支持者發表演說，期望將來有一天人們「不再因皮膚顏色，而是因品格內涵來受人評判。」在 1960 年代結束前，〈選舉法案〉與〈民權法案〉都獲得通過，使得種族歧視或辱罵成為聯邦罪行。遺憾的是，金恩博士沒能活到親眼見證這一刻，他在 1968 年被暗殺了。到了 1970 年代初，報紙上已經開始紛紛猜想是否即將進入一個真正的「後種族社會」，金恩的夢想世界：種族不再與個人命運相關，根據皮膚的黑色素程度而存在的偏見，成為落後時代的殘骸。歐巴馬在 2008 年當選總統，更是帶來強烈的樂觀情緒，認為後種族社會可能終於來臨了。

唉，再沒有比這個更一廂情願的了。老舊的心態可能會被法律所壓抑，但是它們並沒有消失，它們只是隱藏得更巧妙而已。擔任

總統期間，歐巴馬忍受著不間斷的種族主義，有些是公開的，有些則比較隱晦。有一個陰謀論很快浮現出來，聲稱他是在肯亞出生，因此他的總統資格不合法。這個所謂的出生地運動，宣稱歐巴馬的出生證明是偽造的，他其實是一名祕密的穆斯林──這是一項不怎麼隱晦的攻擊，企圖讓他名譽掃地，把他打成「非美國人」。讓人佩服的是，面對這樣的指控，歐巴馬仍然能以一貫的優雅和神氣的方式來處理。但是基本上，有些人就是不能接受這名成功的黑人會是一名「真正的」美國人。其中嚷嚷得最大聲的，莫過於電視實境秀明星川普。

當川普在 2016 年競選美國總統時，他明確且反覆重申一些赤裸裸的種族主義和仇外主義。他詆毀移民，把競選主軸定為在美國與墨西哥邊界築一道異想天開的高牆。這裡頭的核心訊息就是：移民和外來者是造成美國當前困局的原因，而川普承諾要遏止他們。

在一個進步的世界，這樣的言論理當令人喪失候選資格；然而相反的，川普這種公然的仇外，卻吸引了白人民族主義者，他們突然紛紛探出頭來，有膽子成為公開的種族主義者。前三K黨領袖杜克（David Duke）為川普背書，盛讚「他將奪回我們的國家」。川普陣營首席策士班農（Steve Bannon）的布萊巴特新聞網站，主題就是民族主義。白人至上主義者斯賓塞（Richard Spencer）支持川普，而剛剛興起的另類右翼運動也在為川普加油助陣。全美國的新納粹團體和白人民族主義者都公開讚揚川普。他們的擁戴，照理來說不管怎樣都會是死亡之吻，但是 2016 年 11 月，川普卻贏得了美國總統大選──令白人至上主義者狂喜，也令許多其他人氣餒不已。

差不多同個時期，在大西洋對岸，局面也同樣火熱。

英國 2016 年脫歐公投的起跑預備期間，據報導，仇恨犯罪事

件陡升。對於移民的負面看法,被證明是「脫歐」支持者單一的最大動機,宣傳活動經常以仇外主義為主。英國獨立黨深具煽動力的領袖法拉吉(Nigel Farage)推出一張反移民的海報,畫面上有一排深色皮膚的人正等待跨過邊境。這是要描述持續留在歐盟的結果,雖然此一種族主義的幻想根本脫離事實。

白人民族主義頻頻被喚起,而暴力也取代了激烈的辯論。英國勞工黨政治人物考克斯(Jo Cox)在街頭遭槍擊時,兇手呼喊的正是民族主義的口號。兇手受審時竟然認為,殘殺這名無辜的年輕女性是有道理的,因為考克斯支持移民而且被歐盟標記為「合作者」,所以對白人來說「是叛徒」。

🔍 所有人類都屬於一個種族

白人民族主義並不是新興現象,而是長期存在美國、歐洲及俄羅斯的現象。他們一致的觀點為:白人是一個種族,具有共通的文化及族裔認同,必須保存下來。這些人相信,多元文化主義、白人的低生育率、以及非白人移民會造成威脅。另外有些人更過分,相信種族融合是一個計謀,為的是侵占白人為主的國家,他們將這個過程標記為「白人種族滅絕」。

白人至上主義者的觀點經常被傳播,堅稱白人在智能、藝術、傳承及其他特徵上,都比其他種族優秀。在這類敘事裡,白人被描述為一種遭受截然不同的外來者所包圍的文明種族。

很不幸,這些觀點不能視為只是少數的邊緣人觀點。在 2017 年底,維吉尼亞大學的政治中心進行了一場全美調查,估量大眾對種族緊張關係的看法。調查結果令人不安:31% 的回應者同意美國

需要「保護並保留白種歐洲人傳統」，另外也有 39% 的人同意「白種人目前在這個國家裡正受到攻擊」。

就像大部分迷思，移民恐懼確實有些微的真實性，雖說是遭到徹底歪曲的真實。沒錯，歐洲的生育率降低了，但生育率的降低並不令人意外，更不能算是「白人受壓迫」的徵兆。綜觀全球，「女性識字率高」與「採用避孕方法」和「低生育率」直接相關。教育程度提升也會減低婦女可能生育的子女數目，降低總生育率。此一效果極為強大，再怎樣誇大也不為過。在迦納，高中畢業的女性總生育率為二或三名子女，反觀未受教育女子的總生育率則是六名。那麼，許多反對移民的人所擔心的，湧入教育程度低的外國人口，會蓋過本國人，是不是有道理呢？

擔心移民人口會超過本土人口的恐懼，並不新鮮。類似的恐慌曾出現在 1860 年代的美國，當時湧入的移民（主要是愛爾蘭人）的較高生育率，曾引發憂慮，擔心外國人會快速繁衍超過已經定居在美國的人。精明的讀者可能會看出其中諷刺之處：1800 年代定居北美的白種美國人竟然擔憂移民，也不想想歷史上美國是怎麼來的。總之，這種警覺毫無確實根據，因為等到第二代，移民的生育率就已大大降低，傾向一般水準。這一點都不令人驚訝，因為與生育率關聯更強的，是社會經濟與教育因素，而非固有的生殖能力。

但奇怪的是，根據 1800 年代的文件資料證實，愛爾蘭人當時公認是不同的種族──這是一個現在會被認為很白痴的想法。這個奇怪的界線，引發了一個充滿疑問的問題：到底什麼是種族，以及它能預測出什麼？幾個世紀以來，為了這個概念，人類拋灑了不知多少鮮血，我們很自然會以為種族必定具有一些可以估量的客觀基礎。但是，大家或許會很驚訝的是，從科學觀點來看，種族根本沒

有意義。地球上所有人類都屬於一個種族：智人。就基因上，人與人之間只有極小的差異——就 DNA 序列平均而言，一個人與另一個人的相似性超過 99.9%。套句尤戴爾（Michael Yudell，研究基因組學的歷史與倫理的學者）的話，「發生法（genetic method）並不支持把人類分成不連續的種族。」[23]

　　關於「有一些本質的遺傳或天生的特徵能界定族群」的信念，並沒有真實的科學基礎。事實上，有大量證據顯示，族裔內的差異遠超過族裔之間的差異。遺傳特徵或許與某些特定族群相關，但是這些特徵絕不會只出現在一個族群裡。分界線根本是隨意選定的，沒有任何足以支撐的證據。從科學觀點，「種族」這個名詞模糊得毫無用處。想瞭解為什麼，我們只需檢視凝聚全球白人至上主義者的這件法寶：他們的膚色。

白種人是虛構的族群

　　白皮膚是歐洲人或雅利安人的典型特徵。然而這個相對簡單的突變，其實是很近代的，而且它的起源也很複雜。

　　大約在四萬年前，最早從非洲前往歐洲定居的現代人，其實擁有深色皮膚，這個特徵在陽光充足地區具有明顯優勢。在八千五百年前，深色皮膚在整個中歐地區是標準樣貌。但是在歐洲大陸最北的地方，天擇開始偏向淺膚色的人。在瑞典穆塔拉市一處七千七百年前的考古遺址裡發現的遺骸，具有 $SLC_{24}A_5$ 和 $SLC_{45}A_2$ 兩種基因，它們會引發「脫色作用」（depigmentation），造成淺色皮膚。另外還有 $HERC_2/OCA_2$ 基因，會造成藍色眼睛和淡色毛髮。這些突變在陽光稀少的地區具有優勢，因為它們能大幅提升維生素 D 的合成量。我們

消化牛奶的能力，也是提升維生素 D 合成量的策略之一，大約在同個時期演化出來。

　　幾個世紀以來，白皮膚在歐洲只限於歐陸最北邊的地區。這樣的區隔一直維持到第一批農人從近東來到歐洲，這些人所攜帶的基因既有淺膚色也有深膚色。他們與當地的狩獵採集者生養繁殖，於是隨著時間，淺膚色在整個歐洲也愈來愈普遍。曾經罕見的 $SLC_{24}A_5$ 變異基因，在歐洲爆炸性頻繁出現，是在不過五千八百年前左右。而且白皮膚的出現，遠非本質特徵，而是一種需要持續與許多不同族群雜交的普通表現型。而這項科學事實，也讓白人至上主義者自吹自擂的種族純淨，顯得既愚昧又噁心。

　　真相是，我們之間只有極少的差異。擔心被繁殖淘汰掉的恐懼心理，展現出對事實的無知，不曉得所有現存的人類都是血緣密切相關的，整個人類種族內的個體之間，只有微小的基因差異。若說真有差別的話，增加我們基因的多樣化只有好處，而且能避免不良隱性遺傳成為主流。就拿囊狀纖維化（cystic fibrosis, CF）這種疾病來說，它只有在雙親都帶有一個突變基因時，才會傳給下一代。在愛爾蘭島上的族群，有十九分之一的人攜帶這種基因。結果，愛爾蘭成為全世界囊狀纖維化比率最高的地方。

　　排外的自己人通婚生育，對生存是不利的，唯有藉著族群多樣化，才能避開不良隱性遺傳。我們人類始終是一個好奇的、性喜雜交的物種，而這個特徵總是對我們有利。所謂「白種人」實際上是虛構的，白人至上主義只不過是一種掩蓋，讓可憐蟲得以攀附某些可疑的昔日輝煌。

　　在此，我要先花點時間來談論一個經常出現的錯誤批評。有人或許會這樣反駁，如果種族是這麼不具意義的想法，我們要怎樣解

釋，不同族裔間明顯的智力差異？在美國，很多人都報導過阿什肯納茲猶太人似乎智力特別高，他們往往能在智商測驗中拿到高分。反觀非裔美國人，據報導在智商測驗裡得分低於白人。

但是這裡有一個很大的干擾因子：智商測驗的結果很大部分依靠社會及教育因素。適當的童年期營養尤其重要，例如碘缺乏，平均能減低 12 分智商測驗成績。社會因素和父母教育程度也會影響智商測驗分數。目前在美國，比起較為富裕的白人，黑人家庭營養不良及低教育水平的可能性，依然比較大。

此外，族裔的智商差距在這幾十年來也愈發減小了，速度之快不可能是遺傳因素造成的。肯亞提供了很驚人的案例：在 1984 年到 1998 年間，智商測驗成績提高了 26.3 分。這項增加，反映的事實為：肯亞全國的營養、健康、父母識字率都有所進步。

猶太人在智商測驗上的優秀表現，事實上也不是遺傳的傑作。在第一次世界大戰期間，針對猶太士兵進行的智商測驗結果並不出色。心理學家兼優生學家布里格姆（Carl Brigham）分析這些數據時曾經說，這「不如說更像是推翻了廣為流行的猶太人極為聰明的想法」。到了第二次世界大戰，不過幾十年後，猶太人的智商測驗成績就高於平均值了。

法國心理學家比奈（Alfred Binet）不會對此感到驚訝，他是智商測驗的共同發明人，他們在法國研製出這項測驗，目的是找出學習困難的學生，以便給予額外的支持。打從一開始，比奈就強調，智力是多樣的，智力發展會以不同的速率來進展，而且會受到實際環境的影響。他的立場是：智力是可塑的，不是固定的。這一點顯然沒有被某些人注意到，而這些測驗從原本立意崇高的協助，變質為歧視性的估算，想必會令比奈氣餒不已。[24]

「沒有真正的蘇格蘭人」謬誤

　　種族主義的災難，暴露出長存於人類思維的一個陷阱，挖掘出一個猖獗了數千年的哲學辯論：關於事物的本質的問題。若要適當描繪「本質論」（essentialism），我們需要先深入探討哲學思維的綿長歷史，但是它有一個簡單的工作定義：對任何既定事物，不論是概念或群體，都有一組必須具備的基本特質。這個想法很古老，源自柏拉圖的名言，所謂任何事物都有一些基本的完美理型，現在稱為柏拉圖的「理想主義」。亞里斯多德也有類似的思維，美國認知語言學家萊考夫（George Lakoff）簡潔總結為「那些特質令事物成為它們現有的樣子，少了這些特質，它們將不能成為該事物。」

　　在許多應用方面，本質論都有很大的優點，數學就是一個最好的範例。在這個領域，定義是最重要的，而集合的特性必須給予清楚的定義。美國數學家福蘭德（Gerald Folland）曾說過：「這是一個所有人都承認的事實，那就是幾乎所有數學家都是柏拉圖主義者，至少在他們做數學的時候是如此。」但是，當我們把類似的推理，套用在這種定義明確的範圍之外時，一定要小心；如果某個既定團體不具有可以分辨的固有本質或性質，那麼這種做法自然注定要失敗或是悲劇了。結果不但沒有以客觀方式，來為許多真實團體界定特質，反而出現了一股很不幸的潮流：人們對不管什麼團體，就只是斷言某些特性為該團體的本質。

　　就像前面講過的，許多種族主義的基本理由都仰賴本質論──所謂種族具有天生的優越或是低劣特質。但是若仔細檢視，這些被斷言的特質根本就不存在，或是太過模糊或廣泛存在，以致毫無意義。但是這些都不能遏止種族歧視的蔓延。雖然有關本質論的哲學

辯論十分迷人，我們還是集中精神，來探討關於某些含糊特質的非形式謬誤。想避免迷惑，我們先把這群非形式謬誤，歸類為「天性論證」（arguments from nature）。但是，在此很重要的是必須注意一點：「天性」本身就是一個可塑的名詞，在它的遮掩下，許多人是先射箭再畫靶心。英國哲學家弗萊（Anthony Flew）想像出一個如今已成為經典的這種模糊推理的案例：

假想有這麼一位名叫麥唐納的蘇格蘭人，他坐下來打開《格拉斯哥前鋒晨報》，看到一篇文章關於〈布萊頓的色狼又出擊了〉。麥唐納非常震驚，宣稱：「沒有蘇格蘭人會幹出這等事來。」

第二天，他坐下來再度打開《格拉斯哥前鋒晨報》，而這一次他發現一篇文章在講述一名來自亞伯丁（屬於蘇格蘭）的男人。和此人的殘忍行徑比起來，前述那名布萊頓色狼簡直就是紳士。

這個事實證明麥唐納的看法是錯誤的，但是他會承認嗎？不太可能。這一次，他說：「沒有真正的蘇格蘭人會做出這種事。」

這就是所謂「沒有真正的蘇格蘭人」（No True Scotsman, NTS）謬誤。[25] 我們當然都曉得，某人天生是蘇格蘭人（或任何地區的人）並不能排除身為色狼的可能性，然而我們這位虛構的麥唐納先生卻暗示，某些共通的特性是蘇格蘭人與生俱來的，包括「蘇格蘭人絕對不可能是強暴犯」這則信條。他不但沒有乾脆修正自己的錯誤假設，反而用否認不合他意的案例的方式，死抓著他那固執的定義不放手。雖然這個案例純屬虛構，但是我們確實常會看到某些團體犯下「沒有真正的蘇格蘭人」謬誤，他們說自己的團體具有某些純淨概念，而且據此駁斥旁人對他們的愚行的批評。

　　讓我們來瞧一瞧，更換幾個名詞之後，會變成什麼樣子。例如「沒有真正的蘇格蘭人」可以演變成「非蘇格蘭人」，那麼「沒有真正的美國人」或許可以叫做「非美國人」囉？這裡，我們從滑稽劇轉移到一個非常嚴肅、而且非常真實的政治案例。1940 年代，臭名昭彰的美國眾議院非美活動調查委員會，進行了一項調查，以便嗅出美國大眾生活裡（通常不存在的）共產主義味道。然而，他們的名稱就包含了一個非常搶眼的「沒有真正的蘇格蘭人」謬誤的例證：美國長久以來都是人口稠密且多元化的國家，而且「身為美國人」和「對共產主義感興趣」兩者之間並沒有明顯的牴觸。然而非美活動調查委員會卻迫害任何被認為受到共產主義影響的人，包括一份好萊塢黑名單，上頭囊括了娛樂界諸多大人物，像是卓別林、威爾斯、鮑嘉、白考兒。1959 年，該委員會被前總統杜魯門譴責為「現今國內最非美國的事物」，真是太貼切了。

　　最近幾年，「非美國」標籤常被套用在各種事物上，從塑膠袋收費到集體協商，使得它們都有類似的錯誤訴求。正如所有非形式謬誤，在判定是否有含糊推理時，細節和背景極為重要。「沒有真正的蘇格蘭人」謬誤會出現，是在相關團體要喚起某組模糊的特質的時候，雖說這些特質不見得是該團體成員必須具備的。不過，若這裡提到的特質已經是該團體成員不可缺少的，而且也是可以客觀定義的，那麼它可能就是極為重要的。譬如說，假設麥唐納宣稱自己是一名和平主義者，反對所有形式的暴力。由於和平主義運動是在1901 年，從蘇格蘭的格拉斯哥產生的，這使得本案例中，麥唐納是和平主義者這件事很貼切。不過，如果他在格拉斯哥的布坎南大街上把某人揍了個半死，那麼指出麥唐納並非真正和平主義者，當然不能算是謬誤，因為他的行為和他表面聲稱的完全不合。

🔍 訴諸自然之謬誤

　　和這群非形式謬誤很相似的是「訴諸自然」（appeal to nature）謬誤。在這種修辭戰術中，某樣事物被斷定因為是「自然的」，所以天生就是好的，或因為是「不自然的」，所以天生就是不好的。這種推理經常被用在另類醫療領域——可疑產品的提供者，自信滿滿的吆喝，宣稱他們的產品是「自然的」，彷彿那樣就能令這些產品勝過正規醫療。姑且不論這些療法極度缺乏效能證明，就連那自豪的「自然」，本質也是空洞的。

　　我們可能會寬容的將「自然的」，定義為沒有受到人為干預而產生的。但即便在這樣寬鬆的定義下，還是有許多天然產生的東西能殺死或重創我們，從致命的顛茄到伊波拉病毒。鈾和砷也是「自然的」，但是把它噴灑在你的早餐麥片粥裡，可不是好的建議喔。這樣過分簡單的把「自然的」與「健康的」或是「良好的」合併在一起，很多人會被含糊的形容詞「自然的」給害死。

　　同樣的論點，也適用於有人提出「非自然」這個名詞時。例如從基督教某些派別的觀點來看，同性戀被認為是深深違反自然的生活狀態，肅穆的拉丁文稱為 *peccatum contra naturam*。然而，這也只是一個「訴諸自然」謬誤的刻板案例，只要粗略瀏覽一下自然界，它就潰不成軍了。同性戀行為在動物界無所不在，而且已經有超過一千五百種動物被詳細記載過，從長頸鹿到大象到海豚、以及我們所在的靈長類。而且，其中雖然很多這類活動並非專屬同性，不會排除與異性間的調情，但是純粹的同性戀配對也有。提一個常見的例子，大約 8% 馴養的公羊只會和其他公羊結成伴侶，完全不與母羊交配。自然界裡的這種性傾向，與我們完全相關，因為不論我們人

類賦予自己多崇高的地位，我們終究是動物界的一員，差別只在我們擁有一個演化得足夠充分的前額葉皮質，充分到足以讓我們具有能意識到此一事實的後設認知。

🔍 扣你帽子

　　最具破壞力的天性論證變體，是一直深受歡迎的「人身攻擊論證」（arguing against the man）。人身攻擊論證基本上就是攻擊個人，把矛頭對準講者的信譽，而非講者所提出的論點。如果該攻擊與講者的論點不相關，這種手法其實完全是空洞的。

　　人身攻擊論證可能有好多不同的風味，最常見的是辱罵或貶低的方式。言詞方面的案例極多，尤其在政治領域，對敵手的人格抹黑和中傷是他們的慣用手法。2001 年，英國擅長辯論的異議人士希鈞斯（Christopher Hitchens）寫了一本書《審判季辛吉》，列出這位前美國國務卿的一長串罪行，「包括戰爭罪……反人道罪，以及違反一般的法律或國際的法律，包括陰謀犯下謀殺、綁票和酷刑」。當記者詢問季辛吉對此指控有何話說，他只反駁說：希鈞斯是個猶太人大屠殺的否認者。身為猶太人的希鈞斯對於這項指控，可想而知會有多生氣；而季辛吉很狡獪的藉由此一指控，把焦點從自己身上轉移開來。

　　不過人身攻擊並非都是這般露骨，它經常巧妙隱藏在層層修辭下，需要用點力氣才能看出來。這些攻擊可能會是很小的事情，目的在於對發言者的信譽投下一道懷疑的陰影，方法是讓發言者所說的論點與齷齪不正直的活動連在一起。想瞭解這種做法可以有多惡劣和不公平，我們需要先回顧史上最惡名昭彰的審判之一：教皇對

上伽利略（可以說是古典物理學之父）。伽利略推動科學進步到了前所未見的程度，他大幅改進望遠鏡的設計，觀測我們的太陽系的許多特質。伽利略的先驅技術以及銳利的物理洞見，很快為他引導出無可避免的結論：是地球繞著太陽轉，而非太陽繞著地球轉。

這不是新想法，哥白尼在 1543 年過世之前，就已經提過，說地球繞日在理論上是有可能的，而伽利略很快就愈來愈相信這是真的。然而，這是一個危險地域——在 1600 年代，《聖經》被認為是不會出錯的，任何人所提出之想法都不得質疑它。就字面來看，《聖經》認為地球是太陽系的發源地，其他星球都是圍繞著這個完美的點來旋轉。但這些敘述與伽利略逐漸累積的觀測數據不符。

另外，當時也是宗教和社會激烈衝突的時期，新教在 1500 年代晚期出現，裂解了天主教會的至尊地位。羅馬宗教裁判所的成立就是為了根絕任何邪說，發揮威嚇的作用，讓敬畏上帝的老百姓臣服。宗教裁判所的作為經常充滿惡意和血腥，他們的手段是沒有底線的。被判定為異端，懲罰包括燒死，而且不論是教士或學者都不能豁免烈焰焚身。舉個例子，身兼哲學家與數學家的義大利教士布魯諾（Giordano Bruno），就在 1600 年被燒死在火刑柱上，罪名為異端觀點，包括相信哥白尼學說。

這樣的歪曲，伽利略無疑是知曉的。單單邪說異端的指控，就足以抹黑一個人的品格，根本沒有必要大費周章去處理此人真正的論點。留心到這種緊張的宗教和政治氣候，伽利略刻意沖淡他的觀點，溫和的建議說，《聖經》的詩意、還有科學與故事，也許皆能詮釋為聰明的寓言和隱喻，而非僵硬的事實描述。

如此小心翼翼，還是不足以保護他不受虔誠信徒的窺探。到了1615 年，伽利略的日心說觀點已經被呈報到宗教裁判所，並指控他

把《聖經》詮釋為寓言式的，是遊走在異端邊緣。伽利略來到羅馬宗教裁判所，但他的話無人理睬。1616 年，宗教裁判所委員會明確痛責，日心說模型「在哲理上既愚蠢又荒謬……有很多地方明顯違背《聖經》的含意」。在教皇保祿五世的指示下，伽利略被諭令需要打消「太陽位在世界中心固定不動而地球在移動的想法，從今以後不再相信、不再教導，或是以任何方式為它辯護，不論是口述或書寫。」此外，宗教裁判所還禁止了哥白尼的著作，認為著作內容是對虔誠信念的侮辱。雖然這些譴責非常不公平，不過，比起宗教裁判所樂於施加的嚴酷刑罰，終歸要好得多。於是，伽利略很明智的選擇不再淌這灘渾水將近十年之久。

1623 年，他的好友兼仰慕者巴貝里尼（Cardinal Maffeo Barberini）獲選為教皇伍朋八世。巴貝里尼在 1616 年時是支持伽利略的，而他的當選似乎預示了學術自由。在新上任的伍朋八世允許下，伽利略終於能夠發表日心說，雖然也有一些附帶條件。其中最主要的是警告他不得僅只提倡日心說，而是要以平等的方式呈現各家觀點。另外，伍朋八世還堅持一定要納入他（教皇）本人關於地球固定不動的地心說論點。

伽利略接下來出版的著作《關於托勒密和哥白尼兩大世界體系的對話》大獲成功，即使有那些條件限制。該書是以三人對話的方式來呈現，這三人分別為薩爾維亞提（Salviati，日心說支持者），薩格雷多（Sagredo，態度中立的外行人）、以及辛普里修（Simplicio，地心說支持者）。然而此書雖然看起來是一場兩種觀點都描述了的對話，但是哪一個理論比較優，字裡行間還是很明顯。

地心說支持者辛普里修的名字，是近乎不加掩飾的侮辱。表面上像是以六世紀的哲學家辛普里丘（Simplicius of Cilicia）來命名，但

言外之意卻很明顯是暗指「傻瓜」（simpleton）。另外，還有一點可能也是故意的，伽利略以充滿藝術的浮誇手法，把這位個性難相處又遲鈍的辛普里修，塑造成神似他的頭號誹謗者，保守的哲學家科隆博（Lodovico delle Colombe），此人是一群來自佛羅倫斯的伽利略反對者的頭兒。伽利略和友人戲稱這群反對者為「鴿子軍團」。如果伽利略的顛覆手法僅限於此，他可能只會惹毛這些好爭鬥但無害的鳥兒。然而，由於遵守他對教皇伍朋八世的承諾，伽利略卻不經意激怒了教皇。為了信守承諾，伽利略當真把伍朋八世的論點（地球在天國裡的優先地位）納入這本書，有時候甚至是逐字照抄。問題是，他把這些話放到了辛普里修的嘴裡，而辛普里修有多白痴，所有讀者都看得出來。

這摧毀了伽利略與教皇伍朋八世的友誼。這本巨著立刻被禁止銷售，而伽利略也再度被抓到宗教裁判所。這一次他被控訴的罪名是主張邪說異端，很可能遭到逮捕和酷刑。在 1600 年代，被控訴為異端不只是一大侮辱，而且是極危險的汙名。當時正逢宗教裁判所最顛峰的時期，這樣的汙名不但可能摧毀當事人的社會地位，甚至包括生命，而且是以最恐怖的方式。但是不僅如此，這個罪名還暗示了異教徒是不可信任的，他們的思想沒有價值。藉由攻擊伽利略不誠實而且被罪惡汙染，教皇根本不必反駁伽利略真正提出的論點。於是，宗教裁判所只需要詆毀發言者，用異端的標記來讓他名聲掃地即可，而不用證明教廷的立場或是駁斥任何說法。

1633 年，宗教裁判所裁定「太陽位於世界中心而且位置不會移動的主張，在哲理上是荒謬且假偽的，在形式上是邪說異端，因為它的表述與《聖經》相反」。伽利略懇求宗教裁判所的寬恕，但是為時已晚；他餘生都將受到軟禁。教皇伍朋八世對伽利略及其邪

說異端的不滿，始終沒有衰減。在伽利略於 1642 年過世後，心懷怨恨的教皇拒絕讓他與家人安葬在一起。

不過，儘管宗教裁判所用盡手段來抹黑伽利略，日心說模型的大量證據終究幫他平反了。伽利略的書終於從禁書目錄上撤銷，是在 1835 年，已經超過兩個世紀後了。

人身攻擊謬誤的另一種變體，可以在「你也一樣」（tu quoque，英文 you too）的對話中找到。在這裡，使用的招數是：指控發言者也從事同樣的行為。這樣的反擊或許能證明發言者是個偽君子，但不盡然能夠削弱發言者論點的正確性。譬如說，一個老菸槍可能要求子女不要染上像他一樣的癮頭，他指出菸癮造成的損傷。青少年可能會對這種明顯的雙重標準感到不滿，認為父母親上梁不正，還要求下梁不可歪。但這觀點是錯誤的，長輩言行不一致，並不會使他們的論點無效——在本案例，吸菸有害的論點還是成立，即使提出此一論點的人，依然保有這個令煙囪都要自嘆弗如的惡習。

有一個相關的戰術叫做「井裡下毒」（poisoning the well，亦稱「扣帽子」），這種招數是用對方的負面訊息（可能是真的，也可能是編造的）來先發制人，讓對方名譽掃地，即使該訊息與手邊正在處理的主題毫無關係。

歸因錯誤

我們再回到訴諸自然之謬誤。有個疑問是：既然訴諸自然的論點相當粗糙，為何還有如此高的魅力？部分原因可能在於我們和數學家一樣，骨子裡都屬於本質論者。人類很容易犯下心理學家所稱的「基本歸因錯誤」（fundamental attribution error）。這項觀察來自我

們在解釋其他人的行動時，老是過度強調對方的內在特質（揣測對方的意圖及個性），而非仔細思量外部因素及情境因素。例如，某人車子插隊擋了我的路，他這樣做一定是出於自私。我們通常不會去想那可能純屬意外，又或是對方正趕著送某人去醫院。相反的，當我們做錯事，我們更可能把自己的行動怪罪於環境——我們若開車插隊，搶了其他人的路，那是因為我們赴約快要遲到了。

　　同理，我們許多人可能很輕視流浪漢與窮人，我們告訴自己，那些窮鬼必然本身有一些缺失；我們比較不會去考慮其他令人不安的想法，譬如他們無力擺脫社經因素的桎梏。我們有一種傾向是相信「其他人的不良行為或運氣不佳，是因為他們不是好人」，而不會去考慮情境因素可能扮演了重要角色。天性的論證，太常被用來當作一個令人舒服的合理藉口，以應對難以辯解的行為或是很差勁的推理。訴諸自然之謬誤曾經用外表的該隱標記（該隱是《聖經》記載的世上第一個殺人犯），來抹黑整個族裔的人，導致血腥和迫害。畢竟，如果你想要合理的將某人當成次等人，斷言對方具有天生的殘缺，是一個將對方「非人化」的有力方式。

　　想要針對我們全人類所面臨的議題，找出可行的解決方案，意味著我們必須要小心提防直覺式的本質論。人與情境天生就是很複雜的；像善、惡、好、壞這樣的單純概念，並不能完整勾勒出任何一個人或是任何一種想法。所以，我們必須努力避免先入為主的偏見。我們必須依照想法本身的價值來評估，避免不適當的將它們打成一丘之貉。否則我們會將複雜的議題簡化為默劇滑稽戲，而把帶有各種微妙之處的人，簡化為平板的英雄或是惡棍。

　　就算沒有別的好處，這樣做也許能促使我們在這個人口眾多且意見紛雜的世界上，更加善待彼此。

第 7 章

攻擊稻草人

這就是「稻草人論證」，

令人想到這樣的畫面：

一名劍客對著一束稻草人逞威風，

劍客是用稻草人來取代能格擋他攻擊的真正敵手。

十九世紀的暢銷書

當《物種原始論》（*On the Origin of Species*）在 1859 年 11 月出版時，出人意外的大熱賣。第一版一千兩百五十本，在出版當天就賣完了。達爾文這本著作向世人介紹了天擇的演化理論，堪稱科學成就的巔峰之作。它是為非專業的一般讀者所寫，優美展現該主題：物種在漫長時間裡，為因應環境的擇汰壓力而進行演化。

這個學說有大量證據的支持，這些證據都是達爾文在探險途中累積的，指向一個美妙又卑微的事實：世界上千變萬化的生物，都是由一個共同祖先演化而來。達爾文的洞察揭示了：所有物種，不論是現存的、還是已經滅絕的，都是一株擴散的生命樹上的分枝，與世間所有其他物種密切相關。自達爾文這部經典問世後的許多年間，演化的證據只有愈來愈多，變得勢不可當。

現在回頭來看，再怎麼強調達爾文天擇學說的影響都不過分，因為它已成為現代演化生物學的基石。達爾文思想的核心既典雅又有力。就一個既定的族群來說，隨機發生的突變會在個體之間造成重大差異。這些特性通常都是可以遺傳的，由親代傳給子代。當食物和資源的競爭很激烈時，比較不能適應環境的個體，就比較不可能存活並生育。相反的，比較能適應環境的個體，具有較高的可能性成功繁殖，把自己的特性傳到未來的世代。這就是天擇的過程，然後隨著時間推移，漸漸的，差異和分歧會累積起來，導致新物種的形成。哲學家史賓賽（Herbert Spencer）把這種過程，稱為「適者生存」，達爾文和同輩的演化論先鋒華萊士（Alfred Russel Wallace）後來都採用了這個名詞，希望能避免招致任何誤解，誤以為大自然本身會主動進行擇汰。

　　但是雖然達爾文及同儕都努力想避開誤解，混淆的詮釋直到今天依然存在。在 1860 年，天擇在維多利亞時代的倫敦是最熱門的話題，而達爾文本人也被他人的各種誤解給圍困住了。大眾強烈的興趣無可避免的帶來反衝。由於天擇理論使得人類成為動物界的一員，而非自外於動物界的高等生物──這種觀點深深傷害到了許多聖公會信徒的宗教感情，在他們眼裡，這個想法以及物種演變都是公然侮辱，把上帝逐出了創世的過程。就連達爾文從前的地質學恩師塞吉威克（Adam Sedgwick）也完全不贊成天擇演化論，警告達爾文除非接受《聖經》絕對不會出錯，否則他們將永遠不會在天堂相見。達爾文聰明的見解也令一名有權有勢的敵人深感不悅，這人就是歐文（Richard Owen）。

　　歐文在英國科學史上是一名卓越的大人物，他是熟練的解剖學家及自然哲學家，成就包括創造了「恐龍」這個名詞以及創建了英國自然史博物館。然而，儘管有這些值得讚賞的成就，歐文同時也是愛搞陰謀且心懷惡意的人。其中一個特別醜陋的證據，就是他對才華洋溢的古生物學家曼特爾（Gideon Mantell）所進行的學術成就掠奪與人格暗殺。

　　也許是出於嫉妒，歐文運用他在英國科學界的崇高地位，壓下了曼特爾的先驅研究論文，然後很無恥的把那些發現當成自己的成果來發表。當悲劇連連的曼特爾因為一場馬車車禍而終生癱瘓，歐文毫不猶豫，馬上把他更多的功勞搶過來，將曼特爾辛勤鑽研的標本重新命名。曼特爾曾經嘆息道，真遺憾「一個如此有才華的人，竟然會這般卑鄙和嫉妒。」即便在嗎啡成癮、窮困潦倒的曼特爾於 1852 年去世後，歐文還不放過這位倒楣的對手，他用化名寫了一篇訃聞，將曼特爾貶低為不過是很平庸的科學家，一生沒有多少建

樹。更惡劣的是，歐文還拿走一小段曼特爾的脊椎骨，在大英博物館展出。

　　雖然歐文的同儕對他的行徑感到驚駭，但是都不敢得罪，因為歐文依然大權在握，而且手段太過狠毒。這會兒，歐文把怒氣對準達爾文，使出慣用的抹黑伎倆，用化名在《愛丁堡評論》上發表了一篇充滿惡意的文章，評論達爾文的研究，而且文中還以第三人稱的角度，對他自己盛讚不已。隨著達爾文的名聲日益響亮，歐文的敵意也愈來愈濃。達爾文對他的評論，也和曼特爾早先的看法不謀而合。達爾文評論歐文：「心懷怨恨，極端邪惡，卻又很聰明；倫敦人說他嫉妒得發狂，因為我的書被討論得如此熱烈……被人憎恨到像歐文恨我的這個程度，真是痛苦。」

　　由於達爾文的健康日漸衰落，無法與眾多誹謗者辯論自己的研究價值，但是自有一群不怕對抗神職思維的新秀科學家和哲學家，願意接手奮戰。其中一位是赫胥黎（Thomas Henry Huxley），他是優秀的解剖學家，也是科學普及教育的夢想家。雖然赫胥黎一開始也抱持懷疑，但很快就被達爾文優美的想法和細膩的證據給征服了，他開始大聲為天擇辯護。當歐文脆弱的自我，因為赫胥黎強有力的公開反擊而受傷，而他又無法反駁赫胥黎的論點，便使出「扣你帽子」的詭計，指稱赫胥黎是「人類演變自猿的擁護者」，這個觀點令傳統維多利亞時代的人對達爾文產生反感，讓這名病弱的學者成為招惹爭議的引雷針。

　　這真是歐文最極端的惡意，精心暗示人類是從我們現代的猿表兄演變來的。然而，任何人不必是演化生物學博士，也看得出來這是故意弄錯達爾文真正的說法。天擇使得「猿與人類在很久以前擁有共同祖先」的想法更為可信，但是達爾文並沒有暗示人類是由現

代猿演變而來。歐文完全明白這種蓄意暗示會激發什麼樣的情緒反
應，他拐彎抹角的，讓他的暗示在表面上顯得很類似達爾文理論的
實質內容。這麼一來，他的暗示就成為格外有力（但知識貧乏）的
攻擊。達爾文的批評者一直用這種粗糙的扭曲手法來攻訐他，而且
達爾文也經常被描繪成擁有猿猴身軀的卡通人物。

稻草人論證

　　1860 年 6 月 30 日，牛津自然史博物館舉行了一場惡名昭彰的
達爾文理論大辯論，由幾位知名的支持者與誹謗者進行辯論。反對
派首領是牛津主教韋伯福（Samuel Wilberforce），他雖然是很厲害的
演說家，但是並非所有人都欣賞他那阿諛奉承的作風，英國首相迪
斯雷利（Benjamin Disraeli）就嘲笑他「油腔滑調，阿諛奉承，口齒伶
俐」，於是幫他造就出一個綽號「滑頭山姆」。

　　在辯論的前一晚，歐文特地調教了韋伯福一番，教導他如何詭
辯。果不其然，在辯論得最激烈的時候，歐文那不老實的計謀登場
了，韋伯福惡意詢問赫胥黎：到底是從祖父那方、還是祖母那方傳
承於猿？

　　赫胥黎號稱「達爾文的鬥牛犬」，可不是浪得虛名。他絲毫不為
所動，回嘴道：「要是問我，願意有一隻悲慘的猿當祖父，還是要一
個天生具有偉大手段和影響力、卻只把這些能力和影響力用在把嘲
弄引進一場莊嚴的科學討論中的人當祖父，我會毫不猶豫選擇猿。」
在韋伯福的奚落和赫胥黎的尖酸戳穿之後，這場辯論就急轉而下，
變成一場鬧劇。最後的高潮是一幅怪誕的場面：達爾文先前在小獵
犬號皇家海軍戰船上的同伴──艦長費茲羅（Robert Fitzroy），揮舞

著一本大得出奇的《聖經》，懇求現場觀眾聽從上帝的意旨，而非聽從於人。[26]

歐文扭曲達爾文論點的迂迴戰術，是「稻草人論證」（strawman argument）的典型範例。這種策略講到底就是「上鉤掉包法」（bait-and-switch）戰術，它會給人正面反擊對手論點的印象，然而實際上卻是仰賴另一個更容易擊倒的替代論點。

稻草人策略的名稱，取得尤其巧妙，令人想到這樣的畫面：一名劍客對著一束稻草人逞威風，劍客是用稻草人來取代能格擋他攻擊的真正敵手。雖說打敗一個假人毫無難處可言，但是如果被掉包的命題與真正的論點表面上稍微有些類似，這種類型的論證就有可能顯得頗有說服力。這樣做不一定都是出於惡意——攻擊稻草人也有可能是出於蠢笨，例如誤把兩個不一樣的想法合併在一起。偉大的數學家兼哲學家羅素，就曾提過這個經常發生的問題，他很憂心的觀察到：「一個笨人在報告聰明人說的話時，永遠不會正確，因為他會無意識的將所聽到的話，轉譯成自己能瞭解的話。」

另外，稻草人策略也是許多雄辯家最重要的武器，這是基於更迂迴的目的，而蓄意採用的。歪曲一個論點讓它更容易被擊倒，這種戰術的範例經常顯現在每個人身上。事實上，若想找一個實際案例，我們只需要打開報紙，或是忍耐兩個敵對政黨之間瑣碎的政治對話，又或者嘗試一下線上交談的騷動世界即可。就本質而言，這類論點都是索然無味的，理應很快臣服在超黨派的理性分析之下。然而，經常出現的情況是：由於將某個合理論點與另一個情緒化的誤解融合在一起，結果造成損害，引發了憤怒與噁心的反應。這種不幸的合併一旦深入人心，這些發自內心的憤怒與噁心反應可能持久存在，進而排除了理性對話的空間。

鱷魚鴨事件

可悲的是，直到現在，演化仍然是這類空洞言詞的主要目標。自 1860 年那場喧鬧的辯論後，排山倒海的證據證明達爾文理論正確無誤，而且演化也是生物學的基本原理，即使遭受無數挑戰，依然屹立不搖。但是已經超過不只一百五十年，在反對天擇的宗教社群裡，對演化稻草人的攻訐依然迅猛。不論是出於無知，還是心懷惡意，各種版本的「如果人類是從猴子變來的，那麼現在為何還有猴子」論調充斥，雖說演化從未宣稱人類是從現代猴演變來的（猿與猴是不同的動物，猴大多有尾巴，猿沒有），演化論也不曾說過，一個特定族群必須滅絕，才能讓一個新物種得以產生。

對於不在乎客觀事實的虔誠宗教狂，謊言毫無節制的持續著。2007 年，傳教士康福特（Ray Comfort）和卡麥隆（Kirk Cameron）的言行驚呆了科學社群：他們堅稱演化一定是錯誤的，因為從來沒有人發現過像是鱷魚鴨（croco-duck）這類混種動物的化石骨骼，還傲慢的舉起一張經過拙劣修圖處理的鱷魚鴨混種動物的照片。

就所有攻擊演化理論的企圖來說，此舉必定能躋身於我們能夠想像到的最蠢案例之列，讓羅素的「一個笨人在報告聰明人說的話時」基本上會出錯的名言，更加可信了。偉大的演化生物學家道金斯（Richard Dawkins，《自私的基因》作者）在回覆此愚行時，十分氣惱和銳利。他在寫給我的信件中說：「如果你對演化的瞭解，扭曲到認為應該可以找到櫃姐猴和鱷魚鴨，那麼你也應該會嘮嘮叨叨，數落著沒能找到狗河馬和象猩……以及其他十億種畸形混種怪物，反正所有現存的物種都能和其他物種混加。」

可悲的是，這種水準的空洞論調依舊是創造論運動的特徵，此

一事實充分說明了反演化論者在「知識誠篤」（intellectual integrity）上的水準。

　　2001 年，美國路易斯安那州參議員布魯姆（Sharon Broome）提出一條決議，據稱能譴責「達爾文主義者的意識型態」為種族主義者，她聲稱：「茲決議路易斯安那州議會特此譴責種族主義的所有案例及其所有意識型態，特此抵制達爾文主義者意識型態的核心概念，所謂某些人類種族及階級天生就高人一等，並特此譴責這些哲學被用於合理化並贊成種族主義者的行事做法。」

　　這當然是對達爾文演化論的斷章取義。很不幸，如此煽動性的聲明發自反演化運動是很平常的，那是蓄意設計來訴諸情緒，並藉由薄弱的關聯來敗壞名聲。[27] 做為稻草人攻擊中的承受方，總是令人氣餒的，但是還有比這更陰險的。如果這種虛假論點的煽動性夠強的話，它有可能把目標對準錯誤的人，或是讓人對批評中的可疑論點感到習慣。

 ## 大麻治癌神話

　　就拿大麻為例，人們基於娛樂和醫藥目的來使用大麻，已有數千年之久。雖然大麻很早就與我們相伴，但少有其他物質激發出來像它那般強烈的討論。關於大麻治病能力的爆炸性宣告，在網路上瘋狂流傳著。隨便用谷歌搜尋一下「大麻治療」，就會湧出無數奇聞軼事，描述大麻的神效可治癒所有你想像得到的疾病。尤其常見的是，大麻被捧為治療癌症的萬靈丹，以及能緩和癲癇或自閉症。除了滔滔不絕的推薦之外，把大麻當成無所不能的萬靈丹，和現有證據也太不相符了。

2017 年，美國國家科學院有一篇評論，檢視了超過一萬份關於大麻及大麻衍生物的醫學應用和效益研究，發現有三種應用具有可靠的證據。首先，有很強的證據顯示，THC（四氫大麻酚，大麻中影響精神的成分）能減低癌症治療引發的噁心與嘔吐。這些止吐的特性在癌症症狀的臨床管理上，已經研究了幾十年。該篇評論還發現，有良好的證據支持將醫藥大麻用於慢性疼痛，以及用於處理多發性硬化症引起的抽搐。不過，這些發現也提出了警告：THC 並非一定能被人體接受，在許多案例反而會令嘔吐惡化而非緩解。既然已有現成的更安全、也更有效的藥物和止痛藥，衍生自 THC 的臨床化合物往往成為備用品，只在其他干預失效後才使用。

但是那些由大麻擁護者廣為宣傳能治百病的療效，又是怎麼回事？對此議題，這篇評論就更具毀滅性了。儘管有源源不斷的誇張讚美，大麻對其他情況的效益證據非常少，而且也缺乏說服力。研究人員找不到令人信服的證據，可以證明大麻對於過動症、癲癇、帕金森氏症、大腸激躁症的治療是有用的，也無法證明大麻能增強愛滋病人的食慾。最肯定的是，絕對沒有證據顯示大麻能治療或治癒癌症。亨尼詩（Sean Hennessy）是這項研究的論文作者之一，他認真思考介於證據與相信之間的這道鴻溝，觀察到「許多人宣稱的大麻療效，大部分都沒有被證實有效。」可是，對於矢志不移的大麻療效支持者來說，這種藥物相對較低和有限的應用，並不妨礙他們的擁護，更不會減弱他們的信念。

「大麻治癒癌症」的迷思像喪屍一樣，仍在蹣跚前行，伴隨著數量多得驚人的網站歌頌此一神話。在各家社群媒體網站上，數量多得令人擔憂的貼文，沒完沒了的流傳，宣稱大麻油膏或 THC 萃取物能治癒癌症。這些訊息通常被賣力推銷給病人支援團體，給脆

弱的癌症病人及家屬帶來一絲希望。

　　這些聲稱，從表面上看來是由一整群稻草人所串繫的，有一個常見的主張，可以做為範例，它是為了「證明」大麻能治癒癌症而搞出來的：高劑量的 THC 在培養皿中能殺死癌細胞。這是真的，但是無關緊要。殺死癌細胞很容易，很多試劑都能輕易殺死人工培養的癌細胞，從酸到熱、到漂白水。不過，聰明的讀者應該會注意到，人體可不是培養皿。對我們來說，有效的抗癌藥劑一定要能夠選擇性的瞄準癌細胞，同時放過健康細胞。沒有任何證據顯示大麻具有這類作用。這些假消息是這麼歷久不衰，以致像英國癌症研究基金會和美國國家癌症研究所（NCI）這樣的機構，都必須投入大量資源來對付這些迷思。

　　在最好的情況下，這類誤傳會替不符合證據的觀點，提供表面虛假的可信度。但是在最糟的情況下，有可能嚴重傷害到處境危險的病人。雖說癌症無所不在，但是一般大眾對於癌症的知識仍然極為不足，往往寧願避開這個議題，或是在提到它時採用委婉說法。大部分人都不會認真思考癌症，直到他們本人或是親愛的人被診斷出罹癌。雖然現代癌症的療法與生存率都在持續改進之中，但是不難理解，它的干預方式，像是放射療法、化學療法或是免疫療法，聽起來都很嚇人。就在病人最脆弱的時刻，沒有副作用的「天然」萬靈丹，可能會非常誘人，讓人將合理懷疑的態度拋諸腦後。

　　然而，更陰險的或許在於：這類宣稱往往會在病人心底培養出對醫療及科學社群的不信任。謠言的信徒為了保持信心，通常就把自己的立場缺乏證據這回事，歸罪於「大藥廠」的陰謀詭計。

　　理性的人也許很想把這些當成怪人獨有的觀點，然而，我們待會兒將會看到，這其實是很多人相信的觀點。

　　一旦接受這類故事，無可避免的就會把研究人員和醫學人員當成默劇裡的惡棍角色，成為辱罵和奚落的目標。更糟的是，神奇治癒的故事流傳得如此熱烈，成功說服了許多病人停止正規療法。這已經（而且未來還會繼續）導致人命的犧牲。

薛丁格式的法案

　　我個人也能提供一些這方面的見證。2016 年，一項新法案被送到愛爾蘭國會，表面看起來是在擁護醫療用大麻，儘管醫療用大麻在愛爾蘭早就可以憑處方合法取得。解讀其聲稱目的之背後，這項提案的真正目的變得更清晰了：在不曾證明有效的情況下，民眾也能自由取得該藥物。不只如此，該法案一邊宣傳大麻為藥物，同時又將大麻排除在國家藥物管理體系的職權範圍之外。基本上這就是薛丁格式的法案（Schrodinger's bill），主張大麻是藥物，但又堅持大麻不該受制於藥物必須承受的管制──就像薛丁格貓，處於「同時既是活的、又是死的」疊加狀態。

　　這種閃躲態度是一個令人警覺的信號，讓更傾向科學的人產生懷疑。任何具有生物或醫藥影響的物質，都可能有潛在不良作用，大麻也不例外。雖然大麻相對來說算是安全，可是目前的研究數據顯示，經常使用大麻的人有更高的機會出現精神障礙，包括思覺失調症，這些影響在兒童及青少年身上更為顯著。

　　與流行的誤解相反，大麻上癮是完全有可能發生的，而且不當使用也很常見，更可能顯現在重度使用者、以及從很年輕就開始使用的人身上。從這個角度看，該法案之所以堅持要繞過藥物管理，可能是另有動機：儘管該法案表面上以醫藥為焦點，其實是一隻特

洛伊木馬，想讓大麻的娛樂性使用合法化。該法案把病人稱為消費者，而且以盎司做為計量單位，而非藥物更常見的毫克，凡此種種都只有讓人增強這種別有居心的感覺。

　　這不見得是一件壞事——關於大麻合法化這個議題，確實有一些很精采的論點。但是，做出危險誤導的醫藥聲明到這種程度，卻是完全不能接受，也太不誠實了。

　　藉由將它設計成一個醫藥議題，該法案的促進者和世界各地的大麻怪咖軍團站在了同一邊。此外，猶如傷口撒鹽，它的公關活動不負責任到了令人傻眼的程度。在一場公開支持該法案的會議上，「人民先於利潤黨」（People Before Profit，也是該法案的提議者）發布一張海報，上面聲稱大麻能治癒癌症。在各家社群媒體上，許多人受邀貼出他們的大麻治療成功故事，結果想也知道，神奇的故事滿天飛，源源不斷。雖然這些故事根本無法證實（倒是經常被揭穿），但是一點都不妨礙它們受到熱烈歡迎。其中一個迷因在 2017 年到 2018 年間流傳很廣，是關於希比特的傳奇，聲稱他的癌症被大麻油膏治癒了。雖然大麻擁護者廣為分享這個迷因，但他們卻不知道或是不在乎，希比特不但沒有治癒，而且在 2016 年就死於癌症了。

　　令人心痛的情感訴求，是廣宣活動和媒體上的大宗產品。一位母親發誓要幫生病的女兒弄到大麻油膏，獲得大量媒體報導。而這也被他們倚重為新法案為何必須通過的範例，即使根本沒有證據顯示大麻油膏對於案例中女兒的病情有任何效益。於是，就在大量噴湧的同情與義憤中，真正的事實（大麻油膏被視為食品，在愛爾蘭可以輕易合法取得）似乎被大眾遺忘了。伴隨日增的名氣，治癒癌症的敘事也漸漸更深入的爬進公共論述之中。愛爾蘭癌症協會的研究主任奧康納（Robert O'Connor）憂心忡忡觀察到：「現在我不管上哪

兒，都會被問到大麻或大麻二酚油膏治療癌症的事。這些虛假的陳述在媒體上變得如此普遍，尤其是社群媒體，已經成為很多人心中的信條，即使研究結果清楚且明確顯示這不是真的。」

可以預料、而且也令人沮喪的是：脆弱的病人被這些出於善意但是受到誤導的人給鎖定了，接觸到一大堆美好燦爛的故事——關於腫瘤在大麻治療後就縮小了。然而，正如愛爾蘭癌症協會和腫瘤科專家一再強調的，這些陳述完全是謊言。

眼看大眾的誤解日增，我也和許多媒體人談過，解釋為何這些陳述值得懷疑。我幫《愛爾蘭時報》和《旁觀者》（Spectator）雜誌編寫了一些文章，揭穿好幾則出現在法案裡以及網路上支持者提出的誇張陳述，懇求讀者要依據證據而非信誓旦旦的放言。愛爾蘭國會召集了一個跨黨派委員會來評估這個法案，結果在 2017 年 7 月公布他們的發現。結論毫不留情，揭露了太多重大的法律議題、政策的非意圖結果、以及缺乏針對有害使用的防護。該法案提出的醫療動機頂多也只是表面好看。委員會無異議將它駁回，指出該法案「要推廣的不只是大麻的醫療用途，也是大麻使用的合法化」。

如此嚴峻的駁回，讓該法案以失敗告終，無以為繼——這是一場因為全然愚笨和徹底欺騙所導致的慘敗。然而，人民先於利潤黨不但沒有好好反省委員會的評論，該黨的肯尼（Gino Kenny）還大聲砲轟該法案被委員會破壞了，抨擊委員會充滿偏見。在各家社群媒體上，許多該法案支持者的反應都是去攻擊最有名的批評者。委員會成員奧康奈爾（Kate O'Connell）被揪出來，成為眾人洩憤的目標，她的藥劑師資格被誹謗者說成是她與大藥廠勾結的「證據」。很遺憾，就像網路上許多女性當事人的案例，這些衝著奧康奈爾的言論多是極端的厭女主義。

奧康納和愛爾蘭癌症協會也被同一群狂熱份子指控為製藥工業界的爪牙，導致令人厭惡的一幕：一家癌症慈善機構遭到大麻酸民的攻擊。

我也沒能全身而退。我的動機被人瘋狂審視，辱罵的信息潮水般湧來。然後我也被貼上標籤，變成接受大藥廠贊助的人，即便我是物理學家，這證明了他們的「大藥廠」是一頂可隨意扣在他人頭上的帽子。更傷人的，或許是在長篇大論的文章中不斷被指控說，我們的批評證明了我們對病人缺乏關懷以及輕視受苦的人。

這真是一種稻草人論證，把批評法案的人標示為「急於顛覆一場奇妙的健康革命的破壞份子」。他們堅稱，不支持該法案的人，就是不關心病人。他們竟然把「導致該法案被委員會駁回的審慎論證和結論」都完全扭曲了。事實上，他們提出的立法將不會保護病人，反而會陷病人於險境。錯上加錯的是，人民先於利潤黨還極度魯莽的推廣大麻是萬能藥的說法。提案者藉由扭曲該法案遭駁回的原因，轉移了公眾的注意力，讓大家沒有注意到真正的事實：該法案本身既危險又有缺失，而且不誠實。結果，他們把目標瞄準在那些有憑有據的擔憂上，讓說實話的人承受該法案支持者的怒火。

好在這場災難還是有一絲慰藉：針對「無所不在的另類療法被拚命推銷給脆弱的病人」這個狀況，一群志同道合的人士展開了嚴肅的討論與研議。為了防範推銷另類療法的狀況太過猖狂，奧康奈爾和我以及其他幾個人，開始研究提出一項新法案，來保護癌症病人避開可疑的另類療法。

或許是無可避免的，當我們一宣布這項計畫，馬上就被大麻擁護者和另類醫療提供者給稻草人化，說我們這群人是在「壓制癌症療法」，害得我們又被罵到臭頭了。

奧康奈爾觀察指出:「很顯然,只要涉入政治場域,你就會一直挨罵。但是這個的尖酸程度⋯⋯還是高得不可思議。」[28] 這就是稻草人論證顛倒是非黑白的力量,它不只讓人習於把扎實的論據和批評當成耳邊風,同時還把指出國王沒穿衣服的人徹底妖魔化。就這個角度,稻草人論證造成了雙重損害,我們一定要小心提防。

循環推理謬誤

就目前為止,我們前面提過的非形式謬誤,大多是因果謬誤的變體。它們在非形式謬誤的巴特農神廟裡,占有優先地位,以看似無限多的形式存在。其中有一類非形式謬誤值得一探,它們倚仗的是藉由彈性的定義和前提,來達到一個嚴謹的虛假外表。要做到這一點,最簡單的方式就是:提出一個完全符合邏輯、但是全面重複的論點。

請看下面這段陳述:「人類是哺乳動物;因此,人類是哺乳動物。」這是一個明明白白的差勁論點,因為講者基本上是用自己的結論,來合理化自己的結論。這種虛幻的推理,稱為「循環推理」(circular reasoning)。

雖然這種推論方式看起來可能令人厭煩,它的歷史血統卻大有來頭。就舉一個案例吧,與宗教經文真實性相關的論證,極為依靠這種單調、卻討喜的邏輯循環。亞伯拉罕諸教(Abrahamic religions,指三個具有共同源頭的一神教:基督宗教、伊斯蘭教、猶太教)早就深受循環推理的折磨——自從猶太教出現後,宗教學者就主張《妥拉》(摩西五經)是永遠正確的上帝話語,因為《妥拉》裡的經文這麼說。如此空洞的推理,猶太教衍生出來的宗教都很熱切的採用了。只舉

一個《聖經》裡的例子，在〈提摩太後書〉第 3 章第 16 節寫到：「聖經都是神所默示的，於教訓、督責、使人歸正，教導人學義，都是有益的。」這段話若剝去裡頭的贅言，可以在不喪失概要的情況下，改寫成：經文是真的，因為它是被上帝默示的，因為經文上這麼寫。對於虔誠的信徒來說，這可能給人安心的感覺，但是聽在更精明的人耳裡，卻有些空洞了。同樣的，《古蘭經》斷言，神聖經文對先知穆罕默德的啟示，證明它的神聖起源。

　　至於上帝是否存在，這些明顯的循環論證根本沒有做出任何可以推進該假說的事。

乞題謬誤

　　神學上的案例算是相當明白的，可是循環推理經常被同義字、以及需要拆解才能懂的複雜表述，給弄得很模糊。這經常可以在一種相關的謬誤中看到，那就是「乞題」（begging the question）。[29] 在乞題謬誤中，正待證明的結論卻被包含在該論證的前提裡，使得整個陳述成為「同語反覆」的模樣。

　　遇到根深柢固的意識型態議題時，它可以輕易被濫用成乞題，而且往往與想達成的觀點一致。若想舉個現代的例子，我們不妨檢視持續爭論不休的墮胎辯論的用語。有一個常見的反墮胎論點，推理邏輯如下：「墮胎是謀殺。謀殺是不合法的。因此，墮胎不應該合法。」在態度比較傾向反墮胎的人看來，這也許很像是一個令人信服的論點；但是就一個論點來說，它的缺陷簡直無藥可救。它的「墮胎不應該合法」結論，起源於「墮胎是謀殺」這個斷言，但這是一個非常含糊可疑的主張。該論證的結論是從它的前提推得的，而

該前提乞求我們同意「墮胎是謀殺」這個假設，卻沒有任何推理或證據來證明為何是這樣。如果乞求的前提獲得同意了，那麼整個陳述也只是在邏輯上前後一致而已，但仍然很空洞，並沒有告訴我們為什麼。這是一個什麼都沒有說的極度循環推理。

　　這為我們帶來另一個重要問題，有時候那就像是「房間裡的大象」──雖然明顯，眾人卻視而不見。我們已經談過某些較常見的推理的非形式謬誤，但是這裡很值得我們暫停片刻，思考一個經常貫穿在我們討論案例裡的主題：邏輯與信念之間的掙扎。

　　信念（或信仰）對推理的影響是相干的，只是我們直到現在都避開了。毫無疑問，錯誤的推理能影響即便是最中立、但是沒有戒心的觀察家；可是動機往往更值得深究。在某些案例，邏輯上謬誤的推理可能是因為單純的誤解所致，但是我們也不應該輕看另一種可能：我們的信念或信仰，可能對我們清醒思考的能力，施加有害的影響。

　　我們有沒有透過扭曲的鏡片來過濾論證，給予贊成我們先入為主的觀點的人，過多的信任？如果我們有，這是有意的行為，還是我們沒有意識到的？如果我們真正瞭解推理的挑戰，就無法只檢視邏輯，而不去檢視人的處境的錯綜複雜。

　　想真正瞭解為何我們會出錯，那麼很要緊的是：接下來，我們得去探討那些會對我們每個人產生無法避免的影響的人類特質。

第三部

心靈暗門

我們在其他人身上最先看到的錯誤，

以及最後才會原諒的錯誤，

往往就是我們自身會犯的錯誤。

—— 蘭登（Letitia Elizabeth Landon），英國詩人

第 8 章

賓拉登既生且死

愈是相信「賓拉登早已死了」的人，

也愈是相信「賓拉登其實還活著」。

這些相信陰謀論的人，

可同時懷抱兩個互相排斥的信念。

惡棍畫廊

　　二十世紀初是俄國的混亂時代。1917 年的 10 月革命，布爾什維克派以暴力建立起世界上第一個共產國家。此一巨大的轉變，騰出了政治真空，讓許多渴望權力、且往往很無恥的人，急切填補進去。史達林無疑是「惡棍畫廊」裡最惡名昭彰的一位。當時，10 月革命英雄、也是蘇維埃政府的領袖列寧，身體已經很病弱了，他把史達林的蓬勃野心看得清清楚楚。憂心的列寧否決了史達林，推薦托洛斯基（Leon Trotsky）做為他的接班人。

　　然而，當列寧於 1924 年過世後，史達林還是以謀略壓制所有對手，鞏固起絕對的權力。托洛斯基被迫流放，最後在墨西哥被史達林派人暗殺，遭冰斧襲擊致死。史達林體制的殘酷，史書上早有詳盡記載，但是那個時代另一位野心人物的故事，就比較隱晦了，這人叫做李森科（Trofim Lysenko）。

　　李森科的熱情在於植物而非政治。當他的同儕忙著塑造革命成果時，他卻在恩師瓦維洛夫（Nikolai Vavilov）的指導下，於基輔研究種子。他倆主要的興趣是影響小麥作物產量的條件。當蘇聯新領導者開始力推如何快速將農業經濟體，轉變成工業經濟體時，李森科的這個研究課題，就有了政治上的急迫性。沙皇時代的富農被視為階級敵人加以消滅後，他們肥沃的土地由集體農場接收。但由於蘇聯政府的無能，導致隨後而來的長期經營不善，饑荒在蘇聯境內全面爆發。

　　李森科在 1928 年宣布他發現了一種新方法，能大量增加作物產量，他稱之為春化法（vernalisation）。這話聽在共產黨的耳裡，彷彿美妙的仙樂，蘇聯的喉舌《真理報》對他大肆吹捧。〈聰敏的農

工單憑機智，就解決了實際問題〉這種激勵人心的故事，共產黨的宣傳一向非常倚賴，所以這名農夫出身、沒受過正式科學訓練的農藝專家，表現卻能勝過資產階級的科學機構，真是天上掉下來的禮物。李森科拿到一堆獎項，有政治上的，也有科學上的，而且還在共產黨內步步高升。

共產黨對李森科的讚譽其實言之過早；由於李森科缺乏科學訓練，導致他做的實驗水準不高，且控制不良。此外，李森科也不會不屑於用假數據來支撐自己的主張，以鞏固自個兒的英雄形象。

於是，可疑的結果似乎沒能造成阻礙，讚美也依舊源源不斷。李森科是黨內不容懷疑的寶貝。連他也開始相信自己的能耐了，堅稱經過他的春化法處理的種子的後代，也會遺傳到神奇的特性，因此黑麥能變形為小麥，而小麥能變成大麥。這話讓眾生物學家驚呆了，因為它根據的是一個早就被實驗推翻的理論：拉馬克式演化。這種已遭淘汰的理論主張，生物個體後天獲得的特性也能傳遞給子代。舉例來說，一株植物的葉片被摘光了，可能就會產生沒有葉片的子代。生物學家赫胥黎簡潔有力的評論道：「如果這個理論是正確的，那麼照理所有猶太男孩一出生，就沒有包皮。」

但是，大部分蘇聯植物學家及生物學家和李森科不同，他們在革命之前都受過教育。他們熟知達爾文的演化論，他們知道演化論對於所觀測的現象提供了更豐富的解釋，而且也通過嚴格實驗的試煉。另外，他們也曉得，根據孟德爾學說以及果蠅實驗顯示，有一種遺傳單位存在——基因。然而，掌握政治權勢的李森科，不允許科學家有絲毫質疑。但是他又無力反駁科學家的觀測，於是他就轉而訴諸人身攻擊。

1935 年，李森科把那些不認為他想法傑出的人，比做不接受馬

克思主義的人，指控生物學家是「愛果蠅，恨人類」的傢伙。在這次發作過後，史達林第一個起立致意，大聲喝采：「說得好！李森科同志，說得好！」

讚美讓李森科膽子更肥了。有了史達林明確的認可，他開始把自己的農業理念與共產主義理念結合起來。遺傳學界全都成為他的主要攻擊目標。李森科針對某些馬克思教條，做了一番新詮釋，他指出：人類特性也能因為在共產主義下生活，而得以改變。這些後天獲得的進步，將會遺傳給日後的子子孫孫，創造出英勇的「新蘇聯人」。

這個信念在政治方面更容易操弄，因為與它相對的信念認為，個人特性大都由無法改變的基因密碼所塑造，因此黑麥永遠不會變成小麥。因此，李森科抵制達爾文的天擇理論，指責該想法是反共產主義。

 ## 倒行逆施

當二次大戰在耗損歐洲時，有史達林加持的李森科，開始著手清除否定他宏偉主張的科學家。他的恩師兼早期保護者瓦維洛夫也遭逮捕了，而且很誇張的被判處死刑，雖然後來又減刑為監禁。瓦維洛夫最終在 1943 年因為營養不良，死在監獄。

1941 年，納粹德國進攻蘇聯，揭開一場漫長又血腥的戰爭，而這也意味著李森科的聖戰必須暫時擱置。1945 年到了戰爭末期，蘇聯顯露出勝利的徵兆，但是代價極大，將近二千七百萬蘇聯人死於戰亂。雖然李森科在黨內仍掌握大權，但是有些科學家變得比較大膽了，敢公開批評他的獨裁。其他科學家對他的研究做出一系列評

估，顯示李森科的主張要嘛缺乏根據，或根本就是偽造的。擔憂自身地位不保的李森科，懇求史達林加強支持他，並承諾會增加全國小麥產量達十倍。儘管大量證據顯示這是不可能的，而且李森科也很無能，史達林仍然依從了這位精通自吹自擂的無產階級天才，把蘇聯的整個農業政治機器都授予李森科。

於是在 1948 年，李森科正式宣稱遺傳學為「法西斯主義」和「資產階級的墮落」。政治局也宣布在蘇聯境內全面禁止遺傳學；李森科主義成為唯一的「政治正確理論」。共產黨的荒謬命令，顯然是由李森科與史達林親自編制出來的。所有遺傳學研究都被禁絕了，而更進一步的討論也是違法的。全蘇聯境內的生物學家和遺傳學家一律遭到免職，他們的研究受到公開譴責。大約有三千名科學家被圍捕和處決，或是送進勞改營和監獄。這些受到迫害的遺傳學家、生物學家和醫學領域的科學家，被一群無能但是效忠李森科的誹謗者所取代。更糟的是，李森科的倒退農業政策還讓蘇聯陷入更嚴重的饑荒。[30]

這樣的鐵腕鎮壓，對科學討論產生了寒蟬效應。1953 年，史達林過世，繼任者是赫魯雪夫，他也是贊同李森科的。直到赫魯雪夫在 1964 年被推翻之後，蘇聯科學機構才終於發起攻勢。在俄羅斯科學院的全體大會上，核物理學家沙卡洛夫（Andrei Sakharov，蘇聯氫彈之父）[31] 譴責李森科「令蘇聯的生物學、尤其是遺傳學倒退，丟光了臉面，令學習風氣和學習成效下降，令許多天才科學家遭到惡意中傷、解雇、逮捕、甚至死亡」。和這段譴責一致的還有諸多調查報告，證明李森科及其助手曾經誤解證據和偽造證據。

再也沒有政治後臺撐腰了，李森科的紙牌屋在不受限制的科學檢驗聚光燈下，土崩瓦解。他對蘇聯科學的壓制，已經響起了終結

訊號。曾經盛讚李森科天才的報紙,現在把他罵得一文不值。李森
科下臺隱退,在 1974 年無聲無息的死了。

　　李森科此生,扼殺了全蘇聯的遺傳學、生物學和醫學的進步,
他平靜的結局,和那些被他發動的暴力清洗給毀滅的科學家相比,
真是太過優遇了。李森科的故事,套句科學家比爾(Geoffrey Beale)
的話,堪稱「曾經有過的最怪異、最悲劇、以及就某方面來說最荒
謬的科學戰役」。

動機推理 & 確認偏誤

　　但是李森科的故事不只是關於一個人的傲慢,它同時也告訴我
們一些與人類境況有關的東西。

　　李森科的研究如此受到推崇,是因為符合某種意識型態。它具
備一項太過人性的心理錯誤:「動機推理」(motivated reasoning),也
就是蓄意用「重申既有信念」的方式來詮釋,而非帶著批判性來評
估證據。這是由情感驅動、天生帶有偏見的決策形式。動機推理對
於任何違反當事人信念的證據,要求之嚴厲,標準高得不可思議,
反之對於任何吻合當事人需求的理念,卻毫不挑剔的接受,哪怕是
最薄弱的證據。動機推理並不會理性評估可能證實或否定某信念的
證據,相反的,它是用我們的偏見,只去看吻合我們既有信念的證
據,反駁那些令我們心神不寧的證據。

　　與動機推理密切相關的是「確認偏誤」(confirmation bias),也就
是我們傾向於尋求、記憶、並塑造符合我們先入為主信念及世界觀
的資訊,同時極度輕視與之相悖的資訊。

　　關於我們內心存有一個習於過濾資訊的守門員這件事,並非新

想法；早在耶穌誕生之前四百年，古希臘歷史學家休昔底德就注意
到：「人們習慣去信賴自己所渴望的草率期望，然後用至高無上的理
由來剔除令他們不悅的東西。」這項觀察，受到二十世紀心理學家
提出的大量數據的支持。這些現代心理學家開始正式檢驗我們用便
宜行事的謊言來自我安慰的能力，到底有多強。然而，無論有多麼
安慰人心，如此攀附謊言還是得付出極高的代價；所以，我們為何
還要這樣做呢？

　　這個問題吸引到心理學先鋒范士庭（Leon Festinger）的注意，他
的假設是：對一個主題同時懷抱兩種或更多種對立的信仰，會導致
某種焦躁不安──他命名為「認知失調」（cognitive dissonance），也就
是當人接觸到與自己的信念相反的資訊或行動時，心裡感覺到的不
自在。

　　在面對衝突的訊息時，我們會努力平息這種不自在。我們可能
會接受自己原先的觀念有缺陷或是不完整，而且會根據新的證據來
打磨自己的觀點（就像優秀科學家的做法），讓它更完善。但是，
改變自己的意識型態傾向，在認知上是很費力氣的；更輕鬆的做法
是，只要否認現實以保存既有的信念。就范士庭的看法，動機推理
正是打敗衝突資訊帶來的不安的機轉，它「促使我們有動機」去接
受令人安慰的謊言，而非接受非充滿挑戰的現實。

　　范士庭在 1950 年代早期得出這個想法，然後便開始尋找測驗
該假設的途徑。有一天，地方小報上的一則標題吸引了他的注意：
〈來自克萊里昂行星的預言，向城市發出召喚：逃離大洪水〉。這是
關於某個教派的報導，該教派的領袖是住在芝加哥的家庭主婦瑪
汀（Dorothy Martin），她堅稱自己接獲來自克萊里昂行星的通訊。訊息
是透過她手中的筆，自動書寫出來的，這些外星人的書信透露，世

界將會在 1954 年 12 月 21 日終結。瑪汀早年曾經參與過賀伯特（見第 46 頁）的戴尼提運動（後來演變成山達基），並借用了賀伯特的二流科幻小說美學。瑪汀宣稱在世界毀滅的前夕，飛碟將會現身於信徒面前，將他們迅速帶往克萊里昂行星，值此同時，一場滔天大洪水將席捲地球。瑪汀的運動追求的是心靈澄澈與拯救，而且該運動的名稱也很能反映這份渴望：追尋者（Seekers）。

追尋者由於信仰性質的特殊，在美國各地的世界末日團體中獨樹一幟。瑪汀用一種「信不信由你」的方式表達他們的信仰，她對於勸人改變信仰不感興趣，而且也不樂意和媒體接觸。即便如此，她身邊還是聚集了一小批虔誠的信眾，他們是這麼相信她的宣告，不只捨棄了地位和物質財富，有些人為了追隨她，甚至連婚姻和家庭都捨棄了。

范士庭與同事察覺到這是一個很難得的機會，可以研究「一旦面對無可辯駁的證據時，原本的強烈信念是否會因此動搖」。於是，他們安排了幾名學生加入該團體當臥底，蒐集第一手的觀察資料，並記錄信眾如何應對無可避免的心旌搖惑。

在 1954 年整個 12 月期間，追尋者開始為即將來臨的世界毀滅做準備。他們很緊張的等待來自克萊里昂行星的下一次通訊，結果在 12 月 20 日上午 10 點等到了；外星人向大家保證，他們一定會被搶救，然後神速帶往太空。一切金屬物品都必須從身上除去，以免損及飛碟，於是胸罩鋼絲、拉鍊、以及金屬飾物紛紛被卸下。當天還傳來了更多則訊息，包括在登上拯救船艦時需要的一系列通關暗語，而船艦將會在半夜抵達。到了晚間 11 點 15 分，瑪汀下令信眾穿上外衣，然後在午夜即將來臨時，信徒們沉默的聚攏在一起，等待救援。

　　但是當午夜來臨，什麼都沒出現。房間裡有一只時鐘顯示 12 點 05 分，另一只時鐘則顯示 11 點 55 分。在信徒愈來愈強烈的焦慮下，所有人都同意，時刻較早的那個時鐘想必才是正確的。他們繼續等待那個時鐘走到午夜，極度期待著。但是，當那個時鐘的時針與分針也終於重合，救援還是沒有出現。接下來幾個鐘頭裡，悲傷的不安之情席捲了整個房間——大洪水即將在上午 7 點吞沒地球，而允諾的拯救卻沒有成真。

　　到了凌晨 3 點，這群人已覺得絕望，開始拆解預言裡的字句，希望能從中找到他們先前可能疏忽的隱藏象徵意義。但是他們這種合理化的企圖，即便在他們自己看來，都顯得空洞無望。等到凌晨 4 點，有些人已經開始哭泣，有些人則震驚過度，呆若木雞，坐著一動也不動。但是這種沮喪的情緒並沒有延續太長，因為在凌晨 4 點 45 分，瑪汀召集所有信徒，告知剛剛才從克萊里昂行星收到一則訊息。它宣稱：「就在今日，已經確認世間只有一位上帝，祂就在你們中間，你們寫下的這些話，來自祂的手。上帝的話是強大的，而你們被祂的話拯救了，因為你們被送出死亡之口。從未有過如此強大的力量，能施予世間。」

　　這下子，追尋者們可高興了，深信他們拯救了地球免於毀滅。他們把預言沒能證實的難堪給合理化，反而把它描繪成一件光輝事蹟。他們一反先前的默然態度，成為大聲宣揚福音的傳教者，並熱心尋求媒體關注。

　　值得注意的是，追尋者並不是第一個，也不會是最後一個「即便偉大的預言沒能實現，卻能加倍堅定信仰」的迷信團體。例如，米勒派運動（Millerite movement）相信耶穌基督將在 1844 年再臨，而祂的沒有出現，也稱為「大遺憾」，但是這同樣給合理化了。源自米

勒派的基督復臨安息日會,到 2010 年為止,全球大約有兩千兩百萬
名信眾。

認知失調

　　當信仰明顯被駁倒後,還能變成更狂熱的信仰者,在我看來似
乎很奇怪,但這正是范士庭及同事所預測的。在他們有關信仰的著
作《當預言成空》(*When Prophecy Fails*)裡,列出要出現此種情況必
須有的五個條件:

　　一、必須有一個非常堅定的信仰,而且必須與行動有關,也就
是信仰者必須做什麼、或是必須如何行事。

　　二、抱持此信仰的人必須獻身於它;也就是,他必須採取某些
難以復原的重要行動。一般說來,這類行動愈重要,愈難復原,當
事人對信仰的獻身就愈大。

　　三、該信仰必須足夠具體,而且充分涉及現實世界,以致那些
事件可以明確反駁該信仰。

　　四、這類無法否認的未經證實之證據必須發生,而且必須被抱
持該信念的人所承認。

　　五、個別信徒必須具有社會支持。如果一個信眾團體裡……能
夠彼此支持,該信仰可能就得以維繫,而信眾也可能嘗試說服非信
徒相信他們的信仰是正確的。

　　范士庭稍後將這一切總結為簡潔有力的幾句話:「具有信仰的
人是很難改變的。告訴他你不同意,他轉身就走。向他展示證據或
數字,他會質疑你的資料來源。訴諸邏輯,他沒法理解你的觀點。」
認知失調不只存在於宗教信仰裡,有關氣候變遷的不必要爭議,也

是由類似的基本理由所支撐。

關於「氣候變遷在科學上還有爭議」的觀點，廣為流傳，但卻是錯誤的。此一觀點與事實之間的鴻溝，是由於多年來的歪曲報導所造成，我們在稍後幾章會談到這個議題。科學上的共識其實鋪天蓋地：我們這個物種劇烈改變了地球上的氣候。

人類瞭解氣候變遷的作用機制，早已超過一個世紀了。博學的法國學者傅立葉（Joseph Fourier）在 1827 年就假設人類對氣候會有影響，而二氧化碳和其他溫室氣體的效應，則是愛爾蘭物理學家廷得（John Tyndall）在 1864 年用實驗證明的。

因此，人類可以影響氣候並不令人驚訝；令人驚訝的是，我們做這件事的速度有多快。古代的冰芯裡保有跨越數十萬年的溫度與大氣紀錄，無可辯駁的證明了，我們目前的暖化速度比從前任何時候都要快數百倍。更令人警惕的是，2016 年 9 月，地球的二氧化碳濃度超過了 400 ppm 的門檻，預計在未來幾十年將到達 600 ppm（在之前所有冰期及間冰期，沒有任何時候的二氧化碳濃度達到過 300 ppm）。這是最明顯的非自然變化。而且，我們也無法藉由假設這種現象與人類活動無關，來逃避責任。因為從化石燃料釋出的二氧化碳，具有不同的化學記號，可以直接指出是我們的罪過，就好比還冒著煙的槍枝上頭的指紋。無可逃避的結論是，環境的破壞就是由我們自己推動的。

人為氣候變遷的證據是無可辯駁的，然而還是有為數可觀的一群人，堅稱這不是事實。這群人自稱「氣候變遷懷疑者」（climate sceptics），他們嘲諷排山倒海的氣候變遷正在發生的證據，或是堅持不該由我們人類來扛責。但是這些持否認態度的氣候變遷懷疑者，其實是故意用錯名稱。

氣候變遷否定者

在科學上，懷疑精神對於探討某個假說有沒有證據支持，是很關鍵的，而且也是科學進展的一項重要因素。然而，氣候變遷懷疑者卻堅持漠視讓他們的主張站不住腳的經驗證據。這可不是懷疑精神；這是否定主義（denialism），是批判性思考的對立面。因此，我把這些人稱為「氣候變遷否定者」（climate-change denialist），而非懷疑者，以符合學術慣例。美國國家科學教育中心也指出，否定主義不只包含「直接否定」，也包含「沒有根據的懷疑」。

然而，對於這支名副其實的知識不足的搖椅專家大軍來說，缺乏科學證據支持，似乎沒有構成任何妨礙。他們潛藏在全世界的評論區裡，使勁貶抑氣候科學。氣候學家經常成為他們發洩怒氣的對象，報導這類研究發現的記者也同樣遭殃。如果這些激動的貶損只限於網路聊天室或彈幕上，已經夠糟糕了，可是這種態度還經常出現在報章媒體。許多小報的編輯部，立場也往往是否定主義者，梅鐸（Murdoch）辦的報紙尤其熱中否認事實。

這種分裂在政治上尤其明顯，世界各地擔任公職的否定主義者數量多得驚人。2009 年，澳洲總理艾伯特（Tony Abbltt）宣稱，氣候變遷「完全是一派胡言」。在英國，獨立黨甚至保守黨也淡化了氣候變遷。但是政治上否定主義最強的無疑是美國，2016 年的一場調查顯示，美國國會有三分之一的成員是否定主義者。在全世界所有主要保守政黨中，美國的共和黨獨一無二之處，在於他們是公開的否定主義者。某些成員，例如參議員殷荷菲（Jim Inhofe）[32] 甚至主張氣候變遷是科學家搞出來的陰謀，為的是爭取贊助經費。其中最過分的，或許是共和黨總統川普，他堅稱氣候變遷是中國的陰謀，

為的是束縛美國的工業。

　　既然反駁這些說法的科學證據,質量如此之重,為何這些否定主義的信念還是能召集到這般高分貝和堅定的支持?若天真一點,我們可能會以為問題純粹出在誤解上。例如,日益增加的地球平均溫度,可能有一些看似矛盾且違反直覺的影響,像是會導致極端寒流。如果問題出在這裡,最明顯的回應就是更清楚和更頻繁去解釋科學細節。然而問題是,這種好心且積極的做法取決於一個前提:目標聽眾願意把他們的立場建立在證據的平衡上。但是,正如我們已經看到的,如果這些堅持反對的背後動機,本質是意識型態的,那麼如此用意良善的努力,將永遠是白費工夫。

　　有大量證據顯示,促使氣候變遷否定者拒絕科學的,往往不是理由,而是意識型態。擁抱傳統價值觀的保守派政治人物,遠比其他人更普遍支持氣候變遷否定論。意識型態在接受或否定氣候科學上所扮演的角色,已成為澳洲認知心裡學家萊萬多夫斯基(Stephan Lewandowsky)及同僚持續的研究興趣。在他們那篇標題極為精采的研究〈美國太空總署假造登陸月球──因此,氣候科學是一大騙局:解剖有動機的否定科學〉中,他們發現,雖然贊成陰謀論思想的受測者傾向於拒絕所有科學論點,但那些具有強烈保守主義特徵或是明顯的自由市場世界觀的人,卻往往只是反對帶有管控意味的科學發現──也就是人為氣候變遷。

　　這個模式已透過反覆證明,證實政治立場是「否定氣候變遷」的最大預測因子。也因此,反對氣候變遷的選民與政客雖然往往具有保守傾向,但是對自由市場意識型態卻抱有深切信念,也就不足為奇了。有更多證據顯示,對自由市場信念愈強的人,愈可能反對氣候變遷[33]──譬如那些非常不信任市場規制的人,以及感受到氣

候變遷的存在對其意識型態構成一大挑戰的人。對許多人來說，要平息知識上的不自在，更簡單的做法是藉由退回赤裸裸的否認，繼續漠視或攻擊與他們深刻信念相衝突的證據。

對於那些具有明顯的自由市場觀點的人，人為氣候變遷確實會深深擾亂他們懷抱的信念，因為如果接受人為氣候變遷，就意味著必須支持對自由市場採取監管行動，可是監管行動對自由主義人士來說，無異於惡魔的手。此外，由於氣候變遷會影響到每一個人，無論自由主義人士同意與否，天然資源的無節制使用都會侵犯到他人的財產權，於是財產權的紙牌屋就要崩塌了。當面臨此一意識型態的兩難，有些自由市場的擁護者乾脆否定氣候變遷的事實，來解決這個躲不掉的認知失調，而不肯承認他們緊抱的公理原則可能需要修正了。

關於我們該如何應付氣候變遷，還存有許多大問題，而針對這個主題的坦率對話，是唯一需要做的。基於意識型態而對氣候變遷視而不見，不是維護自由市場的唯一途徑。但是，建設性的解決方案只能在我們都承認事實的情況下，才可能找到；問題如果沒有被指認出來，是不會去改正的。在這方面，否定者在第一關就栽了，不正視問題，並扼殺了重要的對話。他們的抗議強烈程度很明顯，就像范士庭探究的飛碟教派，他們不願或不能讓自己的立場隨著證據而演進。他們的憤怒洩露出一個基於情感的而非理性的立場。沒辦法合理化自己的主張，他們只好訴諸於大聲吼叫，以壓抑與他們認知相衝突、且令他們不自在的事實，企圖把入侵他們完美意識型態的事實給淹死。當然，如果他們對氣候變遷論的持續攻擊不致對地球未來造成嚴重影響，那麼這種行為只不過是可悲而已，並不會造成禍害。

意識型態搞砸了我們的判斷力

　　意識型態的偏光鏡，對於我們如何認知這個世界的影響之大，再怎麼強調都不為過，但是有人試圖把它量化。2013年，耶魯大學教授卡漢（Dan Kahan）和同僚做了一項很有名的實驗，向受測者提出一個中立問題，有關某種新護膚霜能否減輕疹子。受測者拿到下面這樣的數據，然後被問及他們是不是認為新護膚霜有效。

	紅疹改善	紅疹惡化
使用新護膚霜的病人	223 人	75 人
沒有使用新護膚霜的病人	107 人	21 人

　　這個問題需要有一點理解力，才能答對。單憑直覺，人們往往只會挑選最大的數字，使得許多不夠謹慎的受測者，以為新護膚霜是有效的。要做到更精細的分析，需要注意使用新護膚霜的病人總數，比沒有使用新護膚霜的病人的兩倍還要多。因此，要正確回答這個問題，我們需要檢查比率。共有 298（223+75）名病人使用新護膚霜，相對的是 128（107+21）名病人沒有使用。在使用組裡，大約 75%（223/298）的病人皮膚獲得改善，但是 25%（75/298）的病人變得更糟。在對照組，大約 84%（107/128）的病人紅疹有起色，而 16%（21/128）的病人情況惡化。

　　經過這樣的分析，結論就會和許多人的直覺不符了：新護膚霜並沒有改善病人的紅疹。

　　受測者不曉得的是，研究人員心底還藏著一個比護膚霜更迫切的問題。受測者被祕密依照政治傾向，區分為保守派和自由派。就

新護膚霜這個無關政治的中立問題來說，結果是：對很多受測者都相當困難，不分派別，59% 的受測者答錯了。而對於那些經證明具有數學洞察能力的受測者，研究人員又給出一道類似的問題，但這一回，問題涉及一個遊走在美國政治裂縫邊緣的主題：槍枝管制與犯罪。然後研究人員提出一張類似上述護膚霜的圖表，數據是隨機給的，有時候顯示槍枝管制能降低犯罪率，有時候則顯示會增加犯罪率。對於這個非常政治化的議題，提出的問題都是隨機分布於自由派和保守派之間。

　　研究人員分析這些答案之後，奇特的結果出現了：數學洞察能力不再成為受測者表現如何的預測因子。當比率暗示槍枝管制能減少犯罪率時，自由派解答的效率高得驚人，但是碰到數據暗示相反結果時，他們的數學技巧就不見了，而他們往往也會答錯。保守派也表現出完全一樣的模式，只不過是倒過來：當比率暗示寬鬆的槍枝管制能減低犯罪時，他們有能力回答問題，但是碰到數據指出相反方向時，表現就不及格了。更令人警惕的是，個人的技能水準似乎不足以克服政治傾向的影響——平均來說，數學洞察能力較高的人，在碰到答案與他們意識型態一致時，答對的可能性更高。

　　卡漢的研究團隊毀滅了「資訊不足，是導致大家對科學與技術議題，或是對政策及證據產生異議的原因」這個想法。相反的，它顯示出，是意識型態動機搞砸了我們的推理能力。但是為什麼會這樣呢？

　　卡漢的理論是，人往往具有「身分保護認知」（identity-protective cognition）的傾向：「為了避免來自價值團體內的失調與不合，個人下意識的抗拒會威脅他們價值主張的事實資訊。」我們不會讓我們的信念與我們個人分開——某種程度上，就是讓信念來定義我們。

因此，保護我們之所以成為我們的想法，以及保護我們與那些具有相同想法和世界觀的人的關係，就成為很重大的心理需求。

我們發覺，極難將自己的想法與自我概念加以區隔。於是，我們總是很固執的緊抓著剛愎自用的立場不放，而不願意去贊成相反的主張，因為害怕危及我們的身分認同。

如果你覺得這聽起來很奇怪，只要想想看，某人若是公然違反自身團體的認同，違反該團體不容質疑的信念以及固有的假設，會產生什麼樣的後果。我們都有一個傾向，喜歡窩在能反映我們自己的意見和意識型態的回聲室（或同溫層）裡。這一點，在情緒性的受測者身上極端明顯，不論是關於宗教信仰或政治信念。在這些領域，集體贊成某些特定觀點，能強化這些想法，直到它們成為不容置疑的正統說法。偏離這些想法哪怕一點點，都得付出高昂的社交代價，包括遭到團體排擠。若是去質疑團體的信念，更是會有被視為叛徒的風險。

黛安娜王妃假死？被謀殺？

很奇怪的是，認知失調似乎是有選擇性的。在 2012 年的一篇論文中，肯特大學研究人員發現，相信陰謀論的人，擁有一種驚人的能力：可同時懷抱兩個互相排斥的信念。在其中一項研究裡，愈是相信「黛安娜王妃是假死」的受測者，也愈是相信「黛安娜王妃是被謀殺的」。同樣的，另一項研究發現，愈是相信「當美軍特種部隊突擊賓拉登在巴基斯坦的住處時，賓拉登其實早已死了」的受測者，也愈是相信「賓拉登其實還活著」。

不知怎的，陰謀論者就是有辦法接受某些詭異的「薛丁格的賓

拉登」，可以在同一時間既是活著也是死了。這些相信者為何不會因
此感到衝突矛盾呢？原因在於，信念的具體內容根本不重要——只
要有一則陰謀敘事，他們的世界觀就受到保護了。[34] 就像研究人員
所作的結論：「陰謀論信仰的本質，似乎不是由可相互支撐的陰謀論
來驅動的，而是由普遍支持陰謀論的更廣泛信仰驅動的。」

　　這裡頭令人警惕的事實在於：人們傾向於相信意識型態上吸引
他們的東西，而過濾掉與他們深深抱持的信念相衝突的資訊。我們
所有人多少都受到這種影響；如果我們想要克服的話，需要主動意
識到這種影響。我們覺得是理性的主張，可能完全不是那麼回事；
經常出現的情況是，它其實是情緒性的決定，雖然它披著借來的理
性思維外衣。這使得我們不情願去改變心意，就算鼓勵我們改變心
意的數據唾手可得。正如愛爾蘭作家史威夫特（Jonathan Swift）觀察
到的：「推理永遠不能讓人修正他根深柢固的錯誤見解；而這種錯誤
見解當然不是他當初經由推理而獲得的。」

　　緊抓著不理性的信念，對我們自身終究是有害的。不論議題是
關於氣候變遷、衛生政策、甚至是政治，我們需要有能力用理性批
判的態度去評估現有的資訊，不要讓扭曲的意識型態偏光鏡，把我
們的認知給染上色彩。雖然我們可能懷有極強烈的個人信念，但是
現實（reality）一點都不在乎我們相信什麼。而且如果我們堅持選擇
意識型態而非證據，不僅將會危及自身，也會危及周遭的人。

第 9 章

記憶中的記憶

記憶的運作並不像錄影裝置，

你只要錄下事件，以後就可以回顧。

記憶其實更接近維基百科，

你可以上去改動它——但是別人也可以。

記憶是一切事物的寶庫及守衛。
——西塞羅（Marcus Tullius Cicero），羅馬共和國哲學家

記憶是幻象，僅止於此。它是一團需要時時照料的火。
——布萊伯利（Ray Bradbury），美國科幻小說作家

在罪案審判時，目擊證人作證很受看重。目擊證人對犯罪現場的回憶，能對陪審團發揮極大的影響力，通常那是嫌犯被定罪或宣告無罪的確鑿證據。然而，儘管我們如此看重這類證據，這份信賴有可能擺錯了地方。因為「親眼目擊」經常是由一群片段的資訊，重新建構成一則連貫、但卻不正確的敘事。

我們都有一種傾向：以我們認為合理的方式，來儲存資訊。而塑造這些「個人圖式」（personal schemas）的，是我們自身的經驗、文化制約、甚至是偏見。我們會在潛意識裡更動對事件的回憶以及事件的發生順序，來配合這些因素。這個過程是如此天衣無縫，當它運作時，我們完全不會意識到。我們的記憶，感覺起來如此真實，捕捉到我們的經驗要點，但是就客觀證據而言，它具有很根本的缺陷。有一個名叫「無辜計畫」（Innocence Project）的司法改革組織發現，錯誤的目擊證據是 73% 冤獄案件的主要因素。

這並不是蓄意欺騙的產物，而是我們記憶失靈的結果。目擊證據經常相互矛盾，也是源自同樣的記憶可塑性。

為什麼會這樣？幸運的是，變幻莫測的記憶早就令許多神經科學家著迷不已，例如已故的薩克斯（Oliver Sacks），就曾經詳細描寫過這個主題。他在回憶錄《鎢絲舅舅》裡敘述了一段可怕的經歷，

那是倫敦大轟炸期間，他童年時期的住家附近有一枚燃燒彈爆炸，幾乎把他家夷平。《鎢絲舅舅》出版後一段時間，他哥哥告訴他說，事實上燃燒彈爆炸時，他不在現場——相反的，他生動的記憶來自他們的大哥所寫的一封信，薩克斯被那封信迷住了。不知怎的，信中戲劇化的敘述，就被薩克斯融入了自己的記憶。

薩克斯在遺作《意識之川流》第五篇〈你真的「記得」嗎？〉寫道：

這一點也是夠嚇人的了。原來，有一些我們最珍視的記憶，竟然可能從未發生過、或是從未發生在其他人身上。

我懷疑，很多我自己的熱忱和衝動儘管看似完全屬於我，有可能其實源自他人的暗示，只是我被強烈影響到了，不論是有意識還是無意識的，然後又被遺忘了。

薩克斯的經歷並不獨特。過去有一種觀念認為：記憶就像一部精準紀錄片，錄下我們先前的所有經歷；記憶是一個寶庫，裡面儲藏著所有塑造過我們的經驗、情感、以及事件。然而真相是：儘管我們的記憶感覺起來十分真實，它們頂多只能算接近真實，因為記憶經常受到改寫和磨損，會隨著時間不斷侵蝕和變化。咱們的心智擁有一種很荒謬的傾向，經常會重組事件和變更敘事，美化或簡化順序。我們的記憶一點都不是「絕對正確的事件紀錄」，因此，記憶其實非常容易被我們自己或他人操控。我們每個人在講述自己的生平時，都是不可靠的敘事者，而且我們容易受人影響的程度，遠超過我們的想像。

當受到正面對質時，記憶的這種易變性，可能會讓人很難堪。

對我來說，2007 年是多事之秋，發生了一連串影響我生活圈的不尋常事件。做為那失序的一年的發洩管道，我在那幾個難熬的月份寫了一份很詳實的日記。多年後，我和一名友人聊起那段期間的緊張——身為作家的他，考慮把那些事件改編一番，做為他的小說背景。我很願意幫忙，於是把那本日記挖出來參考。讓我驚訝的是，我們的記憶竟然有這麼大的分歧。日記與我倆的回憶和時間順序有各種不同程度的出入，甚至連我和他的記憶都有差異。

　　好奇心使然，我深入研究那個年代的遺跡，包括電子郵件和簡訊。這些資料證實了手寫的紀錄是正確的，但是卻留下一個令人不安的結論：隨著時間的推移，我們的記憶會獨立重建細節和順序。

 ## 不可靠的記憶

　　我們可能會驚訝，記憶竟如此脆弱。但是正如專門研究記憶的倫敦大學教授法蘭奇（Christopher C. French）說過的深具說服力的話：「你所有的記憶都是重建的，而且或多或少都有一些扭曲。」

　　記憶鏈如此薄弱，甚至可能召喚出假的記憶。當代研究記憶的代表人物、美國認知心理學家羅芙特斯（Elizabeth Loftus）曾經利用她的「在商場走失」法，證明了這一點。在這個系列實驗裡，羅芙特斯帶著學生調查研究，一個純粹由人工合成的假事件，是否有可能被植入人心，而且成為一段真正的記憶。調查人員先從受測者家人那邊蒐集一堆受測者幼年期真正經歷過的小花絮，然後在交談進行時，他們在那些真實的故事裡頭，插進唯一的一個假經歷，內容是受測者有一回在商場裡與家人走失了，所幸被一名年長者找回，闔家團圓。雖說這個故事是編出來的，但是大約 25% 的受測者不只

相信了，甚至還開始添加細節，對這件事的真實性深信不疑。而且這也不是獨特的偶發現象，在其他的記憶植入實驗中，全球平均大約 37% 的受測者，都會把研究人員編造的假記憶當成真記憶，並添加更多細節。

不只如此，要是某個假記憶伴隨著其他幾項看似真實的支持證據，所謂的回憶及其細節的程度將大大提升。在某項實驗，研究人員提供受測者一張加工過的照片，顯示童年期的他們在搭乘一艘熱氣球。視覺上的花招，大大增加了受測者對於那個不存在的事件所提出的細節敘述。這些當然不是受測者故意想欺騙研究人員，而是我們詮釋及形成記憶的方式所導致的。套句羅芙特斯的話：「記憶的運作並不像錄影裝置，你只要錄下事件，以後就可以回顧。記憶其實更接近維基百科，你可以上去改動它——但是別人也可以。」

「我們的記憶可以被更動」這個想法（不只是被自己更動，也可以被他人更動）挺嚇人的，但卻是備受科學證據所支持的學說。我們的記憶受到社會因素的極大影響。「從眾記憶」（conformity of memory）就是這樣的一種現象：個人回報的記憶，會影響其他人的回憶。

在一個特別有名的案例中，瑞典外交部長林德（Anna Lindh）謀殺案的好幾名目擊證人，聚集在一個房間裡等候訊問。他們違反指令，開始交談，討論起自己的案發版本，這就讓彼此的記憶產生不當的偏見了。當行兇者米賈洛維奇，因為被監控鏡頭拍到而終於落網時，他的長相完全不符合目擊證人的描述。不管目擊者的說詞看起來有多一致，他們的指證完全是幻覺。

在高壓力的情境下也一樣，我們的回憶會動搖。有一項很具啟發性的研究證明，訓練有素的士兵經歷模擬的戰俘情境後，一直錯

誤指認他們的攻擊者，因為受測者在模擬的事件過後，做出不正確
的記憶重建。

《米雪兒的回憶》謊言

不過，在沒能認出我們的記憶不可靠的事件中，最丟臉的案例
或許要算是佛洛伊德的「受壓抑的記憶」概念。

1973 年，加拿大精神科醫師帕茲德（Lawrence Pazder）在他設
於維多利亞省的私人診所裡，新收到一名病人米雪兒。前三年，他
們的治療大都平凡乏味。然而在 1976 年，米雪兒流產過後，發作
了一場憂鬱症，而她的治療也變得激烈起來。她隱晦的向帕茲德透
露，她有某些重要訊息想告訴他，但她不記得那些是什麼。過後不
久，米雪兒在某次治療過程中，尖聲大叫了二十五分鐘才停下來，
然後開始用童音說話。這種怪異的舉止，引起了帕茲德的好奇，他
決心要揭開米雪兒的祕密，於是他採用了一種比較新的心理治療技
術──催眠回溯（hypnotic regression）。

引進催眠法，預示將會產生重大變化，解開各式各樣先前受到
壓抑的記憶。揭露的故事相當駭人。

米雪兒聲稱，從她五歲開始，媽媽就把她送交給某個崇拜撒旦
的教派，讓她以你能想像最貶抑的方式，接受儀式虐待。在恍如做
夢的狀態下，米雪兒那段「受壓抑的記憶」看似被解開了，裡頭充
滿陰森恐怖的細節。

米雪兒報告說，她曾經被鎖在籠子裡，曾經在暗室中遭到虐打
和性侵。她還說親眼目擊嬰兒被謀殺，然後她就浸泡在自己和嬰兒
的血液中。酷刑的最高潮，是一場奉魔鬼之名舉行的連續八十一天

不中斷的儀式狂歡和暴力。在那之後，該教派的長老抹去了她的記憶，並用黑魔法消除了她身上的疤痕。

　　身為虔誠天主教徒的帕茲德相信了。他開始全心迷戀米雪兒的治療，花了六百多個小時來幫米雪兒回溯更多記憶。他的全心投入終於賠上了他的婚姻，但是之後不久，他和米雪兒就開始談起了戀愛。1980 年，他們出版了一本如今聲名狼藉的著作《米雪兒的回憶》（*Michelle Remembers*），一部米雪兒的口述證詞，書中帕茲德還新創了一個詞彙「儀式虐待」。儘管內容令人很不舒服，這本書卻立刻成為暢銷書。許多教會及福音派信徒把《米雪兒的回憶》視為撒旦份子在全美各地積極活動的證明，執法機構則是湧進了不少對於儀式犯罪的控告。隨著類似的控訴在全美各地湧現，帕茲德也被吹捧為專家，他甚至蒐集了所有控訴撒旦團體的聲明，偕同米雪兒，前往梵諦岡，遞交給天主教廷。

　　然而《米雪兒的回憶》在引發如此大的轟動和媒體報導之際，社會上對於米雪兒和帕茲德的說法，卻缺乏很基本的質疑。帕茲德一開始聲稱撒旦教（Church of Satan）[35] 是儀式虐待的主使者，但是在撒旦教創始人拉維（Anton LaVey）揚言要提告帕茲德誹謗之後，帕茲德撤回這項聲稱。

　　更糟的是，米雪兒的聲明被大量證據直接駁倒。米雪兒的身分很快就曝光了，而她母親也被揭露是維吉妮雅，在米雪兒青少年時期死於癌症。而且和《米雪兒的回憶》所描述的完全相反，維吉妮雅是一名很慈愛、富有同情心的女子。米雪兒的父親普勒比出面具體反駁書中許多指控，而他也對該書出版社提出控告，進而阻止了出版社售出電影劇本版權。

　　只不過粗略審視一下，米雪兒那活靈活現的描述就崩解了。此

外，她那些更聳人聽聞的細節（像是聲稱耶穌和天使長米迦勒壓抑了她的記憶，直到「時候到了」為止），早就應該令她的證詞受到懷疑。

但是相反的，那些說詞深深進入全美國的心靈中，而且有許多人唱和，紛紛宣稱儀式虐待在全美國盛行。由於嚴重的判斷錯誤，《米雪兒的回憶》甚至被某些人用來訓練社工。很多執法機構以及社會保護團體的成員開始相信，確實存在一個懷著惡意的虐待者網絡，而且對於「撒旦儀式虐待」（Satanic Ritual Abuse, SRA）的噁心幽靈也過度警覺起來。

有了這樣的促發，接下來發生的事就無可避免了。全美國各家幼稚園開始湧現「有組織的儀式虐待」指控，細節之恐怖，一家勝過一家。1982 年，檢察官聲稱在加州肯恩郡發現了一個儀式戀童癖的團夥，有超過六十名孩童作證受到虐待，而且有三十六人定罪。1984 年，麻州的費斯阿肯托兒所也突然跑出一堆根據幼兒作證的定罪，孩子們宣稱的各種罪狀中，包括被人用刀子性侵（儘管缺乏生理證據），另外，還有在暗室中遭受機器人和小丑攻擊。在 1980 年代，全美各地陸續爆發出大量儀式虐待的審判案件，一直延燒進入 1990 年代；1991 年，德州橡樹山的孩童作證，他們被身穿白袍的撒旦教徒性侵，而且被迫肢解號哭的嬰兒。

這些由兒童描繪出來的、令人難以置信的說法，似乎說服了深深相信撒旦儀式虐待的人。媒體報導大致上也很少表露懷疑。而這些案件也都定罪了，即便完全缺乏實物證據。但是對許多人來說，物證並不被視為特別重要。畢竟，孩子會有什麼動機要說謊呢？而且，相信的人還會這樣推理：那些小孩的回憶如果是假的，不可能說出這麼詳細、露骨又充滿性欲的敘述。

群魔亂舞的麥克馬丁幼兒園審判

要解開這團亂麻，我們需要好好檢查一下這裡頭最不名譽的事件，也是所有撒旦儀式虐待恐慌潮的典型：1984 年惡名昭彰的麥克馬丁幼兒園審判（McMartin preschool trial）。

麥克馬丁家族在加州曼哈頓海灘高檔地段，開了一所幼兒園。1983 年，茱迪向警方告發，聲稱她在該幼兒園上學的兒子，被她那情感失和的丈夫及幼兒園老師雷伊性騷擾，雷伊是園長佩姬的兒子，麥克馬丁的孫子。同時，茱迪還指控幼兒園的工作人員與動物性交，以及雷伊會飛等等。警方訊問雷伊，但是不令人意外的，他們發現雷伊完全不會飛，而且沒有任何證據可以支持茱迪的說法。即便如此，警方還是寄了一封信給大約兩百名孩童的家長，暗示他們的孩童可能受到虐待。這封信不只鼓勵家長詢問他們的子女，還提供了具體細節，暗示家長須詢問子女關於被雷伊綑綁的事情。

反響大得猶如土石流；不過幾星期時間，國際兒童協會（CII）這慈善團體就訪談了幾百名兒童。在社工麥克法蘭的管理運作下，該協會採用了一種稀奇古怪的技巧來詢問那些孩子。國際兒童協會的訪談人員會具體暗示事件，邀請孩子進行角色扮演和假裝，希望能鼓勵他們更樂於提供所經歷的事件。然而，不論他們的出發點有多麼值得讚美，他們的詢問是這麼充滿暗示性，可以說是主動引導了。這裡很值得我們暫停片刻，瞧一瞧國際兒童協會到底對孩子們提出了什麼樣的問題：

訪談人員：你還記得裸體照片嗎？
孩子沒說話，僅搖頭否認。

訪談人員：記不得那個部分了？

孩子沒說話，搖頭否認。

訪談人員：你何不再想想看，好嗎？你的記憶可能會恢復喔。

孩子仍沒說話。

訪談人員：看到這張照片裡的小孩了嗎？照片裡每一個孩子都跑來告訴我們了。這不是太驚人了嗎？這些孩子都來找我們，我們發現他們知道好多那家學校裡噁心的祕密。他們全都把祕密告訴我們了，而且他們幫我們解開謎團，讓我們知道那個地方以前到底發生了什麼事……

訪談人員：還有，裸體的電影明星呢？你們還記得那家學校要你們玩的那個遊戲嗎？[36]

小孩：不。

訪談人員：每個人都記得那個遊戲。讓我們來看看我們能不能想出來。

事後來看，這裡頭的爭議實在太明顯了。事實上，他們在引導年幼的目擊者做偽證，或是藉著駁回孩子明確的回答，或是把新的念頭介紹給孩子們。容易受到暗示且又渴望取悅他人的年幼孩童，面對成年人提出的問題，往往會努力試圖回答他們覺得成年人想要的答案。更糟的是，這類暗示甚至會在孩童心裡引發恐怖的受虐記憶，雖說他們從來沒有這種經歷。這種詢問技巧有很大的缺失，而孩子後來又被指導說出甚至更強烈的指控。

雖說孩子們發出愈來愈荒誕的控訴，但是熱心過度的相信者與不加批評的媒體，都沒有偵查到其中的疑點。這些荒誕的指控包括在祕密地道裡受虐，以及會飛的女巫。另一個更精采的描述──經

常乘熱氣球，可能還是從羅芙特斯那兒偷來的。其中一個孩子甚至從一疊照片中，指認知名演員羅禮士也是虐待者。

1984 年春天，麥克馬丁、佩姬、雷伊、以及其他幾名教職員被起訴，罪名是對四十八名幼兒犯下三百二十一宗虐童罪。在隨後將近兩年的聽證期間，檢察官描述了一則駭人聽聞的撒旦儀式虐待故事。這時，被認為是老經驗的撒旦虐待事件調查者的米雪兒和帕茲德，也和相關孩童碰面，協助塑造他們的證詞。媒體對這事件的報導強烈偏向檢方，而此案雖然缺乏任何物證，所有涉案人還是遭到收押和起訴。

到了 1986 年，長期為思覺失調症所苦的原告茱迪，死於酒精中毒。由於孩子們的證詞互相矛盾，而且顯然是被誘勸的，令地方檢察長怒批此案「簡直弱爆了」。他撤回對所有被告的指控，只有雷伊和佩姬除外。到了 1990 年，就連對雷伊和佩姬的控告也撤銷了，然而沒有被定罪的他們，已經坐了五年多的牢。

這場審判耗費七年以及超過一千五百萬美元，但卻沒有定罪，成為美國史上最昂貴的審判之一。事後，麥克馬丁幼兒園因為封閉多年、太過破敗，被拆除了——沒有絲毫證據顯示有發現什麼祕密地道。當事件裡的孩童長大後，有些人撤回了他們的證詞，指出當年訪談人員的壓力，塑造了他們的回憶。

英國心理學家馬隆尼（Michael Maloney）在評論當年的錄影帶證詞時，譴責當年的詢問技術是高壓的、以及指導式的，馬隆尼結論道：許多孩子在訪談中的證詞是產生自詢問者，而非孩子本人；真正虐待這些孩子的，不是原先指稱的撒旦，而是透過詢問技術植入他們心中的假記憶。

這場可怕的災難唯一正面的結果是：它促使大家評估應該如何

詢問年幼的目擊者，以及承認要植入假記憶實在太容易了，即便是
出於最良善的用意。不論《米雪兒的回憶》當年曾經獲得多少人的
信任，催眠回溯的真實性現在已經完全站不住腳了，有太多證據可
以證明，經由這種技術提取出來的記憶，不會比小說更真實。

　　麥克馬丁幼兒園的教職員雖然受到極不公平的對待，但是比起
那些在撒旦儀式虐待恐慌潮被掃蕩的人，他們在很多方面來說已經
幸運得多了。在 1980 到 1990 年代大量類似的審判中，好幾百人被
同樣漏洞百出的證詞給定罪。雖然很多這類控告後來已遭撤銷，但
是截至本書撰寫時，仍有很多人因為莫須有的罪名被關在牢獄中。

模糊記憶裡的灰色地帶

　　討論這些，完全不是要詆毀記憶的功用，或是想暗示我們都經
歷過的扭曲，類似蓄意作假。我們這種虛構記憶的傾向，似乎是無
法避免的一種人類經驗。不過，雖然這是無法避免的，它並非意味
著我們對事件的敘述就是錯誤的──但它確實意味著有此可能性。

　　似乎是無可避免的，這種麻煩經常出現在與人際有關的罪案審
理當中，像是虐待及性攻擊，因為這類案件唯一的證據可能就是目
擊者的敘述，而且往往有多種相衝突的版本。在許多案例，這種衝
突是其中某一方不誠實的結果，但是令人不安的是，在某些案例，
一方或多方的回憶只不過是不正確或是受到外界影響。這意味著，
在這類案件中想弄清楚事件的來龍去脈，困難重重，即便沒有任何
一方蓄意欺瞞。

　　人類是如此執著於「說真話」與「純撒謊」的簡單二分法，以
致忽略了模糊記憶裡的灰色地帶。記憶專家羅芙特斯，曾多次以專

家目擊者身分，出現在知名的犯罪審理中，描述記憶的縹緲本質。她深具見識的證詞，無疑預防了諸多司法的處理失當，但是她這樣做也會得罪某些人。因此，她的職業生涯裡經常遭到訴訟與暴力的威脅。

也因為這樣，羅芙特斯獲得非營利科學普及組織「科學見識」（Sense About Science）所頒發的馬杜克斯獎，表彰她面對逆境依然為科學挺身而出，為了表達科學真相，不惜承受諸多攻擊。儘管有這些恐嚇及控告，羅芙特斯和其他記憶專家仍堅持不懈的證明：只要一點暗示，我們的心智就很容易強烈扭曲我們的記憶，編織出最黑暗的虛構故事。[37]

把回溯和其他暗示性的方法，當成重新發現記憶的技術，已經完全失寵了，而且已經證明只能提煉出虛假的敘事。即便如此，催眠回溯依然在某些地區很流行，而且依然被採用為法庭證據，儘管前科累累。如今，這些早就被推翻的笨拙應用，導致了許多不必要的家庭紛爭。正如倫敦大學教授法蘭奇所說：

我有三個很棒的女兒——兩個是青少年，一個剛成年。我簡直想不出還有比下面這種情況更可怕的事，如果有一天她們當中哪一個因為普通心理問題，像是焦慮、失眠或憂鬱而接受心理治療，然後在療程結束後，根據「重新發現」的記憶，控訴我在她童年時期對她性虐待。即便我百分之百確知這項指控不是真的，但是很可能不管我說什麼或做什麼，都無法說服我的控訴者。

這不只是假設，世界各地確實有一些專門為假記憶受害者服務的支持團體。但是，就更世俗的層次來說，即便沒有回溯的戲劇效

果，我們的記憶還是有可能將我們引入歧途。最重要的是，我們不能忽略「暗示」對於我們那容易被塑造的心智，具有多大的威力。一想到我們的回憶有可能受到操縱，就令人不安。這讓人聯想起歐威爾（George Orwell）在《1984》裡描寫的被偷偷修訂的歷史紀錄：

　　每一天，甚至每一分鐘，歷史都在被更新。用這種方式，黨先前的每一項預言，都可以顯現在文獻紀錄中，任何與當下需求相衝突的舊新聞或意見表達，都不被允許留在紀錄裡。整部歷史都是重寫的版本，完全因應需求來刮去，之後再重新登錄，這個動作一旦完成，想證明曾經發生過竄改，就再也不可能了。

　　關於「我們的心靈紀錄被某些外界因素所修改」這個想法，依然十分駭人。當然，我們也有理由去擔心媒體和社交群體對我們記憶和認知的影響。媒體關注、社會壓力、以及露骨暗示的威力，往往足以影響我們的回憶與認知。但是，更可怕的想法或許是：即使沒有外界的影響，我們的記憶仍舊是不完整的紀錄，就像歐威爾小說裡的新聞報紙，點綴著無心的錯誤與純粹的編造。

　　記憶對於我們的存在是不可或缺的，但是我們必須小心，不要把它視為永遠正確。對於記憶的正確性深信不疑，等於把我們繫在一顆滾動的石頭上，有可能招來滅頂的危險。

第 10 章

潛意識裡的幽靈

赤裸裸的現實是，

不論我們的記憶、還是我們的感知，

都不見得可信。

　　我們的心智是估算和思考的工具，我們的感官是我們感知一切的守門員。我們受困在一團時時刻刻都存在的混亂中：裡頭充滿了大腦毫不費力就能解碼的聲音、影像、味道、氣味、感覺。不需要有意識的思考，我們隨時都能從聲音結構中區分何者為鳥鳴，何者為火焰燃燒的聲音；輕輕觸摸一下，就能分辨冰冷的金屬和粗糙的橡木；同樣的，只要瞥一眼，就能看出海洋波濤與翻騰的雲朵之差別。我們的感官是輸入，我們從中推估世界，高效率篩選生命交響曲中的訊號與雜音。

　　但是，我們對自身感官堅定不移的信心，是否擺錯了位置？我們的感官能夠欺騙我們，這並不令人驚訝，這是早就知道的事了。《馬克白》有一段著名的獨白，就是關於一把虛幻的匕首，而劇中的壞蛋馬克白沉思著他感知的本質：

> 我眼前看見的是一把刀嗎？
> 刀柄還向著我來，來，讓我握住你。
> 我握不到你，但我總看到你，
> 不祥的幻象啊，
> 你莫非是可目睹而不可觸的嗎？
> 或只是心中的一把刀，
> 由熱狂的頭腦裡生出來的幻象呢？
> 我還看見你，
> 那形狀就和我現在抽出的這把刀一樣顯明。

　　我們的感官模糊不清的特性，是莎士比亞劇作裡常見的主題，他刻意讓劇中的鬼魂與幻象彼此糾葛不清。但是，雖然莎士比亞把

超自然當成一種戲劇化的道具來運用，反映出我們感官不可靠的特性，人們對超自然現象的相信始終很強烈。歷史上充滿了超自然現象的敘事，從外星人綁架到與神靈接觸。更頻繁的是，人們深信死者在身故後還能與活人溝通，並影響活人。因此，鬧鬼、幻象、以及非人間訊息的故事，跨越地理和文化隔閡，有人類生活的地方都可以找到。

　　單憑這些靈異故事的無所不在，就足以令人停下來仔細思考。雖說其中有些必定純屬編造，或是妄想症的症狀，但這些事證還是不足以解釋所有這類事情。因為我們當中有一些很誠懇的人，他們不太會撒謊，卻說出自己與靈魂接觸的故事；甚至是我們自身也可能有過這樣的經驗，卻無從解釋。雖然我們曉得人的感知是會出錯的，但是這些頭腦清醒的人的敘事中，栩栩如生的細節，還是會削弱我們的懷疑。就算我們的感官不完美，我們的心智怎麼可能用如此具體且令人信服的方式，來誤導我們呢？想解決這個疑問，我們需要更瞭解自身的感知，才能知道它為何會把我們引入歧途。

 模式妄想症

　　部分答案在於：我們人類適應了要去找出模式，即便根本沒有模式。在靈媒風潮盛行之際，科普雜誌《科學人》詢問愛迪生，他的發明能否用來與亡者溝通。身為留聲機發明人以及慣於自吹自擂的人，愛迪生答道，如果靈魂能夠產生作用力，那麼電子記錄裝置將是最能偵測到它們的儀器了。

　　雖然對通靈術的迷信在二十世紀初期衰退了，但是偵測靈魂的想法從來沒有徹底消失。隨著盤式錄音在 1950 年代出現，當攝影

師馮薩萊（Attila Von Szalay）開始透過錄音來記錄所謂的陰陽交流，並命名為超自然電子異象（EVP），這類想法又復活了。

對超自然電子異象的興趣，滿溢到文化主流中，直到今天仍是超自然現象愛好者最感興趣的題材。但是，儘管相信的人把靜電干擾噪音詮釋為來自另一個世界的訊息，這些看似明顯的訊息其實都能用干擾或妄想來解釋。這種現象的心理原因在於「模式妄想症」（apophenia）──對於隨機的資料，過度解讀為具有某種特殊的模式。

同樣的，當家庭用錄音機問世之後，也導致好些傳說，例如在流行音樂中發現了隱藏的反向訊息。這促成一個奇特的現象，兩批迥然不同的族群都執迷於反向播放錄音：一方是閒得發慌的青少年樂迷，另一方則是高舉道德大旗，相信魔鬼密碼藏在流行音樂中的宗教狂熱份子。

這是一場被誤導（雖說也很好笑）的徒勞。想要讓一連串聲音在錄音帶反轉後傳達出不同的意義，非常困難。即便如此，還是傳出好些隱藏在唱片背後的陰暗故事，例如齊柏林飛船合唱團的作品〈天堂之梯〉（Stairway to Heaven），如果反向播放，據稱會講出一則關於魔鬼虐待人的陰暗故事，其中包括這些字句：「有一個工具棚，他在那兒折磨我們，悲哀的撒旦。」皇后合唱團的作品〈又掛了一個〉（Another One Bites the Dust）據稱包含了一則隱藏的訊息，強調食人族的樂趣。[38] 這就是模式妄想症的威力：只要給予足夠的暗示，就能編出看似真實的訊息。

對於隱藏訊息的道德恐慌，大多只是歷史上怪異的小注腳，但是別忘了，它對當代的影響甚至超過福音派社群裡較多疑的份子。其中最能代表這類信仰流行程度的，或許要算是猶太祭司搖滾樂團

了。身為英國重金屬樂團佼佼者，猶太祭司擁有一長串熱銷唱片，包括他們在 1978 年錄製的專輯《汙點階級》（*Stained Class*）。裡頭有一首曲子叫做〈你出面，比我好〉（Better by You, Better than Me），這首單曲後來為猶太祭司樂團惹來了麻煩。多年後，距離他們半個地球以外的地方，兩名內華達州青少年，凡斯和貝克內在 1985 年的某天晚上，頂著讓人大汗淋漓的沙漠高溫，聆聽這首歌。然後莫名其妙，兩個年輕的大男生舉起槍，對著自己的頭部扣下扳機。

貝克內當場死亡，但是凡斯倖存下來，又活了三年，才死於藥物併發症。這件悲劇過後，男孩家屬急於找出背後的原因，來解釋為何年輕的生命會毫無意義的喪生，也就是為自殺的複雜性，找出代罪羔羊。關注轉向了這兩人酷愛的重金屬音樂，而猶太祭司樂團被認定為是他們死亡的潛在催化劑。然而，猶太祭司產量豐富的作品中，一點兒都找不出鼓勵自殺的意思，哪怕間接鼓勵都沒有。但還是一樣，學校的輔導老師宣稱，凡斯曾經譴責是那首歌引發了這起悲劇。家屬和他們的律師指稱，那首歌在反向播放時含有隱藏的訊息，就隱匿在一團混亂中──那是一個不祥的、隱晦的指令，是在下達自殺協定：去做（Do it）。

這對猶太祭司樂團來說也是聞所未聞，他們堅稱歌詞裡絕對沒有這種訊息。然而凡斯的家人還是堅持，他們非常確定這裡頭有一個潛意識的命令，要這兩名男生結束自己的生命。法官懷海德雖然心中存疑，但還是判定案子成立。雪上加霜的是，他還裁定潛意識的訊息不受美國憲法第一修正案的保護。所幸這個案子最終在 1990 年 8 月遭到駁回。

心理學家兼被告證人摩爾（Timothy E. Moore）在幫《懷疑探索者》（*Skeptical Inquirer*，副標題是〈科學與理性雜誌〉）撰寫的評論中，明

確解釋為什麼會有那樣的言詞，以及更重要的，我們在潛意識裡有多麼容易受操縱，去聽見這類幽靈般的命令：

感知是一種主動、建構性的過程。因此，人們往往會看見或聽見本來就有意（或受到鼓勵）去感知的東西。這場在三分鐘的重金屬搖滾錄音中，需要隔離並放大幾十個小段片，才能辛苦完成的搜尋，或許能產生出一些尚能理解的字詞，雖然這些字詞在正常聆聽的情況下，是無法理解的。事實上，如果沒能弄出一點這樣的「發現」，才真讓人驚訝呢。

空想性錯視

模式妄想症不只限於聽覺，它也能困擾其他感官，扭曲我們的感知。既然視覺對於我們如何詮釋外界具有如此基本的重要性，我們特別容易產生錯視，也不令人意外了。

「空想性錯視」（pareidolia）是一種心理現象：在圖像訊息刺激之下，感知到某個其實並不存在的已知圖形。身為天生的社會性動物，我們都具有看見人臉和圖案的傾向。而且，我們當中大部分人（可能除了泛自閉症障礙程度較高的人例外），對於這些面孔都會配上感情。這點可能明顯很荒唐，然而這對我們人類又是如此重要，以致我們會本能的這麼做。

空想性錯視早就成為藝術家的工具。義大利文藝復興時期的肖像畫家阿爾欽博托（Giuseppe Arcimboldo），在 1566 年繪製了一幅知名作品《法官》（The Jurist），畫中人物的「臉孔」其實是由魚和雞所

構成。達文西也曾鼓勵藝術家多多利用這種感知上的怪癖，來改進他們的作品。達文西建議我們可以如何凝視一面石牆，然後從中看見：

> 類似一些地理景觀，以各種方式妝點著山脈、河流、岩石、樹木、大片平原、河谷地、以及小山丘。而且，你也能看見各式各樣的戰鬥，以及奇特人物的生動姿態，充滿表情的臉孔、服裝、以及無限多的事物……

達文西充分意識到，當他凝視一片十五世紀的磚石結構時，這就是一張容許他發揮強大想像力的畫布，正如現代的我們在夏日的雲朵中尋找圖案，自得其樂。

不過，空想性錯視不見得都是有意識的，也不見得都是顯而易見的。1976 年，美國航太總署的維京一號探測船抵達火星，在它傳回來的照片中，有一張在塞東尼亞區好像出現了一個模糊的人類臉孔（下方左邊的圖片）。這張照片在某些地區引發了瘋狂的揣測，懷疑它可能是古代外星人的廟宇，是滅絕的火星文明的證據。

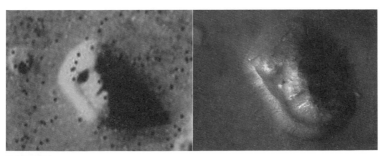

© NASA

然而，這張「火星上的臉」其實是個錯視，是維京一號低解析度影像的產物。後續由火星偵察軌道衛星（MRO）拍攝的高解析度影像，可以明顯看出它是一塊岩石臺地（前頁右邊的圖片）。但這當然無法阻擋陰謀論大軍，他們還是堅稱，美國航太總署想要掩蓋外星人存在的證據。

對於篤信宗教的人，隨機圖案可能會被歡呼為奇蹟。若要逐一列出曾經出現的宗教人物臉孔，本書接下來的篇幅恐怕都不夠用，但是我可以略舉幾個案例，包括：貌似耶穌面容的木頭汙痕、蠟燭熔蠟、以及義大利麵，樹幹疙瘩形成的猴神圖像，拼出阿拉名字的灰塵，甚至還有烤起司三明治上的聖母瑪麗亞的臉。

邱吉爾撞見林肯

然而，在那些明顯的超自然現象的案例中，放任的感知錯誤總是能夠把我們帶歪。自從人類開始懂得說故事以來，我們就有了關於鬼怪、惡魔、外星人的故事。即便在啟蒙運動過後好幾百年的今天，人們依然相信這類超自然現象。

網路市調公司 YouGov 在 2017 年的調查中，發現有 50% 的受訪者相信鬼魂，而 2015 年皮尤（Pew）研究中心的調查則發現 18% 的受訪者宣稱自己有過這方面的親身經歷。若將這些說法全都駁斥為自欺欺人，未免太霸道了。不說別的，單憑這些故事和親身經驗的數量之多，就足以令人停下來思考一下。

撞見鬼的經歷，似乎也不是只會發生在膽小鬼身上。二次大戰結束後，氣勢十足的邱吉爾造訪白宮。在浴缸裡泡過澡，享用過威士忌和雪茄後，邱吉爾搖搖晃晃踏進臥室，結果竟然遇到了林肯的

鬼魂。即便全身光溜溜、依然不慌不忙的英國前首相，還是保持幽默感，在林肯微笑的鬼影消散以前，喃喃問候道：「晚安，總統先生，看來你讓我很尷尬呀。」

尖刻的人也許會說，這次遇鬼更像是喝了太多威士忌的結果，又或是邱吉爾為了豐富自己的傳奇而加油添醋。不管這個故事的真實性如何，相當多比率的人堅稱，自己曾經碰見已逝者的靈魂。

這類體驗很常發生在痛失親友的時候。當我十七歲時，我很親近的一位叔叔因為意外往生。由於他經常來我家，所以我們的客房常常稱為「麥克的房間」。在麥克叔叔過世後沒多久的一天晚上，我眼角瞥見一個陰影，從樓梯爬上來進入那個房間。雖然理性上我知道不可能是他，但是我心裡還是馬上聯想起麥克叔叔，而且渴望和他說說話。

這類故事並不罕見。這種從視野的邊緣捕捉到陰影人（shadow people）的經驗，是一種普世的經驗。很多這類經驗都能用空想性錯視來解釋，但是並非所有人都會受到同樣的影響——相信超自然現象的人，遠比其他人更可能把隨機圖形誤認為有意義的圖像。在某項實驗中，相信超自然力的人，遠比對超自然力抱持懷疑態度的受測者，更常在一片隨機光線構成的圖形中，看見一個「行走中」的人物。其他有關隨機移動形狀的腦部造影實驗也證明，傾向相信超自然力的人，與「意圖」相關的腦部活動較多，往往把銀幕上一團團的隨機運動，歸因於某種動機。

雖然腦部造影實驗提供了部分解釋，關於人類社會為何長期盛行相信超自然力；但是相信的人可能會反駁說，這並未解釋許多鬧鬼故事裡常見的「有東西存在的感覺」。經常出現的情況是，由不具實體的鬼怪那兒散發出來的一種有東西存在的感覺，才是說服人

相信「這樣的經歷不是單純的錯認」的理由。這種「有東西存在的感覺」往往很嚇人，發生地點通常是令人有不祥聯想的地方——墳場、孤立的房屋、漆黑的地窖。這類地點經常在鬼故事裡挑大梁，可不是沒有理由的。在流行的傳說裡，那些撞上鬼的人不只是看見縹緲的鬼影，同時也體驗到一股絕對錯不了的存在感受（feeling of presence, FoP），以及甩都甩不掉的恐懼。

在小說和親身經驗中，有各式各樣這類型的說法。但是，無論這些故事有多吸引人，關於縈繞不去的存在感受，絕對有一個更實際的解釋：我們的大腦很難釐清相互衝突的訊號。存在感受通常是思覺失調或癲癇的症狀。

研究顯示，這些感受可能與「感覺動作」（sensorimotor）失調有關，或是「我們所感知的」與「我們身體所感覺的」脫鉤所致。證據顯示，大腦的額葉皮質及頂葉皮質受損與這種症狀相關。這些大腦部位涉及自我意識，以及整合我們碰到的內部與外部刺激。額葉皮質及頂葉皮質的損傷，可能會引發令人不安的「背後有東西」的感覺。這種效果，可以在完全健康的志願者身上模擬出來。

在某項實驗裡，一具機器人被設定好坐在蒙住眼睛的受測者後方，模擬受測者的一舉一動。在正常的操作下，受測者回報，有一種他們在碰觸自己後背的感覺，這種感覺不太尋常，但顯然不屬於幻覺。但是，當實驗加進時間延遲因子，哪怕只是延遲半秒鐘，受測者卻變得很不安，回報有存在感受。由於這種幻覺太令人不安，許多受測者甚至要求停止測驗。

經歷極端事件的人，往往很容易體驗到一種異類存在的感覺。最早說出「第三人」因素的是探險家沙克爾頓（Ernest Shackleton）爵士，那是發生在他與同伴南極探險的最後一段路上，感覺到有某個

無形的個體相隨，之後說出來的。這種情況特別常出現在登山者、極限馬拉松跑者、船難倖存者、以及獨自航海者身上。英國登山家史邁思（Frank Smythe）某次獨自前往聖母峰途中，產生身邊有一名無形的登山夥伴的幻覺，由於太過逼真，他甚至把餅掰開，要分給那名鬼魂登山者。

　　第三人症候群似乎是源自單調和孤絕的情境，也和黑暗與貧瘠的景觀有關。嚴寒、受傷、飢餓、口渴，也都與這種經驗相關。同樣的，極度疲憊也能顯現為鬼魂般的存在，加上睡眠剝奪會混淆我們的感官和隨後的感知。飛行先驅林白曾經敘述，在一次飛往巴黎的航程中，出現了很清晰的幻覺：

　　在我背後的飛機機身上，充滿了鬼魂般的存在——隱約的外型輪廓，透明的、會移動、沒有重量，與我共騎在飛機上……喋喋不休，對我的飛行提供建議，討論我的導航問題，要我安心，並且提供我平時無法得到的重要訊息。

🔍 睡眠麻痺症——鬼壓床

　　由於我們的腦裡充滿了電訊號及化學信號，我們很容易因為電或化學的擾亂，而產生感知扭曲。幻覺就是一種這類型的事件，有一系列的成因。「入眠期幻覺」（hypnagogic hallucination）是我們在睡著或醒過來的時候，所發生的幻聽或幻視。在我們快要睡著時，出現的瞬間影像、短暫的脫離現實的話語、甚至是幻觸，都是很常見的，而且當事人往往都能意識到這些刺激是幻覺。愛倫坡曾經寫

過某些幻想，是「唯有在他……快要睡著，而且知曉自己快要睡著的時候」才會接收到。

比較不愉快的「睡眠麻痺症」（sleep paralysis：俗稱鬼壓床），往往伴隨著比較陰暗的幻覺。在睡眠的快速動眼期（REM），我們的身體會經歷到肌肉鬆弛狀態，這是為了預防我們在夢中採取行動。但是肌肉鬆弛有可能出岔子，其中一個結果就是夢遊。

其他的異睡症（parasomnia）還包括：睡眠性愛症（sexsomnia），也就是在睡著時與他人發生性關係；另外還有比較少見的夢遊殺人（homicidal sleepwalking），當事人在夢遊狀態下殺死他人，受害者通常是家人。但是有一個很奇特的例外，涉及法國偵探拉德魯（Robert Ledru），他於 1880 年代負責調查一宗發生在勒阿弗爾海灘的謀殺案。兇手留下一個缺少拇指的腳印。一看到這個，拉德魯就向警方自首，聲稱他犯下睡眠謀殺案。心存懷疑的警官原本不相信拉德魯的說法，直到他們實地測驗，觀察到他的夢遊——而且還在這種狀態下，使用了警方預先放在拉德魯的牢房中的手槍。關於謀殺案，拉德魯獲宣判無罪，但是法庭下令把他放逐到一座鄉間農場，每天必須睡在上鎖的房間內。大家都認為，這樣做合理得多，好過讓夢遊殺人嫌犯到處睡覺。

睡眠麻痺症發生在當事人開始回復意識、但身體卻因肌肉鬆弛而仍然處於麻痺狀態下的時刻。即便有了意識，當事人卻無法動彈或說話。這種經驗通常持續幾秒到幾分鐘，而且往往伴隨著有邪惡入侵者的恐怖感覺。更糟的是，有些人在經歷睡眠麻痺症狀時，還加上幻聽和幻觸，通常是惡魔的聲音以及胸口被壓住的感覺，就好像入侵者躺在他們身上似的。身為不時飽受睡眠麻痺症之苦的人，我向各位保證，這是一種極不愉快的經驗，就算事先完全瞭解這是

怎麼回事也一樣。

　　世間最老也最普及的惡魔傳說──夢魔（incubi and succubi）的成因，可能就是睡眠麻痺症。傳說中，這些可憎的傢伙會爬到睡著的人身上，占他們的便宜。受害者無法動彈，被入侵者的重量壓垮。這些越軌惡魔的故事，跨越歷史和地理界線，古往今來，到處都有它們潛藏的蹤跡，從西元前兩千四百年的蘇美人手稿，到《聖經》裡的〈創世記〉，以及德國民間傳說中騎在睡眠者胸口、讓人做惡夢的魔鬼（mare；所以我們才有 nightmare 這個名詞）。夢魔的原型存在世界各地，從南非的 Tokolosh 到土耳其的 Karabasan。由於不曉得睡眠麻痺症具有感知不正常的效應，不難理解這種現象在歷史上會被視為一種超自然的攻擊，至於是哪種超自然力，則要看當事人的文化理解而定。

　　歷史上，人們對於夢魔的相信，或許驗證了我們人類傾向於過度信任我們的感知，暗示我們認為自己的感官是不會出錯的，雖然事實並非如此。

聖安東尼之火

　　化學效應可改變感知，早在古代就被觀測過，包括致幻藥物會激發看似真實、但往往不真實的視覺。在北美原住民文化裡，影響精神的烏羽玉（無刺仙人掌）可用來引發幻象，而這些幻象被詮釋為神靈的溝通。在惠喬族（Huichol）宗教，烏羽玉甚至是一個主神。

　　若是意外攝入致幻物質，就可怕得多了。麥角中毒發生在吃下感染了麥角菌的黑麥之後，恐怖的症狀包括抽搐和極為嚇人的精神病。這在中古世紀很常見，當時稱作聖安東尼之火，一方面是因為

它所製造出來的燃燒感,另外也是指僧侶用來治療受難者的指令。現代的麥角酸二乙醯胺(LSD)就是從同一種真菌裡提煉出來的,而它的迷幻效果應該早就廣為人知了。

化學藥物的突然戒斷,也能夠改變認知。震顫性譫妄(delirium tremens)就是因酒精戒斷而導致的突發性頭腦混亂,因為身體很英勇的企圖回復恆定狀態。因震顫性譫妄而引發化學連鎖反應的人,很容易產生可怕的幻聽和幻視,因為太可怕了,「藍色恐怖」已經成為描述這種經驗的委婉用語。

甲基安非他命上癮者,常常會有一種可怕的經驗:在視覺邊緣瞥見陰影人。這種經驗通常發生在成癮的長時間睡眠剝奪和康復時期。和第三人症狀一樣,與安非他命濫用有關的睡眠剝奪,似乎足以讓頭腦最冷靜的人相信有某種鬼魂般的存在,潛藏於暗處。

意念動作反應

認知是可塑的而不是絕對的,是隨時會因外界影響而受到攝動的。但不只如此,我們先入為主的觀念會塑造它,而且甚至會影響我們對刺激所產生的生理反應,這些都是我們意識不到的。

從十九世紀中葉開始爆發的對通靈的濃厚興趣,是根據一個中心信條,那就是亡者有能力、而且喜歡向生者說話。當然,這樣的溝通很少是直接的。放眼上流社會,靈媒更為搶手,而且還帶有一大堆深奧難解的技術,做為與死者溝通的工具,再加上許多表演。桌轉靈(table-turning)就是最為戲劇化的通靈展示法之一,是降靈會的一種法術,參與者圍坐在一張桌子前,桌子會向一組預設的字母傾斜,拼出鬼神的訊息。對於相信的人來說,這證明了人死後靈魂

依然存在。他們甚至假定出一套作用機制：由某種「外質」和神靈能量共同產生的流體作用力。

　　然而，可不是每個人都相信這一套。英國物理學先鋒法拉第，尤其懷疑所謂的流體作用力。身為熱切的實驗家，法拉第著手驗證桌轉靈到底有沒有根據。他仔細消除各項變數，然後利用木頭和橡膠來增加運動的阻力，但他沒有觀測到任何桌子移動的效果。更進一步的檢驗，令法拉第給出結論：和奇異的超自然現象八竿子打不著，桌轉靈只不過是「半隨意的肌肉運動」。桌子超凡的移動，根本不需要超自然原因，世間男女亙古以來自欺欺人的習性，就足夠了。

　　法拉第並不孤單。法國化學家謝弗勒爾（Michel Eugène Chevreul）所做的一些細膩的實驗，也同樣對神鬼信仰發出了致命一擊。謝弗勒爾的成就繁多，也因為他對科學貢獻重大，而成為姓名鐫刻在艾菲爾鐵塔的七十二位名人之一。身為先進的科學思想家，謝弗勒爾和法拉第一樣，矢志不移的對抗江湖騙術。到了十九世紀中期，謝弗勒爾的注意力轉向靈媒的三大法寶：桌轉靈、占卜棒、神奇鐘擺。在 1854 年發表的一篇論文中，謝弗勒爾詳細解釋了：非隨意的以及潛意識的肌肉反應，如何導致那些看起來像是神奇的移動。手持占卜棒的人一旦曉得這種反應，那些移動就停止了，再也沒辦法複製。

　　在同一年，英國醫師卡本特（William Benjamin Carpenter）也提出「意念動作反應」（ideomotor response）這個名稱，專門用來描述這種現象。

　　意念動作反應也能詮釋靈媒經常要弄的另一種小把戲：自動書寫，也就是來自一個遙遠源頭的所謂超自然的通靈書寫。在自動書

寫時，處於出神狀態下的靈媒，會寫下鬼魂的訊息，據稱訊息來自墳墓。

雖說這種靈異書寫在英國上流社會相當風行，但是精神病專家默西爾（Charles Arthur Mercier）可不在其內。默西爾沒有空閒跟著這些上流人士胡說八道，他花了很多時間來揭穿靈媒的把戲。默西爾把注意力轉向自動書寫後，證明了這個把戲裡唯一奇特的現象是意念動作反應的一種變體。1894 年，他把這項發現刊登在《英國醫學期刊》上，對於靈媒所稱靈魂為自動書寫的原因，進行拆解。默西爾直白宣稱：「這裡毫無神靈作用的需要與空間，而祈願這種作用是一個症候，代表一個人的頭腦不只不科學，而且很無知。」

魔術拆穿靈媒騙局

意念動作反應是潛意識的肌肉運動，證明了十九世紀末和二十世紀初的降靈會上的詭異事件並沒有什麼神祕的基礎，只不過是錯覺和經常可見的詐騙行為的混合體。

雖說意念動作反應純屬無心之過，但是無所不在的詐騙行為則不容輕忽。那個年代廣為流行的靈媒秀，花招愈離譜，引來的觀眾就愈多。靈媒克蘭頓（Mina Crandon）就是一個惡名昭彰的例子，她常在裸體降靈會上，表演從陰道分泌「外質」。在克蘭頓的名聲達到最高峰的時候，她被魔術師兼脫逃專家胡迪尼（Harry Houdini）揭穿是個騙子。胡迪尼本人非常熱中揭發靈媒騙術，在他眼裡，這些人是在剝削社會大眾，於是胡迪尼利用自己變魔術的專長，親自參與降靈會來揭發騙術。胡迪尼是這麼投入，甚至還當上《科學人》雜誌裡一個委員會的評審，該委員會懸賞一筆獎金，要發給能夠證明

超自然力存在的人。直到今天，那筆獎金還沒能發出去。

　　不令人意外，胡迪尼揭發騙術的熱情，令他在靈媒圈子裡很不受歡迎，而且還讓他至少失去了一位朋友——大偵探福爾摩斯的創造者柯南・道爾爵士。道爾對於所有神靈方面的說法都深信不疑，尤其是在第一次世界大戰失去兒子之後。令胡迪尼深感挫敗的是，就算胡迪尼已經揭穿靈媒的騙局，道爾的信仰依舊堅定，而這也使得兩人的交情產生裂痕。即便在胡迪尼死後，道爾仍舊堅稱胡迪尼本人就具有超自然力。

　　理論上，這麼多科學的反駁，照理早就可以把占卜棒、通靈板這些玩意判定死刑了，然而它們到現在，依然是我們文化意識中的一部分。雖然意念動作效應在將近兩個世紀前，就已經為人所知，但是由於人類無限的再創造能力，以及我們似乎就是無法從錯誤中學習，意味著我們到現在依然很容易受騙上當，繼續被換湯不換藥的相同錯覺所騙。

　　舉兩個特別卑鄙的例子：奸商麥柯米克 2013 年因販售無用的炸彈偵測裝置給伊拉克軍方而獲罪，這相當於無良販售無用的占卜棒的現代版本。另一個同樣發生在 2013 年、聲名狼藉的案例是 C-Fast，這是一種號稱能快速偵測出肝病的機械占卜棒。對於這些騙術，科普組織「科學見識」的蘭恩（Sile Lane）只用一句話就點破了，她說它們「只是在販賣希望，如此而已。」

　　但是，這些詐騙案例儘管令人瞧不起，這類讓人厭倦的錯覺卻生出了一個更悲劇的後代：促進性溝通（facilitated communication, FC）概念。在這種概念裡，指導者可以協助病人移動手臂來接觸螢幕或鍵盤，以便病人顯得是在與人溝通。對於深度溝通障礙病人的家屬來說，這樣一個彷彿天書般的模糊暗示，就被捧成是一大突破，即

便完全找不到它的效益證據。

　　在 1980 年代晚期,「希望」全面輾壓了實證經驗。各種有關促進性溝通「解放」低口語自閉症者與重度智能障礙者的故事,已經變得有如家常便飯般,口耳相傳的軼事被當成證據來傳播。一夜之間,深度智能障礙兒童搖身變為詩人及學者,在某些案例,他們甚至還與指導者聯手出書呢。

偽科學的警訊

　　但即使有這麼多人熱中於促進性溝通,偽科學的警訊從一開始就明明白白。到了 1991 年初,超過四十份以經驗為實證基礎的研究顯示,並沒有任何效益證據,倒是有一大堆指導者刻意介入的證據,也就是意念動作反應的特徵。指導者其實並沒有解放病人遭壓抑的思想,他們只是在投射自己的想法。

　　無可避免的,這些敘事轉向了黑暗面,就像撒旦儀式虐待恐慌潮一樣,指導者開始揭露病人發出的受虐信息,有些病人家屬就因為這種證詞而遭逮捕。例如,媒體報導集中在一個十六歲的低口語自閉症病人惠姐身上,她看起來像是透過她的協助者博因頓女士,揭露說她父親「要我握著他的陰莖」。不久之後,惠姐開始細訴其他家人犯下的駭人聽聞的虐待。

　　哈佛醫學院的語言病理學家沙恩(Howard Shane)和心理學家郝樂(Douglas Howler),決心要鑑定這些說法的真實性,兩人進行了一項簡單但很聰明的測驗:有一套裝置同時展示圖片給惠姐和博因頓觀看,然後惠姐會被要求指認她看見的東西。但是博因頓不曉得的是,在某幾回測驗裡,她與惠姐被刻意展示了不同的圖片。然而

在每回測驗中，惠姐都只表達博因頓看見的圖片——這是鐵證，證明所謂的促進性溝通不是來自惠姐，而是來自博因頓。[39]

　　這個可悲的結果以及隨後而來的反彈，照理應該足以終結促進性溝通的風潮才對，但是正如許多偽科學提供不切實際的應許，它就是拒絕消亡。郝樂曾經相當樂觀，如今已意識到，即使有如山鐵證，也難以撼動溝通者的信念：「我們握有壓倒性的證據，顯示是指導者在操控。我們開始明白指導者的影響將會是創傷性的。但是促進性溝通已經變成他們信仰體系裡一個基本部分了，是他們個性裡的基本部分。」

　　郝樂的警告，證明是太有先見之明了：促進性溝通可帶來令人興奮的「希望」，到現在仍然能影響心焦的父母，讓他們相信自己將能與子女溝通。對許多人來說，溝通的錯覺好過「他們的子女可能不具備溝通所需的認知功能」這個悲哀的現實，於是促進性溝通仍持續在很多地區受到支持。最近關於這個議題的一篇回顧文章，頗憂心的指出：「在家長及業者之間，促進性溝通很可能會繼續強化『它很有效』的妄想。」

　　促進性溝通的科學可信度，可能不比通靈板或占卜棒更高，但它的陰魂至今還纏繞著我們，不時會令人厭煩的冒出頭來。其中最令人不舒服和悲哀的，或許是 2015 年史塔波斐（Anna Stubblefield）的案例了。史塔波斐女士曾經對一名嚴重殘障的男性病人，進行促進性溝通，這位病人在法庭上被簡稱為 D.J.。史塔波斐很快就相信 D.J. 不但不是智障，反而是一名飽學之士；而且不只如此，D.J. 還向她坦承了他的滿腔愛慕之情。情況開始失控，史塔波斐對此事深信不疑，使得她竟與一名完全不具備同意能力的男子發生了性關係。

　　事實上，病人離飽學之士差得遠了，D.J. 只具有幼兒的智力。

悲哀的是，即便被定了罪，史塔波斐仍舊堅持自己的信念，無法接受真相──D.J. 那冗長的愛的表白，不過是她自己潛意識編造的幻想的投射。

　　關於這一切，有一個關鍵點：我們往往太過強調自己的經驗，而排除其他的可能性。然而赤裸裸的現實是，不論我們的記憶還是我們的感知，都不見得可信。即便用意再好，我們連敘述自己的經驗都不可靠。

　　就像前面提過的，我們太過看中任何人的記憶和故事了。雖然我們可能無意誤導，但「感知能力有缺陷」這項事實意味著：我們必須先排除偽科學的詮釋。事實上，沒有任何人的敘事能夠不受外界影響──甚至是受到外界的顛覆，包括我們自己深信不疑的敘事在內。

第 11 章

虛幻優越感

這令人想起羅素的名言：

「問題的根本原因在於，

現代世界裡的笨蛋太過自信，

而聰明人則充滿懷疑。」

諸位如果不介意，我們先來做一個小小的實驗吧。請看一眼下列的陳述，並評估它們有多適用於你。為了方便統計，請你按照正確程度替每項特點打一個分數，從 0 分（最低）到 5 分（最高）。

1. 你非常需要他人的喜愛和欣賞。
2. 你對自己往往很嚴苛。
3. 你擁有很大的潛能，但是尚未加以善用。
4. 你雖然具有某些性格弱點，但大體而言你還是有辦法補強。
5. 你的性調適為你帶來了一些問題。
6. 你的外在顯得很有紀律和自制力，然而你的內心往往很憂慮且缺乏安全感。
7. 有時你會強烈懷疑自己的決定是否正確，或做了對的事。
8. 你喜歡某種程度的變動，在受到束縛和限制時，會感到不滿。
9. 你很自豪自己能夠獨立思考，你不接受缺乏充分證據的言論。
10. 你覺得對他人過度坦率是不智之舉。
11. 有時候你很外向、親切、喜愛社交，但有時候你又很內向、不安、保守。
12. 你的某些抱負很不實際。
13. 安全是你人生的主要目標之一。

這份評估有多適合你？如果它顯得異常正確，你可要當心了，你恐怕會成為某些狡猾的市場調查計畫的目標。放心吧，要說這份問卷裡有什麼洞見，其實都是錯覺。你剛才做的測驗有一個很古怪的歷史來源。1948 年，美國心理學家佛瑞（Bertram Forer）為他的學生彙編了一套有關性格的陳述。學生們都是私下閱讀這些，就像你

剛才那樣,而且他們也被要求給每條陳述打分數,依照正確度,最高 5 分。這些學生對於佛瑞看似超凡的瞭解能力,印象深刻,給出了平均 4.26 的高分。

佛瑞效應 & 巴南陳述

　　然而那些學生不曉得的是,佛瑞發給每位學生的「個性分析」都是一模一樣的,全部都是從各種占星術裡偷出來的陳述句——就是你剛才讀的那些句子。這項實驗是「佛瑞效應」(Forer effect)在學術上的第一次實證,它觀察到人們對他們認為專屬於自己的個性描述,傾向給予高分,即使這些描述非常含混,適合形容許多人。這類開放式的陳述叫做「巴南陳述」(Barnum statement),是根據傳奇的馬戲團經紀人兼騙子巴南(P. T. Barnum)來命名的。[40]

　　後續調查揭示了更多細節——人們如果相信評估者的權威以及這些判讀是針對自己的,就更容易被這種做法愚弄。然而,最顯著的或許是,正面語氣也很重要:人們較容易相信奉承的陳述,遠勝過較負面的陳述。其中有一個特別能揭露真相的實驗是,研究人員針對受測者寫下專屬的性格評估,然後加上一條普通的巴南陳述。當被問及哪一條陳述最為正確時,大部分受測者都會選擇那條阿諛奉承的巴南陳述,而非更正確的專屬性格評估——虛榮勝過真實。

　　佛瑞效應很能夠解釋人類集體的傾向:緊緊抱著早已不足採信的想法,例如,深信天體運動能影響人的命運的占星術。不論在古代或現代,占星術都曾經飽受批評。早在十二世紀,哲學家兼醫師邁蒙尼德(Maimonides)就直率駁斥占星術,宣稱:「占星術是一種疾病,不是一門科學!」邁蒙尼德的這種感觸,完全也可能出自現

代有識之士之口。科學並非沒有對占星術給予無罪推定的機會；針對占星術預言的準確度，曾經有過許許多多的驗證，但是每一次，無一例外，準確度都沒有超過隨機預測。

然而，大眾對占星術的迷信依然持續，堅定不移。啟蒙運動都已經過了幾個世紀，全世界的報紙還依然刊登著占星專欄，裡頭充斥著巴南陳述。這些陳述句相對來說十分奉承，或是賦予讀者更大的自主權，可不是巧合。2010 年，45% 的美國人贊成占星術「有一點」或是「非常有」科學性。美國銀行大亨摩根（John P. Morgan）的經營團隊裡就包括一名占星術士，據說摩根曾經宣稱：「百萬富翁用不著占星術士，但是億萬富翁用得著。」匯豐銀行的首席技術分析師在 2002 年聲稱：「大部分占星內容都不過關，但是有一些過關。」而另一家歐洲銀行也聲稱，占星術事件與金融事件的關聯性「很不可思議」。想想看，近年來銀行危機造成的巨大衝擊，銀行界人士的這些話，真是令人細思極恐。

為了重申金融占星術有多麼無用，英國科學促進會在 2001 年做了一項實驗，向一名金融占星術士、一名投資人、以及一名五歲幼兒每人提供五千英鎊，讓他們投資富時 100 指數。結果非常引人側目，金融占星術士損失最為慘重。不過，這裡頭更令人憂心的事實，或許在於那名完全隨機亂選的幼兒，投資表現竟然勝過另外兩人。暫時不考慮可能性極低的「有學者參與」，這樣的結果對於金融占星術士和所謂投資專家的能力，都是嚴重的打臉。

我們在前幾章曾討論過，靈媒多麼擅長使用安慰人心的言詞。他們經常採用「彩虹騙術」技巧，說出的陳述裡往往包含一整套相互矛盾的人格特質，諸如：「你很善良和熱情，但是如果你感覺遭到背叛，你也可能產生令人招架不住的滔天怒火與怨憤。」即便這

些意見本身都挺無聊的，可是證據顯示，許多受測者都更為認同這類空泛又無意義的讚美之詞，勝過專門為他們量身打造的意見。藉著使用這類陳述，靈媒可以導引受測者的反應，然後判讀他們，再用一些漫無邊際的神祕知識來詮釋，雖說他們對受測者其實一無所知。這些花招加成起來的效果，可能極具說服力——現代的心靈魔術師，例如布朗（Derren Brown）和羅藍德（Ian Rowland），能夠利用某種技巧，對他人的生平有不可思議的洞察，雖說他們很直白的表明，他們完全沒有神祕能力。

巴南陳述不只是超自然力的專利。正如佛瑞最初的證實，性格測試為這種效應提供了肥沃的土壤。其中最普遍的例子，或許要算是 MBTI 性格測試了，這項測試廣受許多行業喜愛。它本來是要用來衡量人們在做決策時，屬於哪種心理類型，同時也可用來評量在工作、進修、乃至婚姻經營方面的性向。雖然 MBTI 很早以前就被大家熱情採用，但是到目前為止的研究顯示，它的效力很差，而且沒能評量出它宣稱能做到的事。它的鑑別度也很低，同一名受測者甚至只隔幾天，也能測出全然不同的性格結果。

對於這類測試，許多批評都集中在測試問題的含糊性質上；因為含糊有助於產生「對正面描述打高分」的佛瑞效應。這種測試的缺點，使得美國心理測量學家荷根（Robert Hogan）認為：「大部分人格心理學家，都把 MBTI 看成不過是精心製作的中國幸運餅乾。」

佛瑞效應解釋了為何我們會被任何指出個人意義的隨機雜訊所吸引，以及為何我們傾向於認為空泛的陳述與自己很貼切。但是人類心理學上更奇怪的一個特性是：我們瞭解「單憑期望與相信，就能塑造我們對事實的感知」。

安慰劑效應

關於這個怪癖，最好的證明莫過於「安慰劑效應」：病人在假治療後，回報病情出現了實質的改善。

疼痛反應是最典型的這類案例。想想看 1996 年的一場著名實驗，受測者一隻手的食指包裹著局部麻醉藥物 trivaricaine，另一隻手的食指則未經治療。兩根指頭都被鉗子夾著，由受測者評估疼痛程度。不出所料，接受治療的指頭比較不痛。然而，trivaricaine 其實是一種捏造出來的假藥，成分只有水、碘和油。或多或少，我們全都會受制於安慰劑效應，而「改善的期待」往往就足以激發出某種程度的安慰劑效應。

安慰劑效應甚至能改變某些生理指標，即便沒有任何有效的成分。其他研究也顯示，假干預愈是極端，我們就愈是感知到它的有效，例如假裝注射和動手術的安慰劑效應，甚至比糖衣錠還大。在這方面，安慰劑相當於一個自我應驗的預言，也證實了「期望」的威力。

然而很重要的是，我們必須瞭解安慰劑效應完全是知覺上的，它並非神祕的「心靈勝過物質」的範例，而且也沒有人能用一廂情願的妄想來治好疾病。感知到病情改善，或許有助於感冒及一般疼痛，但是對於更嚴重的病情，就完全不能規避正規醫療的需求了。直到今天，安慰劑的使用仍然是醫藥界熱門的道德辯論題材。我們在稍後幾章將會談到，許多看似強有力的安慰劑效應，其實都可以用基礎統計學來解釋。

英文「安慰劑」（placebo）這個字，源於耶柔米（St Jerome）的《聖經》譯本，大意是「我將安慰」。在中世紀，法國喪禮有一項習

俗，死者家屬會發送厚禮給悼念者。此舉招來不少關係不明的遠
親、甚至純粹的偽裝者，大家裝出極為悲痛的樣子，希望能得到金
錢或至少是食物的回饋。這種寄食的表演到處都有，也因為那些假
裝悲痛的人會吟誦耶柔米的譯文「placebo Domino in regione vivorum」
（我將安慰活人之地的主），使得他們被人輕蔑的稱為「給予安慰的
吟唱者」。

　　Placebo 這個字很快又跨越英吉利海峽，傳到英國去了；於是
這個字在喬叟的《坎特伯里故事集》中，就化身為一個未悔改的諂
媚者，具體呈現出那些討人厭的品性。在醫學還不能算是科學的時
代，安慰劑療法經常被拿來做為有效療法的替代品。十五世紀法國
理髮師兼外科醫師帕雷（Ambroise Paré），曾經評論說，醫師的職責就
是：「偶爾治癒，時常緩解，總要寬慰。」[41]

 ## 另類療法的禍害

　　安慰劑效應解釋了某些長久以來，深受歡迎的滿口空話或另類
療法的若干成效，從靈氣治療、到虹膜學、再到顱薦椎療法等等。
這些療法完全不具備生理學基礎，但在某些案例卻提供了緩解的錯
覺，因此，聽起來可能很像是無害的騙局——畢竟人們本來就會向
騙子購買蛇油，或是向好心但被誤導的鄉民購買萬靈丹。

　　可是啊，另類療法業者經常規避正統醫學，甚至告訴客戶正規
療法很危險。又因為他們通常不具備執行醫療的資格，他們在詆毀
正規醫療的同時，往往沒能看出嚴重疾病明顯的警示徵狀。這樣做
最終經常導致病人死亡，其中最悲慘的是由於父母深信另類療法，
不讓病童去醫院就醫，而導致病童死亡。這種案例舉不勝舉，可以

寫滿好幾本書，單是網站 whatstheharm.net 上就列出數千個案例，都是因為另類療法業者而死亡或受苦的病人。

　　雪上加霜的是，另類療法社群裡有很多人都極為反對像接種疫苗這類救命方法。有一項關於順勢療法的研究發現，83% 的人慫恿他們的客戶不要接種疫苗，反而把沒有臨床效用的調製品賣給客戶去對付會致命的疾病，像是瘧疾和麻疹。這真是非常危險，完全是十足的誤導。

　　或許，人們很害怕藥劑和醫療的副作用，這點能夠理解，而且也是有憑有據的。然而，這也不能抬高另類療法的地位，它最多不過是精製的安慰劑罷了，完全不能治療重大疾病。因此，另類療法最好的情況就是無用，最差的情況甚至會造成傷害。另類療法的倡議者一邊鼓勵信徒緊抱這些幻覺，一邊詆毀全人類在過去這個世紀對於理解周遭世界以及人類身體運作，所邁出的長足進步。

 雙盲試驗

　　現代醫學使用安慰劑，源自科學醫療開啟的時候。安慰劑這個名詞用到正規醫療上，始於 1920 年，英國伯明翰療養院醫學主管葛瑞夫茲（T. C. Graves）發表在《刺胳針》期刊上的一篇論文，他寫到有一些表面上看起來無用的療法，卻「顯然製造出一種真正的心理治療效應」。

　　研究人員很快就發現一種絕佳的測試新藥的方法，先將受測者隨機分成兩組，給其中一組服用待測試的藥物，另一組則服用安慰劑。試驗結果經過分析後，可用來確定某特定化合物是否具有超過暗示的效應，而事實上這正是「雙盲」（研究人員與受測者雙方都

不知道誰服用藥物、誰服用安慰劑）的安慰劑對照組試驗的執行方式——這已成為評估新藥效力的黃金標準方法。

　　有些人能從一群無效療法中感覺到受益，可能就是安慰劑效應的關係。但是這種效應能否倒過來？我們可不可能因為暗示而相信某種特定療法是有害的，即使它一點害處都沒有？

　　答案是：有可能。如果一個人受到足夠的心理影響，而相信某件事物有害，那麼基於同樣的心理機制，這人也會傾向於對無活性的藥劑表現出負面反應。安慰劑的這個反轉兄弟就稱為「反安慰劑效應」（nocebo effect），而且有人認為它的力量更強大。

　　和它的善良兄弟一樣，它也有一個拉丁字源，意思是「我將傷害」（I shall harm）。雖然這個名詞本身是在 1960 年代發明的，概念卻可以回溯自 1500 年代，當時教會當局會拿假聖物給那些據稱是惡魔附身的病人；如果病人對這些假東西反應劇烈，他們的附身就被認為只是愚蠢，與真正的超自然力無關。

電磁波過敏症？

　　這種現象在現代的案例之一是「電磁波過敏症」（electromagnetic hypersensitivity, EHS）。有這種症狀的病人，說自己對電流或電磁輻射過敏，因而產生一群奇奇怪怪的症狀，包括疲勞、睡眠障礙、疼痛和皮膚病。這會讓人非常虛弱，因為很少有東西像電磁波那般無所不在——從為我們照亮一切的可見光，到經由無線電波傳遍全球的廣電媒體。

　　對於罹患電磁波敏感症的人來說，大部分的身體不適，當然都是由現代通訊所造成。他們的信念非常強烈、也非常真誠，再加上

世界各地都有許多專注於此的支持團體。更是不缺各種可疑的健康大師到處散布有毒言論，聲稱「電敏感」也很危險，而且通常順便推銷蛇油療法。

由於對此議題的感情很深，病人甚至會發起高調的法律訴訟。在美國新墨西哥州的聖塔菲，激進團體嘗試以健康為由，禁止公共的 Wi-Fi 熱點。2014 年，麻州有一個家庭控訴兒子的學校，聲稱校內的 Wi-Fi 令兒子生病。還有一個非常悲劇的案例發生在 2015 年，英國牛津郡的十五歲少女珍妮的父母，宣稱電磁波敏感症把珍妮逼得自殺了，他們發起運動，要把 Wi-Fi 趕出英國校園。同年，法國某個法庭判定電磁波敏感症病人有資格領取殘障福利。

電磁波敏感症病人甚至會搬家，以逃避折磨。有些基於天文研究與軍事原因，被指定為無線電靜默地帶的小鎮，像是維吉尼亞州的綠岸鎮，被一群電磁波敏感症病人包圍，尋求暫時的舒緩，結果引發與當地人的衝突。

無疑的，病人忍受著真正的不適，但即便他們斷言，電磁波敏感症是令他們痛苦的罪魁禍首，卻有大量證據顯示這些病痛完全是身心症。或許最強的證據來自激發研究，在這些研究中，研究人員讓敏感症病人暴露在各種不同的電磁輻射下，以激發並測量他們的反應。到目前為止，這些試驗裡的電磁波敏感症病人，完全無法分辨真實和虛假的電磁輻射來源。他們的反應只與信念一致，當來源是假的，根本不具電磁輻射時，卻能觸發出反應。同樣的，當敏感症病人不曉得自己暴露在真正的電磁輻射來源中，他們就沒有回報症狀。這樣的結果重複出現在許多試驗中，而無可避免的事實為：電磁波敏感症與電磁輻射一點關係都沒有，而是與我們奇特的心理密切相關。

　　世界衛生組織對於電磁波敏感症的報告，雖然充滿同情，但也明確指出：「這些症狀當然是真實的，而且嚴重程度不一。不論原因為何，電磁波敏感症對病人可能帶來失能問題。電磁波敏感症沒有清楚的診斷標準，因此也就沒有科學根據，來將電磁波敏感症的症狀與接觸電磁輻射連在一起。」

　　從物理學的角度看，就算電磁波敏感症不是反安慰劑的人工製品，把微波光子當成嫌犯也很奇怪。正如之前我們已經提過，微波光子的能量比可見光光子小了幾千倍。電磁波敏感症一口咬定是微波作祟，就顯得很古怪了，因為這類恐懼的起源是一個不太可能的東西：不起眼的微波爐。

反安慰劑效應

　　微波爐是加熱食物的高手，它會經由所謂介電加熱（dielectric heating）的過程來加熱食物。像水這樣的分子，由於帶有局部正電荷區域和局部負電荷區域（因此具有極性，類似磁鐵有南北極），就會在電場裡會旋轉，把自己排列到相同方向。典型的家用微波爐所放射的光子，通常頻率大約為 2.45 吉赫（GHz）。也就是說，這些光子每秒鐘翻轉電場極性 24.5 億次，導致極性的水分子也隨著電場快速翻轉，彼此推撞。這些快速的推擠碰撞會產生摩擦，結果就把我們的食物加熱了。

　　這套機制解釋了為何微波在烹煮含水量多的食物上，特別有效率，反之在加熱脫水物質時，就很差勁了。

　　然而，微波能量的這種有用怪癖，很不幸有不少人有所誤解，而且還有太多可疑的「大師」武斷認為，微波烹煮的食物由於接觸

過輻射，所以是有害的。這樣的說法實在太荒謬了，因為微波不是放射性的。它們不會「以放射線照射」食物，而是控制「振動能」（vibrational energy）來加熱食物。

然後，竟然有不少人這樣推斷：如果微波爐能夠煮肉，那麼我們用的 Wi-Fi 路由器和手機，也能把我們煎熟囉？這份恐懼又是基於嚴重的誤解。事實上，我們的通訊科技的輸出功率僅有微波爐的幾千分之一，例如一般家用路由器的輸出功率小於 100 毫瓦。微波爐是利用特殊設計的波導、磁控管和反射腔，來集中高功率的微波輻射（輻射不等於放射性，請參閱第 53 頁）。這在我們一般的通訊科技裡，既不會碰到，也不允許。[42]

即便有這麼多的事實，單憑大量的「Wi-Fi 和手機很危險」的說法，就足以歪曲我們的風險認知（risk perception）了。更糟的是，雖然我們很熟悉現代科技，但我們卻並不瞭解它們是如何運作的。當這些因素全部加起來，微波輻射會成為反安慰劑效應的主角，也並不令人意外了。

電磁波過敏症的源頭是身心症，而非生理上的損傷，但這個事實並不會讓病人因此就感覺電磁波過敏症比較不真實。遺憾的是，病人拒絕接受大量證據所顯示的他們的情況是心理上的。病人不但不信任科學原理，反而緊抱著那些自命專家者的說法，頻頻將科學證據駁斥為「陰謀或是無能的產物」。譬如，英國電感知能力協會的主席達科（Sarah Dacre）就聲稱：「政府贊助的科學研究，都不是健康缺陷的可靠指標。其中有濃厚的興趣在於防止真相流出。」

一如我們已經談過的，這種說法普遍得令人沮喪。看到陰謀論說法，代表已經退回到「確認偏誤」（見第 152 頁），不願重新評估了。此外，反安慰劑效應還支撐了各式各樣的其他類似病徵。例如

攻擊飲水加氟的聲明，常年不斷傳播。即便有長達幾十年的安全數據，證明氟是一種安全且有效的水中添加物，能改善牙齒健康，但是全球依然有一股聲音，堅稱氟是造成各種疾病的原因。

1992 年在芬蘭，反對飲水加氟的激烈抗爭，導致庫奧皮奧市政廳把氟從飲水中去除。然而，根據水質檢驗，氟並沒有從宣布不再添加的當日，就從水中去除，而是之後某一天才完全除去。但是後續調查顯示，市民只有在他們以為飲水裡含有氟的時候，才會回報有因為飲水而生病的感覺，與水中是否真的含有氟無關。這更進一步證明，預期心理具有自欺欺人的威力。

鄧寧－克魯格效應：虛幻優越感

當然，這個故事聽起來很熟悉：反疫苗運動把敘事焦點集中在接種後的傷害上，於是反安慰劑效應頻頻從這裡冒出它那醜陋的小頭。你可能會發問：有這麼多真正專家的意見，反對那些曖昧的立場，為何人們還是如此執迷不悟？陰謀論敘事當然是部分成因，但是「認知錯覺」（cognitive illusion）必定也扮演了一個角色。

美國心理學家鄧寧（David Dunning）和克魯格（Justin Kruger）在 1999 年發表了一篇論文，標題很妙：〈沒能力也沒察覺：論難以察覺自身的無能而導致自我評價過高〉，他們觀察到，那些在某項既定議題方面能力或專業低下的受測者，往往錯誤的將自己的認知能力或知識，評估得遠高於實際情況。

這個「鄧寧－克魯格效應」（Dunning-Kruger effect）無疑最能展現在反疫苗社群裡。有一篇發表在 2017 年的論文，要求受測者幫自己打分數，評估自己對於自閉症成因的醫學與科學專業知識有多

豐富；接著又詢問他們有多同意「接種疫苗與自閉症有關聯」的說法。得出來的結果令人沮喪：在自閉症知識測驗表現得最差的人當中，62% 認為他們知道的東西超過醫療社群，此外，強烈贊成疫苗與自閉症有關聯的人當中，71% 也自認對該議題的知識超級豐富。

　　社會心理學稱這些結果為「虛幻優越感」（illusory superiority）的例證，也就是過度高估自己比他人的能力來得強。這令人想起羅素的名言：「問題的根本原因在於，現代世界裡的笨蛋太過自信，而聰明人則充滿懷疑。」可能就是因為這樣，每一個領域裡的基本教義派與絕對論者，在輿論上、以及對公眾的影響力，都占有與他們的人數不成比例的優勢。

我們是社會性動物

　　事實上，「完全客觀」是我們鮮少能達到的理想。我們的預期總是會塑造我們的知覺與反應。我們對於算命和占星術的喜好，正是因為我們需要「確認」——僅僅一個暗示（不論是正向、還是負向），通常就足以激起一陣發自內心的反應。

　　總結來說，就算我們沒有在意識層面，察覺到這一章所提的種種效應，但由於我們是根深柢固的社會性動物，這些效應對我們的影響，恐怕會超過我們願意承認的程度。

　　我們的預期，能如此強烈塑造我們的感知，而這些預期本身不只會被我們周遭的人所塑造，也會被我們所接觸的東西所塑造。尤其是，我們所吸收的媒體報導、廣告和資訊，對我們都具有巨大的影響力。因此，對疫苗接種的恐懼，會因為媒體報導而激升，或是電磁波過敏症與飲水加氟的恐懼，會被偽科學部落格的陰暗面給刺

激起來，都並非偶然。

　　當然，我們活在一個充滿數據的時代，而數字對我們的感知也具有實質的影響力。我們每天都遭到大數據、統計、以及趨勢的轟炸——我們應該從中瞭解這樣的世界。

　　雖然這對我們的福祉很重要，但人類整體說來，卻是具有數字恐懼症的；而有時候甚至看似相當明顯的趨勢，也隱藏著會混淆我們的陷阱。這份影響到底有多重要，以及它可能如何把我們帶向充滿錯誤的危險結論？這是很複雜、但也很重要的問題，是我們接下來幾章將要探討的課題。

第四部

該死的統計數據

政客使用統計學，

就和醉酒的人使用燈柱一樣，

是為了支撐，而不是為了照亮。

—— 朗格（Andrew Lang），蘇格蘭作家

第 12 章

生死機遇

統計數據和機率

在我們生活中無所不在，

也意味著它們往往攸關生死大事，

不論是在醫療、司法、或是政府的作為。

　　姓氏很巧很妙的作家兼編劇莎凡（Marilyn vos Savant，譯注：savant 在法文裡的意思是智者）最出名的地方是她的高智商[43]——從 1986 年到 1989 年，莎凡都保持了金氏世界紀錄的最高智商。金氏紀錄最後取消了這個項目，因為大家發現，用來評估的心理計量測驗是完全不可靠的，但莎凡的高智商從來沒有受過質疑。由於太出名了，莎凡在《展示》（Parade）雜誌上開了一個專欄，每週一篇文章，回答讀者各種邏輯問題或是解謎。1990 年，馬里蘭州的維特克（Craig Whitaker）提出下列這個問題：

　　假設你參加一個遊戲節目，你有權選擇三扇門中的一扇。

　　已知其中一扇門的背後，有一輛汽車，

　　另外兩扇門背後，各有一隻山羊。

　　你選了一扇門，譬如第一扇，

　　這時知道每扇門背後答案的主持人，打開了另一扇門，

　　譬如第三扇，後面是一隻山羊。

　　他問說：「想不想換成第二扇門？」

　　這時，改選另一扇門對你來說，是否比較有利？

　　這個奇怪的問題，大致源於一個遊戲節目《我們做個交易吧》（Let's Make a Deal）。在遊戲中，參賽者會面臨像這樣的兩難困境，節目主持人霍爾（Monty Hall）會提供一次機會，讓參賽者選擇要不要更換選項。如果只剩下兩扇門待選，不論選誰，都是五五波的機會，所以是否更換選擇，根本就沒差別，是嗎？

　　但這不是莎凡給出的答案。相反的，她建議：更換選擇是最有利的策略。此話一出，憤怒的信件雪片般蜂擁而來，罵她無知。在

超過一萬封有關該議題的來信中，約有一千封來自擁有博士學位的人，很多還是數學家及科學家。這些信件流露出一股濃濃的高傲態度，斥責莎凡害得大眾永遠都不懂計算。

但其實莎凡是對的：在主持人揭曉某扇門之後，更換選擇能讓參賽者取得三分之二的獲勝機會，反觀如果維持原來所選的門，只有三分之一獲勝的機會。那些譴責莎凡無知的人，如果願意看得再深入些，可能會看出這個「三門問題」（Monty Hall Problem）早就有人提出來過，而且已在 1975 年由統計學家塞爾文（Steve Selvin）解出來了。

這個奇怪的答案是怎樣得出來的呢？我們姑且假設汽車在 A 扇門後面。如果你選了那扇門，霍爾將會揭曉 B 或 C 扇門後面的山羊。在這個案例中，你如果更換選項，你就輸了。

但是想像一下，假使你最先選的是 B 扇門；霍爾將會打開 C 扇門，這時你如果更換選項，你將贏得汽車。同樣的，如果你最先選的是 C 扇門，B 扇門將會被揭曉，結果還是一樣，這時更換選項將會是你的致勝策略。所以，有三分之二的時候，更換選項是最佳策略。

	選擇 A	選擇 B	選擇 C
汽車在 A 門後	不更換會贏	更換會贏	更換會贏
汽車在 B 門後	更換會贏	不更換會贏	更換會贏
汽車在 C 門後	更換會贏	更換會贏	不更換會贏

以上這個報酬矩陣（pay-off matrix）列出所有可能的組合，結果在三分之二的情況下，更換選項都是勝出策略。這似乎很荒謬，因

為根據直覺，我們會認為不論是否更換選項，應該都沒有差別。

如果你發覺這個結果很難懂，別擔心，很多人和你一樣。除了《展示》雜誌好奇的讀者之外，論文產量最多的匈牙利數學家艾狄胥（Paul Erdös）對這個答案的正確性也始終存疑，最後才終於被電腦模擬給說服了。如今，三門問題已經成為機率教科書的基石，而且也依然能騙過許多專家。怪的是，鴿子實驗顯示，牠們很快就能學會更換答案是最理想的。這個結果和人類形成強烈對比。正如實驗人員帶有諷刺意味的註解：「對人類受測者重複該流程，顯示人類沒能採取最理想的策略，即便經過強化訓練。」

賭徒謬誤

我們人類有一種本能，想要把我們遇到的所有事物的模式找出來，並加以量化，這是我們最好的生存技巧之一。我們對於理解周遭世界的渴望，以及永不滿足的好奇心，使得我們成為通往文明、重大發現、以及實際掌握周遭物質世界的動物。然而，在我們遇上日常生活裡的雜訊及混沌模式時，這項良好的本能卻失靈了。

在一個不確定的世界裡，機率與統計數據若使用得宜，將有如劈柴刀，可以把真實與虛妄分隔開來。機遇事件（chance event）可被理解為機率——對一切事物來說，機率都是具有基礎重要性的區塊，從都市規劃到量子力學，醫學研究到經濟學，皆是如此。然而即便統計學與機率的應用非常高尚，這些技術的起源卻可回溯到一個很世俗的動機：賭博。

人類喜愛機率遊戲已經有數千年歷史了，但是直到十七世紀，骰子的弱點仍公認是超過人力所能及，是神祕的天意，牢牢坐在上

帝的大腿上。關於「能達到某種正確程度的結果預測」，似乎是不可能的事，甚至有點兒褻瀆神明的意思。

要不是法國作家默勒（Chevalier de Méré）在 1664 年提出一個奇特的問題，引起十七世紀法國兩大金頭腦巴斯卡（Blaise Pascal）和費馬（Pierre De Fermat）的注意，這種情況可能還會繼續下去。巴斯卡最後解開了默勒的問題，證明「單顆骰子擲四次，起碼得到一個 6」的機率（51.77%），稍微高於「兩顆骰子擲二十四次，起碼得到一對 6」的機率（49.14%）。

法國在革命前的酒吧文化中，許多聰明人把充沛精力，投入難以捉摸的賭徒聖杯：追求賭博利潤最大化。他們對擲骰子遊戲的研究，使得機率論從卑微的室內遊戲中浮現出來。但是正如我們前面談過的，雖然我們很擅長在混沌中找出規律，但我們也經常對隨機決定的東西產生錯誤的感知。真正的隨機事件，對之前的結果是沒有「記憶」的，然而我們總是根據自己的心證來推論，以致往往做出錯誤的結論。

就拿樂透為例，如果公平性沒有問題，機器搖出來 1、2、3、4、5、6 這個組合的機率，應該和其他種組合的機率是一樣的。但是我們直覺上就認為這個組合比較不可能出現，因此絕大部分人都不會挑選這組數字。同樣的，如果一枚公平硬幣被拋了二十次，每次都正面朝上，我們就會預期在第二十一次拋擲時，「應該」會出現反面，即便機率還是五五波。[44] 這就叫做「賭徒謬誤」（gambler's fallacy），讓許多人傾家蕩產。不過，還好我們不是完全仰賴本能和直覺，它們雖然有用，但經常判斷錯誤。所幸，過去幾世紀以來，人類由於好奇心旺盛，已經開發出能分辨訊號與雜訊的工具。

在二十一世紀，統計和機率信息無所不在，傳達了一切事物的

資訊──從市場到醫藥，從運動賽事結果到天氣模式。統計數據之所以如此有魅力，部分在於它們似乎是直覺的。然而這種簡單的外表往往會誤導人，隱藏了能令我們大錯特錯的微妙之處。統計數據的不透明度，加上人們普遍不會精算，使得統計的趨勢太容易被粗心的人錯誤解讀。

更值得警惕的是，這種不透明度也會讓我們被陰謀家給操縱，去支持謬誤的言論。這一切又會回過頭來對我們造成集體的損害，以致對於統計的冷嘲熱諷，很容易引人同感。譬如下面這句有名的妙語，所謂「不誠實的類型有三種：謊言，該死的謊言，以及統計數據」，可不是沒來由的。（這句話可能出自大才子之口，有人說是王爾德，有人說是馬克吐溫。）

🔍 驗出陽性，就一定是陽性？

雖然憤世嫉俗可以理解，然而，把統計數據視為只是造假的特洛伊木馬，將等於把嬰兒和洗澡水一起倒掉。統計學家莫斯泰勒（Frederick Mosteller）寫道：「雖說拿統計數據來撒謊很容易，但是沒有統計數據，撒謊更容易。」這絕對是真的。若使用正確，統計工具是無價之寶，能解開各種祕密的趨勢，即便是我們眼光很敏銳都看不出來的祕密趨勢。這種識別能力，使得統計技巧在所有領域都極其寶貴，從醫學到政治皆如此。

但是我們若想從統計數據獲益，需要小心不要落入統計資訊可能具有的陷阱。當論點涉及數字資料時，太常出現濫用的情況了。我們一定要精煉理解力，才有可能避開無能或蓄意欺騙。

在最好的情況下，統計數據可以幫助我們把一些不確定的情況

給量化，有助於我們分析與運用。但是在最差的情況下，由於缺乏來龍去脈和理解，統計數據反倒可能令人困惑，而且會誤導。要說明統計數據和機率的奇特性質，讓我們先看一個違反直覺的範例。

假想你接受了 HIV（人類免疫不全症病毒）檢驗，而且你被告知該檢驗準確度為 99.99%。你的檢驗結果是陽性，那麼你染上 HIV 的機率是多少？

直覺告訴我們，幾乎可以確定你罹患了愛滋病。然而這通常是錯的！對於我們大部分人來說，真正的答案其實是 50%。如果你對這樣的結果感到困惑，和你有同感的人可多了。大部分人，包括醫療專業人員，對這個看似怪異的斷言，往往都會感到困惑。

這個奇怪的結果可以用「貝氏定理」（Bayes' theorem）來解釋，這是一個結合了條件機率的數學架構，描繪機率如何分道揚鑣。貝氏定理告訴我們，在檢驗結果為陽性的事件中，是否染上 HIV，不只和檢驗的準確度有關，也和當事人有多大機率染上該疾病有關。雖說檢驗本身近乎完美，它的正確性還是要看另一項條件，亦即當事人起初可能帶有 HIV 的事前機率（a priori probability）。我們會避開貝氏定理的正式論述，因為那已經超出我們的討論範圍，而且也沒必要嚇唬對數學概念不熟悉的人。不過，貝氏定理背後的邏輯其實很好懂，而且也很有必要加以闡明，因為它潛藏在無數看似矛盾的統計數據背後。

回到我們的案例，一項準確度高達 99.99% 的檢驗，對於某特定病人是否染上 HIV，檢驗結果怎麼可能只有一半機率是正確的？

對於典型的低風險群受檢者，感染率大約是 0.01%，也就是萬分之一。現在，想像有 10,000 個這樣的人參加 HIV 檢驗，其中 1 人有 HIV，因此這人幾乎確定會驗出陽性。但是在剩下的 9,999 人

當中，還有 1 人會因為該項檢驗的準確度限制，而被驗出陽性，使得總共出現 2 名驗出陽性者，但只有 1 人是真正的陽性；意思就是說，驗出陽性結果的人，只有 50% 的可能性具有愛滋病。

我們用「頻數樹」（frequency tree）來描繪 HIV 檢驗可信度。下面的（a）圖就是針對低風險群的頻數樹：

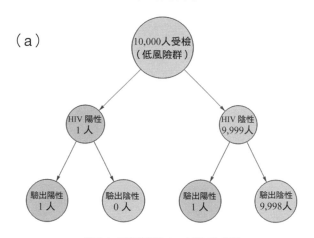

總共 2 人驗出陽性：1 人真正為陽性
（低風險群）檢驗結果為陽性者具 HIV 的機率是 1/2（50%）

很重要的是，這個令人驚訝的結果並不代表該檢驗不夠準確；在這個案例中的 HIV 檢驗其實非常準確。不如這麼說吧，由於愛滋病的盛行率非常有限，條件機率比我們直覺可能預期的，要低得多。事實上，特定受檢者被感染的事前機率，和檢驗結果的精確度是一定會糾結在一起的。

接著，我們考量同樣的檢驗，卻是針對高風險群，例如靜脈藥物注射者。在高風險群裡，HIV 感染率大約為 1.5%。讓我們再次假想有 10,000 名這樣的人接受檢驗。在這群人當中，大約 150 人具有

HIV，因此幾乎都會驗出陽性。剩下的 9,850 人當中，應該還有大約 1 個偽陽性。

　　在這個例子裡，檢驗結果為陽性的人感染 HIV 的機率，就不再是五五波了。在高風險群當中，驗出陽性的人具有 HIV 的可能性，將會是 150/151，也就是 99.34%——比低風險群的人高得多。下面的（b）圖就是針對高風險群的頻數樹：

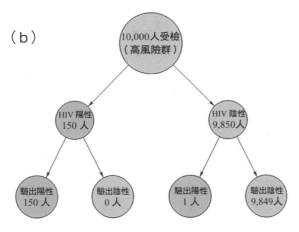

總共 151 人驗出陽性：150 人真正為陽性
（高風險群）檢驗結果為陽性者具 HIV 的機率是 150/151（99.34%）

　　關於低風險群和高風險群的情況，畫出頻數樹來解釋，可以更符合直覺。而我們可能會繼續追問：為什麼同樣的檢驗，針對低風險群得到的準確度，會與高風險群的準確度，有如此巨大的差別？

　　根據直覺，我們可能會覺得這項檢驗有點問題。然而事實並非如此，這項檢驗沒有差別待遇，它原本的精確度也不會因受檢者的背景而改進或變差。針頭不是先知，它只是針對所有受檢者都能保有一致的 99.99% 的準確度。

藉由這個案例,貝氏定理向我們表明:對於「取決於事前機率的議題」,我們無法根據該議題本身的資訊,就做出正確的結論。機率往往是有條件的,而缺乏來龍去脈的孤零零的數字,更需要謹慎分析。

梅德法則謬誤

貝氏定理還可以闡明以下的事實:雖然機率和統計數據外表看似簡單,很容易令我們產生直覺,但其實背後隱藏了許多複雜的層面,極易遭到誤解。這樣的誤解有可能驅使我們做出完全錯誤的結論,而可疑的推論與統計上的誤解,更是已頻頻造成有害的結果。這些誤解背後的邏輯依據,可不只是學術上的小事,也不是數學戲法;在我們這個時代,統計資訊決定了所有可以想像到的競爭場合的政策,從科學到政治、經濟,乃至其間所有領域。統計數據和機率在我們生活中無所不在,也意味著它們往往攸關生死大事,不論是在醫療、司法、或是政府的作為。

我們的生活常須仰賴機率資訊,做出正確的決定。一旦犯下錯誤,尤其是那些理應懂得更多的人士犯下錯誤,結果就可能要付出高昂的人命代價。

在愛滋病危機剛開始,抗反轉錄病毒(antiretrovirus)藥物尚未出現之前,一份 HIV 陽性檢驗結果往往被認為等同於宣告死刑。而單憑 HIV 檢驗的可靠度,就使得許多醫師產生一種虛假的自信感,於是當醫師很堅定的告知病人罹患了愛滋病(雖說他們其實並沒有罹病),結果就害得他們陷入愈來愈嚴重的憂鬱症以及放蕩行為,而這一切只是因為一份其實很容易發生的偽陽性檢驗結果。

　　還有另一個領域，也是機率能夠決定許多人的命運的場合，那就是法庭。陪審團和法官肩負著將人定罪的艱難任務。為了達成結論，他們經常會從檢方與辯方那兒搜尋一堆統計資料。而涉及統計數據攻防的訴訟案件中，雙方都有呈現這種資料的既得利益方——也就是他們的客戶。他們把資料呈給陪審團，以便將陪審團推往某一方，但是正如我們在 HIV 檢驗案例中觀察到的，這些單獨的數字經常什麼都沒有告訴我們，而且還很容易誤解，甚至引導陪審團做出與真實情況不符的結論。統計數據或許可以像金句一樣，聽起來很響亮，能夠啟迪人心，但是若缺少扎實而正確的分析，它們也能誤導人。

　　想知道這種誤導會造成多大的悲劇，我們只需考量梅德（Roy Meadow）爵士的垮臺過程。梅德是英國小兒科醫師，1977 年發表的一篇有關「代理型孟樵森症候群」（Munchausen syndrome by proxy）的論文，令他聲名大噪。由於對兒童健康貢獻卓著，梅德被授予爵士頭銜，而他對兒童健康議題的想法，有一度曾深深影響社會工作者及英國防止虐待兒童協會（NSPCC）。梅德爵士有一句名言，被冠上與他同名的簡稱，那就是「梅德法則」（Meadow's law）：「一個嬰兒猝死是悲劇，兩個嬰兒猝死是可疑，三個嬰兒猝死就是謀殺，除非能證明無罪。」

　　然而，梅德這種「在所有角落看到黑暗力量」的習慣，卻是因為統計上的誤導、以及他的不懂計算所造成。在這方面，再沒有比 1990 年代末，莎莉女士承受的折磨更駭人聽聞了。莎莉和她丈夫史帝夫都是律師，命運多舛，一連失去兩名兒子，而且看起來都是死於嬰兒猝死症。他們的長子克里斯多夫在十一週大的時候，就因失去意識而死亡。他們的次子哈利於八週大的時候，也是在類似的情

況下過世。在這兩次事件，莎莉剛好都單獨與孩子在一起。孩子有一些疑似受傷的跡象，可能是因為她當時瘋狂的企圖搶救孩子性命時留下的。但是這也足以令她受到懷疑。

　　令悲痛的史帝夫與莎莉夫婦更難過的是，兩人都被控謀殺罪。在物證極缺少的情況下，史帝夫的罪名撤銷了，但是刑事法庭決定繼續進行莎莉的審判。就在這個時候，被視為英國兒童受虐領域權威的梅德爵士，應檢方要求，出庭指證莎莉。由於缺乏物證，梅德提出統計上的論點，推斷莎莉不可能無辜。梅德斷言，就一個像史帝夫與莎莉家這樣沒人吸菸的中產家庭，發生嬰兒猝死症的可能性只有八千五百四十三分之一。因此，他推理道，在這樣一個家庭裡發生兩宗嬰兒猝死症的可能性，大約是七千三百萬分之一。面對陪審團，梅德把這種情況比喻成，好比極端冷門的賽馬贏得大賽：

　　這樣的機率有如在全國越野障礙賽馬大賽中，下注機會很小的冷門馬。姑且說賠率是八十比一吧，你第一年下注贏了，然後第二年又有另一匹馬賠率八十比一，結果你下注又贏了，然後第三年還是八十比一，而且你又下注，又贏了。現在我們所面對的是機率七千三百萬分之一的情況，你必須連續四年下注八十比一賠率，所以啦，你可能非常非常幸運，因為每一次都只有八十分之一的機會，而你剛好都贏了。但是這種情況連續發生四年，我們都曉得極為不可能。所以這些死亡案例也是同樣情況。你得說兩樁很不可能的事件都發生了，而且是發生在一起，那真是非常非常不可能。

　　這個「七千三百萬分之一」的數字很確定，毫不含糊。於是，一把看起來還冒著煙的手槍，出現在莎莉的手中。毫不令人訝異，

媒體立刻攫取梅德的這段話，做為無庸置疑的有罪證明，而陪審團也是如此。就這樣，僅根據梅德爵士的證詞，莎莉成了深受痛恨的人物，被媒體誹謗成一名毫無惻隱之心的孩童殺手。陪審團忠實反映了公眾的情緒，最後判定莎莉犯下兩宗殺嬰案。

　　但是這項定罪嚇壞了統計學家，理由很充足：梅德提出的七千三百萬分之一這個數據，只不過是把兩件獨立事件的機率相乘。在處理像是擲銅板和轉輪盤這樣的事件時，這種做法完全正確，因為每一次結果確實與先前的事件無關。但是，當我們處理的不是獨立事件時，就會錯得很離譜了。即便是在 1990 年代末期，根據流行病學資料庫，已經有很多人知道，嬰兒猝死症有家族傾向，也許是因為基因、又或是環境因子。也因此，如此漫不經心的假設兩宗死亡案件互相獨立，絕對是一派胡言。這個被拿來指證莎莉殺嬰的機率數字，是極度可疑的。

檢察官謬誤

　　出錯的還不只這一項。除了梅德錯用統計數據外，更糟的是，陪審團和英國媒體對莎莉有罪的假設，是根據一項統計上的失誤，這類失誤在法庭上是這麼普遍，因此稱為「檢察官謬誤」（prosecutor's fallacy）。

　　我們姑且假裝梅德的數據是正確的。這麼一來，它就會被很多人詮釋為，莎莉無罪的機率為七千三百萬分之一。但是，這項推論是全然錯誤的。雖然一個家庭裡發生多起嬰兒猝死症可能很少見，但是一個家庭裡發生多起母親殺嬰案也很少見。要釐清何者更有可能，我們需要比較其他對立的解釋，以判定它們之間何者可能性較

高。在莎莉殺嬰案件中，如果適當執行這樣的分析，那麼兩起嬰兒猝死症純屬悲劇的可能性，將比謀殺假設來得高。這說明了檢察官謬誤的問題原本就存在。

莎莉遭遇到的巨大不公，並非完全沒有人注意到。英國皇家統計學會措辭強烈，而且詳盡指責檢察官濫用統計數據，要求大法官更審慎考量此案。當時《英國醫學期刊》主編瓦特金斯（Stephen J. Watkins）撰寫了一篇譴責的社論，談到這個案件誤用醫學統計數據，並建議「被告也應獲得與病人相同的保護」。很遺憾，他們的抗議被當成耳邊風。

外人不可能真正體會莎莉遭受到多大的磨難。痛失兩名兒子，再加上如此離譜的定罪，想也知道會有多難受。莎莉被報章媒體妖魔化，被教會人士譴責。下到獄中，她的厄運更加悽慘，她備受獄友排擠，一方面是因為她的罪行，另方面也因為她曾經是律師，同時還是警官的女兒。

要不是有好幾個人全心付出，如此可怕的冤獄可能永遠無法平反。史帝夫離開他在曼徹斯特的合夥事務所，在莎莉服刑的監獄附近，找了一份法律助理的工作，並變賣房產，做為打官司和上訴的費用。和史帝夫一起努力的還有著名的律師施托（Marilyn Stowe），她志願提供免費服務，因為她憑藉專業判斷，相信莎莉的罪行根本不存在。然而，要證明莎莉無罪，是一個艱巨的過程，第一次上訴時，法官輕描淡寫的認為「證明統計上的不當」只不過是一個數學上的小把戲。

最後，多虧了施托的頑強和足智多謀，迫使第二次的上訴法院多加留意。經由高超的偵查技術，施托確定檢方病理學家威廉斯在解剖莎莉次子哈利的屍體時，所做的微生物檢驗曾經發現金黃葡萄

球菌的菌落。這條線索強烈暗示金黃葡萄球菌可能是哈利的死因，然而威廉斯卻沒有讓被告或是調查此案的警官知道。由於施托和史帝夫鍥而不捨的努力，莎莉終於在 2003 年獲得平反。二次上訴法院承認，統計數據的錯誤徹底迷惑了陪審團，並且造成審判偏差：「我們頗為質疑，梅德教授活靈活現的描述連續多年下注冷門馬全都勝出的機率，很可能對陪審團的思維造成重大影響。」

　　莎莉的平反，產生了骨牌效應。梅德「從未出錯的專家證人」的好名聲，受到嚴重侵蝕，大家開始回顧許多由他作證的案件。結果還有好幾名因為他可怕的統計數據、而被關進牢裡的婦女，也重獲自由。然而到了這個時候，莎莉已經在牢裡度過三年多地獄般的歲月，而且被折磨得難以復原。史帝夫很難過的指出，莎莉「始終未能復原」，飽受長期悲痛以及好幾種嚴重的心理疾病折磨。莎莉最後在 2007 年死於急性酒精中毒，她的人生，就因專家和社會大眾無法理解統計數據，而受到無法挽回的摧殘。

🔍 DNA不全然是鐵證

　　莎莉的悲劇故事提醒我們，數字很要緊。最重要的是，我們要瞭解，缺乏背景脈絡和合格鑑定的統計數據，是困惑的溫床。

　　一想到依靠含糊的統計推理而誤判的司法案件，或是因為統計學的誤用而被定罪的無辜者，就令人深感不安。即便是最傑出的科學研究成果，也有可能導出駭人聽聞的推論，例如 DNA 證據的強大力量──意味著它經常被社會大眾及法律專家，認為是不受質疑的，是不會出錯的。然而，雖說不可否認，DNA 證據是將被告逮捕法辦的有力工具，但是它並非絕對不會出錯，而且它就像其他任何

科學探究活動一樣，也很容易出錯。

　　就像先前 HIV 檢驗的例子，來自 DNA 證據的結論，可靠度也取決於手邊案例的事前機率。譬如說，假設在某個犯罪現場找到一些 DNA，任何人的 DNA 與之吻合的機率大約只有百萬分之一。如果我們已有一個跟此案有關的在押嫌犯，他的 DNA 與之吻合，這極有可能就會成為把他定罪的如山鐵證了。然而，如果是用撒大網的方式，在一個包含一千萬人的龐大資料庫裡搜尋嫌犯，根據百萬分之一的吻合率，預計我們將會發現十名嫌犯，那麼 DNA 就不再是如山的鐵證了，它的證據力將會薄弱得多。

　　根據貝氏定理，為了測量犯罪的機率，我們需要考量的不只是檢驗結果，也包括它產生於什麼樣的頻率以及多大的樣本。因此，一段特定的 DNA 證據力有多強，要看它是取自一名對象，還是來自點擊了一整個資料庫。若缺少這項背景資料，陪審團將有可能犯下檢察官謬誤。

　　這並不是該項技術的限制，而是關於我們如何詮釋一項發現。不可否認，DNA 證據顛覆了傳統法律流程，然而粗心大意的詮釋很有可能會錯誤暗示有罪，所以我們需要小心避開這類機率陷阱。

　　雖然機率可能外表看起來非常直截了當，但事實上，直覺看起來的單純，通常都是錯覺。要真正瞭解數字告訴了我們什麼，需要探究前因後果以及審慎思量，而且有時候，數字傳達的真正信息可能完全與我們最先的印象不符。

　　統計數據的矛盾天性意味著：那看起來像是很明顯的趨勢，竟可能會誤導我們，即便數據顯得能支持某個特定假設。我們直覺相信，數字會為自己說話；但是我們經常忘記，數字也需要經過一些詮釋。

第 13 章

篩檢訊號

男性如果在尿液懷孕檢驗時，

得到陽性反應，可能會傻眼，

但是受過訓練的醫師，

就知道要檢查睪丸癌。

辛普森悖論

　　1973 年，加州大學柏克萊分校被控訴性別歧視。表面看來，證據似乎完全沒問題。申請進入這所菁英學府的男生，44% 可獲得錄取，反觀申請入學的女生只有 35% 獲得錄取。這樣的差距看起來很可疑，顯示在入學申請過程中，可能存有性別歧視。於是，當局展開一場法律戰，以便揭露並消弭此一偏差。但後續調查發現一個奇怪的結果：當入學申請數據經過每個系所逐一分析後，一個「微小但有利於女生的顯著偏差，出現在大部分系所。」

　　怎麼會這樣，同時存在兩種看似互相矛盾的情境？如果女生被某特定系所接受的機率和男生一樣高（甚至稍微更高一點），為何這種情況沒有反映在全校的統計數據中？當我們再深入一些，細看各系所的錄取數據，答案就不言自明了。這裡頭隱藏的是一個不會立刻顯示在「錄取百分比」統計數據裡的模式。男生平均來說，傾向於申請競爭較不激烈的科系，像是工程科系。相反的，女生則傾向於申請競爭極為激烈的科系，像是英文系。

　　柏克萊錄取案例的問題，並不在於赤裸裸的性別歧視，而是存在一個與性別相關的「潛在變數」（lurking variable），或稱「混淆變數」（confounding variable），因此扭曲了整體的錄取率。正如這份研究的作者指出：「要測量偏差，往往比想像中困難，而證據有時候和預期恰恰相反。」這並不是在說不公不義的性別歧視並不存在，事實上，作者也指出：「在研究生錄取系統中，找不到可以證明的偏差，並不能因此合理結論道，在教育過程中，或是在學術界的頂層也不存在（性別）偏差。」

　　在加州大學柏克萊分校案例奇特結果的背後，躲藏著「辛普森

悖論」（Simpson's paradox），也就是一個違反直覺的現象：某個趨勢在各個資料群裡面很明顯，但是當這些資料群合併起來時，該趨勢卻可能消失或逆轉。

在我們面對的奇特問題中，有一項因素是：數據的取得從來沒有像現在這般容易過，但是輕率詮釋這些輕易到手的資訊與趨勢，會令我們產生與事實全然不符的印象。辛普森悖論經常會在政治、社會、以及媒體領域冒出頭來，而且它會發生在「當因果關係錯誤的由次數數據（frequency data）中取得」之時。譬如說，在醫院過世的人口比率，遠高於在郵局過世的人口比率，但是若就此推論說，郵局是比醫院更適合執行挽救人命的場所，就錯得太離譜了。

根據次數數據推出因果關係，有可能極為困難，因為一個潛在變數就可能把不提防的人，導向完全虛假的結論。有一個範例很經典，溺死的人數傾向於隨冰淇淋的銷售而增加。這兩者之間的統計關係相當強，但是，若假設吃冰淇淋會造成溺水，就太荒唐了。這個案例中的潛在變數只不過是天氣炎熱，因為天氣炎熱能導向較高的冰淇淋銷售量、以及更多的水中意外事故。

在所有我們可能栽進去的兔子洞中，很少有像因果謬誤這般充滿了形形色色的錯誤。我們先前討論過一群屬於「後此謬誤」的非形式謬誤（見第 5 章），但是混雜在統計數據背景中的因果謬誤，就不見得像它的表兄弟「後此謬誤」那般明顯了。雖然，在論點或討論中通常很容易看出因果謬誤，但是人類整體的缺乏計算能力，意味著一旦涉及統計數據，因果謬誤往往可以躲過雷達偵測。

即便社會大眾對統計數據和趨勢一向很迷戀，但是我們往往會忘記，要得出一個強健的因果關聯，其實非常困難。通常有太多潛在變數存在，需要經過非常仔細控制的分析，才能釐清背後的因果

關係，如果真有因果關係的話。

　　「相關（correlation）不代表因果」這句老話，千萬不可忘。要適當分開原因和效應，我們需要經過相當細膩的調查。統計上出現的相關性，也許能提供一條關於某種關聯的線索，但是辛普森悖論與潛在變數的存在，證明了為何這種信息本身需要謹慎看待。

相關不代表因果

　　詮釋方向若是錯誤，有可能在粗心的人心中，建立起完全錯誤的敘事。統計學家阿普頓（David R. Appleton）與同僚給出一個很妙的範例，是關於 1970 年代初期英國威克漢姆小鎮的婦女死亡率統計，以及在二十年後進行的一項後續研究。經過很天真的判讀，結果似乎顯示出：吸菸有某種好處，因為非吸菸者的死亡率為 43%，而吸菸者只有 38%。然而，當我們將辛普森悖論納入考量，這個令人震驚的結果便消失了。當調查結果按照年齡分組拆開，就能顯示吸菸在所有年齡層都有害。造成混淆的關鍵在於：第一次被調查的吸菸者，大多比後來被調查的人年輕。在這類型的案例中，很容易看出無恥的人可以如何藉由細心操縱統計數據，來扭曲真相。

　　虛假關係到處都存在，除非能排除它們的潛在變數，否則單從相關性來斷言因果，是很不成熟的做法。相關性本身需要經過仔細分析，才能確定真正的原因，即便潛在變數不存在也一樣。例如，我們有可能把「撐起雨傘」和「下雨」關聯在一起，但是若因此假設撐起雨傘造成下雨，就不對了。

　　虛假關係也可以用來營造喜劇效果。哈佛法學院的維根（Tyler Vigen）就在許多迥然不同的數據堆中，發現了強大的相關性，像是

「美國起司消耗量」與「被床單纏繞而死的人數」相關，或是「死於上吊自殺」與「北卡羅萊納州的律師數量」相關。另外，搞笑宗教「飛天意麵神教」創辦人亨德森（Bobby Henderson）曾頒布指令，虔誠的信徒需要穿著全套海盜裝扮，因為他指出「全球海盜數量」與「地球平均氣溫」在統計學上具有顯著的逆相關性，由此推論出海盜能預防全球暖化。[45]

在這裡我應該暫停一下，因為我擔心無意間給諸位一個印象，認為統計相關性是沒有意義的。事實上，再沒有比這個想法更離譜的了。統計相關性可以視為一則偵探故事的重要元素。想像一下，有人犯下一連串的罪行。統計相關性可能顯示，某位嫌犯在每次案發時，都出現在該地區。單憑這項相關性不足以證明有罪，但這是一個很好的開頭，可以判定是否有理由更進一步調查。同樣的，如果嫌犯的動向與犯罪現場沒有關聯，那麼我們可能就不用鎖定他們了。這裡唯一要警告的是，這類統計工具的運用一定要恰當，才能避免搞錯方向，甚至鬧出笑話。譬如，在一連串突然出現的謀殺案裡，兇手的動向與驗屍官的動向很可能會有相關性，但是除非有堅實的理由認定驗屍官還兼差當連環殺手，否則單憑這種相關性來起訴驗屍官，那就太荒唐了。

統計資料一定要小心分析，以避免抓到假結論。在十九世紀中期，「瘴氣說」主導了當時的醫學思維，認為疾病是經由汙濁的空氣傳播的。社會改革者查德威克（Edwin Chadwick）爵士就很樂於宣揚瘴氣說，他宣稱「所有惡臭都是疾病」。正如我們在瘧疾肆虐地區看到的情況，社會大眾普遍對瘴氣說深信不疑，因為凡是瘧疾爆發之處，似乎總是伴隨著惡臭的排放物。查德威克是支持倫敦貧民的自由主義者，他在 1842 年正確指出，環境衛生是一個主要的健康

議題。在他的監督下，首都汙水下水道委員會開始逐步將整個倫敦的汙水系統予以升級，關閉超過二十萬個糞坑。

有趣的是，即便瘴氣說並不正確，但是汙水系統的改革，有一段時期強化了大家對瘴氣說的相信，因為人們發現一個非常顯著、但是誤導的關係：在糞坑關閉的地方，霍亂爆發減弱了。這被認為是「汙濁空氣正是霍亂和其他疾病的媒介」信念的確證。

差不多在相同時期，對疾病起源和大爆發的類似信念，也成為重建巴黎以及巴黎汙水網路的部分原因。這些疾病爆發，給了都市計畫師奧斯曼（Georges-Eugene Haussmann）足夠的理由去重建巴黎，把巴黎從一座狹窄和黑暗的城市，改造成擁有美麗寬敞的大道、賞心悅目的花園、以及聰明規劃的現代人眼中的光明之城。

倫敦街頭的一支汲水幫浦

但是即便在這個時候，還是有人看出瘴氣說的問題。

史諾（John Snow）醫師就是這樣的人。到了 1854 年，倫敦汙水系統還沒建到蘇活區，但是大量湧入的人口，意味著生活空間十分有限。糞坑都要不夠用了。1854 年 8 月 31 日，一場猛烈的霍亂在蘇活區的布羅德街周圍爆發，三天之內就死了一百二十七人。驚恐之餘，接下來的一星期，居民跑掉了四分之三。等到 1854 年 9 月中旬，這場爆發已經奪走了五百條人命，死亡率高達 12.8%。

當時的常識認定汙濁空氣是疫病的根源，但是史諾不相信。於是，他在懷特海德（Henry Whitehead）神父協助下，展開徹底調查。藉由與受訪者談話以及追蹤受害者的動向，一個連接所有病例的模式浮現出來了：布羅德街上的一支汲水幫浦。

　　雖然史諾對瘴氣說抱持懷疑，但是他也提不出足可替代的學說（巴斯德率先提出的菌源說，還得再等七年）。也因此，人們對於疾病如何傳播的流行病學的理解，在十九世紀有一段真空期。史諾和懷特海德神父現階段能做的，除了細心標記地圖，還利用最先進的統計分析。結果，這支幫浦引起了史諾的懷疑。

　　當然，還有其他的潛在變數。史諾發現，地方上的神父似乎都不受影響，就像當地釀酒廠附近的居民。史諾進一步詢問後，知道神父只喝他們釀製的啤酒，而且釀酒廠把所有打來的水都發酵了。發酵過程殺死了霍亂細菌，這解釋了神父和釀酒人明顯對該疾病的免疫。[46] 另外還有一些異數，像是有些死亡案例發生在更靠近其他幫浦的地區。然而，在史諾和懷特海德神父詳細詢問下，發現這些受害者生前刻意前往布羅德街水井取水，說它的味道比較好。加總起來，這些發現強烈暗示布羅德街那支幫浦是真正的病因。地方主事者看到這些發現，便將那支幫浦的把手拆除，終止了這場疫病。

　　總共有六百一十六人因為這場霍亂而死亡，但是史諾和懷特海德神父迅速的偵查工作，無疑拯救了更多生命。或許更重要的是，它對科學造成的衝擊：那張「幽靈地圖」成為流行病學發展史的一個關鍵時刻，而流行病學就是聚焦於「疾病病例、分布和原因」的科學及醫療分支。史諾和懷特海德神父的調查行動，證明了即便看起來很明顯的相關性，也需要檢驗，以免誣陷了錯誤的罪犯。從醫學科學觀點，蘇活區的霍亂爆發之時，也敲響了瘴氣說的喪鐘，因為史諾的幫浦巧妙證明了水也可以媒介疾病，和「空氣是唯一可能的毒素來源」論點完全相反。幾年後微生物的發現，堪稱此一過時理論棺材上的最後一根釘子，同時也是一扇通往現代醫學的門戶。

　　然而，這場疫病爆發的原因在很久以後才定案，那是因為有一

個很令人不舒服的事實：布羅德街水井位置距離某個糞坑只有一公尺遠，感染的糞便細菌就從那裡滲入供應水中，並快速繁殖。

　　這整件事還有一個有趣的注腳，對政治敏銳的觀察家恐怕都不會陌生。在眼前的危險消失之後，地方主事者就拚命否認史諾的證據，並且修復了該水井幫浦的把手，即便還是有風險會再度爆發一次新傳染。這種卑鄙的否認，是出於純粹的神經質和政治考量，因為如果接受真正的證據，意味著接受糞口傳染的可能性。當地的主事者覺得這對社會大眾來說，太過噁心了，而這也證明了在所有年代，政客可悲的一致慣性，那就是在乎大眾意見勝過看重良好的證據，而且往往犧牲的正是那些群眾的利益。

矽谷騙局：下一個賈伯斯

　　然而，不願意接受令人不悅的統計數據，可不只是頑固政客的專利，而且也絕對沒有隨著時代而減少。矽谷寵兒霍姆絲（Elizabeth Holmes）的光榮崛起，以及名譽掃地的墜落，就是一個現代版的範例。

　　年輕的時候，霍姆絲就很早熟，展現出企業家的傾向，她高中便開始第一次做生意，販售 C++ 編譯器給中國的大學。2004 年，年僅十九歲的她，從史丹佛大學輟學，把家教賺來的錢做為種子基金，開始創業。這家新公司有著宏偉的目標：顛覆醫療保健。為了準確傳達自己的企圖心，霍姆絲選用了一個由「治療」（therapy）和「診斷」（diagnosis）兩個字組成的混成詞，來幫新公司命名，這就是日後非常有名的 Theranos。

　　霍姆絲很快就和一群渴望投資未來最熱門醫療儀器領域的創投

業者混熟了。2004 年底，Theranos 公司就募得超過六百萬美元，到了 2010 年，誘得的資金更是到達九千兩百萬美元，儘管該公司的運作都是偷偷摸摸的，甚至連網站都沒有。然而，這是設計過的：霍姆絲刻意塑造「對科技有遠見的人」的形象，崇拜賈伯斯的她，甚至連穿衣風格都學，常穿黑色高領衣服。和賈伯斯一樣，霍姆絲堅持最高等級的保密，禁止員工討論自己的工作，即便是和另一名員工。每一項決策，不論多麼瑣碎，都要經過她的辦公桌。但就算這麼保密，投資人的金錢依然源源湧入，被小道消息裡的一個強大的迷人概念吸引過來：只要幾滴血液做一次簡單的檢驗，就能診斷出一大群疾病，未來將讓可怕的針頭成為過去式。

霍姆絲向投資人保證，這些檢驗不但速度快、而且準確度高，過程中只需要採集一次少少的一滴血。Theranos 保證可以診斷出幾十種疾病。名頭響噹噹的大人物，成群加入董事會，包括季辛吉和前國防部長培里（William Perry）。隨著這家新公司的利潤增加，備受讚美的霍姆絲，也隨之化身為眾人崇拜的 C 位女神，金錢和名譽持續滾入。隨著霍姆絲的明星地位高漲，大眾報章雜誌也開始胡吹海吹，充斥著聖徒傳記般的描述。霍姆絲自信的舉止，以及承諾將徹底改變診斷產業，迷住了報章雜誌，封面故事連續登上《富比士》雜誌、《財星》雜誌、《華爾街日報》以及《Inc》雜誌，媒體將她捧成「下一個賈伯斯」。

到了 2014 年，Theranos 的估值達到九十億美元。由於霍姆絲持有 50% 的股權，《富比士》估計她的身家總值大約為四十五億美元，宣稱她是世界上最年輕的白手起家億萬富翁。霍姆絲不只保證要摧毀傳統的診斷領域，而且她還躲在消費者自主的幌子背後這樣做，她和連鎖藥局沃爾格林（Walgreens）合作，在他們的店裡提供

血液檢驗。原本禁止這類擴張的瑣碎法律條文障礙，很快就被廢除了——2015 年的一項亞利桑那州法案（霍姆絲為偕同起草人）規定，病人現在能夠在不需要醫師參與的情況下，指定驗血。霍姆絲熱切宣稱新法案「只是讓你擁有自己的健康」。然而，敏銳一點的旁觀者發現，新法條意味著 Theranos 將獲取可觀的財富，該公司將使用神奇的儀器來分析這些血液，而這臺儀器正是該公司遠大抱負的核心：愛迪生機（Edison machine）。

　　儘管有這麼多熱情的讚美與驚人的資金投入這項科技，科學界卻從未隱藏他們的懷疑。Theranos 拒絕釋出此一看似革命性的檢驗方法的任何細節，聲稱會影響他們的生意。但是對科學家來說，這個理由太空洞了。2015 年，《美國醫學會期刊》由臨床科學家奧尼迪斯（John Ioannidis）撰寫的社論，批評這種「偷偷摸摸做測試」的迷糊仗，表達他對於「提倡廣泛診斷檢驗」背後的基本理由存疑。在奧尼迪斯看來，「其主要動機似乎在於發展產品和服務，而非像研究學術般報告新發現。」

　　而且懷疑的人也不只有奧尼迪斯，許多科學家也同樣持保留意見。後來，當一個爆炸性的內幕揭露，由於愛迪生機做出來的結果太不可靠，Theranos 竟然偷用競爭對手的機器，這種持疑看法更加強烈了。彷彿為了標明霍姆絲的麻煩有多大，一篇由普立茲獎得主卡瑞魯（John Carreyrou）撰寫的毀滅性調查報導，出現在《華爾街日報》上，雖說就在幾個月前，這份報紙還曾大肆讚美過她。

　　Theranos 擺出迎戰的姿態，責備該文是一篇爛文章，是被心懷不滿的員工渲染的。但是這種虛張聲勢，遠遠不能令人信服，幾個星期後，原本零零落落的小災難，變成了大災禍。2016 年 1 月，美國聯邦醫療保險和補助服務中心（CMS）交給 Theranos 一份他們

對該公司實驗室設備的調查結果：他們發現，該公司的檢驗有多得驚人的錯誤，很可能會「對病人的健康及安全造成立即傷害」。那年稍後，政府發出制裁令，禁止霍姆絲擁有或營運一所實驗室至少兩年。其他的調查也對愛迪生機的檢驗結果，投下更深的懷疑，迫使 Theranos 放棄一大堆檢驗。該公司先前的合作夥伴沃爾格林連鎖藥局，不但立刻拋棄了他們，還提出訴訟，要求他們支付一億四千萬美元的違約損害賠償。

刑事調查也隨之展開，根據可觀的證據，Theranos 在儀器的準確度方面，誤導了政府監管機構和投資人。在機運和氣勢大逆轉的情形下，一度成功變更亞利桑那州法規的 Theranos 公司，發覺自己成為亞利桑那州檢察總長的起訴對象，罪名是「長期密謀欺騙行為及不實陳述」該公司的血液檢驗儀器。裁員開始了，然後 Theranos 的實驗室迅速關閉，沒能通過接下來的每一項審視。到了 2016 年 6 月，《富比士》將 Theranos 的淨值以及霍姆絲的身價，重新評估為他們認為更能反映現實的價值，那就是：零。

傻瓜的錢留不住

愛迪生機只不過是精巧的「機械土耳其人」，[47] 用一些旁門左道的技巧，裝扮出精密儀器的模樣。關於霍姆絲和 Theranos 的不誠實、無能、傲慢自大——這個故事被報導的次數已經很多了，[48] 但是支撐起這個故事的，還有一些很重要的東西，應該引發我們的共鳴。

Theranos 的崛起，之所以能攀高得如此不可思議，很大部分是因為它有辦法募集到數目可觀的資金，但是警鈴早該響起才對。最

明顯的警訊莫過於，該公司保證能用極微量血液做出正確檢驗；然而，現有的許多已經公認的化學及物理原因告訴我們，為何微量血滴很難檢查出太多東西，而事實上，許多疑慮也都集中在這方面。當然，這並非絕對無法克服的難關──愛迪生機的技術有可能在微流控（microfluidics）方面取得重大的躍進，而他們也向投資人保證這一點。

但是，還有一個很微妙的理由告訴我們，為何應該響起警鈴，而這個理由更為致命。對所有高科技投資者按理該有的知識而言，只需和統計學家交談三分鐘，應該就足以說服他們不致受騙了。雖然 Theranos 試圖將自家的亂槍打鳥做法，美化成一項優點，但是這個點子本身就注定了要失敗。

為何這樣說？首先，我們必須承認，單憑血液檢驗鮮少能製造出確鑿的證據；而是在顯露出其他症狀、指向某種疾病時，醫師才會安排做特定項目的血液檢驗。在徵狀還未顯現之前，先進行篩檢，無疑是很吸引人的，但是它往往在醫療上是無用的，而且在沒有徵狀的情況下，這類檢驗最好的結果可能出現陽性誤導，最差的結果甚至會造成主動的傷害。

要瞭解為什麼會這樣，先介紹兩個重要的概念。

第一個概念是「靈敏度」（sensitivity），也就是計算有多少陽性結果經過驗證是正確的。因為這個緣故，它有時候也稱為「真陽性率」（true positive rate）；如果某項檢驗得出一百個陽性結果，其中九十個是正確的，那麼該檢驗的靈敏度就是 90%。

第二個概念是「特異度」（specificity），意思是被證實確為陰性的陰性比例，也稱為「真陰性率」（true negative rate）。

在完美的世界裡，一項檢驗應該同時既有 100% 的靈敏度（只

會逮到真正的陽性），也有 100% 的特異度（能完全避免偽陰性）。然而很可惜，那不是我們居住的世界，即便最高品質的醫學檢驗也無法達到這個目標；事實上，靈敏度和特異度能達到 90% 以上，就會被認為是優良的檢驗了。最關鍵的是，靈敏度和特異度都沒辦法獨自告訴我們確認度，尤其是在比較極端的情況下，更容易出差錯。

　　我們先前已看過一個這樣的例子，就是在討論 HIV 檢驗時，它正是因為具有完美的特異度，使得它不太可能給出偽陰性。但是靈敏度即便非常高，大約 99.99%，我們也已經看到，在低風險群裡為什麼會出現 50% 的陽性是偽陽性。任何檢驗的診斷能力都與它的靈敏度和特異度有關，而這一點，一定要小心詮釋。讓事態更複雜的是，雖然這些參數與疾病盛行程度無關，一項檢驗的陽性或陰性預測值，確實要看該疾病有多普遍，而且在推算時，需要小心應用貝氏定理。

　　在沒有小心斟酌其他因素的情況下，用散彈槍打鳥的方式做檢驗，本質上就是錯誤的。加拿大生物化學家迪曼蒂斯（Eleftherios P. Diamandis）在一篇口氣嚴厲的社論中，直白道出問題所在：

　　　某個外行人的攝護腺特異抗原，如果檢測值是 20 μg/L，根據統計數據，會以為自己有超過 50% 的機率罹患攝護腺癌，然後他會要求做切片檢查。然而，如果他的攝護腺特異抗原在幾天前，只有 1 μg/L，他罹患該種癌症的機率其實為零。而造成他攝護腺特異抗原驟增的，其實是急性攝護腺炎，一種良性可治癒的疾病。

　　　男性如果在尿液懷孕檢驗時，得到陽性反應，可能會傻眼，但是受過訓練的醫師，就知道要檢查睪丸癌。

霍姆絲把「醫療保健民主化」當成她倡議的中心綱領,鼓勵病人自我檢驗。但是在這樣做的同時,她忽略了「由醫師安排特定檢驗」背後具有堅實的理由,而且能限制被篩檢的人數。若撒下更廣泛的診斷網,就會出現更高的偽陽性率。Theranos 自吹自擂的保證,所謂他們將用一滴血來進行高達三十種疾病的檢驗,只會讓情況更糟——當多重相互獨立的檢驗在進行時,檢驗瑕疵只會加重。

我這樣解釋吧:如果每一項檢驗都有 90% 的靈敏度,那麼在做完三十項檢驗後,最少會出現一項偽陽性的機率,將是高得驚人的 95%。而且,就算我們能讓每一項檢驗的靈敏度提高到 99%,至少出現一項偽陽性的機率也會超過 25%。這是多重獨立檢驗先天的限制,因為每一項額外的檢驗,都會減低預測的淨準確度,這將使得最後一項檢驗的結果近乎雜訊的程度。

就算愛迪生機這臺神奇機器真的有功能,它的承諾也會被統計學的現實給徹底侵蝕。關於「我們能夠在沒有事前機率的情況下,就對一大群病人扔出一大堆檢驗,而且利用這些檢驗結果來預言他們的健康狀態」,這個想法完全不合理。愛迪生機與其說是要解放使用者,讓他們不必看醫生,不如說是讓他們成為不必要的恐懼的奴隸。

關於誤導病人、立法者及投資人的指責,一直是指向霍姆絲,而且她的很多說法無疑也近乎詐欺,她的企圖反駁無疑也徹底亂了套。然而,把 Theranos 這場災難完全怪到霍姆絲頭上,卻也是誤導了。要是投資人事先有做該做的功課,對霍姆絲的說法詢問幾個基本問題,很可能就不會這麼容易上當了。有一句諺語用在這裡格外貼切:傻瓜的錢留不住。

第 14 章

分母是什麼？

有一棟房屋價值二十萬歐元，

在某年價格跌了 50%，

然後在次年又升了 50%，

結果該房屋回復到之前的市價？

　　2015 年 10 月，全球的肉食人口迎來了一項不受歡迎的發現：加工肉品會致癌。《每日快報》尖叫道：〈培根和熱狗會致癌——而且幾乎與吸菸一樣糟！〉《衛報》也不甘示弱，宣稱：〈加工肉品展現的致癌風險，和吸菸及石棉一樣高！〉

　　這些大標題源自「國際癌症研究機構」（IARC）發表的一篇醒目公報。國際癌症研究機構是世界衛生組織下面一個專門研究致癌原因的機構，他們宣稱，加工肉品能增加將近 18% 罹患腸癌的風險，將之歸類於第一組致癌物質，與吸菸和游離輻射一起。同一份公報把紅肉歸類於第 2A 組，定義為對人類「大概會致癌」。肉和吸菸一樣危險的想法，遂引發廣泛的驚愕。

　　然而，這些可怕的標題是卑劣的胡扯。國際癌症研究機構神祕的分級系統所依據的，並非風險的程度，而是該風險的證據強度。意思是說，某個能增加十倍罹癌風險的東西，有可能和某個只稍微增加一點罹癌風險的東西，被分到同一等級。此一分類並未傳達某樣事物可能有多危險；我們只能確定它可能有危險。第 1 組致癌劑是指「具有很強的風險證據」的事物，包括吸菸、晒太陽、以及飲酒。第 2A 組和 2B 組分別為「大概」及「可能」致癌。它實際上可翻譯成「風險很有限或很模糊」。鑑於「證明為負」在哲學上的難度，第 2 組其實已經成為流行病學的垃圾場。就拿 2018 年為例，唯一被認可為第 4 組（對人類大概不會致癌）的致癌劑，是己內醯胺，也就是瑜珈褲的製造材料。

　　如果這些分級聽起來蠢得不可思議，而且違反直覺，那是因為它正是如此。身為研究癌症的科學家，我理解這種風險分級背後的理由。然而身為科普傳播者，我要咒罵這種令人混淆的分級系統，實在太缺乏先見之明了。當一個外行人聽說從輪班工作到喝咖啡，

全都「可能致癌」，不難理解他們並不會把它詮釋為「風險證據很弱以及不清楚」。正如科普作家艾德‧楊（Ed Yong）指出的：「國際癌症研究機構有兩件事很值得注意。第一，他們的用意是仔細評估各種事物是否導致癌症，從殺蟲劑到陽光，然後用明確字眼描述可能的風險。第二，他們很不擅長傳達自己的發現。」姑且不管表達含糊的問題，加工肉品到底有多危險？

🔍 當心：分母是什麼？

要回答這個問題，首先需要檢查背後的數據。在英國，每一千人當中，有六十一人終其一生會罹患腸癌。對於很少食用加工肉品的人，比率則是千分之五十六，至於大量食用者，則為千分之六十六。也就是說，最熱愛肉食的人，比起不愛吃肉的人，每千人罹患腸癌的人數會多出十人。所謂相對風險增加的定義是：相對於未暴露組而言，暴露組所增加的風險。在這個案例，那就是（66 − 56）÷56，也就是 10/56，大約等於 18%，正是國際癌症研究機構在公報裡引用的數字。另一個檢視這類問題的方式，則是根據絕對風險。就一生當中罹患腸癌的風險而言，加工肉品食用者與非食用者的差距為 10/1000，剛好是 1%。事實上，一生中罹患腸癌的風險，食用大量加工肉品者只比完全不吃加工肉品者，高出 1%。後面這個數據顯然就沒有這麼嚇人了。

用什麼樣的方式來報告機率，對於我們如何理解它，以及我們在情感上如何處理該信息，都有巨大的影響。對於和我們健康和壽命相關的信息，這點尤其真確。

敏銳的媒體觀察家可能早已注意到，一場由眾多八卦小報（以

及好幾家理應更有水準的大報）引領的聖戰正在進行，企圖把一切複雜的事物都用二分法來簡化，例如：可治癌或可致癌。而且，相對統計數據（例如上述的 18%）聽起來，總是比絕對統計數據（上述的 1%）更突出。既然相對風險聽起來更聳動，它被媒體報導吸收的可能性，自然也大得多。然而，它很可能會誤導。

已有良好的證據顯示，絕對風險更容易為大眾所瞭解。所以，媒體和世界衛生組織過度依賴相對風險，應該是要被問責的。而這一類統計數據的過度強調，也明顯存在於製藥產業。製藥公司往往以相對角度來介紹自家藥物的效能，以灌輸產品更有效的印象。[49]

譬如說，想像一場有兩千名心臟病人的臨床試驗，其中一千人服用安慰劑，另外一千人服用新藥。如果在一年內，安慰劑組有五次心臟病發作，但新藥組只有四次，那麼絕對風險只降低了千分之一，也就是 0.1%。這個數據實在不太能打動人——醫師必須將此新藥開給一千名病人，才能預防一次心臟病發作！考量讓新藥上市所需耗費的成本，看起來更漂亮的相對風險數據（5 － 4）÷5，也就是 20%，當然就更可能受到擁抱了。

相對風險數據的變異版本，更是經常出現在經濟學和政治上。在這兩個領域，統計數據的運用目的，在於進行虛假的比較。譬如有一棟房屋價值二十萬歐元，在某年價格跌了 50%，然後在次年又升了 50%，結果可能會被房屋推銷人員說成，該房屋回復到之前的市價。然而這是明顯的假話，因為：在第一年結束時，該棟房屋的價格只剩十萬歐元，次年它價格升了 50%，變成十五萬歐元，但是這個數值只有原先價格的 75%。之所以會這樣，是因為 50% 這個統計數據是相對於兩個不同的基線（不同的分母）：頭一個是原價，第二個是貶低後的價格。

關鍵點在於，不能在沒有認清問題的情況下，就只看百分比是增加了還是減少了，因為它們往往是相對於不同的數字。

科學術語不同於日常詞彙

在此之前，我一直避免提及統計學上的一種有點含糊的表達方式：統計顯著性（statistical significance），這是一個很棘手的問題。我們經常碰到報章雜誌用大標題警告我們，某樣曾經被認為無害的事物，如今與癌症具有統計上顯著的關聯，或是宣稱某種特定飲食在減低我們罹患失智症的風險上，達到統計上顯著的程度。但這些到底是什麼意思啊？「顯著性」可能是所有科學領域裡，最被誤解的字眼了，甚至科學家自己都會誤解。

想像我們製造出一種神奇的新藥，姑且稱為 X 藥劑，我們相信它能造福偏頭痛的病人。我們的假設是，這種藥能減低偏頭痛的發作頻率。相對的，我們還有另一個「虛無假設」（null hypothesis），是一個預先建立的假設：X 藥劑和偏頭痛發作頻率之間沒有關聯。於是我們做了一項實驗，將受測者分為兩組，其中一組服用 X 藥劑，做為實驗組，另一組，也就是對照組，服用安慰劑。當實驗結束，我們真正想回答的問題是：X 藥劑是否有效用？我們能否推翻虛無假設？

要切實回答這個問題，我們需要統計方法。受測者的歧異性，非常巨大，實驗組和對照組的病人都會有不同的反應分布。在一個完美的世界裡，我們的實驗將能夠完美呈現真實世界的情況，但是由於我們擁有的受測者人數很有限，因此完美是不可能辦到的。某一組或是兩組的離群值，都可能令平均值產生偏差，有可能誤導研

究人員。不管怎樣，這兩組都可能有某種程度的隨機差異，所以要判定是否存在真正的差異，我們得利用統計工具。

　　若能將統計工具正確應用在執行良好的實驗上，將會發揮很好的作用：它們能穿透雜訊，判定實驗組和對照組之間是否真正具有差異。重點來了，當一項結果被認為不太可能是隨機產生，那麼該結果就被視為「統計顯著」，可以將虛無假設推翻了。然而很重要的是，統計顯著性只不過在說，該藥物確實具有某些影響；但是它不盡然意味著該影響特別扎實。換句話說，「統計顯著」並不是一般人所理解的「顯著」所暗示的意義。

　　然而，如果這些程序和規格都有做到，為何還有這許多相關性是有疑問的、或根本是錯的？通常錯誤出在科學家和醫師身上，他們也不能免於我們前面談過的那些認知錯誤。雖然名聲良好的科學論文，發表之前都要通過嚴密的同儕審查，但並不是每一位評審都具有夠深厚的統計學素養和警覺，有可能就沒能攔住。這點我們稍後再詳細談。我先以自然療法為例，繼續說明統計顯著性的本質。

自然療法總是小題大作

　　屬於另類醫療的自然療法，內容包羅萬象，從腳底反射療法到順勢療法、到顱薦椎療法，原理是根據「活力論」（vitalism），它的概念是：某種縹渺的生命力是疾病與健康的原因。這個想法早已被實驗結果給駁倒了，而且也沒有可靠證據顯示這類治療具有醫學效益。然而，即便在科學昌明的年代，自然療法還是出奇的流行。部分原因無疑是因為嚮往自然，以及誤以為這類干預不會產生副作用。[50] 藉由提供附帶簡單答案的健康公式，自然療法貶低了正規醫

藥的效能、以及我們人體的複雜程度。

　　但奇怪的是，施行自然療法的人堅稱，有科學證據顯示他們的療法對病人具有統計顯著的效果。然而，如果這些治療既沒有看似可信的機轉，也沒有臨床效果，這些互相矛盾的說法怎麼可能同時存在？答案躲在統計顯著性的微妙性質中。當實驗數據的品質足夠優良，而且分析也切合情境，那麼統計方法將很具有啟發性。但是如果是胡亂運用統計方法，實驗結果就會變得沒有意義。

　　許多自然療法的療效研究，都是千篇一律的低品質、僅僅針對小樣本群組所做的研究——這一點很重要，因為在很小的群組中，單獨一個離群值就能歪曲整個分析，而且樣本群組愈小，得出的結論就愈不扎實。很顯然，當分析的是較大的群組時，自然療法原本還算有點明顯的益處，就消失無蹤了。正如我們的預期。那些被大吹特吹的自然療法效果的統計顯著性，完全是錯覺。

　　受測者回報說自然療法有效，這通常是安慰劑效應，但或許我們從「均值迴歸」（regression towards the mean）的角度來考量，會更正確。[51] 均值迴歸是指：當某項變數的測量值在第一個案例中很極端時，下一次的測量值往往會更接近平均值。譬如說，當人們生病的徵狀達到頂點時，通常會尋求協助。這就是一個極端狀態，而它經過一段時間後，會朝向更正常的基線去減輕。但是很多人還是會把自己的復原，歸功於早就被駁倒的民俗醫療，而不去考慮自身免疫系統的非凡能力。

　　就如諾貝爾獎得主梅達華（Peter Medawar）的觀察：「假設某人(a) 很窮，(b) 接受另類治療，希望病情能夠好轉，然後 (c) 好轉了，那麼再沒有任何醫藥科學界已知的說理能力，可以說服他相信，恢復他健康的，可能並不是那項治療。」

　　自然療法僅針對小群族的研究,也說明了科學研究裡,被低估的一個面向:並非所有掛著科學與統計學招牌的研究,都是同樣有價值的。實驗發現具有統計顯著性,並不見得代表就會有效果。遺憾的是,無意義的統計顯著性研究,已毀壞了很多以統計分析為主的研究進路,包括醫學和遺傳學。

　　2005 年,臨床科學家奧尼迪斯(見第 240 頁)發表了一篇標題很刺激的論文:〈為何大部分發表的研究發現都是假的〉,該文得出幾條引人矚目的結論。在醫學領域,很多統計顯著性結果都不過是人為產物,若不是出於差勁的實驗設計,就是受測者的人數太少,以致無法得出有意義的結論。奧尼迪斯在他的論文中,列出六項指標,提醒我們在評估任何說法的真偽時,應該要牢記:

一、在任何一個科學領域進行的研究,樣本數愈小,研究發現為真的可能性愈小。如果樣本很小,該受測者群組有代表性的機會也愈低,而偽陽性率也會升高。這正是自然療法所依附的那種研究,小樣本群組加上品質低劣的研究。

二、在任何一個科學領域進行的研究,效應值(effect size)愈小,研究發現為真的可能性愈小。相關性本身很重要,但是效應值也很重要。效應值是在估算相關性有多強,對於判定所觀測到相關性是偶然的、還是很實質的,十分有用。如果效應值很微小,相關性可能只是個意外。

三、在任何一個科學領域進行的研究,接受測試的關聯數量愈多、且愈少經過篩選,那麼研究發現為真的可能性愈小。簡單說,

如果某項實驗產生了很多可能的關聯，那只是偶然，其中有些很可能是偽陽性。當手上有很多可能的關聯有待檢查，那麼很容易就會挑選出那些「純因偶然而展現出統計關聯」的結果。

四、在任何一個科學領域進行的研究，實驗設計、定義、產出與分析模式的彈性愈大，研究發現為真的可能性愈小。如果我們容許「定義」擁有更多迴旋的餘地，偏差就可能悄悄潛入，而陰性結果就可能被巧妙操縱成偽陽性結果。

五、在任何一個科學領域進行的研究，金錢或其他利益及偏見愈大，研究發現為真的可能性就愈小。尤其是生物醫學領域，利益衝突往往形成於金主和研究結果之間，很容易招致偏差。
〔就像奧尼迪斯所表明的，利益之間的衝突不只限於金錢；科學家也不能免俗，會有意識型態上傾向於某些想法，而這可能會改變實驗結果。〕

六、某個科學領域愈是熱門（有更多科學團隊參與），研究發現為真的可能性愈小。這是一項違反直覺、但是很重要的觀察。按理說，某特定領域的研究愈多，應該會增加研究成果的品質，然而當團隊競爭激烈，會發生相反的情況。在這類案例中，時間成為要素，研究團隊可能會在研究尚未成熟時，就急於發表，導致過多的偽陽性結果。
〔奧尼迪斯和同事們將科學研究的這個面向，命名為「希臘海神現象」（Proteus phenomenon），精確捕捉到這種在「這一端高聲宣稱」以及「那一端大聲反駁」之間快速變換的現象。〕

P 值檢定太浮濫

這些令人憂慮、但十分仔細的研究觀察,提出了一個迫切的問題:如果大部分研究發現是錯的,那麼科學探究又有什麼用呢?科學研究又怎麼可能有意義呢?

首先需要注意的是,奧尼迪斯所提到的那類研究並不是指「所有」的科學研究,而是那些由毫無根據的策略來決定的研究,這種策略就是:只靠一次「通過了統計顯著性檢定」(通常是 P 值小於 0.05)的研究,便宣稱獲得了結論性的發現。

在重度倚賴統計相關性的領域,用散彈槍打鳥的方式來做科學研究,無疑會是一大問題。但是,若實驗計畫很周全,且根據已知的原理,這就比較不成問題了。舉例來說,大型強子對撞機所記錄到的事件,會經過嚴格的統計分析,才能判定是否偵測到新的基本粒子。由於粒子物理學領域的統計顯著性黃金標準門檻,是這般出奇的高,以致偽陽性趨近於零。

然而,在部分醫學及生物醫學領域,奧尼迪斯所描述的問題無所不在。在這些領域,複雜的交互作用極難避免,於是研究人員往往訴諸於「發現導向的」(discovery-orientated)探索性研究,也就是碰碰運氣,看能發現什麼,而非先有一個具體的假設,然後做實驗加以驗證。如此一來,就助長了產出假的發現,讓偶然發生的結果取得它們不配得的優先地位。這個問題部分出在:被武斷設定的顯著性門檻,通常稱為 P 值。當 P 值小於 0.05,通常被視為代表某項結果是統計顯著的,而許多研究者也像奴隸般的信守這個數值。問題是,P 值檢定從來就不應該被當成研究品質的度量指標,它根本不是理想的指標。

　　英國統計學家兼演化生物學家費雪（Ronald Fisher）率先在 1920 年代提出 P 值，做為統計學上的經驗法則。P 值檢定是一個非正規的檢定，用來決定某項結果是否值得細察。[52]

　　當時，提升統計學的數學嚴謹度的活動，勢頭正強，是由費雪的對手——波蘭數學家內曼（Jerzy Neyman）和英國統計學家皮爾遜（Egon Pearson）所領導。內曼和皮爾遜訂出一些概念，例如「統計檢定力」（statistical power），但他們對於費雪的創新，嗤之以鼻。內曼把費雪的某些創新，駁斥為「在數學上比沒用還糟糕」，而費雪則嘲笑內曼的做法為「令人驚駭的知識自由」。其他統計學家懶得理會這些先鋒人物之間的長期爭執，只是單純把他們的架構合併起來。於是費雪的經驗法則，便強行融入了內曼和皮爾遜的數學架構中，被提升到它從來不應該有的地位。

　　而這麼一來，導致了濫用及誤解。有些研究人員實際上是在進行資料探勘，胡亂尋找具有統計顯著性的關聯，而沒有考量這是不是真的有意義，或僅僅是機遇的產物。英國皇家科學院院士寇庫宏（David Colquhoun）長久以來一直痛斥這類研究者，他說出令人難忘的警語：「顯著性檢定的功能在於防止你出醜，而不是讓不能發表的結果變成能發表。」而「統計假設推論檢定」（Statistical Hypothesis Inference Testing）這個名稱，由於英文字母縮寫太貼切了（SHIT），就被用來指稱這種類型的資料探勘。

　　在缺乏作用機制或扎實基本原理的情況下，研究人員應該要倍加謹慎的處理相關性。單單丟出一大堆「事後檢定」（post-hoc test）來處理數據，以期能從中發現顯著性，雖然通常都能產生出一項結果，但該結果往往是無意義的，而不是具有啟發性的。就像諾貝爾經濟學獎得主寇斯（Ronald Coase）說過的：「只要把數據折磨得夠

久，它終究是會認罪的。」當然，這樣的認罪不太可能是可靠的。

那麼，為何有些科學家還要發表低檢定力和有疑問的結果呢？部分原因是，並不是只有非科學家才會「統計無能」。另外，還有一個因素，源自更令人沮喪的動力：科學家的發表偏差（publication bias）與發表壓力。由於科學期刊不太認可負面結果，這使得研究人員承受極大的壓力，要去發掘各種現象之間的關聯，即便這些關聯有可能是假的。這真是學術界的極度短視。「無結果」對於我們的理解來說，價值完全不輸給具有顯著性的發現。譬如說，能得知某個藥物沒有功效，遠比拿到不正確宣稱有效的結果，更為有用。

雪上加霜的是，最近以來，科學界深受一句破壞性名言「不發表，就完蛋」的影響，因為身在學術界的科學家如果被視為不能生產足夠的正面結果，贊助經費就沒影了——像這樣的獎勵數量勝過質量，會危及我們所有人。基於這些原因，我們一定得提防散彈槍打鳥式的研究，尤其是在部分醫學及生物醫學領域，當觀測到的是相關性而非機轉時。具有統計顯著性的結果，本身並不能代表該結果就是「真的」，這是我們絕對不能忘記的警告。

順便提一下，奧尼迪斯和我以前曾經合作過，研究了模擬「不發表，就完蛋」的壓力對科學論文可信度的影響。不出所料，我們的結果顯示，目前科學界的這種典範更傾向於獎勵含糊不清的研究結果，勝過嚴謹的探索，因此也讓這個問題一直存在。科學在再現性（reproducibility）的基石上蓬勃發展，沒有再現性的結果根本就站不住腳。也因此，這個議題近幾年來討論得愈來愈熱烈，它促成了「開放取用和開放資料運動」（Open Access and Open Data movements），也就是鼓勵科學家交出所有結果（不論是正面或負面結果）、以及用來支持結論的數據，以便其他研究者可以使用。

　　另外也有一些很有用的工具能橫向比對多項研究，尤其是遇到結果相互衝突、或是那些研究的品質與功力參差不齊的時候。這類方法當中，有一個叫做「整合分析」（meta-analysis），可以把它想成是針對所有研究的研究，測量所有研究的品質，為所有能取得的數據描繪一幅更清晰的圖像。這樣做，需要大量的研究，才能就品質與範圍來做一個估量，而這也正是為什麼，任何單獨的研究都應該被視作是初步的、以及可能變動的。科學的發現永遠是暫時的，始終可能變換的。這並不是一個弱點，而是自我校正的關鍵核心，而自我校正又是科學所仰仗的。

換個更好的方式來呈現數據

　　在本書到目前為止的篇章內，我們談過一些範例，是關於統計數據如何令我們困惑，以及邏輯裡的障礙如何讓我們難以理解，而可能造成誤導。缺乏背景脈絡的數據，有可能傳達誤導人的印象，就算發布的數字是正確的，我們還是需要一些技巧、以及聰明的提問，才能看出數字真正體現的信息。統計學是有力的工具，但是就人類集體而言，我們對統計數據的詮釋往往還有很大的改進空間。我們如果想真正從統計分析中獲益，就應該要增進我們的理解力，以免淪為錯誤想法的受害者。

　　濫用統計數據，也可能成為煽動者最好的朋友，因為那樣可以讓不實的陳述，暢行無阻的溜進論點中，還披上神祕的數據信心盔甲。我們只需要看看政治談話，聽聽那些鬼叫的政客們互相拋出一些沒有背景脈絡的數據——彷彿是辯論場的手榴彈，只是用來引爆話題、製造煙幕，並不太在意、甚至是完全漠視那些數據的真實性

以及應當如何正確詮釋。這種情況令人沮喪，但是我們也許會問：
如何才能避免這些烏煙瘴氣？

　　就個人層次，沒有別的辦法，我們只能對統計數據的使用和濫用提高警覺。就社會層次，由於人類對數字的集體恐懼，我們更應該提防統計數據被當成絕對事物來使用。我們對自己的數字能力缺乏信心，於是濫用始終存在。然而，數據和統計的基礎原理，例如本章所討論的，其實很容易理解。我們不需要是專家，也能看出充斥在一般用法中比較驚人的錯誤。

　　另外還有很強的證據顯示，若以實況數字來呈現，統計數據會更容易讓人理解。這種技術稱為「固有頻率報告」（natural frequency reporting）。

　　舉例來說，如果有一名病人被告知，某種藥物有 10% 的機率會出現某個副作用。但是如果說法換成「在一群服用此藥物的一百名病人當中，我們預估會有十人，會在治療期間出現這種副作用」，病人可能會更為瞭解該數據的來龍去脈。

　　即使是專家，也能從固有頻率報告中獲益。例如，雖然數量多得驚人的醫學專業人士，會錯誤估算病人罹患愛滋病的機率，就像我們提到貝氏定理時所舉的案例。但是當情況以固有頻率來報告，就像第 12 章〈生死機遇〉以頻數樹來描述時，這個機率值就大幅降低了。以這種方式呈現時，接受調查的醫師幾乎全都得出正確的結論──如果只用統計數據來報告，則會出現完全相反的情況。

　　這一切的一切，告訴我們的重點就是下面這個事實：雖然統計數據具有某種直覺的魅力，但它們會掩飾大量精妙與複雜之處，把人耍得團團轉，讓我們急匆匆奔向謊言。

不再被統計數據迷惑

在考量背景脈絡的情況下，重新詮釋這些數據，講出它們真正說了些什麼——這是我們經常忽略掉的一個步驟。當心中存疑時，若你能更深入詢問那聽起來簡潔響亮的統計數據到底意義何在，以及我們能從那些統計數據推斷出什麼，你最後總會有收穫的。缺少了敏銳的檢視，我們有可能被迷惑人的統計數據和歪曲的理念，引入歧途。

缺乏所有這些限制條件的單調數據，能告訴我們的東西，比沒有還少，可是它們倒是經常能點燃熊熊的煽情之火。但這並非只是統計數據本身在誤導我們；有可能是我們對統計數據的源頭過於信任所致。

用來傳播統計數據的敘事，往往塑造了我們的感知。就像新聞媒體，是我們每天接觸的無數統計數據的主要來源，新聞媒體的影響力確實不容置疑。如果我們想瞭解自己有多麼容易受誤導，以及如何才能避開被人誤導，我們接下來就需要去掌握「傳統媒體與新興媒體對於我們理解周遭世界」所扮演的角色。

第五部
世界新聞

報紙好像分不出「一場自行車意外」

與「文明崩潰」之間有何差別。

—— 蕭伯納

第 15 章

虛假平衡

平衡報導，

必須與各方立場的證據強度成比例。

天真的將證據基礎截然不同的想法，

視為同等有效來對待，那是魯莽到了極點。

後真相政治

　　待一切塵埃落定，未來的歷史學家回頭看二十一世紀初，詭異的 2016 年美國總統大選，仍將保有一股怪誕的魔力。民主黨候選人希拉蕊與共和黨提名人川普之間的競爭，一點都不典型。2016 年 11 月 8 日，我在佛羅里達州易博市的一家酒吧，和幾位科學家同僚一道觀看開票結果。和世上大部分人一樣，我們以為將會看到美國選出第一位女性總統。畢竟希拉蕊和競爭對手比起來，無疑比較受歡迎，也讓人覺得比較沒有爭議性。但是當佛羅里達州勝出者為川普時，緊張的感覺愈來愈強烈，大家開始擔心即將目睹一場史無前例的總統選舉大爆冷門。到了清晨，大選結果幾乎底定，和預期相反，川普贏得總統大選。

　　這個消息帶來的震撼席捲了全球，無疑將讓政治學者疑惑幾十年。雖然現在還太早，無法得知這件事的長期影響，但是一個警世故事已經很明白了。希拉蕊是相對來說比較常見的候選人，具有豐富的國政經驗。套句歐巴馬總統直率的話，「再沒有哪個男人或女人比希拉蕊更有資格擔任美國總統了。」然而即便有這樣的盛讚，她的競選活動並非沒有缺點，而她也一直沒有擺脫擔任國務卿期間使用私人電郵的爭議。但是，毫無疑問，希拉蕊在競選過程中一直遵守憲法與政治規範，就像之前參與總統大選的所有主要候選人。

　　然而，川普卻不是一位尋常的候選人，他對這類規範表現出明顯的輕視。身為電視實境秀明星與充滿爭議的生意人，他意圖競選總統這件事，剛開始，在政壇引發很多困惑。起初的預期很簡單，川普會是一個很有趣的配角，一個沉溺於自戀自誇、缺乏政治眼光或素養的人。川普對政敵的攻擊，甚至缺乏一丁點的禮儀，侮辱和

汙衊的言詞同時掃向兩黨。[53] 但是令幾乎所有人驚訝，以及許多人懊惱的是，川普竟然搶到了共和黨的提名。

從那時候起，總統大選就遠遠偏離了美國政治的傳統規範。主持一個露骨的種族主義平臺，川普把怒火對準穆斯林、拉美裔、以及有色人種。川普一點都不擔心使用歧視女性的言詞，他把那些惹惱他的女性喚做「波大無腦」或是「肥豬」，而且川普始終不在乎愈來愈多對他的性侵指控。奸商行為的證據沒能打倒他，受到種族主義組織（像是三 K 黨、美國納粹黨、新興的極右派運動人士）大聲讚美的奇景，也沒能打倒他。就連他可能違法，與決心干擾美國大選的俄國探員共謀，都傷不到他。對於傳統的候選人，以上任何一項把柄，都會招來致命的重擊；但是相反的，川普卻能從那愈積愈多的醜聞當中，毫髮無傷的鑽出來。

隨著川普出人意料的崛起，新聞機構忙著以盡可能公平的手法來報導大選。在正常情況下，媒體傾向於把候選人當成大致相同的人，很平衡的估量他們的優點，比較他們的缺點，並保持中立，因此會將大選定位成「從兩個大致能夠相互媲美的人選中，做一個抉擇」，這兩位候選人都受到相同的交戰規則約束，也對同樣的標準負責。然而，川普拒絕受到這種常規的約束，他的攻擊愈來愈針對個人，而他的謊言也愈來愈無法無天。

獲得普立茲事實查核獎的政治真相網站（PolitiFact），將 2015 年的「年度謊言獎」頒發給川普，但是此舉證明無用。川普的謊話甚至扯得更大了，令媒體爭相報導他最新的狂悖發言。這些發言來得又多又快，英國《衛報》駐美特派員尤哈斯（Alan Yuhas）指出：「川普的謊言就像他的推特：不規則，不定時，有時充滿惡意，有時自相矛盾，有時則看不出有何目的。」甚至在這些虛假如此容易

一眼看穿的情況下，媒體還是覺得有義務要報導川普的指控，即使那些指控毫無證據。但是最後證明，這是一種陰招，因為川普藉此放大了他那充滿惡毒指控的胡言亂語，把有毒的想法散播給一群樂於傾聽的觀眾。有人企圖反駁這些說法，但似乎沒人理會，而媒體評論員很晚才開始對「後真相」政治的崛起感到絕望。後真相政治是一種被情緒驅動的文化，實事求是反駁煽動的言論，只會受人冷落而已。

新聞媒體的虛假平衡

　　迫切想要為一個絲毫都不平常的情況，強加上常態的樣貌，媒體挪出大量播放時間，給那些毫無根據的指控。更糟的是，媒體人企圖進行平衡報導，可是這項企圖所根據的卻是一個錯覺：希拉蕊和川普是同等級的候選人，具有可相比評的缺點。帶著這份對中立的誤解，媒體以同等規模來呈現「希拉蕊相對微小的醜聞」與「川普驚人的違法」。此舉對川普很有利，而他也廣為推銷「騙子希拉蕊」的假象。直到對選舉週期來說時機已經太遲，媒體才醒悟到，他們已經有效的把怪異給正常化了。就在他們試圖把川普胡扯的怪誕場景當成尋常的政治活動，並平衡報導希拉蕊時，他們已不經意的為川普那可怕的看法，披上一件合法的外衣。

　　在希拉蕊和川普沒有哪一點可等量齊觀的情況下，把他們當成兩名對稱的候選人，完全是白費功夫。然而，損害已經造成──川普利用了媒體將他視為正常候選人的意圖，而這對他帶來多大的利益，就對希拉蕊造成多大的傷害。到了 2016 年 9 月，《紐約時報》專欄作家、經濟學者兼評論員克魯曼（Paul Krugman）指責同業死板

的表現：「如果川普當上了總統，很大一部分要怪新聞媒體。我知道有些記者忙著撇清責任，但這太荒謬了，而我認為他們心裡有數。就像紀思道（Nick Kristof）說的，民調顯示，頂多只能算是習慣撒小謊的希拉蕊，竟然比病態的撒謊者還不值得信賴，這就是大眾媒體失職的初步證據。」

　　媒體所犯的錯誤，是一種稱作「虛假平衡」（false balance）的經典錯誤。這種錯誤發生在我們企圖將兩個相反的立場視為對等，但他們其實並不對等的時候。當兩方的某個共同特點被錯誤暗示為相等時，經常就會發生這種情形。

　　這就好比，主張飼養家貓和飼養老虎來當寵物沒有差別，因為兩者都是貓科動物。然而，如果一方的立場有大量證據支持，可是另一方卻缺乏數據支持，那麼只是根據他們相反的立場就把他們視為對等，在根本上就是有缺陷的。單單相反的立場，並不能讓他們自動具備同樣值得考量的地位，但是太常出現的情況是：這種微妙之處遭到忽視，而出現了惡意者很容易利用的邏輯真空。

　　這一點，在報導有爭議的話題和辯論時，表現得最是明顯。名聲卓著的媒體，一向以能夠避免偏見或黨派性而自豪。這樣的態度值得佩服，因為重大的辯論在健康的社會裡至關要緊。我們全都有各自偏向的黨派立場，而有憑有據的討論，能引導我們走出有害的同溫層。對於有良心的編輯、評論員和專欄作者來說，客觀性是一個努力朝向的理想。但是，公平絕對不應該等於虛假平衡。當證據的分量毫無爭議的偏向某一方時，仍舊固執的以同等方式來平衡報導兩方，會為差勁的想法以及胡扯的聲明，營造出一股似乎也值得敬重的氛圍。當我們企圖將相反的觀點，以超出證據容許的程度來呈現，就會出現虛假平衡。

虛假平衡能夠興盛，主要是依靠一個錯覺，以為相衝突的說法彼此是平等的，而沒有考量到它們背後的證據。這樣就很容易受到操縱了，即便是客觀的科學主題。

舉個例子，就拿另類醫療來說：雖然效用的證據極少，但是某些病人報告另類醫療有益處，就被視為是有效的證據，與嚴謹科學實驗證明的不過是安慰劑效用，分量相等。這真是太荒唐了，因為當壓倒性的證據指向一個方向時，所謂「優良新聞報導需要把相反的觀點，當成同等真實來報導」的先驗假設，並不能成立。然而，這確實需要豐富的經驗來估量，而且對媒體來說，叫他們來分辨真實科學與偽科學，也著實太過困難。

雖然沒有惡意或蓄意偏袒，但是最終結果卻是這種「無能」頻頻出現。如我們所見，韋克菲爾德對 MMR 疫苗的不實說法導致無辜者喪命（見第 5 章），但是若沒有媒體無意間的合作，在處理他那些散播恐怖的謠言時，給予和壓倒性的科學證據相同的分量，這一切不可能會發生。這裡並非要將這些有毒的、甚至致命的結果，單獨歸咎於媒體，但是，讓反疫苗接種的倡議者利用中立概念，來暢行無阻的傳播毫無根據的恐怖故事，確實令人憂心。

此時無聲勝有聲

我們從這樣的災難中學到的教訓很少，虛假平衡依然出現在科學議題上，頻率多得令人喪氣。

例如疫苗接種，至今還是太常被視為有爭議的主題。就連導演出 MMR 疫苗恐慌的韋克菲爾德，也仍然沒有完全被趕下佈道壇。2016 年，他再度成為爭議焦點，推銷一部宣稱美國疾病管制與預防

中心（CDC）在遮掩疫苗傷害的紀錄片。這部片子甚至在老牌演員
勞勃狄尼洛的指令下，納入翠貝卡電影節，引發強烈批評。可惜，
批評沒有什麼用處，這只不過是繼續搭平臺供他們推銷有害的說法
而已。

　　對於虛假平衡，不助長宣傳，才是有效的制衡。

　　有一個愛爾蘭地方電臺，邀請我上節目和韋克菲爾德辯論。我
敦請他們不要給他這樣的平臺，我列舉出為何這樣做會誤導。但製
作人表示，當地人對此很有興趣，韋克菲爾德宣稱一家對手廣播電
臺已經提出要給他一個時段，讓他邀請同情這個議題的來賓，而且
不須考慮平衡觀點。製作人的最後通牒很明確：不管怎樣，韋克菲
爾德都會弄到一個時段；唯一的問題只在於是否要有反對觀點。我
勉強同意了，但是警告說，我會公開說出：為何給他這個平臺來播
出此種沒有信用的觀點，本身就是一種誤導。

　　這次辯論非常令人氣惱。我逐一列舉出為何韋克菲爾德的說法
沒有價值，而他不假思索就宣稱，這是一個醜陋的陰謀，指控我也
是陰謀集團其中的一份子。演變到最後，怒氣沖沖的韋克菲爾德發
出一連串荒謬的指控，直到我結束這場對談。這段節目播出時，我
的論證內容被削弱了很多，最後變成一堆沒有系統的亂麻，而且完
全沒有播出我對於虛假平衡的警告。

　　這趟經驗雖然令人不悅，卻是很寶貴的一課：不論出發點有多
無私，把科學與偽科學以平等對抗的格局來呈現，會給人一種錯誤
的印象，彷彿該議題在科學上是有爭論空間的。這讓空洞的說法像
吸血鬼般，從已經確認的理論中吸取合法性，並容許各種含糊曖昧
的動機自由發揮，偽裝成科學的見解，以便廣為傳播，來操控警覺
心不夠的人。[54]

菸草商散播「懷疑」的種子

不過，虛假平衡不只局限於媒體議題。在不算太久遠之前，肺癌還十分罕見；在 1878 年，它們占癌症發生率不到 1%。生長在肺部的惡性腫瘤是如此罕見，當它出現時，外科醫師都會注意到，把它們當成生涯裡難得一見的怪事。然而，到了二十世紀初，肺癌的罹患率戲劇性升高了，等到 1918 年，已經達到所有癌症的 10%，到了 1927 年，更是達到 27%。各種解釋紛紛出籠，從空氣汙染增加，到第一次世界大戰的輻射落塵，但是這些解釋沒有一項能和真正的數據吻合。數據顯示，即便在沒有受到以上因素影響的國家，肺癌發生率依然顯著增加。

在那個年代，吸菸被認為不太可能是罪魁禍首。事實上，帶著少許「訴諸自然」的意味，吸菸被認為是很自然的事，因此也是一種很健康的習慣。此外，由於更廉價、更強力的量產香菸問世，和先前的版本（例如用菸斗吸菸）比起來，讓人更能夠深深吸入香菸味道，這種不良嗜好流行的程度，可以用暴增來形容。然而，隨著不利於香菸的證據開始堆積，香菸是一種健康的選擇的假象也逐漸消散。

1929 年，利金特（Fritz Lickint）醫師提出令人信服的統計證據，證明吸菸與肺癌有關聯；到了 1939 年，利金特的研究累積成為一份龐大的學術研究，產生一本總共一千兩百頁的巨著，它被美國科學史教授普洛克托（Robert Proctor）描述為「史上發表過的對菸草最詳盡的學術指控」，證明吸菸遠不只是需要謹慎而已，它不僅和肺癌有關聯，而且還強烈暗示與一系列其他惡性腫瘤有關。

就在利金特的分析提出的同時，其他好幾條線索也開始合攏：

與「吸菸可能導致癌症」的假說吻合的統計相關性，快速浮現，再加上香菸的煙霧裡被發現致癌化合物，以及發現香菸能誘發實驗動物罹患癌症，都提供了支持證據。

如此四方證據匯合成一顆滾動的雪球。到了 1950 年代初，全球各地的衛生委員會紛紛開始警告消費者，要提防香菸的危險。事後回想，這應該是最接近終結香菸致癌議題的時刻了，但是它卻很令人洩氣的遭推翻了，被人輕描淡寫給打發了。美國癌症學會主席卡麥隆（Charles Cameron）在 1956 年惋惜道：「如果像肺癌與吸菸之間已經證明的相關程度，被顯示為存在肺癌與好比說吃菠菜之間，不會有任何人舉手反對把菠菜排除在國民飲食之外。」

面對排山倒海的證據顯示自家產品有毒，以及大眾對吸菸日益負面的接受度，菸草產業決定要駁斥科學，至於武器嘛，除了嗓門和怒氣之外，再無其他。一份在 1969 年流傳於菸草公司內部的〈製造懷疑之備忘錄〉，證實了他們當時所抱持的心態與策略：

就銷售能力而言，我們受到了限制──在大學以及在販賣機。我們的產品被蓋上警告標語。我們的廣告能力受到各方攻擊而且持續惡化。「懷疑」正是我們的產品，它是能與社會大眾心中的「大量事實」相抗衡的最佳途徑，同時它也是建立爭議的好手段。

這個手段無可否認是很有效的。當 1950 年代中期，社會大眾開始對香菸產生反感了，於是香菸製造廠商向公關大師求助，之後開始到處散播懷疑的種子。1954 年 1 月 4 日，一則廣告出現在全美國超過四百家新聞報紙上。從它的開場白到薄弱的結論，這份如今已惡名昭彰的〈坦白聲明〉（Frank Statement）是純粹的文字遊戲騙局，

但也是一代宗師級的詭辯言辭：

　　最近，有關小鼠實驗的報導大肆宣揚一個理論，那就是吸菸與人類肺癌以某種方式產生了關聯。傑出的權威人士指出：

一、近年來的醫學研究，指出很多可能造成肺癌的原因。

二、權威人士對於原因為何，並沒有取得共識。

三、沒有證據能證明吸菸是其中一個原因。

四、號稱讓吸菸與該疾病有關聯的統計數據，套用在現代生活裡許多項目上，都具有同等強度。事實上，統計數據本身的效度，也受到許多科學家質疑。

　　這些策略的某些細節值得好好分析，因為它們至今仍在，完全沒有成為歷史。即便有一個看起來還滿合理的開場白，但是它精心的用詞遣字，隱瞞了諸多不誠實之處。這是典型的稻草人論證，先承認小鼠研究結果或許與人類肺癌有某些不嚴謹的關係。但接下來的論證完全是騙人的，因為關於吸菸與肺癌之間的因果關聯，流行病學調查以及研究室實驗都擁有壓倒性的證據，因此〈坦白聲明〉只舉出小鼠研究，可以說是典型的誤導，是精心編製來迴避令人不安的人類罹癌證據。事後發現，香菸公司早在醫療科學界開始調查之前，自家內部的研究便已經證明有致癌化合物的可能，而它那充滿關懷的假面具，就更侮辱人了。

　　〈坦白聲明〉裡那些條列的說明，讀起來很像一份花言巧語的詭計清單。正如我們已經深入討論過邏輯謬誤與非形式謬誤，我在這裡不再花太多時間，來拆解這份清單上的前三條（如果把開場白裡的訴諸權威也算進來，就是四條了），我只簡單說明如下。

　　第一條是個很漂亮的「轉移注意力論證」（red-herring argument）範例，也就是刻意用來偏離主題的論證。我們的關鍵議題應當是：吸菸是否為肺癌的風險因子，以及到什麼樣的風險程度。其他事物是否會造成肺癌，在這裡並不是關鍵。第一條的做法很無恥的企圖偏離、減弱、以及消除此一關鍵議題。

　　第二條完全是錯誤的，因為醫學共識早已匯集，做出香菸有罪的判定，就如同香菸公司內部的研究結果也是如此。

　　同樣的，第三條即便在 1954 年也是一種武斷的說法，因為它和證據全然不符。另外請注意，「原因」從第二條裡的單數用法，變成了第三條裡的複數用法——這就變更了前提分布，是自相矛盾了，使得〈坦白聲明〉的論點無效，即便這兩條各自都有可能是真實的陳述。

　　最後一條也是錯誤的。事實上，第一個致癌化合物的線索源自細心的統計分析。利金特（以及其他人）不辭辛苦的研究，已經排除了很多令人迷惑的變數。這份〈坦白聲明〉裝出關心的樣子，事實上卻企圖播下懷疑的種子，並抵消壓倒性的科學共識。它的目的是讓社會大眾在心中接受「贊成與反對吸菸的雙方，具有同等有效的立場」。而這，其實是企圖把虛假平衡拿來當成武器；對於這一點如果還有任何懷疑的話，那份令人作嘔的〈製造懷疑之備忘錄〉的曝光，最後終於揭露了此一卑劣的方案。

　　像菸草產業的公關公司這樣利用虛假平衡，就是「人為製造的爭議」（manufactured controversy）的典型範例，是一種人為的異議，用來針對其實不具真正科學爭議的議題，藉以營造不確定性。對於香菸公司來說，這個策略很有效，它創造出足夠的懷疑，使得公眾對吸菸的接受度，能夠持續幾十年，代價是付出幾百萬條人命。

　　菸草產業並非唯一使出這種陰招的；當充足的證據浮現，證明兒童的雷氏症候群（一種可能致命的肝臟發炎）與服用阿斯匹靈有關時，阿斯匹靈的製造商還是有辦法拖延「打上強制警語」將近兩年之久，它們用的就是相同的策略。同樣的，雖然紫外線已經是知名的致癌物，但是像「室內晒黑協會」（如今已經不存在了）這樣的機構，仍然企圖淡化科學共識。

智慧設計論運動的陰謀

　　目標精準的公關公司，所具有的含糊其辭功力，可不容小覷。前面提到的〈坦白聲明〉是偉達公共關係顧問公司（Hill+Lnowlton Strategies）的點子，這家公司有一些頗有趣的歷史紀錄。

　　1990 年 10 月，就在波灣戰爭即將開打前夕，一名叫娜伊拉的科威特公民含淚作證說，她親眼目睹伊拉克士兵將嬰兒從保溫箱中抓出來，扔在外面等死。如此可怕的證詞立刻霸占了新聞頭條，而且被當時的老布希總統提到好多次。直到戰爭結束後，1992 年，記者馬卡瑟（John MacArthur）才揭發「護理師娜伊拉」其實是科威特駐美大使薩巴赫（Saud Al-Sabah）的女兒。當年她那充滿感情的證詞都是假的，是偉達公關公司編導出來的，該公司的內部研究指出，與暴行有關的言詞，最能影響美國公眾的意見。[55] 非常諷刺、但是毫無疑問，這觀點是正確的。

　　當然，我們如果認為這種策略只是歷史殘留的遺骸，也情有可原，畢竟我們現在已經是更成熟而有智慧的社會了，這種昭然若揭的否定主義不可能在我們身上得逞。然而即便是現在，當科學已經毫無爭議的情況下，播下懷疑的種子仍舊是惡棍的伎倆；不論證據

有多扎實，既得利益群體還是能利用和幾十年前菸草公司同一套的做法，來動搖理智的根基。這樣做的動機可能是金錢上的，例如菸草公司，但若是意識型態上的，無論是政治信念或是宗教信仰，力量甚至可能更強大。當然，基於宗教信仰或政治信念來爭論這類想法，都沒有錯；但是採用虛偽的手法而非坦誠的辯論，來推廣自個兒的觀點，卻是絕對不能接受的。虛假平衡經常被用來達成這個目的，「智慧設計論（intelligent design）運動」的陰謀就是一個範例。

在很多虔誠信仰上帝的人看來，地球上錯綜複雜又精妙的生物世界，必然是上帝設計出來的作品。這種「目的論證」觀點，或稱「設計論證」觀點，具有漫長的起源。史上最早記錄到的版本是蘇格拉底的，但那也算是古代了。到了中世紀，它成為教會信念的主要成分，以《聖經》使徒保羅的話語為代表。十三世紀的基督教哲學家阿奎那（Thomas Aquinas），甚至把它當成上帝存在的五大邏輯論點之一。對於中世紀時期宗教信仰虔誠的人來說，地球為何具有如此包羅萬象的生物，以及這些生物能夠如此精妙複雜的運作，這當然是唯一的解釋。在地球生物的豐富與優雅上，他們看到了不屬於人間的造物大師的手筆。

然而，縱使外表看起來很有吸引力，它的邏輯還是有相當多缺失，曾經被十八世紀的蘇格蘭哲學家休謨（David Hume）以及後世的其他人給拆解過。目的論最後一張王牌是：看似無法解釋的自然界多樣性，因為它太過複雜了，不可能不打草稿，就這樣冒出來。

但是，等到十九世紀末，達爾文的演化論去除了一定要有外力雕塑創造的需求，證明了大自然的熔爐本身在漫長時光中，就能塑造出物種之間的差異；地球生物的複雜多樣，並不需要工匠般的神祇來創造。

　　演化論本身並沒有質疑上帝是否存在，但是《聖經》直譯主義者仍然覺得受到了冒犯。二十世紀初，美國的現代主義者與長老教會的基本教義派之間，裂縫漸漸擴大。在學校裡開課教導演化論，變成一個爆發點，因為基本教義派愈來愈把它視為一種叛教行為。就布萊恩（William J. Bryan）而言，這更是個人積怨。布萊恩先前是一名州代表，曾經三次競選民主黨總統提名人失敗。在第三次失利之後，他回歸宗教事業，開始認定演化論是對上帝的侮辱。布萊恩的觀點在他的同儕眼裡，算是相當邊緣的看法，但是布萊恩雖沒法影響自家的教會，卻保有足夠的政治影響力，去直接遊說州政府。好幾個州正式禁止學校教導演化論長達幾十年，其中只有田納西州在 1967 年廢除這項禁令。

　　教育審查制度的終結，應該足以見證創造論的大廈傾塌——其實原本確實有可能，若非法學教授約翰遜（Philip E. Johnson）在離婚後，經歷了戲劇性的宗教信仰改變，並且成為智慧設計論運動的重要人物。「智慧設計論」這個名詞裡的「智慧」，明顯是矛盾修飾法，只不過是創造論披著科學外衣所擺出來的姿態。然而，智慧設計論運動還是興起了，而且 1990 年代創立的發現研究院（Discovery Institute）更是把這項運動給強化了。發現研究院是一間智庫，自稱獻身於研究「一種與基督教和有神論信念一致的科學」。

　　為了達到這個目的，他們研製出楔子策略（wedge strategy），藉以將他們的信念擠壓進公共論述裡。它的中心思想是把演化論說成只不過是一個理論，堅稱智慧設計論和演化論同樣有效，也應該在學校裡教導。在沒有疑心的人看來，這似乎滿合理的。演化論確實「只是」一個理論，所以它為何配得上特殊地位呢？但是「理論」這個字眼有很多含糊之處，它的意思要看上下文來決定。在英文口

語中，它暗示「假定」或「推測」，但是在科學用語中，一則理論代表一個經過充分驗證的假說，是針對所有已觀測到的數據的最佳詮釋，兼具解釋和預測的能力。一則科學理論不只是推測，而是已經通過嚴格試驗、而且有各方證據支持的學說。演化論「只是」一則理論，就像病菌說或相對論一樣，它們也都「只是」理論：都是具有大量證據支持，對於某些現象廣被接受的科學解釋。

　　相當狡猾的，發現研究院把這兩種不同的定義合併起來，寄望虛假平衡能幫他們的宗教哲學撐腰。這場「教導爭議」運動，被美國科學促進會駁斥為一場人為製造的爭議，因為它錯誤宣稱，演化論具有科學上的爭議性。然而，即便楔子策略於 1999 年在網上曝光了，德拉瓦州首府多佛市的學校還是在講授演化論的同時，連著智慧設計論一塊介紹，直到 2005 年法院判決確定，把智慧設計論當成科學理論來教學是違憲的。

氣候變遷是科學界的共識

　　出了美國，上帝創造論的裝模作樣或許很可笑，但是眼前有關氣候變遷的「辯論」，正是將懷疑化為武器的典型。

　　人類活動造成劇烈氣候變遷的證據，其實已經多得數不清了。打從工業化開始，被我們排放到大氣中的數以百萬噸計的二氧化碳，就已經穩定的將地球平均溫度往上提高了，這現象相當令人憂慮。然而，即便有明確的科學共識，拒絕接受真相的人依舊試圖將懷疑的種子，傾倒在這個議題上，以便掩飾他們其實站不住腳的理由。拒絕接受氣候變遷，並不是一個社會邊緣的信念——有很大部分的人全心相信它。部分原因在於虛假平衡。雖然氣候變遷的科學

證據其實是無可爭辯的，但是報導很少能捕捉到這個事實。麻省理工學院奈特科學報導獎助計畫主持人倫斯伯格（Boyce Rensberger）指出：「科學的平衡報導，並不代表要給予爭辯雙方同等的重量，而是代表要根據證據的權衡，來分配重量。」

可悲的是，對於氣候科學的虛假平衡已經成為預設立場：調查四家美國報紙從 1988 年到 2002 年的六百三十六篇文章顯示，大部分文章對於「一小群不願接受氣候變遷真相的人」和「代表科學界共識的那些人」，都撥出同等篇幅來報導。

這種情況也不局限於美國。就連以無懈可擊的科學報導著稱的英國國家廣播公司 BBC，也沒能免除這種錯誤。一份 2011 年的信任度報告，嚴厲批評 BBC 在人為的氣候變遷議題上「過度關注邊緣意見」。同樣這篇報告還發現，縱使有數不清的科學證據顯示，人類活動已在驅動氣候變遷，諸多 BBC 節目卻「過分嚴格採用中立的編輯準則」，結果是分出太多播出時間，給否定氣候變遷的人。2014 年發表的一篇後續報告總結說，此一關鍵結論「直到今天依然令人共鳴。」

這樣做最後導致的結果是，氣候科學受到一個明顯的共識差距所影響：雖然科學界對氣候變遷的共識其實相當一致，可是大眾卻有一個印象，以為氣候科學還存有爭議。2013 年進行的一項研究發現，在社會大眾的估計中，只有剛剛超過一半的科學家同意氣候變遷；然而真實的數字是，接近 100%。

這份徘徊不去的懷疑，壓抑了有關氣候變遷的行動，但是在最近幾年，某些指標顯示情況已有漸漸改善。一篇 2017 年的論文發現，雖然「跨國以及跨媒體的報導，愈來愈接近氣候變遷的基本科學共識」，但依然有過多資訊來自拒絕接受真相的人、以及強烈否

認氣候變遷的小圈圈。很典型的是，這些小圈圈是保守媒體的專欄作家群——鑑於我們先前討論過意識型態的動機推理，這項發現一點都不令人意外。

發言權應與證據強度成比例

當然，平衡報導值得歡迎，記者的中立態度也值得讚美，但是平衡必須與各方立場的證據強度成比例。天真的將證據基礎截然不同的想法，視為同等有效來對待，那是魯莽到了極點。這一切作為將會提升危險想法的位階，而犧牲好的想法，使我們更容易受到狡詐份子的操縱。雖說這可能令人很想責備媒體的系統性無能，但這種責備也是不公平且誤導的，因為要是沒有媒體，我們將任由可疑的資料來源所擺布，完全無力抗衡。

傳統媒體在傳達正確資訊及觀點時，扮演了關鍵的角色。傳統媒體有能力推展事實查核以及品質控管的標準，這是更為碎片化的網路社群媒體所缺乏的。而這份能力在今日遠比從前更重要。

中立，是對抗愈來愈偏頗的黨同伐異的堡壘。但是陷入虛假平衡，會動搖這份力量，容易給予已被充分證據推翻的邊緣想法，一種合法的氛圍以及宣傳的機會。總之，這類詭辯會讓我們人類和社會更為分裂，也更缺乏見識。

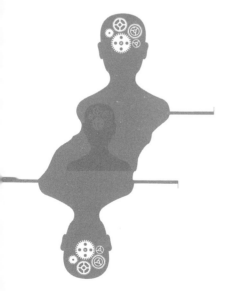

第 16 章

回聲室裡的傳聞

光譜兩頭最極端的聲音成了主宰，

為完全對立的陣營標出地界。

任何議題經過這等濾鏡的簡化之後，

都會變成二元化。

🔍 史上最離譜的大選預測

預測未來一向不容易。1936 年美國總統大選，就是一個絕佳案例，當時由尋求連任的小羅斯福總統，對戰堪薩斯州的州長蘭登（Alf Landon）。經濟大蕭條已經持續了八年，全國處境依然脆弱。羅斯福在四年前以經濟政策「新政」贏得總統選舉。他的某些方案證明很受選民歡迎，例如社會安全和失業救濟。但即便如此，他在國會及法庭推動重建時，依然遭受很大阻力。有人是基於財政觀點反對他，蘭登是指控羅斯福對企業不友善。政治專家預測，兩人將會有一場難分勝負的選舉。

許多媒體爭相預測新總統會是誰，其中包括綜合性週刊《文學文摘》（*Literary Digest*），該雜誌從 1920 年以來，已經正確預測每一屆總統大選。《文學文摘》希望能保持這項成功紀錄，但是變幻莫測的民意，令這次的任務變得十分艱難。他們做出一項挺合理的決定，認為預測未來的唯一途徑是獲取史無前例的巨量樣本數。抱著令人敬佩的決心，他們進行了驚人的一千萬人大民調，約為當時全美選民人數的四分之一。在 8 月出刊的週刊上，編輯信心滿滿，斷言他們的民調將得出 11 月大選的結果，誤差不會超過「四千萬選民實際投出票數的 1%」。

當時，共有兩百四十萬人回覆《文學文摘》的民調，根據這些結果，《文學文摘》很自信的預測看似不可避免的結果：蘭登將贏得大選，以安全過半的 57% 得票率，勝過羅斯福的 43%。

但是歷史並沒有同意這項預測。蘭登沒有成為第三十三屆美國總統，而且這場選舉甚至不能說是旗鼓相當。相反的，羅斯福以壓倒性勝利贏得連任，囊括除了佛蒙特州和緬因州以外的每一州。更

奇特的是，一名年輕的統計專家蓋洛普（George Gallup）在沒有媒體供他使用的情況下，完全正確預測到此一結果。蓋洛普只調查了相對來說微不足道的五萬人，是對手《文學文摘》樣本數的五十分之一。從表面看，這顯然有違我們的認知——我們早已討論過，樣本數目愈大，結果愈正確。所以啦，為什麼擁有如此龐大的民調回應人數的《文學文摘》，會錯得這麼離譜？

　　這項差異的根本原因很幽微，但是非常關鍵。在徵求最大量的數據時，《文學文摘》是從三份現成的名單上去搜尋：自家的訂戶、電話簿、以及註冊的汽車車主。但是這裡頭有一個問題。你若屬於以上任何一個團體，那麼你比當代一般美國人富裕的機會將大得多。雪上加霜的是，再加上只有一部分較積極表達意見的人，選擇回應問卷。這使得此一龐大的樣本數產生了無可挽回的偏差，無法代表真正的選民。

　　還有更令人難受的，蓋洛普不但預測到這種令人不知所措的影響，以及正確的選舉結果，他甚至還能根據《文學文摘》民調的來源與可能的誤差，預測出該雜誌的民調結果。《文學文摘》這次失足，代價慘痛，為它的失敗奠定了基礎，令它被恥辱所籠罩。反觀蓋洛普，則是成立了一家與他同名的民調公司，至今仍舊很活躍。

　　這其中的關鍵教訓，在今日遠比 1930 年代更顯得迫切需要警惕。《文學文摘》工作人員的感覺之所以會被扭曲，即便他們擁有數以百萬計的樣本，原因在於他們沒能認識到，自己的讀者不能代表美國選民全體。當然《文學文摘》的錯誤涉及多方面的問題，其中有些我們已經討論過：確認偏誤、偏差的樣本、以及相當多一廂情願的想法。但是宏觀來看，最大的錯誤在於假設他們社群的聲音能代表社會普遍的情況。就這一點，《文學文摘》的慘敗堪稱一則

警世故事。我們太容易逗留在與我們想法類似的回聲室裡,不論是碰巧或經過設計,使得我們對於可能動搖自身舒適感的事實,充耳不聞,有時候甚至會導致悲劇性的後果。

粗糙的網路「過濾泡泡」

　　回聲室總是存在的,可能是報紙的政治議題,或是電視節目的偏見,雖說程度不一。但是在今天,這個問題遠比以前更嚴重,而且可能更具破壞性。造成這種情況的原因,聽起來有些違反直覺,那就是當前的我們太過於擁抱網路了。

　　這聽起來有點弔詭——我們可能會認為,網路能讓我們完全自由的表達意見,而且會讓我們接觸到過量的意見表達,那些是以往可能從來沒有機會遇到的意見。當然,這是我們擁抱此一新興科技的興奮樂觀之情。但是現實卻更為陰暗。我們生活在一個由演算法篩選和「定向廣告」投放的年代,而這又直接塑造了專為我們量身打造的資訊。社交媒體網站也許可免費使用,但是網站往往需要倚賴廣告收益,因此盡可能的投放行為定向廣告,對網站的經營最為有利。畢竟,我們就是網站的產品。

　　這種本質上屬於阿諛奉承的做法,運用了我們可能偏愛的內容及意見,來奉承我們。網站的演算法,除了精準篩選出我們想看的東西,並預測出我們可能同意的東西之外,同時還將我們舒適圈之外的,具有挑戰性的訊息、觀點和想法,統統排除在外。它們經過精準調整,傳送更多我們想要的訊息,更少我們不想要的資訊。而這樣的把關,對於我們如何接收並處理訊息,具有很明確的影響,尤其是最近的數據顯示,社交媒體已成為其中一個最主要(對有些

人來說甚至是唯一）的新聞來源。網路公民運動人士帕瑞薩（Eli Pariser）將這個界定為「過濾泡泡」（filter bubble，或稱為同溫層），批評社交媒體提供了「太多的糖，太少的胡蘿蔔」，一心只為迎合狹窄的自我利益。

　　擁有十六億用戶的臉書，對於「自我選擇偏差」（self-selection bias）是怎樣發生的，提供了豐富的個案研究。臉書是全球最受歡迎的社交媒體網站，商業模式依賴的是它有能力針對廣大用戶群，投放定向廣告。另外，臉書還因利用用戶的數據來塑造用戶的體驗，而臭名昭彰。

　　網際網路依然處於嬰兒期，而這些衝擊也仍然具有爭議性。鑑於數據意義尚不明確，我若譴責這樣的過濾信息是一大社會罪惡，未免太輕率了。科技從來不是天生的善或惡；真正要緊的是，科技如何被應用於不同用途。

　　有些案例顯示，預先知曉用戶的興趣，結果將會很令人滿意。譬如說，一名冶金學家和一名重搖滾樂迷，如果都搜尋「金屬」，得到的結果將大不相同，而兩人都能因為這種分層（stratification）[56] 技術而節省時間。但是，當我們把社交媒體當成我們的想法和意見的晴雨表來使用，問題就來了。如果只有贊成我們的資訊會被篩選出來，挑戰性的觀點屢遭排除，那麼我們可能會把線上對於某種立場的支持，誤認為也是真實世界裡對於某個立場的支持，即便我們的想法其實錯得離譜。這麼一來，有可能引發集體的確認偏誤，所有我們以為顯而易見的支持，只不過是軼事論證。而這些，正如先前討論過的，對於做決策來說，天生就不是穩定的基礎，太容易引導我們做出差勁的決定了。

　　這些網路過濾器的粗糙本質，可能造成很怪異的立場偏頗。臉

書在網路上依然是最熱門的社交媒體網站，但是它在努力擺脫「與裸體有關」的平臺印象時，笨拙的做法往往損害到它自己。有一個很丟臉的案例，就是臉書對挪威作家艾基蘭（Tom Egeland）2016 年的一篇文章所做出的反應，該文是關於改變社會輿論的戰爭照片。裡面包括一張名為〈戰爭的恐怖〉的悲慘照片，攝影師是黃公崴。這張出名的照片聚焦於一個倉皇的九歲女孩潘金福，她在越戰進行得最激烈的時候，遭到燃燒彈攻擊，全身赤裸且驚嚇過度。畫面中的恐懼，使得這張照片深深嵌入我們的文化意識，它也贏得了 1973 年的普立茲攝影獎。

　　然而，在不管前因後果、一味僵硬套用準則的情況下，臉書封鎖了艾基蘭的文章，雖然那張照片具有歷史意義。來自挪威與世界各地的報界和政治人物，紛紛嚴厲譴責，終於迫使臉書低頭認錯。然而沒頭沒腦的資訊過濾，依然是該平臺的一大問題，經常導致封鎖與哺乳、醫療、藝術相關的網頁，反倒是仇恨團體的網頁往往能屹立不搖。

網路巴爾幹化

　　對於更廣泛的「自我選擇偏差」趨勢，我們不能只譴責網路巨人。因為這個趨勢已超越了社交媒體的推力，深深進入我們「人類渴望建立自己選擇的現實世界」的內心中。儘管我們很懼怕由演算法來決定一切，不過有一項涵蓋一千萬份臉書個人檔案的研究發現，用戶對於自己想看的內容的明確說明，對於他們最後會得到什麼樣的回饋資料，影響力大於標準的分類演算法，而且也成為限制相反觀點的更重要因素。

　　事實上，正是我們自己做了最多的選擇和修剪工作。其實，線上的回聲室可能不見得比我們居住的現實世界裡的回聲室大多少，只不過更容易走極端。2016 年《美國國家科學院研究彙刊》的一份研究發現，錯誤信息在線上特別猖獗，是因為用戶傾向於聚集在同溫層的社群中，進而造成增強作用，滋生出確認偏誤、自我隔離和極化。

　　就某些方面來說，網路用戶喜歡聚集在自我肯定的回聲室裡，並不令人驚訝。早在 1996 年，麻省理工學院的研究人員范歐斯坦（Marshall Van Alstyne）和布林優夫森（Erik Brynjolfsson）就已經預測到可能有這種稱為「網路巴爾幹化」（cyberbalkanisation）情況了，這是指網路世界就像巴爾幹半島上的分歧破裂狀態。兩位作者在論文中承認，新生的網際網路有可能超越傳統的分區與界線，但在同時他們也警告，有可能出現有害的偏狹：

　　　有了資訊科技為客戶量身打造的信息管道與搜尋能力，個人能夠把注意力的焦點，集中在與他們的個人資料相吻合的生涯興趣、音樂及娛樂上，又或者他們能夠只閱讀與個人偏好一致的新聞與分析。像這樣個人有能力過濾不符合現有偏好的東西，可能會形成小派系，將他們與對立觀點隔離開來，進而強化自己的偏見。網路用戶可以和擁有類似價值觀的個人尋求互動，因此也更不可能信任價值觀與他們相左的人所做出的重大決策。像這樣自願造成的巴爾幹化、以及不再進行相異經驗和價值觀的分享，對於民主社會和分權組織的結構可能都會造成傷害。

　　結果證明這段話具有敏銳的洞見，而且它是在大眾網路和社交

媒體普及之前許多年寫成的。最後的結果就是一個惡性循環,源自自我選擇的正向回饋令感知產生偏差,甚至更加偏離現實。推特就是一個例子。身為微型部落格平臺,上面的貼文會自動公開發表。然而,此舉對於抵消回聲室效應沒有什麼功用,因為用戶會自動增加他們選擇要關注的人的消息和來源。

二元對立的世界

　　事實上,媒體的光譜均勻分布已經在極短的時機內,變得面目全非了。在從前,資訊來自世界各地的新聞編輯室,裡面配備了一整組新聞記者和編輯,一道努力維持一致的標準,並查核每件新聞的事實。這樣做,並不能保證一定做得好,始終還有很大的改進空間。但是,傳統做法儘管有各種缺點,它終究提供了不低的新聞倫理品質與標準。在傳統媒體上,事件報導、評論、以及特寫,都有明確的界定,而且通常都會提供相關背景資料。但是自從千禧年前後的短短幾年間,情況有了天翻地覆的變化。

　　我們大部分人現在都是在網路上看新聞。而且,一般說來,我們也不是從傳統媒體的數位媒體中心那兒取得新聞,而是透過社交媒體的稜鏡的折射。這樣做的結果是我們成為自己的資訊編輯,往往完全不顧背景和脈絡,只挑選我們想要相信的項目。然而,當我們成為自己的編輯時,我們很容易強化原有的偏見,而非挑戰偏見。在自己編輯新聞時,我們很容易被符合自己原有想法的東西所吸引,並安慰自己說,我們的世界觀是正確的。面對大量可供取得的消息來源,我們能夠輕易挑選出一堆讚美我們既有信念的文章,再搭配多如過江之鯽的部落格貼文或 YouTube 影片。於是,實際

上我們沒有接收到具有前因後果的資訊，而是累積了一本數位剪貼簿，裡面裝滿了我們期望是真實的、而非真正是真實的東西。

如此一來，光譜兩頭最極端的聲音成了主宰，為完全對立的陣營標出地界。任何議題經過這等濾鏡的簡化後，都會變成二元化：不是好的、就是壞的，不是正確的、就是錯誤的。當然，正如我們討論過的，這往往是假兩難，忽略了中間地帶可能擁有的各種不同面向的看法。但是，當我們只能刊登同意我們看法的消息來源，對方陣營也在做一模一樣的事，只不過是和我們反過來，那麼雙方的論證都會被深深烙上主觀色彩，更難達成任何形式的共識了。

更糟的是，這種情況可以顯著到對基本事實的認知，都無法達成一致，導致愈來愈嚴重的極化。2016 年哥倫比亞大學新聞學院一篇有關社交媒體的報告，揭露了這個問題：

　　合格的新聞與未經查證的消息及意見，都混合在一起。謠言與八卦四處流竄。我們把這個稱為數位碎片化（digital fragmentation）。新聞機構……被迫削減成本，降低提供更多確證新聞、事件背景、以及分析的能力。數位碎片化的一項影響為極化。沒有事實根據的意見和謠言，加速了走捷徑快速點選「喜歡」或「不喜歡」的行為……人們可能會喪失分辨消息和意見的能力。

皮尤研究中心的一份調查發現，66% 的千禧世代（在 1980 年代中期以後出生的人）是從社交媒體獲得主要的新聞來源。更明顯的是，類似調查顯示，大約 40% 的用戶都曾經因為政治意見與自己相左，而將對方刪除。此舉顯示，我們不只熱愛我們的高牆花園，而且還把這些花園修剪得更加單調。如此明目張膽的確認偏誤，將會

令我們盲目，再也看不到中肯的異議與不同角度的觀點，甚至將我們誘進更具破壞性的僵固信仰中。

其實這也不只是社交媒體的問題，像谷歌這樣的搜索引擎，利用各種演算法來幫網頁排序，而受歡迎程度在排定搜尋結果上，占了很大的比重。因此，當搜尋引擎的龐大用戶數據庫是建立在用戶先前偏好的搜尋條件與結果上，它便也冒著繼續迎合我們的偏好的風險，結果可能讓問題更加惡化。

🔍 愛滋病簡史

回聲室也可能威脅我們的身體健康，而另類醫療社群就是這樣一個令人煩惱的案例。我們先前提過一個網站 whatstheharm.net，它記錄了一些讓人心碎的個案，有些人因為抵抗不了用另類醫療來替代有效治療的誘惑，而喪失生命。

充滿確認偏誤的回聲室，很可能鼓勵人們去相信最離譜的事。想知道這種情況可以有多危險，我們只需要去看一個團體迷思的悲劇：愛滋病重估運動（AIDS denialism，愛滋病否定主義）。

關於 HIV（人類免疫不全症病毒）如何從非洲叢林裡鑽出來，然後對全世界造成致命破壞，是人類歷史上的一記警鐘。HIV 最早的源頭到現在仍不完全清楚，但是我們已經知道，它與一種會影響中非和西非地區非人類靈長動物的類似免疫缺陷，關係密切。在十九世紀末到二十世紀初之間的某個時期，這種病毒越過了物種壁壘，感染了在叢林裡尋找肉食來源的獵人，而傳染途徑可能是被黑猩猩咬了、以及宰殺獵物時血對血的直接接觸。

一旦感染確立，帶原者剛開始並不會顯現症狀。但是慢慢的，

日漸增加的病毒量開始干擾免疫系統。經過幾年，受害者開始漸漸無法抵擋人類每天生活中會碰到的無數免疫威脅。不久，這便導致了後天免疫不全症候群（AIDS，愛滋病），該症病人的 CD4$^+$ T 細胞數量掉得如此之低，害得他們無法抵抗伺機性感染、甚至無法抵抗癌細胞，影響範圍幾乎遍及所有器官系統。若不治療，通常就等於判了死刑。幾十年來，HIV 一直被局限在非洲大陸的叢林深處。但由於它的潛伏期漫長，它無法永遠被控制也許是不能避免的結果。早期獨立發生的案例可溯及 1959 年在比屬剛果，以及 1969 年一名美國青少年之死。

愛滋病最常見的病毒種類是 HIV-I（第一型愛滋病毒），在 1960 年代中期，由剛果民主共和國傳到海地。大約在 1969 年，一名感染者從海地進入美國。當時沒有任何人曉得，這趟旅程最後會演變成一椿極為致命的事件，因為那名病人成為在撒哈拉以南非洲之外的幾乎所有 HIV 個案的源頭。

HIV 最初的潛伏，有助於讓它們悄悄存活，直到慢慢的生根為止。1981 年 6 月，美國疾病管制與預防中心（CDC）被五個齊聚發生在洛杉磯的不尋常病例，給搞糊塗了，這幾名原本應該很健康的年輕人，都染上一種罕見的肺炎，這種肺炎一般只出現在免疫力極端受損的人身上。幾個月以後，年輕的男同性戀者開始死於和免疫系統低下有關的伺機性感染。一種原本極少見的癌症——卡波西氏肉瘤，也突然普遍起來，以它那獨有的紅色結節，折磨美國各地的男人。新病例接續大量湧現，到了 1982 年，它已經被稱為男同性戀免疫不全症（gay-related immune deficiency）。但是在同性戀社群裡，它還有一個更耐人尋味的名字：男同性戀癌症（gay cancer）。

不出幾個月，這個綽號就顯得多餘了。一群群靜脈注射藥癮者

和血友病人、以及海地移民的案例，開始湧現。到了 1983 年，危機擴散到世界各地，美國疾病管制與預防中心幫它取了個新名字：愛滋病（AIDS）。

1983 年 1 月，巴黎巴斯德研究所的巴爾西諾西（Francoise Barre-Sinoussi）和蒙塔尼耶（Luc Montagnier），從愛滋病人的淋巴系統裡，分離出能殺死 T 細胞的反轉錄病毒，這項發現日後令他們共同贏得 2008 年的諾貝爾生理醫學獎。美國病毒學家蓋羅（Robert Gallo）也獨力做出同樣的發現，證明這種病毒可以導致愛滋病。不久，這種病毒得到了現在的名字：HIV。

病因確認後，找出治療法便成為最緊急的事。在 1986 年 1 月 14 日，它的流行規模被揭露了，當時美國國家過敏和傳染病研究所（NIAID）的免疫學家福西（Anthony S. Fauci）沉重的向全國宣告，美國共有超過一百萬人受到感染，而且預估在接下來十年內，該數值將變成兩倍、甚至三倍。科學團隊開始以飛快的速度介入，探究如何對抗該病毒。到了 1987 年，針對 HIV 的第一個抗反轉錄病毒療法——齊多夫錠（AZT）問世了。

抗反轉錄病毒療法的出現，堪稱對抗愛滋病的一個分水嶺。在早期，有些研究人員質疑，是否有足夠證據來斷言是 HIV 導致愛滋病，但是這方面的證據很快就多到無法質疑的程度。然而在這份共識中，唯一一個突出的例外，那就是杜斯伯格（Peter Duesberg），他當時已是很著名的科學家，也是美國國家科學院的院士。杜斯伯格堅稱 HIV 是無害的，愛滋病其實是某些同性戀者濫用藥物的藉口，例如濫用亞硝酸酯。更驚人的是，在沒有任何證據的情況下，杜斯伯格竟然宣稱就是 AZT 造成愛滋病，雖說有如山的證據證明他的論點沒有根據。但是身為國家科學院院士，杜斯伯格動用他

的權利，未經同儕審查就發表了一篇論文，去推銷他那愈來愈沒有支撐力的觀點。這樣做當然是濫用權利，但學術期刊的主編還是答應他的要求，只是滿懷憂心的先聲明：「如果你想要讓這些沒有證據支撐、含糊又有偏見的說法刊登出來，就去刊登吧。但是我看不出來，這樣如何能說服受過科學訓練的讀者。」

　　缺乏實驗數據支持，杜斯伯格只能仰仗他的名聲，以及偏頗不公的演講，來散播自己的想法。其他科研人員能輕易將他的說法精準拆解開來，使得這位一度備受尊敬的科學家，淪落為名譽掃地之人。《自然》期刊的主編馬杜克斯（John Maddox）譴責杜斯伯格毫無證據，卻堅持推銷自己的荒謬想法，宣稱他已經「因為狡辯，而失去期待正面回應的權利」。但是，由杜斯伯格播下的懷疑種子，卻在另類圈子裡流傳開來——他的暗指 AZT 造成愛滋病，與深信邪惡大藥廠涉及可惡賺錢陰謀的人，想法一致。而這樣的不信任，又被另一則謠言給放大了：愛滋病是人為製造出來的，為的是要消滅不受歡迎的人。

　　這種說法在遭到愛滋病重創的社群愈來愈流行，而且一直很難動搖。甚至到今天，還有半數美國黑人相信 HIV 是人造的武器，專門設計來清除窮人、黑人、男同性戀者、以及西語裔族群。討論這些觀點時，需要參考一個背景：美國黑人長期以來，一直是系統性不平等的受害者，而人造武器的說法解釋了為何他們在新的 HIV 感染案例中，數量高得不成比例。這些陰謀論最造成禍害的地方，是它們會成為治療和預防愛滋病的障礙，因為相信這些陰謀論的人覺得，不論他們怎麼做，反正都會變成受害人，所以比較不願意採取預防措施。

　　男同性戀社群被這種疾病以及隨之而來的汙名，重創得最為嚴

害。自從性革命之後，男同性戀社群往往試驗得更頻繁，每人每年平均有十一名性伴侶。另外，一般的男同性戀性行為也具有更高的疾病傳染風險，因為肛門組織容易在性交過程中撕裂。在愛滋病恐慌達到最高點之時，男同性戀者飽受貶抑和歧視。

雖然可敬的科學家孜孜不倦的找到控制之道，雷根政府卻相當漠視這場危機，對於美國疾病控制與預防中心的撥款請求，大都加以拒絕。等到 1987 年，雷根終於承認這場危機的嚴重程度時，已有將近兩萬一千人死亡了。等到雷根在 1989 年離開白宮時，死亡數字更是上升到超過七萬人。白宮這種冷漠態度，或許透露出一個惡毒的心態：對於最受影響的人，充滿歧視。

除此之外，男同性戀者經常被描繪成不潔。宗教狂甚至宣稱，愛滋病是某種因果報應，懲罰他們違反了上帝的意旨，例如很受歡迎的浸信會牧師、同時也是知名電視佈道家法威爾（Jerry Falwell）就宣稱：「愛滋病不只是上帝對同性戀的懲罰，也是上帝對容忍同性戀的社會的懲罰。」

🔍 愛滋病重估運動禍害無窮

面對如此偏執的敵意，以及比其他次文化都更深刻的失落感，有些男同性戀者會拒絕接受科學共識，也不令人意外了。反而，另外一群數量很少、但聲音很大的人，胡亂借用了杜斯伯格的想法。例如 1992 年，倫敦的激進份子威爾斯（Jody Wells）創辦了《連續》（Continuum）雜誌，表態支持愛滋病重估運動，聲稱 HIV 並不會造成愛滋病。威爾斯相信，愛滋病是根植於恐同的一場大陰謀。《連續》雜誌激進到甚至質疑 HIV 是否真的存在。該雜誌的成員拒絕接受

HIV 藥物的效益，而是提倡另類療法。《連續》雜誌最後在 2001 年停刊，也就是雜誌所有編輯都死於愛滋相關疾病之後。

《連續》雜誌的員工不是這種信念的最後一批犧牲者，其他很多提倡愛滋病重估運動的人，也在接續幾年間枉死。但是愛滋病重估運動最有害的結果，甚至到今天還存在。姆貝基（Thabo Mbeki）於 1999 年當上南非總統後，採取了深深同情愛滋病重估運動人士的立場，雖然 HIV 感染率在南非國境非常高。

姆貝基在擔任總統期間，全面漠視科學建議，反而深信愛滋病重估運動的信念。他甚至拒絕讓 HIV 陽性病人服用反轉錄病毒藥物，還把這些藥物講成是毒藥。

為了在回聲室裡維持這個邏輯，姆貝基任用了具有類似偏激信念的衛生部長查巴拉拉姆希曼（Manto Tshabalala-Msimang）。她提倡服用大蒜、甜菜和檸檬汁，來治療愛滋病，而非用反轉錄病毒藥物。這種怪異的行動方針，令醫界非常沮喪，而南非人也封給她一個戲謔的綽號「甜菜醫師」。

為了回應姆貝基政府的危險政策，2000 年，五千名科學家和醫師簽署了〈德班宣言〉（Durban Declaration），明確宣告 HIV 造成愛滋病，並批評南非內閣不該倚賴觀念偏頗的愛滋病重估運動人士。

這份擔憂被當成耳邊風。姆貝基反而委任了一個科學小組，成員絕大多數都是愛滋病重估運動人士，包括杜斯伯格。於是，科學共識再度遭到漠視，該小組積極提倡用全人醫療（holistic medicine）和另類醫療來治療愛滋病，而不是用反轉錄病毒藥物。姆貝基政府頑固堅持偏聽那些抱持類似邊緣看法的人，不肯關注醫學建言，終於付出驚人的代價——等到姆貝基在 2008 年離任時，他留下了一個

駭人聽聞的遺產：343,000 個至 354,000 個原本可以預防的愛滋病死亡個案。

　　這是回聲室最大危險的本質：團體共識並不能規避現實。回聲室只不過是在篩選對己方最有利的信息，而且其中的確認偏誤也極為明顯。但最重要的啟示或許在於：當我們身處在自己的社會圈子裡時，一定要時時警惕回聲室效應的存在。即使是圈子裡公認的睿智人士和智慧之言，也不該豁免被認真檢驗；事實上，如果立論夠堅實，它應該禁得起檢驗。

　　回聲室效應始終都是一個問題，但是在網路時代更可能惡化，導致碎片化的增加，以及隨之而來的極化。我們所在的這個時代，不論一個人的理念有多麼無法無天、多麼過時或危險，那人都能輕易找到一個能夠迴盪他們的世界觀的社群。具有類似信念的團體，可能會產生某種凝聚感，但是當它讓成員聽不得由外部闖入的相衝突的證據，那麼這一切都將是徒勞無益的。

　　當然，信息並不會存在真空中。想要做到欣然迎接我們面對的挑戰，就必須去探討信息本身如何傳播——以及信息有多麼容易遭扭曲。

第 17 章

憤怒販賣機

這類網站上特有的誇大標題及情緒化內容，

推銷的產品是義憤，結果會讓人更加投入。

它們是被美化的憤怒販賣機，

是專門設計來騙取憤怒利潤的。

對於康乃狄克州紐敦鎮居民來說，2012 年 12 月 14 日是一個不吉利且痛苦的日子。那天早晨，二十歲的藍札（Adam Lanza）走進桑迪胡克小學的大門。沒有人知道，藍札剛剛才用一把拉栓式步槍殺了自己的母親。也沒有人知道，弒母後立刻拿了母親的大毒蛇狙擊步槍，他的裝備又更上一層樓。用這把偷來的武器，藍札從學校大門一路開槍。等到藍札把槍口對著自己的腦袋扣下扳機時，他已經殺死了二十名年齡六歲到七歲的孩子以及六名教職員。事發不超過五分鐘，桑迪胡克小學所在的安寧小鎮（紐敦鎮）永遠改變了，再也無法回到過去，它變成美國歷史上最兇殘的校園槍擊案之一的震央。

這樁罪案毫無道理，沒有更高的使命，也沒有精心策畫；就只是一名深受困擾的青年的單獨行動，事後留下震驚的美國、以及一群傷痛欲絕的家庭。然而，在受害者屍骨未寒之時，自私的全美步槍協會（NRA）已經迅速進入損害控制模式，不顧所有證據，睜眼說瞎話，宣稱「容易取得這類武器」與「隨後發生的悲劇事件」之間並沒有關聯。[57] 頃刻之間，桑迪胡克成為長期爭論不休的槍枝管制法律辯論的代名詞，而刻薄的吵鬧也重新開始了。

 危機演員？

事件發生這樣的轉折，幾乎毫不令人意外：美國對槍枝管制的態度一向兩極化，而每一次新發生的恐怖事件，都會再度讓衝突成為焦點。沒有人懷疑大屠殺會煽動出激情，但是任何講理的人都沒能料到，全美步槍協會如此強詞奪理引發的熊熊怒火，竟會燒到那一群人身上——受害者的父母。

大屠殺新聞還沒登上黃金時段報導，陰謀論機器的齒輪便已開始轉動，通向各種離奇的結論。熱中陰謀論的網路社群常客，和往常一樣，一致拒絕官方說法。他們打造出所謂的真相版本：桑迪胡克謀殺事件是虛構的，是徹頭徹尾的捏造，以博取社會大眾同情槍枝管制立法。在他們心裡，整起悲劇就是一顆煙幕彈，一個精心設計的花招，用來影響好騙的大眾。

在我們大多數人看來，這種想法簡直怪異得不可思議，我們很難理解，得出這種結論需要把理智扭曲成什麼樣子。即便如此，認定桑迪胡克是一樁所謂的「嫁禍栽贓行動」的信念，迅速生根。

當新聞媒體的滾動報導開始之後，陰謀論觀點就誕生了。正如我們已知的，目擊者的敘述往往會互相衝突，而一些小細節可能在瘋狂的新聞循環中，變得面目全非。桑迪胡克事件的所謂「追求真相者」揪住每一個微小報導錯誤不放，當作這是一場騙局的證據。任何被察覺到的不一致之處，不管有多瑣碎，都會被火速吸納為追求真相者的武器彈藥。在這場有如確認偏誤的示範教學中，這種鷹眼般的分析整個歪曲了，而且為了要保住信念，敘述裡無數個明顯的漏洞也被無視了。在槍擊案發後不到兩天，第一支宣稱大屠殺是假的 YouTube 影片就已經上傳了。結果證明，它是隨後數千支影片的先鋒。

一整群想法類似的人，開始梳理媒體的說法，以便證明整起事件是一場騙局，目的是要剝奪憲法第二修正案賦予他們的權利。如此粗糙的邏輯充分展現在某些人物身上，例如牙醫師兼陰謀論鼓吹者泰茨（Orly Taitz），她問道：「藍札是不是被他的操控者下了藥或催眠，好讓他成為殺人機器，以便做為一個藉口，因為當政者想要在經濟崩潰前，剝奪人民一切的自衛手段？」

　　一如往常，媒體報導的曖昧痕跡以及名人的背書，可以把一個差勁的想法呈現為遠超過它真正的價值。廣播界名人兼陰謀論專家瓊斯（Alex Jones）興致勃勃，扮演了這個卑鄙的角色，對著超過兩百萬名忠實聽眾，詳細述說他那薄弱的邏輯推理。校園槍擊案發不過五天，瓊斯那個極熱門的網站 InfoWars.com 就在質問，大屠殺是否只是「一個邪惡的前置處理計畫的一部分」。[58]

　　這些指控，披著真相調查的遮羞布，只是開端而已。很快，一堆形形色色的畸形話題，在網路上冒出頭來。但是比起這些曖昧含糊的議論，更令人警惕的是，這種扭曲的邏輯推理所激發出的尖刻言論。因為追求真相者版本的事實如果是真的，受害人家屬就必須是最卑劣的騙子。事件被這樣敘述後，晚間新聞上那些深深值得同情的悲痛父母，變成只不過在演戲，是邪惡政府的雙面探員。在相信這種說法的人看來，他們簡直不是人，是最卑鄙的叛徒！追求真相運動者幫這些父母取名為「危機演員」——這個標籤，後來證明就是現代版的該隱記號。

 ## 嘴砲攻擊受害者家屬

　　對於受害者家屬的攻擊，來得又猛又快。有時候，它們會喬裝成詢問的形式，儘管性質極為不當且冷酷無情，例如頻頻追問子女死亡的細節。更常見的是，這裡頭還包括明目張膽的斷言和瘋狂的威脅。羅森（Gene Rosen）就成為這樣的一個目標。在攻擊發生時，羅森在子彈橫飛之際，收容保護了六名學生和一名校車司機。然而儘管有此英勇事蹟，羅森仍然成為網路上的騷擾運動的受害者，這群亂扣帽子的人堅稱，羅森是政府掩蓋真相的共謀者。

　　派克（Robbie Parker）在這次慘案中失去女兒艾蜜莉，他在接受 CNN 採訪後，也被一個名字聽起來就很不祥的組織「恐怖行動」給纏上了，對方無恥的一口咬定他的悲傷是裝出來的。

　　這類爭吵也不僅限於網路上。有些人甚至親自來到紐敦鎮，義憤填膺，控訴當地居民。槍擊案過後不到幾天，就有一個人假裝是藍札的親戚，來到紐敦鎮，上傳影片宣稱他能證明整個城鎮都是一場騙局。有些人則寫了惡毒的信給受害者家人。教師索托（Victoria Soto）在攻擊事件中英勇喪生了，犧牲自己保護她的學生。事件過後，她的姊姊在街頭被一名陌生人攔住，把她死去的妹妹的照片舉到她眼前，逼她承認該槍擊事件根本不曾發生，而且根本沒有索托這個人。

　　2014 年 5 月，某個遊樂場上的一座紀念槍擊案受害者麥克當乃爾（Grace McDonnell）和柯瓦斯基（Chase Kowalski）的紀念碑，給人偷走了。光是偷走還不夠，竊賊還打電話給麥克當乃爾的父母，宣稱他們的死亡是騙局。這個賊最後被逮到了，紀念碑也回到應有的位置。

　　在這些無情的癲狂之舉當中，最過分的是受害者父親波薩納爾（Lenny Pozner）受到的淒慘待遇。在那個可怕的冬日早晨之前，波薩納爾的兒子諾亞，是個很上相的快樂小孩，經常與寵愛他的父親合影。諾亞過世後，這些照片成為痛苦的提醒物，令人想起嚴峻的統計數據背後難以估量的人命代價，同時也是槍枝管制辯論中一個強而有力的形象。但是，桑迪胡克追求真相者立刻攻擊說，那是設計來操控大眾感情的，他們還暗示說諾亞這個人根本沒有存在過。可想而知，波薩納爾對於這些難以理解的否定論調有多憤怒，他公開了諾亞的死亡證明，希望能和那些漠視紐敦鎮受難家庭失親之痛的人們

講道理。這個要求給予少許關愛和理性的呼籲，儘管再高尚不過，卻完全被無視。一如往常，追求真相者判定那張死亡證明書是偽造的，然後用他們能想到的最惡毒謾罵來攻訐波薩納爾。

受害者的父母持續被淹沒在洪水般湧來的電子郵件、信件、以及來電中，這些人猛烈譴責他們，嘲笑他們子女的死亡，或是宣稱他們子女的受害故事是編造的。更令這些家屬喪氣的是，追求真相者再怎麼汙辱他們，竟沒有受到任何懲罰。

有一支典型的 YouTube 影片標題為〈去你的，波薩納爾〉，後面跟的標籤是「波薩納爾、騙局、戀童癖者」。波薩納爾的電郵信箱就像許多紐敦鎮受害者的一樣，充滿了露骨的謾罵和癲狂的指控，而且經常出現對諾亞（一個生命被暴力奪走，但是生前從未傷害任何人的無辜小孩）的嘲諷和汙辱。

面對這樣的炮火，鎮民的反應堪稱堅強。對於已逝的子女遭到如此瘋狂的辱罵（通常還伴隨著種族主義或性暗示）展開反擊，波薩納爾和其他受害者父母成立了一個組織 HONR，宗旨在於「促使各界體認到惡搞者活動（Hoaxer activity）的殘酷及犯罪行為，若有必要，將對那些蓄意且公開誹謗、騷擾、霸凌高知名度慘劇的受害者及（或）家屬的人，提出刑事及民事訴訟。我們要採取所有法律允許的權力，讓這類霸凌者對自身行為負起責任。」

和「911 否定者」這類名稱相似的組織一樣，「追求真相者」這個標示也是刻意曲解的用字。這些人宣稱要尋求背後的真相，但事實上，他們只關心傳播符合自己扭曲的世界觀的事件版本。HONR 不願用「真相」這個標示，來抬高這些否定者的身價，相反的，他們選擇用一個更適當的名詞：惡搞者。

桑迪胡克事件遇難者家屬必須忍受像這樣的雙重煎熬，實在太

不公平了，而且對於陰謀論團體之外的人來說，這些惡搞者簡直是喪心病狂。但這也是一個很令人警醒的案例，顯示回聲室效應可以變得多麼黑暗。人們私底下總是會相信一些奇怪的事，但是對於一個團體來說，必須要有相當的群聚效應，才能讓他們擁有足夠的信心，把自己的騷擾行為合理化。

回聲室裡的幻覺

　　對於桑迪胡克惡搞者來說，這些偏激觀點很快就以網路陰謀次文化的形態，得到了發展機會。在這些同溫層裡，荒謬絕頂的看法不會被反駁，而是受到激勵。缺乏必要的批評，成員只聽到他們自己的信念被重複傳回來——這是被一群類似想法培育出來的自給自足的反應。想要充分理解這種反應，我們需要先瞭解可疑消息的來源。網路可以把全世界的信息送到我們的指尖上。但是，同樣這份自由，也能讓可疑的信息以驚人速度傳播。而且，人們往往缺乏必備的關鍵技巧，來區分可靠消息來源與可疑消息來源。

　　這可不是無關緊要的小問題，由於人們很愛尋找意識型態的回聲室，意味著這些問題會彼此餵養。桑迪胡克槍擊案的後續事件提醒我們，扭曲的消息來源有多可怕。儘管有大量媒體報導這樁槍擊慘案，這類消息來源卻被陰謀論者斷然否決了，他們避開被他們貼上標籤的「主流媒體」，然後，大名鼎鼎的陰謀論者，像是泰茨和路易士（Clyde Lewis），就給出了更令人作噁的解釋。

　　尤其是我們之前提過的瓊斯，更是致力於讓「槍擊案是騙局」的說法歷久不衰，該說法也成為他廣受歡迎的 InfoWars.com 網站的核心信條。就在本書寫作之時，HONR 已經成功把瓊斯告上法庭，

罪名是誹謗，而瓊斯也成為主要社交媒體網站的拒絕往來戶，不讓他擁有自己的平臺。

　　但即便這樣，還是有大量聽眾天生就不信任傳統消息管道，要他們去除這種偏執的信仰，更是近乎不可能，不論這些信仰有多麼無法無天或是多麼容易被駁倒。在這種情況下，信徒們互相堅定彼此的想法，認為霸凌那些受難者不只是可以接受的，而且還很值得尊敬。於是，自我隔離的回聲室就成形了，信徒們都飄飄然，完全不讓可能會令他們腳踏實地的現實來入侵。在這樣的環境下，最可惡的想法也能變成福音，最齷齪的行為也能贏得喝采。

　　這種情況絕對不只限於桑迪胡克惡搞者，各式各樣的陰謀論都有類似的回聲室，從反疫苗接種運動、到登陸月球是在攝影棚裡偽造的、以及種種政治陰謀論述。儘管彼此深信不疑的消息來源提供了社交舒適感，但是就長期而言，這類消息來源還是可能具有超強的破壞力，尤其是涉及心理健康時。

　　最具體的例子，就是網路上日益增多的「目標個體」（Targeted Individuals, TI）團體，這群人深信，有整個陰謀集團的可疑間諜正在跟監他們的一舉一動。至於證據，TI 們聲稱：自己的腦袋裡聽到聲音，在訴說各種邪惡和令人不安的信息。對於這些讓人不舒服的經驗，他們的解釋為：自己是一個與「能量武器」有關的政府祕密計畫的受害者，是精神控制實驗裡被美化的白老鼠。

　　TI 社群在過去幾年快速增加，擁護者甚至設立了反精神控制網站 Mindjustice.org，這是一個合法立案的慈善機構，目標在於防範政府使用這些精神控制武器。在 YouTube 與許多網路社群中，許多人斷言，到處都有「組織或幫派的眼線在跟蹤」。

　　然而，關於這類感覺，還有一個更平凡或許也更悲哀的解釋：

幻覺和妄想型思覺失調。這種現象目前仍然少有人進行研究，但是澳洲心理學家夏瑞登（Lorraine Sheridan）和詹姆斯（David James）發現，每一宗看似受到組織或幫派跟監的案例背後，都是申訴者的嚴重妄想疾患。勸導這些病人接受幫助，是一樁難如登天的任務，因為 TI 社群堅持認為，受害者不應該去拜訪心理健康專業人員。

最悲哀的是，他們還立下彷彿邪教的主張，聲稱凡是暗示這些問題源自心理層面的家屬，都有可能是共謀者，絕對不可信任。而強化這類想法的網站數量之多，也是很大一部分的問題所在。就像夏瑞登哀嘆的：「沒有任何網站試圖說服 TI 他們只是幻覺，結果他們就繼續受困在密閉的意識型態回聲室裡。」

這些飽受折磨的人，齊聚在同溫層的論壇以及能鞏固幻覺的自我隔絕回聲室中。這樣做，最終將讓受苦者無法接受關鍵的心理治療，有可能以悲劇收尾。

2014 年 11 月 20 日，美國新墨西哥州唐娜安娜郡的檢察官梅伊（Myron May）走進佛羅里達州立大學圖書館，無差別開槍射殺了三個人，之後才在與警方交火中遭擊斃。就在死亡前，梅伊上傳了一段自殺留言到 YouTube，描述自己身為 TI 的痛苦，宣稱槍擊是為了喚醒大家對 TI 社群的認識。

而這事件發生的前一年，阿萊克西斯（Aaron Alexis）才在華盛頓海軍工廠射殺了十二人，射傷三人。在這場大屠殺之前，阿萊克西斯曾經抱怨，自己被當成 TI，遭到極低頻電磁波的攻擊。

很重要的一點是，絕大多數精神病人從來不會出現暴力行為，但是很顯然，有一群唱和縱容「拒絕尋求協助」的人存在，對於心理健康問題毫無助益。

你來憤怒，我來賺錢

　　這些議題的關鍵在於消息來源，事實上就是我們自己的偏見。雖說原則上，網路應該能讓我們接觸到各式各樣的想法，然而人類的確認偏誤傾向，卻使得我們很容易選擇強化已經相信的敘事，而非挑戰我們推理缺陷的敘事。而且對那些瞭解潮流變化的人來說，迎合人們的偏見，並專門說些他們愛聽的話，能從中賺取的利潤可不低。

　　就拿那些黨派性極強的網站為例，我們隨意挑出光譜兩端的兩個網站。例如自由社會（Liberal Society）網站，可能會出現這樣的標題：〈哇，桑德斯在電視直播時狠狠修理了川普。川普被氣得七竅生煙〉，顯然是為了吸引左派選民。反觀光譜的另一端，保守黨一零一（Conservative 101）網站，也會掛出誇張的標題，來吸引右翼選民：〈裴洛西在臺上精神崩潰，發出她生涯中最瘋狂的聲明〉。

　　從表面上看，這兩家網站的差別真是再大也沒有了。所以，當大家得知它們其實是同一家佛羅里達公司的產品，不免大吃一驚。2017 年社群新聞網站 Buzzfeed 調查發現，這兩家網站有些故事的措辭幾乎完全一樣，只除了標題與某些專門設計來幫特定閱聽人搧風點火的用字。這背後的原因實在太諷刺了：黨派性極強的報導能在社群媒體上收穫廣大的認同，而報導被設計得愈是激情四射，愈可能被分享。而大量的分享，能為母公司增加廣告受眾和利潤。在大部分案例中，這些報導都是逐字逐句取自一般新聞媒體，然後再針對各自的閱聽人來修改，以增加他們的共享性。

　　可悲的是，這種情況一點都不罕見。2016 年《紐約時報》的一份調查發現：「專為臉書量身打造的政治新聞及宣導頁面，位置獨

特，精心設計，只提供特定背景的新聞，以影響目標讀者群」，這成了政治參與的主要資料來源，雖說這些資料根本不符合現實。當然，這一點都不令人意外，正如我們所看到的，人們傾向尋求意識型態的回聲室，而且對人們說一些能證實他們偏見的東西，利潤驚人。這類網站上特有的誇大標題及情緒化內容，也不是偶然的。他們推銷的產品是義憤，結果會讓人更加投入。它們是被美化的憤怒販賣機，是專門設計來騙取憤怒利潤的。

俄國的「積極手段」一籮筐

利用政治極化來賺錢，固然極為諷刺，但是更讓人警惕的是，既得利益者可以操縱、甚至憑空編造出消息來源。在 2016 年美國大選期間，大部分關於希拉蕊的假消息，都布滿了俄國情報機構留下的痕跡。一份深度調查報告揭露，反希拉蕊的宣傳是專門為整個政治光譜上樂意接受的觀眾，量身打造的。設計來瞄準狂熱極右派的宣傳很多，但同樣明顯的是專為左派人士設計的宣傳，表面上裝出平衡報導希拉蕊和川普的模樣，卻慫恿一部分左派人士支持「絕不選希拉蕊」。這些人就成為對他們很有用的白痴。

令人作噁的是，這些看似相異的說法，其實都是俄國情報單位安排設計的，精心編造來暗中破壞希拉蕊的競選。《紐約時報》在 2015 年的調查發現，一支陣容龐大的俄國酸民網軍，受雇在社交媒體上假扮支持川普的美國人，到處散播反民主黨的陰謀論。等到 2016 年，中情局（CIA）已經掌握俄國介入的明確證據，而且在次年 1 月美國情報機構聯合報告中明白指出，俄國在普丁的命令下，進行了一場龐大的網路行動。顯而易見的結論是，俄國政府採取行

動來影響美國大選，藉由貶低希拉蕊，來幫川普助選。為了做到這一點，俄國駭進民主黨內部、社交媒體的外圍宣傳活動，並大肆運用俄國控制的新聞平臺。特別是俄國電視頻道「今日俄羅斯美洲臺」（RT America）被中情局單獨挑出來，說是克里姆林宮的「傳訊工具」。

在本書撰寫期間，此一醜聞還在發酵之中，最後的結果也還沒定案。但對於俄國精通此等詭計，實在不必驚訝。Dezinformatsiya（英文是 disinformation，假消息）這個字的歷史源遠流長，但它在俄文與英文裡都是獨立產生的，用來描述第二次世界大戰前夕，在歐洲各地進行的宣傳活動的特性。俄國很快就體認到這種做法的潛力有多強大，而且早在 1923 年初，國家政治保衛局（GPU，國家安全局的前身）就成立了辦公室，專門從事這類事務。

這很快成為蘇聯情報機構不可分割的一部分，等到 1950 年代格別烏（KGB，國家安全局）成立初期，它更是變成政戰技巧「積極手段」教條中的必要成分。積極手段的業務範圍很廣，包括操縱媒體、外圍組織、偽造文件，有需要時甚至可以進行暗殺。積極手段成為蘇聯情報工作的核心任務。格別烏少將卡盧金（Oleg Kalugin）對它的描述為：「並非情報蒐集，而是顛覆：以積極手段來弱化西方國家，設法撕裂西方國家間的各種聯盟，尤其是北約，在同盟的國家之間播下不和的種子，弱化歐、亞、非、拉丁美洲人民眼中的美國，以便打好基礎，應對可能會爆發的戰爭。」

冷戰期間，蘇聯對於製造西方同盟國家之間的緊張關係，堪稱技藝超群。他們精通黑色宣傳，擅長編造據說來自政壇另一方的毀滅性材料，設計確保讓假消息廣為傳播。例如 1964 年安排的「海王星行動」（Operation Neptune），企圖利用偽造文件來暗示，某些顯赫的西方政客其實曾經支持納粹。這很快就遭揭穿是偽造的，但是

其他一些騙局卻更為成功。

　　不令人意外，dezinformatsiya 的主要目標是美國。奇怪的是，美國在這方面遠遠落後。俄國的宣傳活動大部分都被美國忽略了，直到 1980 年，蘇聯偽造了一份美國總統的文件，宣稱政府支持種族隔離政策。這份假聲明在美國媒體上愈傳愈熱，把卡特總統嚇壞了，這才下令中情局調查蘇聯的假消息。後續報告發現大量蘇聯在世界各地抹黑栽贓的假消息，包括暗示美國會對自家盟友動用核武的假文件。然而，這次調查並沒能止住這股潮流，在雷根總統尋求連任時，格別烏首腦安德洛波夫（Yuri Andropov）下令格別烏所有海外情報人員，不論職位高低，都必須參與積極手段。1983 年，格別烏的人員在美國想破壞雷根可能的連任，而世界各地的情報單位也接獲命令要宣傳「雷根代表戰爭」的口號。然而儘管蘇聯情報機構用盡力氣，雷根還是壓倒性的贏得連任。

　　但是，蘇聯雖然這次搞砸了，他們還是從中學到了一些很有用的東西：直率的介入可能很難，但是削弱對手的可信度，卻是一片更肥沃的領域。陰謀論是強有力的武器，格別烏精心編製出陰謀論的敘事，讓它們在同情這類觀點的團體中流傳。

　　流傳範圍到底有多廣，在 1992 年格別烏高級檔案員米特羅金（Vasili Mitrokhin）於英國投誠時揭露了。米特羅金提供的檔案是寶貴的發現，揭露了蘇聯情報系統如何藉由所謂爆料的消息來源，散播巧妙栽贓的故事，來左右公眾輿論。尤其流行的是一系列堅稱甘迺迪總統是被中情局或富豪銀行家所暗殺的敘事。

　　當然啦，這些假消息（輔以誇張或虛假的證據）已深深滲入滿心陰謀論的團體中，且至今依然以不同形式存在。格別烏將美國面臨的困難，視為己方的機會，因此很快就利用美國的種族衝突，以

金恩博士遭暗殺為素材，假造聲明說金恩博士其實是一名美國政府的「湯姆叔叔」特務，使得「金恩博士也是被中情局暗殺」的說法歷久彌新。

假消息的內容和邏輯是否一致並不重要，重要的是播下紛爭的種子。格別烏還找到一批樂意接受「飲用水加氟是政府控制思想和人口的計謀」的聽眾，而且這個陰謀論至今還在某些非主流圈子裡流傳。這一切最有趣也最諷刺的是：執迷於陰謀論、被利用來散播謠言的團體，完全沒意識到自己成為一個真正的陰謀的白痴幫兇。

其中最惡毒也最可能造成損害的陰謀論，莫過於「感染行動」（Operation INFEKTION），這是蘇聯情報機構企圖宣稱愛滋病是人為的病毒，由美國政府所製造，用來控制「不討喜」的族群人口。我們之前曾經大略談過這種看法，但是它到底傳播得有多廣，值得我們深究。它的第一個案例出現在 1983 年，一家親蘇聯的印度報紙刊載了一封匿名信，作者自稱是「知情的美國科學家」，信中宣稱，愛滋病是在美國德特里克堡的一所祕密生物武器實驗室裡研發出來的。但是這篇報導沒有受到太多注意，蘇聯情報機構發現問題出在消息來源不夠強大。

為補救這一點，他們在 1985 年愛滋病危機增加之際，重新丟出這個故事，但這次爭取到一篇由東德退休生物學家塞加爾（Jakob Segal）所寫的偽科學報告。該報告宣稱，愛滋病毒是由別的反轉錄病毒 VISNA 和 HTLV-1 的不同部分，人工合成的。塞加爾還宣稱美國軍方在犯人身上試驗這種病毒，結果導致病毒的擴散。塞加爾雖然是東德人，但卻假裝是法國人，以隱藏他與共產黨的關係。

這次推銷達到了蘇聯想要的效果：到 1987 年，它已獲得超過八十個國家以三十種語文來報導，主要是左派的刊物。這種宣傳遵

循一套完善的模式——故事會先出現在蘇聯以外的地區，然後再以其他國家的研究成果的面貌，出現在蘇聯的媒體上。為了解釋愛滋病為何在非洲如此猖獗，莫斯科電臺聲稱，薩伊有一項疫苗計畫其實是故意要感染非洲人。

　　至少在剛開始，「感染行動」頗為成功，不只把焦點集中在強烈抗議美國，同時還轉移了大家對蘇聯發展化學武器和生物武器的注意。但是感染行動雖然在情報戰算是成功了，它在實用層面卻是失敗的。這些敘事的問題在於：「現實」一點都不會在乎你的敘事怎麼說，愛滋病是貨真價實的疾病，蘇聯也沒有特權能倖免。HIV 於 1980 年代中期開始在蘇聯肆虐，促使蘇聯病毒學家向美國同僚尋求幫助。然而美國透過外交管道，表明除非假消息活動停止，否則不會給予協助。雖然戈巴契夫領導的蘇聯政府，起初還想破壞美國揭發假消息的企圖，最後他們還是領會到愛滋病問題的嚴重性，於是在 1987 年正式與感染行動做出切割。

　　1992 年，蘇聯解體之後，俄羅斯對外情報局的局長普里馬科夫（Yevgeny Primakov，後來出任俄羅斯總理）終於道歉，承認是格別烏編造了那則故事，以便在美國散播紛爭的種子。可悲的是，曾經的謠言生了根，持續變異和生長，已經遠超過最初的限制，而且就像我們先前說過的，愛滋病重估運動到現在還活躍著呢。

　　雖然俄國捏造的假消息在蘇聯解體後消退了許多，但是前格別烏幹員普丁，官位高升了，意味著這類手段再度成為政策。俄羅斯國營媒體，諸如「今日俄羅斯」其實就是他們的宣傳管道，但是近期的俄國情報機構擁抱的是「酸民工廠」（troll factory），雇用部落客，讓各家論壇和網站上充斥著批評西方及支持普丁的言論，並散播假消息。這類團體的存在，於 2014 年俄國併吞克里米亞之後，

被清楚意識到，當時反基輔的情緒開始大規模湧現，同時批評歐巴馬和北約的貼文，最後也都能追溯到聖彼得堡的酸民工廠。

普丁的顛覆伎倆與效果，無疑將會是長期爭論的議題，但是它是一個很實在的提醒，警告我們，不明的消息來源有多危險。值得注意的是，俄羅斯企圖暗中破壞的對手，並不限於大西洋的彼岸。這些分而治之的宣傳動作，範圍遠超過美國，包括企圖影響 2017 年法國大選，煽動德國及瑞典的反移民情緒，以及某些證據顯示，俄國情報機構的網軍可能採用類似手法，來影響 2016 年的英國脫歐公投。這些只不過是利用新工具的老技術，主要差別在於比起冷戰時期，它更容易藉由社交媒體，宣傳來路不明的想法。[59]

在我們偶爾接觸到的資料背後，往往藏著既得利益和隱密的動機，可能是政治動機，也可能是為了利潤的點擊誘餌。不論那些資料有多令人滿足或是驚人，我們在急於和他人分享之前，都應該先努力核實信息的正確性。好在這方面有很多現成的資源——有些由來已久的網站，像是 Snopes.com 一直密切注意許多經常違規者，到該網站上快速瀏覽一下，可以避免許多由惡意支持的分享，所帶來的損害。另外，線上還有愈來愈多的事實查核資源，涵蓋各個領域，從另類醫療到政治謠言都有。

要避免成為假消息的載體，以及不要讓自己受人愚弄，不妨參考英國皇家學會的座右銘 nullius in verba（不隨他人之言）。它是一則反省，提醒大家，我們在接受各種說詞之前，有責任先判定它們的真實性，而不要只因為它和我們的感情有共鳴，或是它激起了我們的義憤，就無條件接受了。因為事實上，我們遠比自己可能意識到的，更容易被報導所影響。

第 18 章

弱智媒體

她的故事確實很好推銷，

但是把她捧上天的媒體，

並沒有做好該做的功課。

早在騙局遭揭發之前很久，

警告信號就已經出現了。

很少有人栽跟頭栽得像吉布笙（Belle Gibson）這般轟轟烈烈。在2015年之前，這名澳洲健康生活作家還被尊奉為勵志人物：一名克服了多種癌症的年輕女子，拒絕正規治療，全心擁抱另類醫療和自然療法。縱使預後極不樂觀，癌症轉移到她的血液、腦部和子宮，吉布笙還是挺過來了，她依然堅定不移，決心戰勝病魔。她曾中風過一次，甚至在手術臺上短暫死過一回，但還是一樣，她不理會醫療團隊的悲觀預測。最後，出乎所有人的意料，吉布笙完全康復了。

面對如此致命的險惡處境，得出這樣的驚天大逆轉，使吉布笙成為希望的燈塔，也鞏固了她的名聲。幾十萬名線上追蹤者，為她的成就歡喜雀躍，而她那令人難以置信的完全康復，更是傳遍世界各地。她被許多刊物稱頌，包括《ELLE》和《柯夢波丹》，後者甚至稱她為「全年度最鼓舞人心的女子」。吉布笙接續推出的保健應用程式和《健康廚房》食譜書，深受各界期待。出版公司爭相拉攏她，蘋果公司甚至把她接到加州，參加蘋果智能手錶iWatch的發表大會，iWatch搭載了她的應用程式，總銷售額超過一百萬美元。

但是吉布笙鼓舞人心的故事表面下，卻有許多裂縫，很快就會擴大而顯現出來。

第一個警訊是侵吞慈善基金。吉布笙一向以慈善家自居，常常隨口提及她為慈善事業募集的巨額款項。費爾法克斯傳媒（FairFax Media）於2014年底開始調查，發現雖然吉布笙曾以五家慈善機構的名義募款，但是這幾家機構都沒有收到一毛錢。另外還有兩家機構的名義也被使用過，但它們收到的金額與吉布笙所宣稱的不符。在吉布笙誇口募得的三十萬元中，只有七千元看起來像是用於慈善相關事項，而且其中大部分還是在費爾法克斯傳媒啟動調查之後。

挪用公款只是一個開端，各種疑問接踵而來，吉布笙的光環迅速染上汙點。有些人開始對她奇蹟般的康復產生懷疑，而這方面的質疑，之前是完全沒有的。面對質疑，吉布笙都不願或是不能說出她的醫師群的名字。不只如此，她的手術疤痕似乎也不存在，而且她的故事細節即便在最溫和的詢問下，也開始崩塌。起初，吉布笙企圖淡化處理，暗示她有可能被誤診。但是撒謊的跡象堆積如山，面對日益增加的證據、甚至刑事起訴的可能，吉布笙終於在 2014 年 12 月承認，她的故事完全是編造的。她從未罹患癌症，當然也不曾有過奇蹟式的康復。

無可避免的，這樣的詐欺行為引發各界的怒火。吉布笙很快就發現，當時把她捧上天的那群人，就是最先把她踩在腳下的人。那些先前盛讚她的媒體，如今對她的欺瞞報以火力全開的憤怒砲火。但是那群人和那些媒體如果先前沒有把她捧上天，如今的震怒或許更有說服力。

弱智媒體捧上天

若是沒有這類奉承的、毫無批判力的讚美，吉布笙將只不過是另一個普通的騙子，在某個有類似信仰的回聲室裡，傳布她的健康之道，而不會成為主流媒體的英雄和小有名氣的人物。吉布笙的故事是貪婪、自大與傲慢的產物——但是它也受到了毫無批判力的媒體的推波助瀾。吉布笙的整套說法被記者放大了，這些記者把英雄故事的架構安在她身上，而沒能先詢問幾個最基本的問題。

即便一開始就散發著「不科學」的警報，但是讚美吉布笙的出版公司卻沒有一家肯花點功夫來查核她的說法。《柯夢波丹》的寫

手薩姆絲（Lauren Sams）還為他們筆下的聖人傳記辯護，聲稱：「癌症是這麼讓人心力交瘁、這麼具有毀滅性、這麼的末期疾病，質問任何癌症病人的病況，都太惡毒了。」但這是一個很差勁的逃避責任的藉口。詢問吉布笙更多有關病情的資訊，或是要求採訪她的醫師，一點都不能算是惡毒。

這些基本問題之所以沒有人提問，原因在於吉布笙符合熱銷潛力的典型：一名勵志人物，又擁有一堆不傷腦筋的談資，可以在社群媒體上廣泛分享。簡單說，吉布笙是一個等著被捧紅的人。而且在這裡頭，有一點非常微妙、但是很重要，與名流影響力及大眾認知有關。

她的故事確實很好推銷，但是把她捧上天的媒體，並沒有做好該做的功課。早在騙局遭揭發之前很久，警告信號就已經出現了。吉布笙宣稱她罹患癌症，是因為對子宮頸癌疫苗嘉喜（Gardasil）產生不良反應所致。這完全是一派胡言，早就該讓人提高警覺了。更離譜的是，吉布笙完全拒絕了癌症的正規療法，還譴責醫藥界的正規療法是不自然的。相反的，她將自己的痊癒歸功於水果餐、阿育吠陀醫學、顱薦椎療法、結腸灌洗、以及葛森療法——全都是不具可驗證抗癌功效的偽科學。

媒體對吉布笙的說詞毫無異議，對於上述種種疑點一概視而不見，等於在幫這些危言聳聽做了背書。

可以理解，很多人對吉布笙的罹癌騙局感到驚愕，然而更值得關注的，其實是她所給出的可怕醫療建議，以及毫無批判性的提供這些可怕建議的媒體報導。其中最不道德的莫過於宣稱癌症正規治療無用，不如訴諸另類療法和天然飲食，而這正是吉布笙大力鼓吹、且無數出版刊物廣為宣傳的。就算吉布笙真的曾經罹患癌症，

這樣做也夠糟糕的了，因為還是沒有證據能證明，這些被歸功的做法真的導致她的病情緩解。

 ## 保健市場騙子多

　　吉布笙絕非特例，像她這樣稱頌偽科學的另類醫療或飲食，並樂於從中獲利的人，數以千計。當前發展迅速的保健產業，是一個相當含糊的分類，包含從減重治療到水療到另類醫療的一切項目，總產值大約四點二兆美元（單單另類醫療就占去超過三千六百億美元）——幾乎是全球製藥產業的四倍。

　　和製藥產業不同，這些東西裡頭很多都不具功效證明。只要頂著模糊的新紀元「保健」觀念，也就是所謂身心靈全人健康模式，就能吸引一大批擁護者，支持簡單的「天然」哲學，不假思索的擁抱已被揭穿的另類醫療和說法。鼓吹者所講的斷言可能是虛構的，但是他們卻獲得巨大的名氣。其中有些人是出於善意，只是被誤導了，真心相信他們推銷的療法有效，即使面對大量相反的證據，仍然深信不疑。但其他一些人卻是道德淪喪的騙子，在一個容易誘人上當的市場上，輕鬆販賣他們的蛇油。

　　這個保健教派在網路上展現得淋漓盡致，各方大師對著痴迷的觀眾，分享一堆胡言亂語。其中有些大師缺乏批判性思維技巧，到了令人擔憂的地步。經營「食品寶貝」網站的哈莉（Vani Hari）就是這麼一號人物，藉由發表有關食品安全的虛假陳述來牟利。此舉有時也會意外鬧出一些笑話，例如她在 2014 年曾經堅稱，機艙空氣對人體有危險，因為那不是純氧，裡面參雜了將近 50% 的氮。上過高中的讀者或許都還記得，我們的空氣中其實 78% 的組成都是氮，而

且純氧氣很快就會對我們的身體造成無法復原的損害。這個天大的錯誤，體現出哈莉對於自己指手畫腳、恣意批評的主題，是多麼無知；更糟的是，她又沒有使用谷歌的習慣。

哈莉在數位保健陣線上，可一點都不孤單。「自然新聞」養生保健網就是這類市場的一個小宇宙，堪稱各種另類陳述的入口，從兜售來路不明的膳食補品和另類醫藥，到宣傳驚天動地的陰謀論，不一而足。網站的創設者亞當斯（Mike Adams）採用了化名「健康巡護員」（Health Ranger），但是，他取這個名字可沒有絲毫諷刺的意味或是自知之明。和另類健康領域裡許多消息來源一樣，你在「自然新聞」網頁上，極少能找到最好的醫學證據，而且虛構的故事非常之多。這類領域裡一再出現的主旋律，不外乎是把有益公共衛生的措施妖魔化，再添上一些陰謀論的控訴，散布一堆令人恐慌的謠言，配上諸多早已被推翻的說法——從疫苗造成自閉症、到氟化物被納粹用來控制思想。這些故事始終伴隨著強烈的義憤，任何現實都無法穿透進去。

不令人訝異，正統醫學在他們眼中就是可疑，而「大藥廠」陰謀時時出現。就像其他這類網站，「自然新聞」同時也是所有虛假的抗癌故事和假消息的窩巢。在好萊塢明星史威茲（Patrick Swayze）因胰臟癌過世後，亞當斯宣稱「史威茲成為近期許多被藥物或化療殺害的名流之一」。這真是一句惡劣的評論，顯露他對癌症治療驚人的無知。[60] 對亞當斯來說，陰謀無所不在。除了對健康議題的立場，他同時還是愛滋病重估運動支持者、911真相運動擁護者、以及歐巴馬出生地懷疑者。此外，或許不令人訝異的是，他同時也深深反對基改食物，目前正因暴力威脅基改食物的研究人員，而接受調查。

　　雖然我們可能很想把亞當斯視為社會邊緣人物，只是偏好到處搜尋黑勢力的蹤跡，但這樣做未免太過低估此一招牌的強大誘惑力了。「自然新聞」養生保健網在 2015 年，每個月的不重複瀏覽量達到驚人的七百萬次。源自該網站的故事，散播得極廣。這種覆蓋範圍再怎樣也不能算小的了，然而它可不是網路上最大的天然保健網站，此一臭名要屬於 mercola.com 網站的摩卡拉（Joseph Mercola），以及他那影響深遠的胡謅王國。

　　就很多方面來說，摩卡拉仰仗的是同一套偽自然主義的唬弄，就像這個領域裡的其他玩家一樣。摩卡拉大聲抗議疫苗接種，還背負了一堆散播其他危險恐慌謠言的紀錄。他也暗示過愛滋病毒不會造成愛滋病，而且他還吹捧西蒙奇尼（Tullio Simoncini）——此人宣稱癌症是一種真菌，而小蘇打能夠治療癌症。除此之外，摩卡拉還到處推廣早已被揭穿的療法，像是磁療、順勢療法、以及心靈透視療法。和同類一樣，摩卡拉也販賣一系列不合法的保健產品，其中起碼有四項被食品暨藥物管理局發出不實宣傳的警告函。

　　儘管摩卡拉和他的同路人總是譴責「大藥廠」貪得無厭，他們自己可不太願意承認，販賣來路不明的療法也有很可觀的利潤呢！摩卡拉經營一家光鮮亮麗的公司，利用偽科學來販賣無用的、甚至可能有風險的產品，而且他從中獲取豐厚的報酬。2010 年《商業週刊》上有一篇對他毫不留情的評論，尤其是針對他盛氣凌人的行銷策略、以及對訪客的「欠缺尊重」，文中指出：「摩卡拉正在販賣保健產品和服務，令人想起因 1800 年代古老的蛇油推銷員而走紅的一項不幸傳統。」然而，這篇文章似乎一點都沒有嚇到摩卡拉的顧客，單單 2010 年，摩卡拉就撈進豐厚的七百萬美元。

　　這些胡言亂語的提供者，若只限於網路邊緣團體，情況就已經

夠糟了，但常見的情況是：他們還能獲得主流媒體所賦予的高尚體面感。吉布笙的垮臺、以及她垮臺前所獲取的吹捧報導，就是很好的例子，顯示保健教派是一個主流現象。在這方面，吉布笙一點都不孤單；「食品寶貝」網站出版的第一本書《食品寶貝之路》在 2015 年推出後，同時登上《紐約時報》和《華爾街日報》暢銷書榜的第一名。

古蒂的名人效益

你可能會說，我只是從一定的前提去做出悲觀的推論，真實情況沒那麼糟吧？要是這種小名人獲得的媒體報導是不正確的，想必就不能合理預期它能影響到任何人吧？社會大眾是否瞭解偽科學公司在對觀眾兜售一派胡言，真有那麼重要嗎？

這些質疑都是可以理解的。說某些社群媒體名人的空思奇想，會對大眾健康有很大的影響力——這聽起來未免不合常理。至於那些看似有點哲理的胡說，只在乎擴散程度而非深度，就更少人會去聽從了。然而，相反的證據卻真實存在，源自一個看似很不可能的媒體：電視真人實境秀。

即便在忠實觀眾眼裡，電視真人實境秀也不是特別有深度的節目。從定義上看，它就是偷窺狂，關注的都是些雞毛蒜皮的小事。為了激發觀眾的興致，節目製作人很樂於聘請個性粗魯或愛招搖的人士來逗弄觀眾，或是在背後暗中操縱，好讓最糟糕的人格特質被放大出來。還有一點也很值得注意，那就是節目裡有一種氣氛：很多競賽者都會被嘲弄。如果有人覺得「他們就是挑選來給觀眾嘲弄的，是可以讓觀眾有優越感的傻瓜」，這也情有可原。2003 年英國版

的「老大哥」（Big Brother）的參賽者古蒂（Jade Goody）就完美呈現了這樣的一個角色。

在八卦小報上以及電視觀眾眼中，古蒂的缺乏基本常識，已經成為定期的笑料來源。在她的眾多失言當中，包括她以為里約熱內盧是人名，以及她不曉得美國也說英語。儘管有這麼多嘲笑她的標題，古蒂自以為是的個性和偶爾的荒謬行為，卻讓她成為低俗小報和空洞的八卦專欄上的固定常客。

但是在 2008 年底，這個調性轉變了，當時古蒂被診斷出罹患子宮頸癌。雖然剛開始的評估很樂觀，但是古蒂和她母親後來被告知，古蒂的癌症其實已是末期。2009 年 3 月，古蒂病逝了，留下兩名年幼子女。她死時只有二十七歲。

接下來的發展很驚人。在那之前，英國年輕女性接受子宮頸抹片檢查的人數，已經降到令人憂心的地步。然而，在古蒂病逝的報導後，潮流迅速反轉。2009 年 3 月，預約檢查的數量驟升，比推估數字超過 80% 以上，據估計從古蒂被診斷罹癌到病逝之間，多出五十萬人接受子宮頸癌篩檢。雖說電視實境秀明星可能被認為是最弱的「名流」，但是名人效益依然強大。此外，通常會被健康宣導活動遺漏的低社經背景女性，增加的篩檢數量卻高得不成比例。

這種篩檢很可能可以搶救生命，而且不用懷疑，古蒂生病的報導確實具有直接的影響。但是，正如名氣往往只是短暫的，類似情況也適用在這些報導的正面影響上：一則報導具有的感性力量的時效，只能如同它駐留在大眾意識裡的時間一般長。一旦興趣減低，記憶淡去，我們的興致的半衰期直接與媒體報導篇幅成正比。古蒂效益自然也不例外。令人難忘的 2009 年篩檢數量大振興，與報導高峰一致，但是到了 2012 年，數量迅速回落。等到 2017 年，對於古

蒂的困境及相關報導已經消失後,英國的子宮頸癌篩檢數跌到十九年來的新低。

同樣值得注意的是,造成影響的是名人報導本身,而不是這些篩檢的真正價值或利益。2005年,當澳洲名歌星凱莉‧米洛(Kylie Minogue)罹患乳癌的消息爆開後,要求做乳房攝影的人數翻多了不只一倍。但是這些要求大多來自年輕女子,而她們來做篩檢很容易產生偽陽性,因此是有害的。而且媒體報導增加,也不等於大家的理解跟著增加;和許多癌症一樣,年齡是乳癌最大的風險因子,乳癌主要都發生在老年病人。正如英國癌症研究基金會的華克(Lesley Walker)警告:「偏差報導也可能在年輕女子之間造成連鎖恐慌,同時誤導年長婦女以為年齡並非乳癌的相關因子。」

奇怪的是,以前有一椿引發恐慌的媒體先例也是有關乳癌的。1999年,德國雜誌《亮點》(Stern)刊登了一篇專題報導,宣稱有十分之一的女性在一生當中會罹患乳癌。文章還伴隨著非常煽情的年輕乳癌倖存者的照片,影中人物赤裸上身,露出乳房切除手術的疤痕。這篇強有力的報導立刻紅了起來,被多種語文廣泛轉載。很快,「十分之一」這個比率烙印在集體意識中,被用於「乳癌覺察運動」的最前線。

然而,這個比率數字雖然在技術上是正確的,但非常容易誤導人。《亮點》雜誌沒有提到的是,該數字是年滿八十五歲者罹患乳癌的累積風險。可是,很多人早已在這個歲數之前,就死於其他疾病了。雖然平均診斷年齡為六十五歲,但是這篇文章的訴求,卻導致年輕的低風險女子過於高估自己的罹癌風險,有一篇研究調查顯示大約高估了二十倍。

另外也有大量證據顯示,造成這種認知曲解的是報導偏差——

雖然接受調查的醫師瞭解六十五歲者的風險高於四十幾歲者，可是接受調查的女性只有 20% 曉得這個事實。[61]

 歐普拉負面效應

　　但是說起名人對公眾認知的強大影響力，近代史上再沒有誰比得過歐普拉（Oprah Winfrey）。她的同名節目《歐普拉秀》播出了二十五季，令她成為代表美國的聲音。她對公眾意見的影響力，被暱稱為「歐普拉效應」，堪稱前所未見，而且無與倫比。所有事物，從音樂到出版，歐普拉的認可，沒有人比得上。她在節目裡推薦的書，一夕之間就成為暢銷書，而被她節目邀請的來賓，則立刻變成名人。根據一份估計，2008 年美國總統大選，歐普拉為歐巴馬背書，至少幫他多贏得一百萬選票。即便是現在，透過有線頻道「歐普拉電視網」，她感動並啟發人心的能力依舊不變。

　　歐普拉很聰明，態度開放，而且很敢言。尤其值得讚揚的是，她敢談論其他節目避之惟恐不及的議題，敢把大眾的關注引向重要話題。

　　不過，雖然具備這些令人欽佩的品質，歐普拉卻對偽科學十分偏愛，曾經為某些令人作嘔的想法，提供展現的平臺以及體面的外衣。在《歐普拉秀》漫長的播出期間，經常給予的醫學建議，都是顯而易見的廢話。更糟的是，《歐普拉秀》為一些具有既得利益與銷售危險產品的人，賦予了一種體面的感覺。外科醫師兼作家戈爾斯基（David Gorski）雖然很讚賞歐普拉的才華，但也感嘆道：「很不幸，（與才華）形成強烈對比的是，一碰到科學和醫學，歐普拉就成為我見過的，最接近毫無批判性思考的人……沒有人，我是說真

的沒有任何人比得上歐普拉，每週能夠把偽科學、江湖郎中、以及反疫苗的瘋狂，推銷給這麼多的人。」

　　歐普拉有很多來賓都在提倡名聲早已敗壞的健康理論。反疫苗接種倡議者、也是前《花花公子》雜誌模特兒珍妮・麥卡錫（Jenny McCarthy）就是一名節目常客，而且她還在歐普拉最暢銷的《歐普拉雜誌》和網站上，擁有一個固定專欄。甚至連醫學來賓都在宣傳沒有醫學證據的觀點。譬如諾瑟普（Christiane Northrup）醫生就告訴一名《歐普拉秀》的觀眾，子宮頸癌疫苗可能會害死人，建議不要接種。然而，很多《歐普拉秀》的觀眾可能並不曉得此種說法與醫學建議剛好相反，而且也不曉得諾瑟普曾宣稱占星術和塔羅牌都是診斷工具。如此不負責任的建議是有可能致命的，但是卻完全沒有受到質疑。

　　《歐普拉秀》可以說是一個大熔爐，充滿著令人感覺良好的新紀元哲學，以及無意義的陳腔濫調。舉例來說，《祕密》這本書被該節目盛讚為一項革命性的工具。該書的中心教條為「吸引力法則」，聲稱「專注於正面思考可以讓人獲得改變人生的結果，像是增加財富、健康、以及快樂。」歐普拉的推薦，把它發射到《紐約時報》暢銷書榜上，而且連續駐留了一百四十六週。《歐普拉秀》極力歌頌正面思考的力量。當然，這種想法反過來就變成暗示「逆境裡的人，只不過是思想不夠正面」。說得極端些，此一邏輯暗示挨餓的孩童和受困在戰區的人們，只能怪自己了。

　　這樣的觀點會帶來不良後果。2007 年，廷卡姆（Kim Tinkham）在還沒有接受乳癌正規治療之前，就堅持要依靠正面思考和另類醫療。雖然她的醫師懇請她接受正規治療，因為那幾乎可以確定能救她的命，但她卻上了歐普拉的節目，稱讚楊恩（Robert O. Young）對

她的新療法。這裡要幫歐普拉說句公道話，她在這個單元裡表達出憂心，認為這樣做也許把正面思考實踐得太過度了。

廷卡姆接受的新療法，依賴的是已被推翻的想法，所謂「癌症是因為酸性過量所導致」。楊恩最後還宣稱，廷卡姆的癌症已被他治癒了，而且還將廷卡姆的證詞納入他的網站。

廷卡姆於 2010 年 12 月死於原先的乳癌，年僅五十一歲。楊恩最終下了獄，罪名是無照行醫。

歐普拉的擁護者可能會辯稱，這些並不是「她的」觀點，而是她邀請的來賓的觀點。然而，歐普拉本人頻頻幫來賓的觀點背書，使得他們不至於在節目中受到批評。此外，歐普拉還擁護好多這類有問題的信仰。當女演員兼自我激勵大師桑瑪斯（Suzanne Somers）在節目中兜售「生物同質性荷爾蒙保健療法」這種極度可疑的做法時，歐普拉大力稱讚她，說自己也採用這種保健療法。歐普拉甚至批評醫學專家，沒有對這種療法給予她認為該得的尊敬，歐普拉聲稱：「我們有權利為自己要求更高的生活品質……而這是醫師必須學習開始去尊重的。」

歐普拉所拉拔的奧茲（Mehmet Oz），可以說更糟糕。除了出版一系列雜誌和書籍之外，《奧茲醫師秀》在全世界擁有四百萬收視率，使奧茲成為地球上可能算是最有名的醫學專家了。雖然他在節目中給出的某些飲食和運動的建議還算有道理，但是支撐該節目的卻是一些令人髮指的療法，以及違背科學證據的說法。奧茲是另類醫學的熱心支持者，大力幫順勢療法、心靈透視療法、以及可疑的膳食補品背書。

《奧茲醫師秀》提供了一個平臺，讓人販售各式各樣來路不明的醫學建議和保健產品，例如摩卡拉就被奧茲盛讚是「全人醫療的

先驅」。另外，奧茲還放任量子騙術大師喬布拉（Deepak Chopra）來作秀，並誇獎「食品寶貝」網站。除了有問題的來賓以及可疑的推薦之外，奧茲的醫學建言大都也很糟糕。《英國醫學期刊》有一篇研究發現，《奧茲醫師秀》51% 的醫學說法，要不是沒有科學文獻支持（36%），就是與最佳證據相悖（15%）。雖然奧茲擁有一群忠實觀眾，但這些糟糕的醫學建言也令他的醫學聲譽受到損害。他曾多次獲得魔術師蘭迪的飛豬獎（Pigasus Award），該獎項專門頒給鼓吹純屬騙術的人。2015 年，來自美國各地的醫師遞交了一封信給哥倫比亞大學，譴責該校讓奧茲擁有教職，指控奧茲藉由「鼓吹庸醫醫術和療法，來謀取個人財富，嚴重欠缺品德」。

然而，即便奧茲激怒了同僚，但是很不幸，醫師的群起抗議所造成的影響卻很有限。和奧茲不一樣，大部分醫師都沒有一個供他們指揮的媒體帝國。不論批評者的指責可能有多正確，都無法期望能將自己的信號，擴大到足以抵抗這類雜訊的程度。很遺憾，情況往往就是這樣，單單是獲得媒體大幅報導，就足以鞏固不值得信任的想法，使得它們對批評免疫。

名流引領潮流

承諾可以幫顧客「排毒」，蓬勃發展中的「淨化」市場，就是很典型的例子。從科學的觀點來看，這些完全是無用的。我們體內早就擁有更便宜也更有效的這類工具，也就是運作中的肝臟與腎臟，它們能夠很高效率的過濾毒性。排毒產品根本沒有用。就像英國專門研究「替代醫學」的恩斯特（Edzard Ernst）教授所感嘆的：「這個名詞被生意人、江湖郎中和騙子給綁架了，拿來販賣假療法。」

　　然而，排毒產品和淨化飲食每年銷售額依然高於五十億美元，很大程度的擴張，都是因為名人的認可——尤其是女性名流的膳食養生，不論在出版品或現代媒體上，都受到過度吹捧。舉個例子，流行歌手凱蒂‧佩芮（Katy Perry）就把她在《時尚》雜誌上容光煥發的外貌，歸功於淨化飲食。[62]

　　明星葛妮絲‧派特洛（Gwyneth Paltrow）手段更厲害，她創設的生活風格電郵服務 Goop，以令人難以想像的高價，來提供淨化、舶來生活風格產品、以及精心挑選的保健美容聖品。這些電郵服務提供的訊息，通常都是全然的偽科學。由於 Goop 的錯誤陳述出現得如此頻繁，婦科醫師兼科普作家岡特（Jen Gunter），在自家網站上特別開闢了一個單元，專門指正 Goop 上的胡說八道，內容從蒸陰道、到胸罩致癌說。

　　玉蛋（jade egg）只是其中一個例子。Goop 建議婦女將這個售價六十六美元，大小與高爾夫球相當的石頭，塞進她們的陰道中，以「增加內氣」並「保持身材」。對於這一點，岡特宣稱：「容我給你一些不要錢的建議，千萬別用陰道玉蛋。」但是儘管有來自專家的批評，Goop 還是更加起勁的刊登了一篇愚蠢至極的文章，標題是〈十二（及更多）個理由開始使用玉蛋〉，想必是因為相反的標題〈一打（愚蠢的）理由把石頭塞進你的陰道〉不能為他們帶來想要的銷量吧。即便這個想法如此荒謬，同時還有一大群專家表示擔憂，但是都對銷售毫無影響，玉蛋火速熱銷。

　　雖說有相當多名流混淆了社會大眾對科學和醫學的理解，但其實不見得必定如此。綜觀歷史，名流的影響力有時候也是一股好的力量。1956 年，貓王普里斯萊在一場記者會上，公開接種小兒麻痺疫苗，鼓勵還沒有接種的青少年趕緊去接種。英國兒童文學作家

達爾（Roald Dahl）在女兒奧莉維亞死於麻疹後，寫了一篇令人心碎且深具影響力的文章，來支持接種疫苗。美國老牌影星艾達（Alan Alda）在促進大眾對科學的理解上，也做出許多貢獻。不論好壞，名人擁有一個表現的平臺以及影響人們的能力。至於這會被用作好事還是壞事，就要由這位名人來決定了。

假裝有深度的胡扯

　　順便提一下，這些另類醫療大師的發言，也能告訴我們一些很有趣的東西。沃爾夫（David 'Avovado' Wolfe）就是一個最好的例子，他向臉書上的一千兩百萬名追隨者，推銷激勵人心的迷思、疫苗接種陰謀、以及可疑的保健補品。而沃爾夫在這群另類生意人當中特別突出之處，在於他那些荒謬絕倫的話。譬如說，他堅稱「巧克力是一個太陽能的八度音階」，一句典型的毫無意義的文字拼盤。這種陳述句，可以用一句很有趣的學術名詞來描述：胡扯。

　　普林斯頓大學哲學家法蘭克福（Harry Frankfurt）把胡扯定義為：專門設計來打動人心，但絲毫不擔憂真實性的話語。「假裝有深度的胡扯」（pseudo-profound bullshit）在保健社群裡特別流行。研究人員發現，光是用良好的文法和光鮮的術語，來調製出看似動人的說詞，例如「整體使無垠歸於寂靜」這句話，就足以愚弄很多人，即便這句很深奧的話其實不具任何意義。

　　令人不安的事實在於：只不過暴露在這種虛假陳述之下，就能讓我們更有可能接受這些虛假。空泛的想法與其說是被暴露出來，不如說是被吸收進去。假話很快就會生根。現代媒體或傳統媒體一邊躲在假裝善意的偽裝背後，一邊報導這些有害的故事，這幾乎就

等於沒盡到媒體應負的社會責任，尤其媒體絕不能推卸追求真相的責任。當然，由於我們愈來愈懂得策劃並分享自己的自媒體，所以我們也應該擔起共同的責任。

正如我們已經看過的，軼事和證詞對我們擁有不成比例的影響力。在充滿雜訊的現代媒體裡，想區分事實與虛構太困難了。這種情況聽起來很令人沮喪，但是，只要具有一點批判性思考，就能防止這樣的剝削和苦惱。在碰到令人困惑的說法時，我們應該先質問這個消息來源有多可靠，以及該來源是否會讓說這些話的人獲取個人利益。根據經驗法則，我們應該極度警惕關於複雜議題（像是健康議題、政治議題、科學議題）的單純化和簡化的陳述。對於戲劇化的陳述、以及誘人的承諾，更應該用極度懷疑的態度來看待，除非它能夠提供證據。一般說來，某樣事物如果聽起來好得不像是真的，它很可能就不是真的。

要求這些陳述提供可靠證據，對我們來說，至關緊要。而這，很不幸的，好像把警覺的責任都推給消費者來承擔。幸好我們這些消費者並非孤立無援。有一些信譽良好的專業機構，會提供建議，協助我們辨識不誠實的陳述。譬如，科普組織「科學見識」正在推動「尋求證據」（Ask for Evidence）活動，支持人們質疑一切陳述。只要能學會「先暫緩接受任何敘事，直到確認它是事實」，我們就能養成明辨事理的大好習慣。有很好的證據顯示，分析性思考能減少人們接受假裝有深度的胡扯，並鼓勵人們反思、而非直覺的接受一項陳述。這會令人們更可能看出可疑的觀點和敘事。

如果我們想要穿透攻擊我們的雜訊，理解這個世界，我們就需要讓自己適應分析性思考以及科學的懷疑態度。要做到這一點，我們需要探討科學是什麼——以及它不是什麼。

第六部

黑暗中的燭光

科學是一條嘗試不自欺之路。

第一條守則就是,你不得自欺,

還有,你就是最容易被騙的人。

── 費曼(Richard Feynman),諾貝爾物理獎得主

　　著有《別鬧了,費曼先生》、《你管別人怎麼想》

第 19 章

科學是什麼

奇特的實驗發現，能驅動理論；

獨特的理論預測，則能點出實驗方向。

科學的這兩個面向——實驗與理論，

同等重要，而且深深纏繞在一起。

　　《自然》期刊是全世界最有名望的科學學術期刊。也因此，這本悠久期刊上神聖的篇幅，總能吸引科學界的關注。1988 年，一名法國免疫學家在《自然》期刊上的驚人聲明，所引發的迴響遠遠超出學術界的邊界。本韋尼斯（Jacques Benveniste）宣稱他將人類抗體稀釋到極致，可以說稀釋到完全不見了，然而假使猛力搖晃該液體，仍然可以觀測到免疫反應。

　　對於本韋尼斯來說，這證明了水的結構因為某種緣故，能記得先前的內容物。照他的說法，這就好比「拿一根汽車鑰匙在河水中攪拌，然後到下游幾英里處，取出幾滴水，然後用那些水來發動汽車。」有人將這種現象稱為「水的記憶」，但是它其實有一個更古老的名稱：順勢療法。

　　順勢療法是在 1807 年，由德國醫生哈內曼（Samuel Hahnemann）所提出，它的中心教條為：藥物稀釋得愈厲害，藥效就愈強。這和科學觀測到的「溶液的效力與活性成分的濃度成正比」剛好相反。順勢療法稀釋是非常極端的，通常稀釋強度為 30C，相當於每 10^{60} 個粒子裡只有 1 個活性粒子。這樣的稀釋液在地球上甚至無法辦到，[63] 因此順勢療法溶液也不可能含有任何活性成分。擁護者辯稱這不重要，因為水能「記得」它稀釋過的東西。但是水的記憶只有大約 50 飛秒（femtosecond）——1 飛秒等於 10^{-15} 秒，也就是千兆分之一秒。[64]

　　除了實際上不可能辦到之外，臨床數據也不曾顯示有真正效益存在。十九世紀初的哈內曼這樣想，還情有可原，因為還要差不多一百年後，科學界才證明原子的存在。但是，現今已有非常豐富的化學及物理知識，還抱持如此脫離現實的立場，就太違背常理了。照理說，幾十年前就該敲響順勢療法的喪鐘，然而本韋尼斯的新結

果，卻像是發出一份明確的最後通牒：要嘛水的記憶和順勢療法是錯的，要嘛我們現在已知的物理科學都需要重寫了。

這讓《自然》期刊主編馬杜克斯爵士（見第 291 頁）十分為難。物理學家出身的他，知道順勢療法不具有看似合理的反應機制。但是科學倫理要求我們不能因證據和傳統思維不一致，就漠視證據。

🔍 科學實驗必須有再現性

本韋尼斯的研究在發表之前，《自然》期刊當然有送交科學同儕審查，然而評審者雖然對研究結果存疑，但也沒有發現它在方法論上有明顯缺失、或是壞科學的明顯徵兆。如果本韋尼斯是對的，那麼他的研究結果將是值得關注的革命性發現。馬杜克斯想出一個妥協方案，在發表該篇論文時，附加一條「編輯的保留意見」，指出需要獨立調查者繼續監督該實驗能否有再現性。

然而即便附帶這則警告，該篇論文依然在全世界激起一堆聳動的新聞標題。對於另類醫療的支持者來說，這顯然是科學界最顯赫的期刊做出的無罪證明，也是對於長期譴責他們信仰的科學家的狠狠打臉。

沐浴在媒體關注的榮光中，深富魅力的本韋尼斯成了名人。在這同時，馬杜克斯召集了一個調查小組來幫他重複進行該實驗。美國國家衛生研究院（NIH）的化學家史都華（Walter W. Stewart）在揭發科學騙局方面，成績斐然，成為調查小組的當然成員。最後一名組員，需要具備獨一無二的抓出詭計和詐騙的能力。馬杜克斯沒有選擇科學家，而是選了一位魔術師：蘭迪（見第 75 頁）。

「神奇的蘭迪」是技藝精湛的藝人，變了幾十年的魔術，甚至

在 1970 年代與搖滾歌手庫柏（Alice Cooper）一同巡演。此外，他也是傑出的逃脫大師，比胡迪尼還要擅長從水底的棺材裡逃脫。而且和胡迪尼一樣，蘭迪熱愛揭發江湖術士的騙術，並擁有揭發騙局的好名聲。由於「編輯的保留意見」在《自然》期刊歷史上，是極為罕見的，之前只刊登過一次，那是一篇 1974 年的論文，宣稱以色列藝人蓋勒（Uri Geller）擁有心靈感應能力。後來就是蘭迪證明了蓋勒的技藝根本不需要超能力，只需要靈巧的手、以及容易受騙的調查人員。[65] 所以，馬杜克斯把蘭迪納入調查小組，是很合理的，

當調查小組準備要在巴黎測試時，興高采烈的媒體暱稱這場測驗為「魔鬼剋星」。本韋尼斯堅持要他的助手、法國科學家達文納斯（Elisabeth Davenas）來操作實驗，因為她有竅門，知道該怎麼樣把這項實驗重新做出來。實驗裡會用到幾只小瓶子，其中有些裝的是純水，做為對照組，其他則是順勢療法處理過的。和以前的實驗結果一樣，順勢療法溶液果然激發出令人費解的活性。但是這場展示凸顯出幾個令人關注的點。最令人關切的是，該實驗是無盲的——達文納斯始終曉得手中的樣本是否為對照組。而這意味著，不論是出於潛意識還是故意，偏見都有可能潛入。

為了避開這一點，馬杜克斯要他的調查小組進行盲目實驗。樣本上的標籤被撕掉，由史都華編出一套密碼，來區分對照組和活性樣本。這套密碼放在一個信封中，然後蘭迪把信封帶進某個房間，將房間封鎖起來之後，蘭迪用錫箔將信封包起來，藏在天花板內，做為額外防護手段。

預防措施完成後，重做實驗，這次用的是沒有標籤的樣本。為了緩和緊張氣氛，蘭迪為觀眾表演魔術；此舉可沒有討好到本韋尼斯，因為他尤其討厭這個魔術師在場。由於實驗結果將在招待媒體

的一場晚宴上揭曉，本韋尼斯已經備妥冰鎮的香檳，準備慶祝他的辯護成功。當實驗完成後，密碼被拿出來解讀發現的結果。等到分析的結果送達時，興奮的情緒在群集的科學家和媒體人中間蔓延開來。然而令法國研究人員懊惱的是，結果讓人失望透頂。在盲目實驗的情況下，驚人的結果完全沒有顯現。原始論文被認定為幻覺，這項宣布讓許多人當場流下眼淚。

馬杜克斯調查小組交出的報告，進一步揭露了更多缺點，包括實驗筆記所洩露的一些糟透了的統計方法，以及一再的摘櫻桃，挑選最有利的數據。這份譴責報告很節制，沒有指稱這是騙局，但是質疑：本韋尼斯沒有說明該實驗接受了順勢療法藥品大廠布瓦宏的贊助，可能有不良影響。

令人遺憾的真相是，本韋尼斯的研究團隊是狂熱的順勢療法信徒，他們讓自己被誤導了，「孕育出一個對其數據的詮釋幻覺，並視若珍寶。」

這是一個病態科學的好例子：研究人員被一廂情願的想法所迷惑，朝著假結果前進——是科學家版的「動機推理」心理錯誤。或許更令人遺憾的是，本韋尼斯選擇放任自己的修辭天賦，而不願老實承認錯誤，他猛烈抨擊馬杜克斯的調查好比「塞勒姆獵巫行動、以及麥卡錫之流的迫害。」他甚至戲劇化的把自己比喻成伽利略，但卻忽略了兩者的關鍵差異——伽利略是用實驗證明無罪的，反觀無數實驗室都無法複製出本韋尼斯聲稱的結果。

雖然順勢療法目前已被認為是絕對的偽科學，但仍有一些支持者在擁護所謂「科學基礎的順勢療法」——這真是一個精采範例，展現了什麼是既矛盾又低能的名詞。

奧坎剃刀

　　然而，簡單應用「奧坎剃刀」（Occam's razor），或許就能免除本章尼斯的窘境。奧坎剃刀這個經驗法則的建議是：當某個現象面臨許多種可能的解釋時，需要的假設最少的那個解釋，最可能是正確的。要解釋本章尼斯最初的驚人實驗結果，我們要嘛必須接受 (a) 所有已知的物理和化學原理大部分都是錯的，要嘛接受 (b) 該實驗可能有瑕疵。雖說 (a) 並非不可能，但是接受 (a)，意味著我們必須解釋，為何有如此大量已經證明的物理實驗和化學實驗的數據與理論都是錯誤的。相反的，(b) 只需要一項實驗有瑕疵即可。

　　當然，奧坎剃刀只是一個捷思法，和我們稍早討論過的那些捷思法一樣，因此也並非萬無一失。但是在面對多重假設時，它還是提供了一個路標，指向最可能的起點。奧坎剃刀法則也同樣適用於醫療診斷，因為對於症狀最尋常的解釋，往往是可能性比較大的解釋，超過怪異的特例。美國醫學專家伍德沃（Theodore Woodward）曾經對門生說過一句名言：「當你聽到蹄聲時，先要想是馬，而不是斑馬。」也因此，在醫學俚語中，斑馬代表「不尋常的狀態」。

　　水記憶的潰敗，凸顯了科學本質的一些要點。由於人類的探究和科學知識的累積，使得我們對周遭世界的無知和恐懼，被常識和美麗取代了。現代醫學讓我們能活得更長、更健康，而科學賦予我們對宇宙的本質有了更深的洞察。然而，雖說科學的果實開枝散葉後，支撐起現代物質世界，但是在「我們對科學的仰賴」和「我們對科學究竟是什麼的理解」之間，卻存在很令人憂慮的脫鉤。

　　對很多人來說，科學方法只是一個含糊的概念，可供他們投射自己的渴望。譬如宗教辯護者經常堅稱，科學就像宗教宣告一樣，

完全建築在信仰上。而反對疫苗接種運動這類的次文化，並沒能看出奇聞軼事與證據之間的關鍵差別。媒體則是一心一意要呈現「兩方的說法」，沒能夠辨別「情緒性斷言」與「可靠證據」的差別。政客和立法者一直搞不清楚「因果關係」和「相關性」的微妙差異，常對我們帶來集體傷害。

偉大的天文學家薩根（Carl Sagan）曾經擔憂：「我們安排了一個全球文明，其關鍵元素深深依賴科學和技術。另外，我們安排事物的方式，也使得幾乎無人能理解科學與技術。這是引發災難的配方啊！」薩根的哀嘆並不誇張，但也不是無法避免的。改進大眾對科學與批判性思考的理解，將會帶來極大的益處，不只是對社會，也是對像你我這樣的個人。

但是誤解到處都是；對許多人來說，科學不過是一些事實與數字，是我們在學校念書時，被身穿實驗衣的「神祕宗教祭司」強迫推銷的一些充滿瑣碎知識的手冊。然而，就像本韋尼斯的故事所展示的，科學家並非永遠不會犯錯。科學家也有可能被細微的錯誤給愚弄，被偽造的結果給誘惑，甚至可能心思和行為都是很腐敗的。我們也已經討論過，並非所有科學研究都具有同等的價值——有些研究設計得很精良，細心排除了令人困惑的影響，但是其他研究則動力不足，或是採用了不適當的方法。

想要知道哪些結果值得信賴，哪些不值得，一般大眾似乎不可能辦到。但是科學美妙之處，就在於我們只需要信賴方法。每一項獨立的研究只是一個數據點。理想情況下，它是正確的，但是基於許多原因，它可能是錯誤的。真正要緊的是全貌，當眾多結果和分析被集中起來，趨勢就會浮現。這也是為什麼，譬如說，人類造成的氣候變遷的證據或是接種疫苗的安全性，會是如此一面倒，因為

有來自成千上萬的研究和理論模型的數據，全都指向同樣的結論。相反的，否認氣候變遷的人或是反對疫苗接種的人，老是企圖抓住單一或是較弱的研究結果不放，就像摘櫻桃般，只挑選有利於自己信念的研究，根本不願面對壓倒性的證據。

科學的自我修正方式

　　科學，並不是在蒐集一群永遠不變的事實或神聖的教條；科學是一種系統性的調查方法。科學家也不是宣告和傳授這種神祕知識的祭司。誰是權威、誰獲得讚美，對科學一點都不重要；最有名的諾貝爾獎得主的理論，有可能一夜之間，被某個無名學子的實驗給推翻。「事實」一點都不在乎我們的偏見與自尊。科學知識永遠是暫時性的，而我們對於「發現」的接受程度，應該和「發現」提供的證據強度成正比。新發現不斷修正我們的理解，而理論洞察則是做為發現的羅盤，令科學最終能夠自我修正。

　　即便是科學界的巨人，也要向證據低頭。十九世紀晚期見證了科學一系列的飛速進展。關於我們所居住的世界的古老奧祕，似乎正要以驚人的速度吐露它們的祕密，而克耳文勛爵（Lord Kelvin，原名 William Thomson）掌控了其中諸多發現。克耳文堪稱十九世紀科學界的巨人，曾大力推動數學物理、熱力學、電子學的長足進步。克耳文是因為跨大西洋電報通訊方面的研究，而受封為勛爵，他的名聲遠遠超出科學圈。國際單位制的溫度單位（絕對溫度 K），甚至以他來命名。

　　在十九世紀尾聲，一個新的問題出現在科學論述的前沿：地球的年代問題。當代最重要的地質學家萊爾（Charles Lyell）指稱，地球

主要是被平緩的變化過程塑造出來的，而非像宗教典籍裡描述的被突然來臨的災難所造成。綜合當時所有可取得的證據，地質學家提出的假設是：從火山到地震的地球特徵，都可以用單純的地球物理作用過程來解釋，發生的速度大約為定速。這個假設要成立，需要有一個極為古老的地球——幾億年甚至是幾十億年。

想要用「古老地球」假說來詮釋自己的數據的人，不只限於地質學家。在《物種原始論》的第一版中，達爾文曾經推估，大約需要三億年，才能風化出由一大片白堊沉積覆蓋在英格蘭南部的威爾德（Weald）地形。被激起了好奇心，克耳文將他那不凡的智力以及數學能力，用來判定地球的年齡。

克耳文先是假設：地球剛開始時是熔融的液態岩石球體，與太空接壤的地球表面，會在很短的時間內冷卻，達到恆定溫度，地球就不再改變固體外殼的形狀了。在地表下方，熱將會相當緩慢的朝外部消散。關於熱傳導的重要數學著作《熱的解析理論》是由法國物理學家兼數學家傅立葉（Joseph Fourier）在 1822 年出版的。卓越非凡的克耳文，格外適合把這個理論用到該問題上（克耳文在十六歲時，就釐清了幾則傅立葉的計算式）。熱傳導方程可以明確界定某個系統如何隨著時間而改變，讓我們得以確定從系統誕生後所流逝的時間。非常講究細節的克耳文，取得熱傳導的估計值及岩石的熔點，以判定地球的溫度梯度。有了這些參數，克耳文計算出地球的年齡介於二千四百萬年到四億年之間，符合德國飽學之士亥姆霍茲（Hermann von Helmholtz）的計算。[66]

把注意力轉移到太陽上，克耳文假定太陽是因為重力崩陷而輻射出能量。根據太陽的熱輻射率，他估計太陽的年齡大約為二千萬年，和地質學證據所顯示的地球年紀要老得多，明顯衝突。克耳文

對於地質學不是特別有好感,對於老一輩的地質學者亦然。然而,並非所有地質學家都對理論物理學一無所知,而且年輕的地質學家具有更成熟的觀點。雖然他們贊成地球必定具有一個有限的年齡,但是他們對於數據的講究,一點都不輸給克耳文對於理論計算的講究。這導致了科學界兩大名人的觀點衝突。雖然達爾文對於威爾德地形的侵蝕時間估計值,原本就只是一個大概的數字,克耳文卻抓住它不放,說它「太荒謬了」,而這個估計值在《物種原始論》的後續版本裡也給刪掉了。對於來自同年代最優秀科學家的銳利指責,達爾文悲嘆,這是他「最痛的麻煩」。

然而,「古老地球」的證據依然在快速累積。理論與證據似乎完全相反。不過,這種牴觸告訴我們,這裡頭一定有某些基本的東西搞錯了。隨著克耳文的態度愈來愈咄咄逼人,他的友人、也是前任助理佩里(John Perry)被人問到如何評論這件事。佩里認為問題不太可能出在計算方面,他指出:「對地質學感興趣的朋友,有時會要我批評克耳文勛爵對地球年齡的計算。我通常都會說,期待克耳文勛爵在計算方面出錯,是沒指望的。」

所以,佩里沒有把焦點放在數學方面,相反的,他重新審視克耳文的假設。而他果然偵測到一個邏輯上的跳躍,非常隱微,很容易被忽視掉:「假使地心不是熔融狀態⋯⋯」佩里認為,地核若是熔融狀態,熱傳導會更有效率,那麼克耳文的估計值將完全沒有道理了。物理學家已經知道有這樣的一種機制:對流,那是熱在液體中最主要的傳導方式。

把這個因素納入,佩里估計地球至少有二十億年或三十億年這麼老。看出克耳文的錯誤後,佩里聯絡了這位前導師,私下告知這件事。然而,此舉要不是遭到克耳文誤解就是受到漠視,佩里不得

已，只好在 1895 年將他的想法公開發表在《自然》期刊上。克耳文的分析儘管非常典雅，但是卻沒能擺脫一個錯誤假設的幽靈，結果搞砸了。佩里的洞見不只讓地質證據與數學物理一致，還揭露了一個不得了的發現：地球的核心是一種極端炎熱的液體。這是完全出乎預期的，因為它最初只是一個讓數據和理論合乎邏輯的結果。如今，我們知道地球的外核是由液態的鐵和鎳所組成，而地球外核的對流運動，讓地球有了磁場。[67]

在那之後不到十年，放射性就被發現了，而且是在愛因斯坦的狹義相對論證明物質等同於能量之後不久。1920 年，英國天文學家愛丁頓（Arthur Eddington）提出，恆星會藉由將小型原子核融合在一起，釋出巨大能量。這就是現在所稱的核融合，而且也正是我們的恆星太陽製造能量的方式。核融合機制的發現，敲響了「年輕太陽」理論的喪鐘，而苟延殘喘的「年輕地球」理論，也隨著新科學紀元的開啟而崩塌了。如今，由於這些新發現而變為可行的科技，例如放射性定年法，讓我們能夠正確定出地球的年齡大約為：四十五億四千萬年。[68]

克耳文擁有他那個年代最好的理論工具，以及一顆有能力運用這些工具的頭腦。然而，他的頂尖科學家身分，卻不能保證他不會出錯。而且這個身分也不能阻止如何調和理論與觀測的競賽。最後調和了理論與觀測的優美演繹推理，不只解決了矛盾，還讓我們對地球有了全新的理解。當我們一想到，關於地球的熔融核心這項了不起的發現並非直接探索得來的，而是從證據與理論的分析中，自然浮現出來的，就更令人激動了。

這正是科學進行自我修正的方式：一個想法不論有多優美或多有力，如果強大的證據與它牴觸，它就必須被修正或是被拋棄。常

有人批評科學太善變，總是改變心意，似乎只因突發奇想就改變。但是這種怨言誤解了科學方法——在新證據浮現時，再次琢磨我們的想法，這並非一個錯誤，而是一項特性。

當理論與實驗結果吻合時，自會令人深深滿足，但是一項意外的結果可能暗示還有一些其他的（或許十分美妙的）東西，等著被人發現。有時候，發現是意外撞上的收穫，由出乎預期的結果來鋪路，通往革命性的結論。

的確，我們今日所倚賴的諸多現象，都是產生於異常的結果。法國物理學家貝克勒（Henri Becquerel）之所以發現天然放射性，是源於一張底片意外被一塊鈾原料曝光所致。蘇格蘭生物學家弗萊明（Alexander Fleming）拯救人命的盤尼西林研究，始於他度假歸來，發現細菌培養皿上長出一些奇怪的真菌，它們殺死了弗萊明原先培養的葡萄球菌。而微波爐加熱的原理最早被觀測到，是在美國工程師斯賓塞（Percy Spencer）太過靠近一具磁控管，然後發覺它竟然把他隨身攜帶的巧克力給融化了。奇特的實驗發現，能驅動理論；獨特的理論預測，則能點出實驗方向。科學的這兩個面向——實驗與理論，同等重要，而且深深纏繞在一起。

波普爾：科學的可證偽性

但是，要由什麼來判定某樣事物是否為科學的？是哪一條界線區隔開天文科學與占星迷信？畢竟，兩者都與天體運行有關。為什麼我們會認為放射療法是科學的，而靈氣療法是偽科學，雖說兩者都以「能量」為中心？

我們能否訂出精確的界線，來區隔什麼是合理的、什麼是胡扯

的，以及什麼是科學的、什麼是似是而非的，[69] 而不是單憑直覺來區分？這個問題的一個答案，源自看似最不可能的搖籃。

1919 年的維也納是個動亂的城市。第一次世界大戰結束了，但是盟國的封鎖還沒解除。巴伐利亞和匈牙利剛剛宣布成立巴伐利亞蘇維埃共和國，而奧地利共產黨則謀劃要成立一個中歐共產黨集團。一場政變被策劃起來，但是還沒來得及執行，維也納當局就把他們的頭兒逮捕了。

在共產黨起義失敗後，社會主義人士在 6 月走上街頭，抗議維也納的狀況。在這群人裡頭，包括還差幾日才滿十七歲的波普爾（Karl Popper），他站在奧地利的馬克思社會民主工人黨這邊。共產黨人在抗議時，企圖衝進監獄，解放他們的同志，結果引發一場暴亂。混亂中，警方對手無寸鐵的群眾開火，殺死了幾名抗議者。這場流血衝突令波普爾心驚不已。然而奧地利馬克思社會民主工人黨的反應，卻是近乎慶功般快樂。這種反應源自他們真心相信馬克思的教誨，也就是階級戰爭和革命是共產黨未來興盛的前兆，而死亡是不可避免的損傷。但是波普爾親眼目睹的屠殺，以及共產黨人的興奮，令他愈來愈不自在。反省之後，他發覺自己「很震驚，不得不承認，我真的注意到這個複雜的理論裡頭，有很多是錯誤的，可是我卻不加批判的接受了這個理論。」

馬克思的唯物史觀，尤其令他困擾。唯物史觀主張，所有人類歷史都是完全由物質因素驅動的。馬克思及追隨者稱這個為科學，但是波普爾覺得它非常含糊其辭，無法解釋任何擺在面前的事實，也無法把屠殺重新定義為進步的標誌。雖然波普爾一生都是社會主義者，但是當他明白自己的和平主義與對馬克思宣言的懷疑，不能得到同儕的認同，於是他放棄了馬克思主義。

　　經過這場短暫的政治激進活動後，波普爾的生涯浮浮沉沉，搞過建築、做過木匠。二十四歲時，波普爾拿到教師資格，和韓寧格（Josefine Anna Henninger）一起開設了課後補習班，教導社會邊緣的孩子，後來娶了韓寧格為妻。到了 1928 年，波普爾拿到心理學博士學位。由於法西斯主義於 1930 年代初在歐洲各地崛起，波普爾被迫逃離維也納。放逐期間，他的心思都集中在兩位聲譽卓著的人物身上，這兩人的思想是當時歐洲知識份子的談話中心。

　　他們是愛因斯坦與佛洛伊德。愛因斯坦先前做出一個大膽的預測，說空間本身會因為質量而彎曲，結果產生我們都能感覺到的重力。愛因斯坦的場方程式將這項詮釋的結果給精確量化出來，預測光線在極大的物體（例如太陽）旁邊會彎折，甚至計算出確切的數值。1919 年，愛丁頓及同僚用實驗證明了這項預測，方法為觀測星光在日食的太陽周圍確實出現了彎折現象，這使得愛因斯坦成為家喻戶曉的人物。佛洛伊德是維也納上流階級的知名心理治療師，他的名氣源自他身為心理分析之父的地位。在佛洛伊德最重要的著作《夢的解析》中，佛洛伊德聲稱夢是潛意識裡的願望滿足。

　　就像馬克思主義，這兩位大人物的研究也被貼上科學的標籤。然而，愛因斯坦的想法似乎超級脆弱，他做出的明確預測是能夠被撕成碎片的。但儘管如此脆弱，卻通過了每一項實驗的障礙。可是同樣的話卻不能拿來形容佛洛伊德。有一名病人夢見了她向來厭惡的婆婆，於是她很懷疑佛洛伊德的願望滿足說法。對此，佛洛伊德這樣反駁，他聲稱這病人「真正的」願望為「佛洛伊德是錯的」。換句話說，佛洛伊德即使面對相反的證據，依然面不改色，繼續提出自己的揣測。

　　愛因斯坦的想法能得出明確且可驗證的預測，但是佛洛伊德的

聲明卻是沒有定形的，而且可在事後再加以揉捏，把它詮釋為真確的。雖然愛因斯坦的想法具有通不過測試的脆弱性，但佛洛伊德的想法卻完全與批評絕緣。對此，波普爾有一項洞察，他提出「可證偽性」（falsifiability），做為科學與偽科學的區隔：針對某個假說，如果我們能構思出一個結果有可能牴觸該假說的實驗，那麼這個假說就是一個科學猜想。

　　一個科學的假說，必須能做出可以被驗證的明確預測。做不到這些，該想法就不能被視為是科學的。很重要的是，可證偽性並不表示某個假說就是錯的，它只不過代表原則上該假說是可以被駁倒的。「星期二紐約將會下雨」就是可證偽性的；因為當天紐約如果沒下雨，該揣測就可以被駁倒。一個靈媒聲稱無形的鬼魂對自己耳語，則不是可證偽性的，即便這樣的聲明很可能是假的。

　　科學想法必須經過驗證。如果證據與某個假說相牴觸，該假說就必須修正或被推翻。嚴格說來，這意味著沒有任何科學假說能夠被「證實」。相反的，只能說與某假說一致的證據，能隨著時間累積。禁得起詳細驗證的假說，最後會成為理論。但是之後一旦遇到有證據與理論相牴觸時，這些理論也需要修正。例如，牛頓的運動定律無人能挑戰，屹立不搖超過二百二十年，它正確預測了各種物體的運動，從微小的、到天體的。但是在 1905 年，愛因斯坦證明了牛頓定律不適用接近光速運動的物體，而這也使得我們對大自然的理解更加精確。

　　可證偽性對科學方法來說是最根本的。[70] 它堅持要科學家不只尋找能夠佐證的觀測，也要最嚴謹的主動驗證他們的想法。這解釋了為何占星術不是科學——它的陳述太模稜兩可了，無法驗證。和佛洛伊德的心理分析一樣，占星術的判讀也可以事後重新詮釋成正

確的解讀。反觀天文科學會得出非常明確、且可驗證的預測。靈氣療法宣稱使用一種可治病的宇宙能量，但是卻不能提供這種宇宙能量存在的證據，甚至也不能幫它下定義。或許靈氣是可以驗證的，但是到目前為止的臨床調查，都沒有發現其效益的證據。但是放射療法卻有無數來自理論與實驗的數據的支撐。

　　不能驗證的想法，不是科學，而那些禁不起研究測試的想法，應該被駁回。但是對於偽科學來說，信眾往往訴諸於片面辯護和軼事，以便自圓其說，來掩飾他們信念裡的弱點和失敗。在偽科學的領域裡，宗教信仰當然也占有一席之地，甚至試圖與科學領域裡的理論分庭抗禮。譬如說，演化是科學，它那些可驗證的說法，已承受過接二連三的實驗檢測；上帝創造論則不是，它沒有可驗證的預測，充其量不過是一則則「就是這樣」的宗教故事。

　　這是科學與信仰的重大差異。在科學領域，即便一丁點的數據衝突，都足以殺死一個想法，不論該想法有多簡潔優美。反觀信仰（不論是宗教、政治、或其他方面），都需要將某些原則和格言，安放到不容置疑的地位，而且放棄證據來保全信心，往往被視為一大美德。

 科學與偽科學的界線

　　雖然我們講了許多科學與偽科學的差異，但是很遺憾，並沒有一刀兩切的辦法，可以乾淨俐落的把科學與偽科學切分開來。很多含糊的想法用偷來的科學外袍偽裝自己，企圖為它們的空洞增添一份彷彿真實的幻覺。不幸的是，我們太容易被這種含糊其辭的說法給矇騙，以致危害甚大。但是，雖說區分科學與非科學不是件容易

的事，不過在面對任何意圖自稱為科學的事物時，我們還是有一些要項可以考量。以下是一份還不夠完善的清單：

» **證據的品質**：鞏固科學陳述的，是支持的數據以及明確描述的採證方法。不過，如果某項陳述主要依賴傳說與誓言，我們就應該抱持懷疑的態度。

» **權威**：科學陳述不會因為是科學家所說的，就具有權威。科學陳述之所以被接受，源於它背後證據的質與量。相反的，偽科學陳述經常聚焦於假專家或大師，而非證據。

» **邏輯**：如果某個論證被提出，其中每一個環節都必須相連，不能只有幾個是相連的。不合邏輯的推理，會給出模糊的結論。過度簡化的陳述，對於很複雜的情況或狀態，只給出單一原因或藥方，我們就應該抱持懷疑的態度。

» **可驗證的主張**：想測度某項陳述是否真實，可證偽性是最重要的。如果某項陳述不能證明是錯的，那它就不能算是科學。同樣的，科學取決於再現性，那些無法被獨立調查再度證實的，很可能是偽科學。

» **證據的整體性**：假說必須考量所有證據，而不能只挑選能佐證的證據。如果該陳述與目前為止所有的證據都一致且相容，那麼它就可被暫時接受。然而，如果它與之前的數據相衝突，那麼這其中的不連貫之處，就必須提出可驗證的原因。

» **奧坎剃刀**：該主張是否依賴大量補充性的斷言？如果有另一個假說能夠單刀直入，更完滿的解釋現有數據，那麼該主張若要取代這個假說，就必須針對那些額外的斷言，逐一提供堅實的證據。

◈ **舉證責任**：提出陳述者永遠有責任找證據支撐，而非由其他人舉證反駁它。企圖轉移舉證責任，是壞科學的警告信號。倚賴片面辯護，以便將缺乏證據給合理化（包括陰謀論），這正是偽科學的註冊商標。根據經驗法則，我們應該謹記，以虛心探究的姿態提出的主張，比起以辯解姿態提出的主張，更有可能是科學的。

這些項目並不能取代明智的推論，但它們是我們面對新的主張時，可以慎思明辨的重點。理解這些基本的科學規則，對我們極為有用，即便手邊的議題並非直接的科學問題。

康乃爾大學的心理學家吉洛維奇（Thomas Gilovich）這樣描述：

由於科學總是企圖將已知的東西伸展到極限，科學家經常得碰撞無知的障礙。一個人知曉的科學愈多，就愈會意識到，哪些東西是還不知道的，以及大多數已知的東西具有的暫定性質。這一切造就出一種健康的懷疑態度，關於事物如何陳述或應該怎樣陳述。

當然，要分辨這些陳述是否有價值，就像是薛西弗斯的任務那般充滿挑戰，因為我們是活在一個「偽科學宣告不斷以無盡的廢話淹沒我們」的時代。在半真半假的報導包圍之下，可以理解，我們當中許多人被逼得變遲鈍了。但是，不作為，就等於夢遊進入大災難。如果我們被冷漠打倒了，那就難以面對已經很迫近的氣候變遷幽靈，也難以面對前方無數其他的挑戰。薩根的感嘆是敏銳的，但並非不可避免。如果我們想保護自己不要被騙子愚弄、不要被傻瓜牽著鼻子走，學習分辨科學與偽科學，至關重要。

第 20 章

披著科學的外衣

可疑的陳述太常假借科學的外袍。

如今,由於我們可輕鬆取得爆量的資訊,

這使得區分垃圾科學與有價值的洞見,

成為艱巨的任務。

費曼（Richard Feynman）富麗多彩的人生，可以用一股永不滿足的好奇心來定義。年輕時參與羅沙拉摩斯的曼哈頓計畫（二戰末期美國祕密研發原子彈的計畫），他把偷偷撬開保險櫃，當成在新墨西哥州消磨漫漫長夜的娛樂，得手之後，每每留下一些詭異的字條。可想而知，原子彈研發基地內出現幽靈般的字條，會引發多大的恐慌，當局必然以為有賊人潛藏。後來，費曼改去玩邦哥鼓自娛。戰後，他成為著名的理論物理學家，贏得 1965 年諾貝爾物理獎。但是他同樣出名的是精采的教學，因為他擅長講述引人入迷的故事。在他那些最有趣的故事當中，有一則是關於南太平洋島民以及他們神祕的貨物崇拜（cargo cult）。

這種奇怪的宗教是在二次大戰之後傳開的，散布在被太平洋隔絕的軍事基地上，這些地方的土著是美拉尼西亞島民，世世代代居住於此，對於外界科技發展一無所知。交戰國之間的敵意，把前線和它們的服飾標誌，帶到島民的家門口。日本人最先來到，帶著空運來的醫藥、糧食和裝備。不久，同盟國的軍隊在島上設立了軍事基地，定期補充土人以前看過的那些東西。有些士兵甚至和困惑的當地人分享補給品。當大戰結束時，士兵和他們的貨物突然間就離開了，和來的時候一樣快速。

在某些土著島民眼中，軍人和他們的貨物已達到宗教的層次。英國科幻小說作家克拉克（Arthur C. Clarke）曾經觀察到，「任何非常先進的科技，乍看都與魔術無異」，而宗教本身往往要求選擇性違反所觀測到的自然律。不令人意外，許多島民把「天降貨物」詮釋為超自然的力量所為。這份崇敬被充滿魅力的島上「大人物」利用了，他們在荒廢的建築物中成立了教派。就像所有宗教教派，他們的信仰隨著地理位置和先知的差異，而有所不同，但是想法都很

一致：那些貨物是神的天命。在美拉尼西亞的社會裡，率領眾人做禮拜的先知，在講道時指出：信仰若是夠虔誠，將會得到吉普車、食物、衣服這樣的回報。

於是，島民把他們曾經觀察到的行為，轉化成高度風格化的儀式。他們按照以前看過的東西，打造出精巧的複製品——廣闊的飛機跑道、草坪、以及塔臺模型，再加上一些會令人覺得很神祕的通訊和武器裝備的外型仿造品。

在塔納島上，信眾等待一名叫做弗魯姆（John Frum）的神祇歸來，祂曾經應允一定會帶著貨物回來給信眾。祂的長相有很多不同的說法，有時是白人，有時是黑人。通常祂長得就像第二次世界大戰時代的軍人。

當紀錄片製作人艾登堡（David Attenborough）詢問信眾，弗魯姆長什麼樣子時，島民告訴他：「祂長得像你。祂有白色面孔。祂很高。祂長住在南美洲。」然而，儘管島民虔誠膜拜遺跡和儀式，貨物卻再也沒有來到——跑道依舊荒蕪，塔臺寂靜無聲。

草包族科學

信眾將這樣的失敗，歸咎於弗魯姆的反覆無常。但是更基本的問題在於：島民只不過複製出他們見識過的科技的樣貌，卻不瞭解科技背後的基本想法。用比喻的方式，費曼創了一個名詞「草包族科學」（cargo-cult science，直譯是「貨物崇拜」科學）來描述「假裝在做科學，但是與真實的科學方法完全沾不上邊」的現象。

費曼指出，有意義的科學必須由「科學的品德，一種符合絕對誠實的科學思考原則，一種竭盡所能的態度」來支撐。譬如說，如

果你在做某項實驗，你應當報告所有你認為可能令它失效的東西，而不只是報告你覺得使它正確的東西。」

費曼的憂慮很精準：披著科學的外表，可以遮掩極端可疑的思潮。單是科學的「光環」，不論正當與否，就能帶來權威的暗示，讓我們更可能不加批判就接受。很不幸，虛假的掩飾太常是偷渡各種假貨的特洛伊木馬，可疑的陳述太常假借科學的外袍。如今，由於我們可以輕鬆取得爆量的資訊，這使得區分「垃圾科學」與「有價值的洞見」，成為艱巨的任務。

若說到目前為止，本書所觸及的話題有一個共通主軸的話，可能就是以下這個觀察了：我們人類是一種充滿矛盾的動物。這些矛盾也延伸到科學範圍，就算是那些不在乎科學的人，一旦認為科學能支持他們的論點時，還是傾向於攀附科學。

例如，順勢療法也有學術期刊，它們的論文都在歌頌經過儀式搖晃的水的功效，雖然順勢療法的原理連最基本的分析驗證都禁受不起。這類期刊致力於編故事，可是它們的外表卻很像真正的學術寫作，有著簡潔的引文和複雜的術語。然而，這些外表與科學的神似還是沒有用的，因為順勢療法的支持者堅持拒絕與他們信仰相牴觸的大量證據。這意味著，這類期刊完全沒能達到科學方法要求的基本品德。這些期刊具體呈現出費曼口中的草包族水平，建構出一幅無用的科學畫像，但是它的真實度與太平洋島民的草地跑道不相上下。

會出現這種現象，部分原因在於我們存活的世界已經被科學與醫藥大幅改造了，其中有很多細節都很難理解，或是違反直覺。然而由於科學的成功已經無可否認，所以即便是不甘不願，大眾還是會默認和接受科學的權威。草包族科學家的數量從未像現在這般眾

多，部分要拜網路的民主化本質所賜——豐富的全球信息可以說是唾手可得，但缺點就是胡扯與假信息也能以同樣致命的速度，到處傳播。單單是可取得信息的巨量，就意味著要把有用的信號從雜訊中篩檢出來，一直是很困難的任務。而且在這種環境中，草包族科學家又興旺得很，模仿著權威的表面與科學的體面，來推動可疑的信仰。附加了繁瑣參考資料的草包族網站與論壇，靠著所有你能想像得到的議題而存活，從新世界秩序陰謀論、到芳香療法，全是以逼真的科學風格來呈現怪異的想法，儘管所提出的理論完全不具有科學價值。

阿斯巴甜風波

不令人訝異，像這樣披著科學的莊嚴外衣，確實騙過了沒有警覺心的人，讓他們以為這些陳述是正確的，尤其是對那些憂心忡忡的陳述，或是表達得泰然自若的陳述。

例如，經常添加在減肥飲料中的甜味劑「阿斯巴甜」，就成為 1995 年警訊郵件的主題。在廣為流傳的警告中，一位名叫瑪科爾的醫師報告了一些令人憂心的發現，說某一場甜味劑科學研討會上，科學家鄭重公布了阿斯巴甜的副作用，包括狼瘡、癌症、阿茲海默症、甚至波灣戰爭症候群。

這則警訊是以半正式的體裁寫成的，裡頭包含聽起來很科學的術語、以及七拼八湊的參考引用資料。收到郵件的人，大概沒有意識到聽從垃圾電郵裡的醫學建議有多危險吧，又把這則警訊傳給朋友和同事。

憂心忡忡的收信者，完全被電郵裡展現出來的科學假象給欺騙

了，即便公共衛生機構一再向大家保證，郵件上的說法都是假的，也無法減輕恐慌的蔓延。為了遏止日益高張的歇斯底里，瑪柯爾醫師被揭露，只是惡名昭彰的公衛怪咖瑪汀尼（Betty Martini）所杜撰的人物，誰知就連這個事實都無法止住恐慌。

直到今日，深植在大眾意識裡的這個迷思，已到了難以去除的地步。2015 年，百事可樂將阿斯巴甜從配方中剔除，因為擔心甜味劑會影響銷售，只是一年後，又因為消費者抗議新產品的口味不佳，而重新添加。

遺憾的是，這裡頭的訊息似乎是：無數個破解該迷思各個面向的研究，似乎輕易就被淹沒了，因為極大量的民眾沒有能力區分真科學與仿冒品。[71]

飲水加氟風波

此外，網際網路也讓一些古老的迷思重新復活起來，而且它們挪用的科學表述方式，還讓它們被辨識出來的難度，呈指數上升。氟化物陰謀論只是這類案例之一。

這個點子一點都不新鮮，早在庫柏力克（Stanley Kubrick）的經典影片《奇愛博士》中，神經錯亂的指揮官里巴，就堅定相信飲水加氟是共產黨的詭計，害得他性無能——這是在諷刺更荒謬的反對飲水加氟運動以及冷戰妄想症。即便是在電影上映的 1964 年，這樣的陰謀論思維都早已過時了。

而從那時到現在，這幾十年來，無數學術研究確證了飲水加氟是一種安全有效的減低蛀牙方法。理論上，這應該足夠讓氟化物陰謀論成為歷史垃圾才對。但相反，網路年代卻見到反對飲水加氟運

動再度崛起。令人擔憂的是，這一切大部分是由聽起來很科學的網站所支持的，它們列出各種可憎的副作用，從癌症到憂鬱症。雖然這些散播恐怖的謠言都不具備科學價值，但這似乎完全不妨礙它們為大眾所接受。

對此，我有第一手的經驗。2013 年，幾名愛爾蘭反對派政客向愛爾蘭眾議院提出議案，要求移除飲用水裡的氟。這項議案引用了一些聽起來很科學的報告，警告氟化物能引起太多不良的後果，包括阿茲海默症、唐氏症、憂鬱症、糖尿病、以及癌症。一項小型調查顯示，灌輸他們這些極端想法的，是反對飲水加氟的邊緣團體裡的自命專家。這些報告是典型的草包族科學，充斥著偽科學的散文、嚴重的錯誤和扭曲的邏輯。除了科學探索的表象之外，這些報告極少遵循科學方法。然而，儘管這些研究了無生氣，無法分辨和反擊這些誇張說法的記者和政客，數量卻多得令人擔憂。

為了回應，我幫《愛爾蘭時報》和《衛報》寫了幾篇文章，概略描述了為何這類報導是有瑕疵的。另外，我還與對方的領頭政客辯論，解釋為何這些可怕的說法缺乏價值。這使得我成為一些邊緣團體憎恨的人，而且不出所料，我遭到全方位的攻擊，從我的動機到我的科學水平。

雖然該議案最終在愛爾蘭眾議院受到挫敗，禁止氟化物的運動依然不時冒出頭來，頻繁得令人沮喪，而且不只限於愛爾蘭，在其他實施飲水加氟公衛政策的國家也一樣，包括美國、加拿大、紐西蘭和澳洲。令人洩氣的是，不論是出於對科學的無知，或是企圖爭取失望選民的選票，隨時準備接受偽科學的地方政客，看來不在少數。[72]

量子神祕主義

草包族科學通常只是一個販賣荒謬想法的途徑，沐浴在科學效度所反射的榮光中。

說到被誤解或是被無恥濫用得最嚴重的科學方法，很少能比得上量子力學。這個迷人的物理學分支，處理的是微小的次原子粒子的行為，和我們所生活的巨觀世界非常不相同。這個極小的世界可能和我們的直覺完全不符，例如，量子領域的東西可以擺脫「若非粒子、就是波」的古典二分法，轉而擁抱兩者的特質，所謂波粒二象性（wave-particle duality）。

量子纏結（quantum entanglement）是另一個奇異且深奧的範例，指的是兩個粒子即便相隔很遠，粒子的狀態還是會相連結。量子穿隧（quantum tunnelling）則是另一個範例，是指粒子能穿透以往認為不可穿透的壁壘。而在量子尺度下，僅僅是「觀測某個過程」的動作，就能影響這個過程的結果。

這些量子世界的微觀現象非常迷人，和我們對巨觀世界固有的理解完全不同。量子物理學家針對現實的本質、以及我們的理解極限，提出了許許多多深刻的科學與哲學問題。

令人沮喪的是，竟有一個保健市場，專門偷用量子力學術語，把它背後的玄虛概念磨碎重整。「量子神祕主義」就是這麼一個故弄玄虛的新時代信仰，它把量子力學簡化成萬能的天降神兵，再配上胡亂消化的東方哲學，一併拿來解釋各種古老的胡扯，幫明顯空洞的神祕主義，添加一抹有深度的錯覺。這些往往是雜亂的陳腔濫調，到處兜售量子力學術語，卻沒有真正瞭解這些術語的原意和量子物理現象。諾貝爾物理獎得主葛爾曼（Murray Gell-Mann）被惹惱

了，把它們貼上「量子夢囈」的標籤。

　　聲名狼藉的騙術大師喬布拉，對於如何濫用量子力學術語，來推銷含糊不清、但有利可圖的神祕主義，堪稱老手，例如《量子療法》這樣的暢銷書，就是他的大作。

　　像這樣濫用科學，之所以令人特別憤怒，原因是：只要對量子力學有一點最粗略的理解，都能發現它主要適用於極端微小、甚至比原子還要小的領域。敏銳的讀者無疑能注意到，人類比起量子粒子要大得太多了，而企圖將量子力學套用在人類事務上，簡直不得要領到了極點。

　　當然，量子騙術是明明白白的企圖把偽造的科學真實性，注入某些新時代信仰裡；但是，草包族科學也可能以比較不明顯、但更有害的方式來展現。

　　就像費曼指出的，科學首先需要忠於品德，要願意承認我們的測量與理論中的弱點和局限。這不只是理想主義或科學家的自虐；真正的科學，需要堅定接受「可以將所探討的現象描述得更好」這前提。為了做到這一點，我們需要把錯誤也量化，需要理解確定性的極限，以及最重要的，願意客觀質疑我們自己的理論和結果。

　　人人都喜愛確定性，為了排除「不確定性」這個魔鬼，我們往往不想承認是我們犯錯，不想承認可能有另一種解釋。在《銀河便車指南》系列作品中，作者亞當斯（Douglas Adams）模仿和諷刺了這種有缺陷的執著，用免責聲明的方式，來為指南中的無數錯誤開脫：「指南是絕對正確的；現實經常不正確。」很不幸，亞當斯所諷刺的這種執迷不悟，極為常見。這種執迷，等同於用近乎宗教般的信仰，取代了科學方法所要求的邏輯推論。

犯罪現場調查（CSI）效應

　　當那些理應明白的人，也掉入草包族科學的陷阱時，結果往往會釀成悲劇。1981 年 2 月，住在華盛頓特區國會山莊的一名年輕女子，成為一樁駭人聽聞的持槍攻擊案件受害人。歹徒的手法非常殘暴，他侵入住宅，性虐待該女子，將她洗劫一空，然後留下遭綑綁和塞住嘴巴的她，揚長而去。在整個受虐過程中，她對攻擊者只能瞥見幾眼，而且只能憑藉從窗簾透進來的街燈的昏暗光線──但是也足以讓她看清，攻擊者是一名沒有留鬍子的年輕黑人男子。

　　幾個星期後，十八歲的歐登，因為一件與此完全無關的事，被警察攔下。這名警察拿出一張攻擊者的素描，問歐登是否覺得自己與畫中人物有點相像。歐登不這麼認為，在留下詳細聯絡資料後，警察讓他離去。幾天後，警方出現在歐登提供的住址門口，以強暴和搶劫罪名將他逮捕。

　　歐登案件的證據極為薄弱。受害者提供的合成畫像所描繪的嫌犯，是一名中等深淺膚色的黑人，然而歐登的膚色卻很深。受害人有點猶豫的指認了歐登的相片，但是這根本不能證明什麼。年輕、沒有蓄鬍鬚的歐登大頭照，夾在一大堆邋遢的中年男子面孔當中，一眼看去就夠突出了。目擊證人的指認，很難成為合理的證據，這點我們已經討論過了。此外，歐登還有絕佳的不在場證明：案發當天，他與家人正在為他姊姊的女兒慶生。歐登很合理的以為這項指控會被取消，他的惡夢也將結束。

　　然而，雖然不利他的證據如此貧乏，檢方手裡卻有一張王牌：一根在案發現場採集到的毛髮。在法庭上，鑑識員休伯格登上證人席。他隸屬聯邦調查局的顯微鏡分析單位，自我介紹是毛髮顯微鏡

分析科學的世界權威。休伯格的證詞，決定了歐登的命運——那根採自犯罪現場的毛髮，被判定與歐登的毛髮完全吻合，絲毫無法區分。彷彿這樣還不夠，休伯格聲稱這種程度的吻合是「極為罕見的現象」，是他專業生涯中只碰過幾次的狀況。在陪審團看來，絕對錯不了的科學已經說話了，歐登的無罪抗辯被認為完全站不住腳，遭到駁回。

整整二十二個年頭，歐登被關在監獄裡，日漸憔悴。即使在獲釋後，他依然有九年處於假釋狀態，成為登記有案的性侵犯。雪上加霜的是，這件事也令他與女兒的關係變得很緊張，他女兒在他被收押時還只是個嬰兒。難以想像這樣的打擊有多大，然而歐登的無罪抗辯卻一直被無視。鑑識科學的絕對正確威力，決定了歐登的命運，而歌頌犯罪現場調查功效的流行電視影集的爆紅，更是強化了「這類證據不容挑戰」的認知——這種現象稱為「CSI 效應」。

但是，2009 年 12 月，在另一個案件中，哥倫比亞特區的公設辯護人服務處幫蓋慈成功翻案。蓋慈已經因為一樁他沒有犯下的強暴謀殺案，在獄中服刑二十八年。他的免罪關鍵在於：原本看似滴水不漏的鑑識分析，被撤除了——包括顯微鏡毛髮分析，非常類似把歐登定罪的鑑識分析。

蓋慈獲得平反的消息，吸引了列維克（Sandra Levick）的注意，她是當年歐登的公設辯護人。在這些年間，列維克已經晉升為公設辯護人服務處特別訴訟部的主管。她沒有忘記歐登被定罪的證據有多差勁。2011 年，案件發生三十年後，列維克申請在哥倫比亞特區的無罪保護法之下，進行新的 DNA 檢測。

從塵封已久的證物箱裡，當年犯罪現場的片段開始浮現出來：汙染的床單、浴袍、以及那根洩露案情的毛髮。針對犯罪現場的這

些遺留物,列維克要求採用現代科技重新檢測。新檢測的結果,講述了一則讓人瞠目結舌的故事:犯罪現場遺留的精液不是歐登的,而是符合另一名已經被定罪的性侵犯。該毛髮的粒線體檢驗也排除了歐登的罪嫌。歐登的獲罪完全是一場鬧劇。

列維克在 2012 年 3 月提出申請,以歐登的清白為由,取消他的定罪,而歐登也在 2012 年 7 月 13 日(他五十歲生日那天)被免除罪責,然而他已經為一樁不曾犯下的罪行,把大半輩子都消耗在監獄裡了。像這樣的無罪之人被定罪,促使大家對歷史案件產生興趣,並提出一個令人不安的問題:顯微鏡毛髮分析究竟是哪裡出了差錯?

CSI 貨物崇拜造成的冤獄

不難瞭解陪審團為何會被科學的嚴謹性給唬弄住。1977 年聯邦調查局關於該議題的工作手冊上,充滿了科技術語,而且毛髮分析單位在全盛時期,擁有十一名全職鑑識人員,一年處理兩千個案件,出庭超過兩百五十次。然而,對於瞭解內情的人來說,它的缺點很明顯。

1985 年聯邦調查局在維吉尼亞州召開的一場內部會議中,倫敦警察廳首席科學官提出他的擔憂,他指出:「在英國,大家都不太願意進行毛髮檢驗,因為在英國由一般毛髮檢驗人員所做出的毛髮吻合度,通常只具有很低到極低的證據價值。」在會議中,紐約犯罪學家德傅雷斯特(Peter De Forest)提到歐登的案件,抨擊聯邦調查局的結論「非常誤導人」,而且「沒有任何數據能支持」。儘管如此,聯邦調查局資深實驗專員戴德曼(Harold Deadman,就擔任犯罪鑑識

工作而言，他的姓氏實在太適合了），仍然堅稱聯邦調查局「相信毛髮比對技術」。

然而，「相信」正是問題所在。拒絕客觀查看該方法的弱點，正是聯邦調查局的貨物崇拜心態的特徵。並非所有人都完全沒有察覺到悲劇隨時會發生。鑑識員懷特赫斯特（Fred Whitehurst）曾多次在不同場合，提出該技術相當可疑的警告，並在 1992 年到 1997 年間，寫了兩百三十七封關於這項議題的信，給他的上級。但這些信件都沒有受到重視，因為毛髮分析可以「把人定罪」。

被聯邦調查局忽視，加上對於偽科學大行其道的憤怒，懷特赫斯特最後成為吹哨人，促使公設辯護人對這種有問題的鑑識方法提高警覺。這一點，再配合科學 DNA 檢測技術的改進，終於使得一連串的舊案定罪被推翻。

美國國家科學院 2009 年的一份報告，讓人洞悉到究竟發生了多麼要命的事：聯邦調查局所捍衛的顯微鏡分析檢測，雖然披著聽起來十分科學的術語，實則極度缺乏基本的科學誠信。要比對兩份樣本，來判定是否吻合時，需要先擁有一般人口類型分布的扎實數據。由於沒有這種數據，聯邦調查局專家在作證時所宣稱的「樣本吻合為一種非常罕見的現象」，完全是子虛烏有。這樣的草包族科學只是展現了所有戲劇效果，但是卻完全沒有實質內涵；該方法只具有鑑識科學的外表，其實只不過是「把清白的人送入大牢」的擲骰子遊戲。

歐登被判無罪的那個月，美國司法部與聯邦調查局宣布，要在清白專案和全國刑事辯護律師協會的協助下，聯手複查先前因毛髮分析證據而入獄的案件。2015 年 4 月他們發布的報告真是可怕，承認在涉及顯微鏡毛髮分析的大部分案件中，都出現了具有致命缺陷

的證詞，包括三十二名死刑犯；而且在這份報告問世時，其中九人已經處決了。

問題出在聯邦調查局依賴一門偽科學的技術，把它宣傳為合法的鑑識分析技術。一如莎莉殺嬰案（見第 225 頁）的法庭場景再現：由於聯邦調查局毛髮鑑識技術，虛假的貼上科學標記，辯方團隊與陪審團都被愚弄了，因而矇頭轉向，沒能提出最相關的問題。在本書寫作之時，好幾樁定罪案件已經被推翻了，而且還有數千件有疑問的案件正在分析研究之中。

儘管如此，在被問到有如山證據顯示他們的鑑識不夠完美時，許多支持該鑑識技術的人，依然表現出近乎宗教般的貨物崇拜的確定，認為這是不可能的。以下這段令人氣惱的文字，摘錄自 2009 年的美國國家科學院報告，文中暗示了此一問題，以及「低估鑑識分析中可能存在的錯誤或不確定性」這種更廣泛的議題：

鑑識科學社群中，無論是某家實驗室或是某個特定的學門，都有一些成員不承認，他們的正確性可能不夠完美。而鑑識專家在向委員會作證時，甚至對於是什麼因素造成出錯，都有不同意見……某些鑑識人員如此堅持他們的學門所採用的方法完全正確，並且完全不會出錯，這就阻礙了評估鑑識科學各學門效益的努力。

像這樣的案例提醒我們，區分「真正的科學探索」與「假裝在做科學調查」是多麼的重要。雖說，看到科學受到社會大眾信任，是一件好事，但是好科學需要不斷接受質疑，以避免讓它變成不夠好的科學，或是更糟的，成為「訴諸權威」（見第 84 頁）──這就與科學誠信背道而馳了。

所有科學陳述都需要透明，而且需要受到嚴苛檢驗；這也正是同儕審查的動機。在同儕審查流程裡，科學家將自己的研究與數據交出，由其他通常是匿名且獨立的研究人員，來進行不留情面的評估。這些評審者肩負的任務是嚴苛評審手中的初稿，挑出可能讓該研究的結論無效之弱點、錯誤或邏輯破綻。這可能是一個令人沮喪且不完美的流程，但是若想避免讓各種錯誤及胡扯長存不朽，這種嚴格的唱反調做法，絕對是必須的。

如此費勁檢驗想法與陳述，是科學不可或缺的要件。但是在貨物崇拜的信奉中，自我檢驗的機制很明顯是不存在的。貨物崇拜的應用，或許只是捕捉到科學探索的外在美感，但卻沒有把握住科學內在要求的誠信，而它們所提出的供品，也不會比太平洋島民的草地塔臺更有效果。

 ## 從假象中篩選出真相

「分辨真假」說起來容易，不過，單單是我們每天遭受到的巨量信息轟炸，就能讓這件事變得極為困難。我們該如何區分真假，並非顯而易見的事。然而生存在一個不斷遭到資訊轟炸的年代，從假象中篩選出真相，卻從未如此重要過。

要做到這一點，我們最需要的是鍛練我們的懷疑精神與分析思考能力。這些是最有力的工具，讓我們能從一堆包圍我們的陳述中，發覺真相。不論這些陳述是科學上的、政治上的、還是其他方面的，同樣的方法都能讓我們將真正的信號從雜訊中篩選出來。如果我們不想被操縱或誤導，懷疑的精神簡直太有用了。

　　順便提一下，在某些小飛地上，現代人類學的貨物崇拜依然興盛。就拿塔納島來說，亞納嫩族（Yaohnanen tribe）把一位看似最不可能的人物給神聖化了：英國的菲利普親王，也就是伊莉莎白二世女王的丈夫。[73]

　　根據亞納嫩族的古老傳說，山神之子越過大海，與一名高貴強大的女士結婚了。預言曾說，將來我們會回到他們身邊。然後，就像所有傳奇故事一樣，它需要一些後續的故事來妝點潤飾。有人說山神之子就是弗魯姆的哥哥。族人都察覺到，殖民地官員對於他們的女王，懷抱著崇高的敬意，於是便推論到，女王就是老早以前被預告的山神之子的太太。這麼一推理，菲利普親王就成為活生生的山神後代了，而 1974 年英國皇室的造訪萬那杜（塔納島屬於萬那杜共和國），也鞏固了這種觀點。

　　被告知自己的天神地位後，菲利普親王贈送了一張簽名照片給村民。而村民們則回贈他一根 nal-nal，這是傳統用來打豬的棒子。至於菲利普親王後來有沒有把 nal-nal 用在原本的用途上，只有天曉得了。

第 21 章

秉持科學的懷疑精神

不要把懷疑精神與廉價的憤世嫉俗給弄混了。

懷疑精神並非反射性的「我很懷疑」，

而是「我們為什麼那樣想？」

懷疑精神是一個鼓勵討論與理解的開放過程，

不是要關閉它們的途徑。

　　2012 年 12 月，英格蘭有一名小孩遭到綁架。失蹤男孩是七歲的尼昂，他最近正在接受腦瘤（髓母細胞瘤）治療，急需接受放射療法來搶救生命。綁架尼昂的，可不是什麼狠心的罪犯或是變態惡徒，而是他的母親莎麗。

　　莎麗完全不認同放射療法，拒絕帶兒子就診。由於時間緊迫，院方擔心拖延會危及尼昂的性命。由於孩子的母親堅決反對這項療法，於是法律行動來了，家事法庭很快裁定必須執行救命的放射療法。但是莎麗無法接受，在聖誕節前夕，她帶著尼昂潛逃了，引發一陣緊張的追捕行動。警方在全英國緊急搜尋這對母子，四天後終於在薩塞克斯郡找到他們。回到家事法庭上，各方醫學建議毫無異議：要是不進行緊急治療，將有「非常、非常高的可能性，尼昂會在短期內死亡」。但是莎麗仍堅稱另類醫療可以治癒她兒子，並引述她和另類療法專家的談話。他們宣稱可以用各種方法治癒癌症，從食療到高壓氧治療。氣急敗壞的醫院信託理事會反駁道：這些人沒有提供任何證據可顯示他們的療法有效，他們甚至連髓母細胞瘤的名稱都拼不出來，他們對該症的描述似乎是從網路上隨便搜尋而來，並非來自醫學原始資料。

　　令人震驚的是，莎麗依然不信醫院代表的說法，要求法官給她更多時間來幫尼昂尋找另類療法。然而，儘管心裡很同情她，法官還是重申時間並不充裕。放射療法應依規定進行，雖然莎麗在最後關頭又上訴了一次。

　　尼昂後來完全康復了。在這場磨難過後，莎麗依然堅稱：「由醫師所導致的死亡非常普遍，但是謝謝老天，由於現在的網路很發達，我們有些人終於可以自我教育……有這麼多其他的選擇，是我們先前被剝奪、被否決的。」

談癌色變

　　很少有疾病像癌症這樣，在大眾心理引發如此大的恐懼。癌症是很不吉祥的東西，提醒我們終究免不了一死，也帶給我們最深的恐懼，而且我們通常會避免談論癌症，或是用委婉的方式來提及。在我們一生當中，大約半數人會受到這種無所不在的疾病的影響。莎麗所說的觀點並不少見，所謂「其實存在一些癌症療法，只是被醫療科學界和製藥工業給壓了下來」，是一個歷久不衰的想法。譬如自然健康聯盟[74]曾經悲嘆：「非正規的癌症療法受到主流的壓制了。」而「自然新聞」網站則宣稱：「全球癌症產業據估計為每年兩千億的產值。有很多人以不同地位和角色參與這個產業，一旦傳出有更廉價和更有效的療法，將使得這個產業的現金流枯竭，而這些人也將丟掉飯碗。大藥廠將會因此垮臺。」

　　這些並非社會邊緣的想法。據估計 37% 的美國人相信，食品暨藥物管理局因為受惠於製藥公司，於是幫忙壓制癌症的自然療法。徹底研究過陰謀論信仰的布拉斯基維茲（Robert Blaskiewicz）教授，為「大藥廠」陰謀概念所下的定義是：「一個抽象實體，組成者包括企業、管理者、非政府組織、政客、以及經常還有醫師，他們全都在這個萬億元的處方藥大餅中，分得一杯羹。」另外，既然大藥廠可能迅速撈到驚人利潤，他們可能涉及不道德行為，也不是什麼祕密。舉個例子，葛蘭素史克藥廠在 2012 年就因為觸犯刑事法與民事法，不得不付出破紀錄的三十億美元和解費，罪名包括沒有公開安全數據，以及付給醫師回扣，讓他們推銷該公司的藥品。

　　這些都很符合大眾對製藥產業共通的保留意見。藥廠擁有可供處置的大量現金，以及經常有醫師參與串謀的不良紀錄。要是某種

天然產生的藥劑被發現能夠治療癌症，並危及他們的利潤，這些無良企業看起來確實很有可能去壓制這種藥劑。

陰謀推論是這許多信念中，不可或缺的部分。相信另類醫療的人堅稱，製藥產業施加了諸多陰險的影響力，來消除另類醫療效益的證據。我們之前也談過關於大麻的這類說法。在網路上快速搜尋一下，就可以找到一大堆具有相同本質的可疑療法，包括生酮飲食、榨汁、甚至是漂白劑。另一項相關的斷言為：癌症是一種現代的人造疾病，專門設計來使人生病，好讓醫療產業賺大錢。

另類醫療大師們經常駁斥化療和放射療法是有毒的，敦促病人選擇另類療法。譬如摩卡拉，就曾惡意中傷這兩種正規療法以及製藥產業：「癌症流行是大藥廠的美夢，而且它們非常賣力的要讓自然癌症療法銷聲匿跡。」[75]

檢視癌症陰謀論的三個前提

這些自然療法的細節各不相同，有些是一種奇蹟膳食，或另類治療手法，或是普通草藥或植物。信徒堅稱，製藥公司無法為這些藥劑申請專利，所以才會想要努力埋葬這些不可思議的效益，而醫療機構則是與藥廠串通好，從旁協助。

這種說法聽起來挺誘人的，簡單明瞭，似乎能解釋一切。但事實上，能與先入為主的成見起共鳴的說法，不代表就一定正確。且讓我們來檢視癌症陰謀論的幾個前提：

≫　**前提一、有一種療法能治好癌症**：這個假設馬上遇到的問題是，它洩露出對癌症無知到令人憂心的程度。癌症不是一種疾

病，它是由突變的細胞不規則分裂所引發的一整群惡性疾病。它可能始於任何一種細胞，意思是說，每一種癌症的預後和治療方式可能會有極大的差別。讓情況更加複雜的是，每一個癌症病例對該病人來說，都是獨一無二的，因為它始於病人自身的細胞突變。也因此，想要用一顆魔術子彈，來治療具有不同病因與反應的所有類型癌症，實在太率強了。這個前提過於簡化，單純到沒有一絲趣味。這裡頭顯示出單因謬誤，不論是針對癌症還是癌症療法。

» **前提二、治癒癌症的療法將無法獲利**：有哪一家頭腦正常的藥廠，會壓抑治癒癌症的療法？關於天然產品不能申請專利的謠言，是一個很方便的鬼扯──「源自天然」並不會成為商業化的障礙。目前很多我們服用的藥劑，都是提煉自植物、草藥、以及動物。訣竅在於辨識並合成活性劑，以便控制劑量。如果薑黃或維生素 D 能治癒癌症，各藥廠會爭相搶先分離出它們的活性成分，並證明其效益，而不會忙著策劃陰謀。若能弄出一種能治癒所有癌症的藥物，不但會為發明者帶來數不清的財富，還可以為發明者贏得好名聲、諾貝爾獎，以及全世界永恆的感激。

» **前提三、癌症發生率是由大藥廠人為操縱的**：其實癌症並非新的疾病，它老早就盯上我們了。三千年前的埃及木乃伊身上，就已經顯示出癌症的證據了。在西元前四百年，希波克拉底就已經會分辨良性腫瘤和惡性腫瘤。古代的醫師（不熟悉解剖）把他們觀察到的突出腫塊，比喻成螃蟹的腳，而那也正是癌症名稱 cancer 的由來。正如我們已知的，癌症發生率升高是國民健康改善、壽命延長的產物。要說「讓國民健康長壽」是陰謀

詭計，那真是完全不合邏輯的推論。我們只不過是活得更長，
沒有在一波波諸如霍亂或天花的疫病中殞命而已，才使得癌症
發生率升高。

 ## 做賊的喊抓賊

仔細思量，癌症陰謀論的中心教條都沒能禁得起即便是很粗略
的檢視。當然，追求真相者會宣稱，我的一切消息都是錯的，都是
大藥廠在操縱的。但是奧坎的剃刀切得很深：接受癌症陰謀論，意
味著相信全世界有數以百萬計的演員，幾十年來持續參與，他們不
在乎搶救所愛之人或是自己的性命。所有製藥廠和管理體系，從小
企業到跨國公司，都必須參與，在這場對付全人類的騙局中共謀，
心甘情願的放棄發現治癒療法所帶來的豐厚利潤與讚美。

這不只是荒謬可笑，而且可以證明是做不到的。[76]實際上，醫
學研究會牽涉到醫師、科學家和監管單位，他們各有不同的角色和
動機。陰謀論依靠的是把這個複雜的生態系拆毀，變成一個單獨的
「他們」，一個狡詐的幽靈，讓人把所有可能的譴責，都推到它的頭
上。奧坎剃刀所切下的另一側，所需要的編導規模就小得多了，你
只要假設「偉大的陰謀論根本不存在」就成了。

那麼，為何這種陰謀論能長存呢？一個很諷刺的答案是，因為
它對那些推銷另類療法、補品、演講、膳食與「保健」的人來說，
是不折不扣的無價之寶。大喊陰謀論，純屬片面辯護，好讓騙子或
傻子能夠駁斥與他們的主張相反的發現，也讓他們可以迴避自家產
品缺乏實證功效的事實。

對於另外一些人，陰謀論的魅力在於幫複雜問題給出一個簡單

的答案。心理學研究顯示：「相信陰謀論」與「需要掌控」有著錯綜複雜的關係。對於一個未知的世界握有掌控力的錯覺，是很能讓人安心的——人如果相信某個被壓制的治癒療法，心裡會覺得被這項特殊的知識所「保護著」。

　　一種被如此多人恐懼的疾病，成為陰謀論牢騷的中心點，一點都不令人驚訝。但是這些陰謀敘事卻令病人與醫師對立。如此所滋生的不信任感，又因為另類療法大師而惡化（這些大師把正規療法駁斥為騙局），釀成的後果往往是悲劇的。2018 年一份研究發現，投入另類醫療的病人，更有可能拒絕或延遲有效的癌症療法，使得他們在診斷後五年內死亡的機率，高出一倍。

DHMO 鬧劇

　　這份嚴峻的統計數據 [77] 凸顯了一件重要的事：我們的性命有可能得倚賴我們有多少能力，去評估日常接觸到的各種說法。癌症陰謀論或許是很極端的案例，而我們每天無時無刻，不被一堆刺耳的假新聞所勾搭。更糟的是，最大的迷思源自真實的種子，之後再被曲解成變形的結論。

　　舉個例子，就拿一氧化二氫（DHMO）來說，它是一種無色無味的水合酸，被發現存在於酸雨、核廢料、甚至人類的癌症中。它會造成重大的環境傷害以及侵蝕，並且每年會害死超過三十六萬人。它的威力足以腐蝕金屬。然而，它卻經常被發現以高濃度存在我們的食品供應及環境中。因此，世界各地的市政廳和議會，有許多請願要求禁止它，從加州到紐西蘭。芬蘭在 2011 年進行的一份調查發現，有 49% 的受訪者贊成限制 DHMO。

　　然而，這些立法的熱忱似乎是被誤導了，因為 DHMO（H_2O）還有另一個遠比它通俗的名稱，那就是「水」。

　　當然，上述有關水的負面列舉都是假的。或者應該說，它們都是選擇性編輯過的，是斷章取義的。DHMO 這場鬧劇揭露了其中浮現的問題不只來自於缺乏科學常識，也來自於誇大了精心選擇過的假消息。

　　同樣的，只選擇對自己的說法有利的事實，往往是基於更陰險的理由。例如，所謂「氣候一直都在變化」的說法，經常被否認氣候變遷者掛在嘴邊，話中暗示全球暖化被過度誇大了。但是，氣候永遠都在變動這樁事實雖然完全沒有爭議，可是應當令人警覺的是目前這種變遷的速度，快得一點都不自然。速度是很關鍵的因素：緩緩踩剎車將一輛汽車停下來，和開著同一輛車全速衝向一面牆，兩者差距可大了。藉由孤立和斷章取義來表述事實，人們可以引導出一個完全不符合事實的印象。

車諾堡核災的重新省思

　　我們先前已經看過，否認氣候變遷者是多麼強烈受到意識型態的驅使。不過，政治光譜另一端的人也不能免於幹出同樣的蠢事。以減少我們的碳足跡為例，這是勢在必行的事，而能源生產在溫室氣體排放中，占據了最大份額。

　　不同於重度汙染的化石燃料，核能的碳排放為零，而且能源效率極佳。聯合國轄下的政府間氣候變遷專門委員會（IPCC）強調，核能是緩和氣候破壞的關鍵部分，有些估計指稱，需要將核能增加一倍，才能夠阻止最慘烈的氣候變遷破壞。然而，儘管核電具備如

此優勢，許多綠色組織仍然堅決反對核能，他們的反駁理由只因為一個名稱：車諾堡（Chernobyl）。

1986 年 4 月 26 日凌晨，一場毀滅性的實驗發生在烏克蘭，它在全球人民的集體意識中，烙下了一個永不磨滅的名字。這是一場由無能、過時、以及不重視安全而形成的完美風暴，導致巨大的蒸氣爆炸，勁道足以把兩千噸重的核反應爐炸飛，直接掀開核反應爐大樓的屋頂。超熱的石墨緩和劑在空中爆炸成一團火球，在當地撒下強力的輻射塵。

蘇聯的反應是一場徹底的災難。載著五千噸沙子和中子吸收劑（硼）的直升機，趕去滅火，不料卻撞上起重機，墜毀到地面。沒有穿著保護裝備的消防員，奮力撲滅有如地獄之熊熊烈火，沒有意識到危險。蘇聯也沒有採取任何舉措來阻止危險物質（主要是放射性碘 131）汙染食物鏈。碘 131 這種同位素的半衰期只有八天，但是如果攝取了它，將會堆積在甲狀腺裡。只要採取基本的預防措施，健康上的影響是很容易避免的；然而，蘇聯當局卻堅稱沒有任何失誤，竟打算讓當地人食用汙染的農牧產品。若不是第二天，瑞典一所核能設施偵測到輻射塵的痕跡，向全世界揭發了問題的嚴重性，這個發生在蘇聯時代的遮醜否認心態所造成的不良影響，可能會無限期持續下去。最終，在事故發生的三十六小時後，蘇聯當局才下令疏散，但是幾千人已經遭到原本可以免去的輻射暴露。

於是，世界上最慘的核事故，成為反核運動的關鍵，長達幾十年被當成核能就是災難的保證，核災成為大量死亡的同義字。綠色和平組織斷言，車諾堡這場災難奪走了九萬三千條人命。令人難忘的當地畸形兒的照片、以及大量癌症發生率，深深烙印在人們腦海中。從此，車諾堡便成為大量死亡的代名詞。

　　但是這種想法並沒有準確反映現實。災難發生後,聯合國原子輻射影響科學委員會(UNSCEAR)、世界衛生組織及其他團體,聚集監測這次災難對於暴露於輻射的人,健康有何影響。2006 年,也就是觀測了二十年之後,車諾堡論壇報告指出,暴露在巨量輻射及有毒煙霧下的消防隊員,共有二十八人死於急性輻射病。另外十五人因為攝取放射性碘而死於甲狀腺癌。雖然很積極監測,但卻沒有偵測到實質固態腫瘤和死亡率的增加,即便是在數十萬名事件後負責清除現場、防護裝備極為有限的工人群中,也是一樣。此外,也沒有數據顯示災難後畸形兒的出生率有攀高的現象。就像 2008 年聯合國原子輻射影響科學委員會報告所宣稱的:「沒有科學證據顯示,與輻射暴露可能相關的整體癌症發生率或死亡率或非惡性疾病發生率有所增加。」

　　我們要如何讓我們的認知,符合災難真正的傷亡?簡短的說,我們做不到。很多機構為了推銷自己的偏見,不惜誇大或明目張膽的扯謊。那些備受西方慈善機構珍愛的、令人難忘的畸形兒照片,並非車諾堡災難的產物,而是在所有人口中發生率極低的一般畸形兒,根本牛頭不對馬嘴。綠色和平組織所估計的巨大死傷數據,有如變戲法般,是從壞科學及粗率的推斷中變出來的,令世界衛生組織發言人哈特(Gregory Härtl)不禁要指出:「我們必須一直提醒,為什麼有人要做出這種估計。」

　　為了意識型態而犧牲事實,不只是把水攪渾,還會傷害這些受到影響的人的心理健康。2006 年世界衛生組織的一份報告警告:「把受影響族群指稱為『受害者』而非『倖存者』,會令他們覺得自己很無助、脆弱、以及不能掌握自己的未來。這……會導致太過小心以及誇大健康顧慮。」

我寫出這些數據和聯合國轄下機構的評論，並不是要淡化此一導致四十三人死於輻射的悲劇。1986 年暴露於輻射的人當中，有些可能尚未顯現出疾病的影響，不過隨著時間推移，這方面的可能性大大降低了。車諾堡周邊共有高達十一萬五千人被迫遷移，現今在核電廠周圍三十公里，已劃為禁區，必須長期保持警戒，雖說這塊區域的輻射程度遠低於危險標準。如今，在沒有人類干擾的情況下，這塊禁區已變成一片極為美麗的野生生物棲地。

核能發電遭污名化

日本的福島核電廠事故，也成為反核信息傳送的焦點。2011 年 3 月，日本東北太平洋海岸發生一場強震，引發十五公尺高的致命海嘯。海水淹沒了福島核電廠，由於浸水的柴油發電機無法冷卻核電廠，一小部分核燃料漏了出來。接下來的劇情發展吸引了全世界的關注，大大提升聳動標題的優勢。事實上，該事件的輻射生物學影響相當輕微，與輻射暴露有關的死亡案例只有一樁，而且這個數字很不可能再發生巨大改變了。洩漏的輻射物質的量是這麼小，對健康的影響極低。在當地生產的糧食及附近捕捉的魚類中，都沒有可偵測到的意外輻射。

但是這些事實都無法攔阻許多人士把福島當成一個反核圖騰，用一堆含糊不清的說法來支撐。在大家對福島事件義憤填膺之際，我們也就忽略了那一萬六千名死於毀滅性海嘯的日本人。

獨立來看，核能當然不是萬靈丹。它天生就有高度複雜性，而且核廢料的處置也必須非常小心。但是，就任何客觀的測量而言，核能依然可以算是清潔、安全且極高效的。反對核能的運動可以回

溯到現代環保運動的初始，當時像綠色和平這類團體抗議的是核彈試爆。冷戰期間，核武器與核能發電很不幸連結在一起了，兩者被打成一丘之貉，儘管它們是根據完全不同的原理來運作的。把一座核電廠變成熱核彈的可能性，不會比把一個紙飛機變成一架戰鬥機來得高。[78]

不斷散播核電廠恐慌，不只留下誇大的危險印象，同時還令我們盲目，看不見其他駭人背景。1975 年，中國河南省的板橋水庫潰堤，害死了十七萬一千人，並且讓一千一百萬人被迫遷移。就連風力發電自從 1990 年代起，也害死了一百多條人命。但是，這些並不會讓水力與風力發電被認為是致命科技；事實上，每一種能源生產方式都有風險。

我們對化石燃料的倚賴，已經讓我們的環境以及我們的健康，付出最大的代價。化石燃料除了是驅動氣候變遷的高碳引擎之外，每年還令大約五百五十萬人死於空氣汙染。

福島事故之後，德國默許反核人士的要求，關閉核電廠。反過來，他們建造了重度汙染的化石燃料發電廠。日本也減少了核電廠的供電占比，並成為全球第二大的化石燃料淨進口國。到了 2017 年，德國成為歐洲最大的碳排放國，而「逐漸淘汰核電廠」是導致大氣中多出八千萬噸二氧化碳的原因。

反觀法國，早就有 78% 的能源來自核能，不但享受清潔的空氣，同時也成為碳排放最低的工業發達國家之一。

武斷反對核能，就是增加對化石燃料的倚賴，進而加速氣候變遷。如果這是環保運動的一大「勝利」，那麼它也是一場代價極為慘重的勝利。

認清事實比意識型態更重要

問題的癥結是，由於不願意承認事實，令我們陷入困境。曲解現實，以便放大個人的信念，只會消除理性討論的空間，讓我們更加分裂、而且消息更加閉塞。如果我們拒絕接受證據的引導，將不可能找出務實的答案來解決問題。意識型態和信仰一樣，有一個惡習，傾向把「缺乏彈性」重新塑造為一種美德——完全排斥與駁斥任何與該意識型態的宗旨不符的事物。

伏爾泰的名言「完美是善的敵人」反映的事實為：世間往往沒有理想的解決方案；健全的推理也不見得能消解意識型態的僵局。沒有妥協或適應的能力，往往導致糟糕的後果。面對眼前的挑戰，例如氣候變遷，如果我們當中有相當數量的人，甚至不承認這現象確實存在，同時還有另一批人在破壞可能的解決方案，我們要如何來對抗這些挑戰呢？這就好比當一棟建築失火時，許多居民卻拒絕承認它失火了，同時還有一些居民行使獨斷的否決權，不准許通報消防隊來滅火。

如果我們想要活下來，而且活得很好，我們的意見和信念必須隨著事實來演進。我們可以討論，也可以針對哪些是最適合的解決方案以及如何達成，持反對意見；但是如果我們堅持漠視現實，並以自己的幻想來替代，我們將不可能做得到。我們都有權利擁有自己的意見，但是沒有權力擁有自己的事實。

我們被誤導的議題，如果只限於科學和健康，情況就已經夠糟了；然而，正如我們已經看到非常多案例，可疑的說法汙染了政治議題，不論是網路上或現實中。我們很多人窩在自家回聲室的舒適圈裡，尋求能確認、而非挑戰自己的消息來源。由於我們變得前所

未有的日益極端化，區分事實與虛構更不是很容易的任務了。這些都足以令人變得冷漠和憤世嫉俗。但是冷漠是社會的敵人，在它的影響之下，我們會非常容易受人左右。

所幸我們的命運還沒有注定。對抗這些挑戰，我們最大的抵抗力，正是長久以來令人類異軍突起的同一個優點：我們那好問的頭腦。分析思考的能力是一面強力盾牌，足以對抗胡言亂語的攻勢。這些年來，懷疑論者（見次頁的定義）與科學家表現優異，揭穿了諸多販賣主觀胡扯的人，從撈錢的通靈者到危險的江湖術士，不一而足。但是，我們在二十一世紀面對的最大挑戰，可能在於陰謀論的崛起，其影響遍及每個領域，從政治到醫學。通過本書，我們看到這些思考方式以各種形式呈現，以及它們能造成多大的傷害。偏執宣揚者所兜售的敘事包羅萬象，而且很具誘惑力。在他們身後，播下了嫌隙與不信任的種子，使得我們的社會更分裂，也讓我們更容易受到傷害。就像病毒般，陰謀論思維會迅速演化並突變，需要強大的免疫力來推理抗衡。

不過，陰謀論只能藉由壓抑理性來興旺；不令人驚訝，陰謀論總是伴隨著低階的分析性思考。就目前的證據顯示，對於陰謀論信仰的接受度，與一種簡單的直覺式資訊處理——跟隨快速的直覺走的傾向，具有很強的相關性。相反的，強烈的分析性思維與「心胸開闊」有正相關性，但是與「相信陰謀論」有負相關性，因為這種思維本身就有助於對各種說法進行批判評估，尤其是針對那些不合邏輯或缺乏證據的說法。也因此，採取分析性思考的人，更不容易成為我們先前討論過的那些認知偏見的受害者。

但是很關鍵的是，這並非不可更改的。研究顯示，誘發出分析性思考，能減低陰謀論觀點的形成，即便是在容易受它影響的團體

內部。採取分析性思考，能讓自己從有毒的世界觀中解放出來。

　　只要意識到我們推理中可能發生的錯誤，就能保護自己免於不良後果。在本書中，已經探討了多種我們需要避免的陷阱，從邏輯的、心理學的，到修辭的、以及其他的。只要意識到這些，就成功了一半──只要知道很容易讓我們上當的陷阱，就能減低掉入陷阱的可能性。

　　另一半的成功在於利用這份知識。要衡量任何一項主張時，一定不能只考慮推理如何連貫，我們還必須調查它的前提。它真的具有良好的支撐，還是倚賴修辭詭辯？結論是否真的有根據，還是含糊不清？這正是我們稍早對癌症陰謀論的處理方式：藉由證明陰謀論的前提站不住腳，我們選擇否決癌症陰謀論的主張。另外，在大眾對核電的恐懼中，也讓我們看到了，不能無條件接受社會上對某議題的流行看法，我們必須要有自己的批判性思考。

要遵循證據和邏輯

　　要回答我們碰到的困難問題，需要善用科學懷疑精神的概念。究其根本，它意味要提出相關問題，以判定我們所看到的現象是否合理。所謂「懷疑精神」這個詞，源自希臘文 skeptomai，意思就是「仔細思量」。美國哲學家庫茲（Paul Kurtz，世俗人文主義之父）這樣定義懷疑論者：「一個『願意去質疑任何說法的真實性，要求明確的定義、一致的邏輯、以及充足的證據』的人。於是，採用懷疑精神，便成為客觀科學探索和搜尋可靠知識的基本部分。」

　　懷疑精神就蘊含在科學方法中；科學方法是我們用來探究宇宙的鏡片。但是，懷疑精神與科學方法對我們的政治和社會健康，也

同樣不可或缺。若欠缺懷疑精神與科學方法，我們就難以去質疑掌權者或是想要掌權的人的主張。如果我們不知道要求證據，不知道什麼是可靠的信息，終將無力對抗那些想利用我們的煽動者、獨裁者及江湖術士的隨興主張。沒有健康的懷疑精神，我們將變得非常容易受人操控，容易被人當成槍來使。失去分析性思考的防護，我們將無法抵抗狂熱，在碰到欺騙我們的人時，將會不堪一擊。歷史上已布滿了提示，關於此等後果可能有多嚴重。

懷疑精神要求我們去尋找真相，而非用安慰人心的謊言，自欺欺人。懷疑精神要求我們遵循證據和邏輯，不論最後得出的結論是否為我們喜歡的。這種經驗不見得讓人自在；分析性思維會消滅許多不容置疑的信仰。但是唯有這樣，我們才能克服容易犯下的錯誤和盲點。

所以，當面對一項主張時，我們要如何用分析性思維的方式去處理呢？我們不能單單因為那項主張確認了某個先入為主的偏見，就接受它；我們也不能僅僅訴諸群眾的智慧，來替我們評量它。相反的，我們要讓它接受詳盡的審視，以判定我們應該可以信任它到什麼程度。套句著名天文學家薩根的話：「特別的主張，要有特別的證據。」

分析性思考的提問清單

綜觀本書，我們已經探討了當我們面臨某項主張時，需要考量的諸多面向，不論該主張是政治的、科學的、還是其他方面的。

沒有哪一種面向，可以單獨審視、分析和破解任一種主張，所以我們需要把這些面向，列成一份清單。當我們面對某項主張時，

可以據此進行提問和分析性思考：

◈　**推理**：前提能否導出這樣的結論？推理過程是否遭到扭曲？若
　　要讓人信服，推論過程的每一個環節都必須無縫接軌。如果其
　　中潛藏著不合邏輯的推論，那就暗示其中必有缺失。同樣的，
　　如果追蹤一項主張直到它的邏輯結論，卻產生了矛盾或荒謬，
　　那麼這將是一個警告，提醒我們務必小心了。前提本身也很重
　　要——前提是否很合理、並擁有良好證據支持？或是經過仔細
　　審查後便分崩離析？如果前提會因為我們的深入探究便枯萎，
　　那麼從它的根莖生長出來的結論，通常是不用考慮的。

◈　**修辭**：這是什麼性質的論辯？單憑權威不能代替證據；即使有
　　權威介入，它也必須為其主張提供證據。將複雜情境簡化為一
　　個單純原因的敘事，應該要特別小心提防；同樣的，那些硬是
　　把一個複雜觀點的光譜，簡化成兩極化的敘事，也應該提防。
　　對於歪曲他人立場的企圖，我們應該毫不考慮，加以拒絕。證
　　明一項主張的責任，亦即舉證責任，永遠落在提出該主張的人
　　身上，僅靠著詆毀或抹黑對手，沒有辦法證明任何事。

◈　**人性因素**：基於不同價值觀而產生的偏見有哪些？我們沒有哪
　　個人能夠不受動機推理或是確認偏誤的影響。判定某一立場是
　　合理的、還是由意識型態所驅使的，是一件很重要的事。該論
　　點的根據是否像摘櫻桃般，只挑選對特定一方有利的信息，以
　　便支持特定觀點？我們人類在許多方面都是不可靠的敘事者，
　　當我們掌握的證據是很主觀的或傳聞時，我們切不可忽略一項
　　事實：我們的認知與記憶均不完美。

◈　**來源**：我們的信息從哪裡來？信息是否來自可靠、可驗證的來

源？沒有辦法追溯到可靠源頭的斷言，不該太把它當真。我們
取得的信息，往往是由我們的回聲室以及意識型態所塑造的，
我們必須費力驗證它是否公平，或者只反映出我們想要聽的。
對於傳聞的消息，必須要很扎實去評估，以衡量它的價值。某
項議題還存在多方爭議，並不代表每一個觀點都擁有同樣良好
的證據支持。

» **量化**：這項主張是否能被量化？如果數據被提出來，這些數據
的來龍去脈將十分重要。統計數據很有用，但是它們也可能被
利用並操控，以便愚弄缺乏警覺心的人。相對風險與絕對風險
之間的差異，我們必須牢記在心；而且，我們必須在同類事物
中做比較，而不是任何事物都可相提並論。此外，切不可忘記
一句老話：相關性並不代表因果關係。

» **科學**：這項主張是否可經由實驗來驗證？實驗結果是否有偽造
的可能？實驗是否有再現性？如果該主張提出一個看似科學的
假說，它是否根據了信譽良好的研究，還是依賴草包族科學？
如果科學數據也被呈現出來，它是否反映出一致的觀點（所有
證據一致支持），或者只是選取了一些離群值？支撐的數據是否
夠強，足以支持其結論？如果另一個具有較少假定的假說，能
夠同樣良好的解釋該數據，奧坎剃刀暗示我們，要小心囉！

當我們面對一個新想法時，以上這提問清單非常有用。不過，
我們需要批評的想法中，最重要的還是自己的想法。若想和科學家
一樣思考，我們就必須願意接受證據和推理的引導，必須承認自己
的錯誤，並加以改正。這代表我們必須接受「所有結論和立場都是
暫時性的」，而且我們必須順從因為資訊更新而出現的變化。這對

我們來說並不容易——正如我們已經探討過的，我們深深依附著自己的信仰和意識型態，程度之深，往往會把對它們的挑戰，詮釋為對我們的人身攻擊。但這是一個我們必須努力克服的缺點。

　　我們並不會被我們的想法所定義。它們經常是錯誤的，而我們也不應該為了適應新資訊而感到羞愧。相反的，這樣做值得稱頌；唯一應該羞愧的是拒絕改變心意，即使證據顯示需要如此。我們也不該在根本沒有證據的情況下，覺得有壓力而馬上給出一個意見。倉促形成的立場，往往是錯誤且抗拒變革的。沒能貿然下結論，不需要覺得丟臉或害怕。不確定的感覺或許令人不舒服，但是我們必須忍受。正如羅素曾經警告過：「人若沒有受過『在缺乏證據的情況下，不妄下判斷』的訓練，那就很容易被過度自信的宣揚者給引入歧途，而且這些宣揚者的領袖很可能要嘛是無知的狂熱份子，要嘛是不誠實的騙子。忍受不確定感很難，但是正如保有大部分的美德，也都很難。」

懷疑精神不等於憤世嫉俗

　　最後，還要注意一件最重要的事：永遠不要把懷疑精神與廉價的憤世嫉俗給弄混了。懷疑精神並非反射性的「我很懷疑」，而是「我們為什麼那樣想？」。懷疑精神是一個鼓勵討論與理解的開放過程，而不是要關閉它們的途徑。

　　同樣的道理，許多持相反意見的作家和評論員，把自己描繪成對某些議題（像是氣候變遷或是疫苗接種）的「懷疑論者」。這完全是錯誤的稱呼。所謂懷疑精神，需要做到先把所有主張當成尚未證實的，直到它們被證明確實或假偽為止。相反的，「否定者」只是一

味頑固堅持拒絕接受已經被無可辯駁的證據支持的事物。反對排山倒海的科學共識而自封的懷疑論者,其實只配叫做否定者,只是蓄意拒絕接受他們的立場無法解釋的不容置疑的證據。

如果我讓諸位讀者留下一個印象,認為科學方法只是一個駁斥虛假陳述的框架,永遠都在潑冷水,那我就太失職了。科學方法遠不只如此:科學探索是一把燃燒的火炬,可以照亮無知和畏懼所侵吞的黑暗。

我們所居住的宇宙的真相是這麼令人驚嘆,遠超過任何小說所能編造。就拿組成生命的必須元素——碳、氧、氮來說,當我們得知,這些元素只有在巨大恆星的內部才能創造出來,無可避免,就會導向一個結論:組成我們身體的原子,是萬古以前在一顆爆炸恆星的核心裡鍛造出來的,而後被驅逐開來,在宇宙中穿越了無垠的距離。我們是貨真價值的星塵,誕生於超大質量的太陽。

您瞧,科學的推理思維一點都不沉悶,相反的,它能產生我們做夢都想不到的發現。而且,唯有科學方法能夠拯救我們不至於墜入永恆的無知黑暗中。

後記

我們是感情的動物

熱愛真理，但要寬恕錯誤。

—— 伏爾泰

不願說理的人是偏執

選對戰場實在太重要了，演化論的共同發現者華萊士，能為此作證。1870 年 1 月，有人在《科學意見》(*Scientific Opinion*) 期刊上發出一封戰書，懸賞有誰能證明地球是圓的，而非平的。發起這項挑戰的人是漢普頓 (John Hampden)，一名富有的宗教狂，痴迷於《聖經》裡所有字面上的詮釋。由於他對《聖經》能確證地球是平的，太有信心了，他願意拿出五百英鎊給予證明他錯誤的人。

這似乎很可笑——「世界是球形的」早就為人所知了，因為古希臘的厄拉托西尼 (Eratosthenes) 就已經正確計算出地球的圓周，時間比耶穌基督誕生還要早兩百年，而且從 1500 年代起，環球航行也已經證明過了。不過，華萊士當時財務狀況有些吃緊，不由得對這項賭注動了心。他徵詢地質學家萊爾爵士 (見第 336 頁)，該不該接下挑戰。「當然可以，」萊爾回覆道：「也許可以止住這批蠢蛋這麼明目張膽的胡搞。」

華萊士和萊爾的想法是，這些人只是受到誤導，只要有適當的證明，他們終究還是能夠明白道理的。經過了頗為友善的通信聯絡後，華萊士與漢普頓在諾福克郡的舊貝德福運河碰面了。預定的實驗很直接：在兩座相距六英里的橋梁上，華萊士會在水面上同等高度的地方做個記號；然後在兩座橋之間的中點，豎起一根竹竿，於水面上同樣的高度做記號。如果漢普頓說的沒錯，地球是平的，用望遠鏡來觀測，這三個記號應該排成一直線；如果地球有曲面，那麼透過望遠鏡觀測，兩座橋之間的中點的記號將會顯得比較高。

實驗結果證明有曲面，正如意料之中。然而，華萊士不知道的是，漢普頓早就企圖用不正當的手段來影響結果，他選了一位贊成

地球是平的上帝創造論者當裁判。他們反對一些技術細節，於是華萊士又按照對方指定的規格，重做了一次實驗。地球還是有曲面，華萊士宣布勝利。

這樣的澄清，事後證明只是一場空歡喜的勝利，因為華萊士的麻煩才剛要開始。漢普頓拒絕接受實驗結果，展開一場曠日持久的法律訴訟，想要讓這場打賭無效。雖然華萊士贏得多場判決，漢普頓仍然拒絕付錢，最後甚至宣告破產。神經日益錯亂的他，開始寫一些刻薄的威脅信函，例如他這樣寫給華萊士的太太：「夫人，你那惡賊丈夫要是有一天被抬回家，頭顱的所有骨頭都被砸爛，你會曉得是什麼緣故。你把我的話轉告他，他是一個撒謊的惡賊，毫無疑問他將不得好死，就像他姓華萊士也是毫無疑問的。」

不論是何種誹謗官司，死亡恐嚇都超出了英國法律的容忍度，漢普頓終於給送進監獄。用華萊士的話來說，這整件事

害得我十五年來活在擔憂、打官司和迫害中，最後還是沒拿到那幾百英鎊。而這一切會臨到我身上，都怪我自己的無知，以及我自己的錯──無知於已故的笛摩根（Augustus de Morgan）教授早就證明過的事實：他稱作「悖論家」的那些人，是永遠不會被說服的。而我的錯誤就在於，一心想要靠著打賭來掙錢。於是，這便鑄定了我這輩子最後悔的事情。

華萊士悲慘的遭遇，發生在還沒有衛星科技、太空旅行、以及商用航空的年代。如果有人以為這類科技的進步能夠把「主張地球是平的人」扔進歷史的垃圾桶，也情有可原。然而事實並非如此，這些蠢蛋又在網路上興起了，把自己隔絕在只會放大他們的信仰的

社群裡。在那些論壇裡，都是在企圖否定不利於他們的科學證據，他們用五花八門的各種機制來論述，這些機制通常都取決於對幾何學及折射現象的破碎理解。於是，就像華萊士所發現的，他們在證據的面前依然不可能改變看法。

這種特性一點都不獨特，譬如，改變反疫苗觀點就相當困難。2014 年加州有一份研究調查發現，反駁 MMR 疫苗與自閉症有關的論述，反而讓最不偏好接種疫苗的父母，減低了接種疫苗的意願。對於堅決反對接種疫苗的人，說理的方式只會更加鞏固他們毫無事實根據的觀點。[79]

不會說理的人是愚蠢

大家或許會很想把這種觀點，歸類於社會邊緣人的想法。但事實上，我們是住在一個互相關聯的世界裡，想要廣泛散播迷思，再簡單不過。對於我們如何理解周邊世界，「關心則亂」的後遺症尤其強大。假消息和危言聳聽，可能會被最偏激的份子所引導，製造出規模大得多的混亂；其中明顯最令人心痛的，或許要算是人類乳突病毒（HPV）疫苗的全球信任危機了。

人類乳突病毒的幽靈，老早就籠罩在我們的頭頂上，利用的是或許堪稱人類最深層的欲望：我們永不饜足的性欲。人類乳突病毒是藉由性交傳染的，因此凡是有性生活的成年人，其實都攜帶了已知超過一百七十種類型的人類乳突病毒當中的幾種。這些病毒大部分都是無害的，或是很容易被免疫系統清除的。但是，其中有些變種卻是最不祥的，例如十六和十八類型可能導致一群癌症。[80] 全球約有 5% 的癌症要歸咎於感染人類乳突病毒，包括超過 90% 的子宮

頸癌，單單這種癌症每年就會奪走大約二十七萬條人命。

　　人類乳突病毒疫苗是一大發現，能將此惡魔永遠驅逐到記憶的深處。嘉喜疫苗（Gardasil）能防護最惡毒的人類乳突病毒類型，而且在 2007 年以前，就獲得超過八十個國家的核准。成果也相當驚人：到 2013 年，嘉喜疫苗已經令全美年齡從十四歲到十九歲的女孩感染人類乳突病毒的比率，驟降了 88%。到了 2018 年，澳洲來到即將因接種疫苗而消滅年輕女子感染人類乳突病毒的關卡上。因為有史以來頭一次，我們將能消滅一整群的癌症。

　　但是，想要對愚蠢產生免疫力，是不可能的。在美國，宗教保守人士因擔心嘉喜疫苗會助長淫蕩的濫交，於是全力阻撓一項全國疫苗接種項目。然而，他們所假設的接種嘉喜疫苗會成為一本通往性放縱的護照，卻禁不起哪怕最基本的審視：證據顯示，在接種嘉喜疫苗的這個世代，性生活頻數並沒有升高。諷刺的是，所謂要用節制來替代保護的說教，壓根不管用，因為嘉喜疫苗接種所針對的青少年，性活動開始的年齡和其他青少年一樣。但不論是否有意，有相當大數量的美國群眾覺得，自家青少年有正常的性欲是非常令人不安的，以致他們甘願冒險讓子女承受不必要的死亡風險，也不願意務實以對。

　　但是事實證明，存在已久的反疫苗運動是一個遠比這點風險更加嚴重的問題。反疫苗運動人士隨即針對嘉喜疫苗，汙衊說接種後會引發千變萬化的不良反應，包括各種含糊、前後不一、而且主觀描述的症狀。然而這些斷言完全缺乏流行病學數據的支持；嘉喜疫苗在全球廣泛接種後，產生了很多後續追蹤的研究，對象涵蓋了數百萬名女子。在這個龐大的數據集裡，即便很罕見的副作用都會被揭露。可是所有證據都顯示嘉喜疫苗是安全的，耐受性良好的，而

且對預防人類乳突病毒感染極為有效。

　　但是反疫苗運動從來不關心事實，只關心意識型態。藉由一樁轟動的訟案，這夥屬於社會邊緣、但聲量很大的傢伙，在全球社交媒體上，瞄準了政客和為人父母者，頻頻發送他們的假消息。

　　後果很嚴峻。在 2013 年，日本已掀起一波恐慌，最後導致厚生勞動大臣暫緩推薦接種嘉喜疫苗。後續調查很快結論道，嘉喜疫苗與日本媒體報導中的病症毫無關係，可是它依然是政治毒藥；到了 2017 年，接種率已從 70% 崩跌到不足 1%。

　　在 2014 年，嘉喜疫苗造成傷害的故事出現在丹麥媒體上，緊接著就是反疫苗運動人士的密集遊說。他們的影響力因為第二電視臺一個煽情的專題報導而加劇，報導中暗示，嘉喜疫苗會對年輕女子造成損傷，裡面有很多情緒化的證詞，是單靠事實與數據無法勝過的。於是，自我診斷的「疫苗傷害」，成為普遍且不容置疑的風潮，疫苗接種率當然也是驟降，從 79% 掉到只有 17%。

　　2015 年，恐慌蔓延到愛爾蘭。當時我人在英國牛津大學，但是我一直密切關注家鄉的事務。疫苗接種與癌症正是我長期關注的領域，所以很多人徵詢我的意見也不足為奇。但是，突然間我被蜂擁而來的記者給淹沒了，他們都是來詢問有關人類乳突病毒疫苗接種似乎很危險的事。他們聽說了一些很嚇人的事，像是：這種疫苗含有毒性，沒有經過適當的試驗，以及副作用被醫療產業的陰謀給遮掩過去了。

　　對於實際從事科學傳播工作的人來說，學到的最寶貴的一課或許是「並非所有貌似真摯的擔憂都是真誠的」。人們會質疑疫苗的安全性，這點我們完全能夠理解；但是，精心策劃或利用大眾的不確定感，以便散播恐慌，就完全是兩碼子事了。雖然日本和丹麥的情

況還沒有滲透到英語媒體圈，但是擺在我面前的這些說法，卻帶著絕對不會弄錯的反疫苗運動的標記。[81]

　　這些主張不只根本就是錯的，甚至稱不上新鮮。它們是反疫苗教規的主要產品，撢去灰塵後重新上陣，是即便已經被駁倒、但仍然持續的殭屍神話。會被它們保留不傳播的，只有一塊區域：反疫苗社群的弱點。他們現在的老調重彈是一個警訊，顯示這種貌似真摯的擔憂，其實早就沾上了反疫苗運動的指紋。

　　我指出嘉喜疫苗具有極為正面的安全性，強調它有能力消除一整群癌症。我這樣做，讓大部分與我談過話的記者不再給那些故事添薪加柴。就像我之前曾提過的，有時候科學家在增進大眾理解方面，能做出的最大貢獻就是：趕在不必要的恐慌生根之前，搶先殺死那些可疑的故事。

　　但是比較不用功的媒體，早已報導了一則來自某個名字不斷冒出來的組織提供的故事，該組織的名字是：REGRET。這個縮寫的名號揭露了它們的信仰：Reactions and Effects of Gardasil Resulting in Extreme Trauma（嘉喜疫苗導致極端創傷的反應與副作用）。它們宣稱，代表數百名遭到嘉喜疫苗傷害的年輕女子，其中很多人聲稱因為病得太嚴重，必須坐輪椅，或是因為太過痛苦難以忍受，而接受全天候的自殺監視。這個團體在社交媒體上堪稱無所不在，把它們的信息對準政治光譜上的所有政客。

　　此外，它們還很熱愛博眼球的絕技。2015 年 8 月，它們在愛爾蘭癌症協會於高威郡舉行的演講上，安排設計了一場抗議活動，其高潮為辱罵世界知名的病毒學家史丹利（Margaret Stanley）教授。這場折磨如此強烈，史丹利評論道，她「在專業生涯中，從未被人如此仇視和尖刻對待。」如此大量蜂擁而至的威脅，迫使愛爾蘭癌症

協會必須為將來的活動安排保全人員。

　　串通好的矛頭一致的批評，成為家常便飯。醫師兼電台節目主持人凱莉（Ciara Kelly），和我在廣播和報紙上駁斥這些迷思之後，被毫無根據的投訴給淹沒了。這可不是我頭次遭到這類對待，加上我很幸運擁有支持我的校方。然而，身為開業全科醫師的凱莉，被誹謗者多次告上愛爾蘭醫學委員會，而每次都必須進行一輪壓力沉重的調查。正如凱莉指出的，她「從未接獲來自真實病人的投訴；我和醫學委員會交涉的，全都來自我從未見過的反疫苗控訴者。雖然壓力巨大，我還是堅持絕對不向反科學議題低頭。」

 不敢說理的人是奴隸

　　除了威嚇戰術之外，關愛子女的父母尋求答案的故事，更具有強大的誘惑力。最初的故事充滿同情心，絲毫沒有新聞記者的懷疑精神，雖說即便粗略掃視一眼 REGRET 的網上內容，就可以看出遠超過嘉喜議題的反疫苗論調。[82] 這當然逃不掉所有人的注意，記者米雪兒（Susan Mitchell）詢問 REGRET 的的創辦成員是否敢和醫療專業人員對話，並詢問數目可觀的大眾募款如何管理。碰到不甘願只寫吹捧文章的勤勉記者，REGRET 乾脆拒絕回應。

　　2015 年底，一部由第三電視臺播放的散播恐慌謠言的反疫苗紀錄片，立刻對公眾輿論造成強烈衝擊。嘉喜疫苗接種率在 2014 年還有 86.9%，但是到了 2016 年，卻陡降為 50% 左右。政客們列隊等著對接種疫苗提出疑慮，其中一位愛吹牛的愛爾蘭參議員堅稱「十四歲的女孩兒不會集體撒謊。」然而，那些被歸咎於嘉喜疫苗的種種不良效果，其實都能輕易用普通心理 [83] 及生理疾病來解釋清楚，但

卻完全遭到漠視。在公共輿論的臺面上，嘉喜疫苗不再被認為是必要的，而被認為是危險的。

愛爾蘭國家免疫辦公室為了回應這些污衊，迅速成立了一個相關機構的指導小組，組織起包括醫學會和家長團體的新聯盟，為家長和保健專業人員準備了清晰明確的信息包，在社交媒體上廣為宣傳，針對強勢的假消息，提供了權威的反擊。衛生部長和資深政治人物更是給予無條件的支持，一再重申疫苗的安全與必要。這樣的統一陣線在日本和丹麥是完全沒有的。但是，信息戰只能算是整場戰役的一部分；情緒戰線是另一部分。

恐懼與不確定是強大的動因。那些不願讓子女接種疫苗的父母絕大多數並非頑固的反疫苗狂熱份子，只不過是一心為子女著想。但是一小撮反疫苗激進份子主導了敘事，令「疫苗不安全」成為長久流行的觀點。這些領頭人充分利用了那些不熟悉他們套路的人的同情心。在尋求答案的假面掩飾下，反疫苗激進份子累積了許多同情他們的報導，同時淡化全球反覆調查都不支持他們說法的事實，還詆毀科學家與醫療專業人員是冷血的既得利益者。

由於沒把握該相信誰，也不清楚益處何在，許多家長選擇避而不談，或漠不關心。在喧囂與騷動中，接種疫苗的根本原因在對話中反而被抹去了。但是，真正的選擇並非在於幽靈般的副作用到底「存在」還是「不存在」，而是在於要「保護子女免於罹患一群可怕的癌症」，還是「為了杜撰的說法讓子女冒生命危險」。

還是一樣，這個議題引發的感情是這麼深，我們只不過在公共領域幫疫苗辯護，就能在社交媒體上招來狂怒的評論——猛烈的人身攻擊，充滿酸腐味的申述，以及最常見的、控訴我們根本就「不在乎」別人。然而最諷刺的是，這種誹謗錯得再離譜不過。每一次

公衛宣傳活動的背後，都有一顆真摯的拯救生命的欲望，動機來自於意識到一個悲哀的現實，那就是：在每一個死亡統計數據背後，都有一個悲劇，都有一個破碎的家庭，都失去了一個摯愛的人。

與漠不關心剛好相反，公衛及科學社群的大聲提倡，反映的事實為：疫苗能免除如此多可預防的悲劇。

布倫蘭挺身而出

同情是普世的人心。正派的好人不需要別有居心的動機，來敦促他們拯救生命或是減輕他人苦難。要讓疫苗接種率有任何恢復的希望，重新架構敘事說理方式是迫切需要做到的。

愛爾蘭健康服務署（HSE）的調查顯示，在塑造接種疫苗的意圖方面，個人的故事占有超乎比例的重大影響力。這正是為什麼，由反疫苗團體所提供的充滿感情但卻沒有根據的個人陳述，遠比單純事實更能獲取注意力。

2017 年 8 月，愛爾蘭健康服務署發起一項運動，以接種疫苗的年輕女子為主角，敦促觀眾「保護我們的未來」。快到年底的時候，全世界的專家在嚴密的保安下，到都柏林參加消除人類乳突病毒大會。我也到場演講如何對抗假消息，但心裡留意到其他遭受信心危機的國家，始終沒有看到疫苗接種率恢復的跡象。愛爾蘭的做法是否有效，還有待觀察。會議中間，數據傳來了：愛爾蘭的嘉喜疫苗接種率爬升到 62%——這很激勵人心，顯示目標準確的信息能夠克服假消息的迷霧。

想要消除「散播恐慌者對大眾理解力造成的有毒影響」，意味著必須從那些靠恐懼苗壯的人手中，奪回敘事的掌控權。不過，我

們也知道可得性捷思法（見第 107 頁）能發揮強大的影響力。雖然被疫苗傷害的年輕女子的故事缺乏事實根據，不斷的危言聳聽，卻將它們深深烙印在大眾的意識中。想要改變社會大眾的想法，我們需要超級有力的敘述，才能重新架構敘事說理方式，才能揭示為何接種疫苗很重要。

　　好在愛爾蘭健康服務署不需要四處尋覓，因為有力的故事自己找上門來了。布倫南（Laura Brennan）被診斷罹患轉移性子宮頸癌的時候，年僅二十五歲。面對很不利的預後，她願意提供自己的經驗來幫助他人。很難想像還有比她更理想的辯護者了。布倫南口齒便給，有魅力，人又長得漂亮，堪稱對抗圍繞著疫苗打轉的有毒謊言的解毒劑，於是宣傳活動將她的話推到第一線：

　　二十四歲時，我被診斷出罹患子宮頸癌 2B 期。我保持樂觀，因為當時還有辦法治療。經由化學療法及放射療法，治癒的機會還滿大的。兩個月後，它又回來了。而這次情況不一樣，沒有療法能治癒我的癌症；只有能延長我的生命的療法。如果說這件事還有任何好處，那就是我希望天底下的父母能讓他們的女兒接種疫苗。這個疫苗能救命——它原本可以救我的命。

　　布倫南的勇敢和坦白，見者莫不為之動容。她重新塑造了嘉喜疫苗，使之不再是危險之物，而是對抗悲劇的堤防。此舉不只回擊了反疫苗運動人士所闡述的情緒化故事，同時還擁有他們所欠缺的東西：科學事實。這場宣傳攻勢將布倫南的故事與專家的意見結合起來，給出高度一致的信息，極為有效的反駁了那些先前占盡優勢的危言聳聽。在這之前，缺乏明顯的「人的因素」來對抗情緒化的

危言聳聽，但是布倫南的勇敢和堅強，成為反擊假消息的關鍵，很簡單明瞭的表達了疫苗的重要性。這種做法的效率是這麼高，國際公衛團體最後都採行了它，而布倫南也成為世界衛生組織人類乳突病毒疫苗全球宣傳運動的門面人物。

雖然反疫苗因素並不會突然消失無蹤，但是這樣做讓它們無法再束縛理性的對話。2018 年 7 月，在某場會議上，嘉喜疫苗共同研發者弗雷澤（Ian Frazer）是主講者，我與布倫南也發表了演說。REGRET 在會場外抗議，但是公眾對它們的同情卻已消失大半了。在恐慌情緒爆發後，這還是頭一次記者對我們的會議內容，尤其是對布倫南的故事，遠比對場外鬧劇更有興趣。在離開的時候，我們受到誹謗疫苗的抗議人士的激烈質問。但是完全沒被這種場面嚇到的布倫南，將對方斥責得啞口無言，她說：「如果我接種了這個疫苗，我就不會得癌症了。」因為她的癌症是 HPV16 感染造成的，而嘉喜疫苗能對付的正是 HPV16，這是毫無疑問的事實。

我們總是先感覺，後思考

改變想法至關緊要，但是情感也同樣重要。我們不是智能自動機，而是感情的動物，先感覺，後思考。如果我們無法產生情感上的連結，再多的事實、論點和邏輯都沒有用。

布倫南的故事所救下的生命，超過一整座圖書館期刊論文所能辦到的。她對於提升疫苗接種率的貢獻，受到各方肯定，包括愛爾蘭皇家內科醫師學會和世界衛生組織。世衛組織更是將她的故事納入疫苗宣傳運動中。

一想到布倫南這樣做需要費多大的力氣，以及惡意圍繞人類乳

突病毒的汙名和性暗示，布倫蘭的作為就更令人敬佩了。正如布倫蘭告訴我說：

　　我們現在擁有能預防癌症的疫苗，真是太不可思議了。假消息很令我洩氣，因為疫苗的安全性和救命能力是科學事實。如果公開我的故事，能改變一名家長的心意，願意讓子女接種疫苗，那就有可能免除一條生命遭受和我一樣的經歷。我會把握每一個機會持續發聲，但願下一代不必像我、以及許多其他人一樣受苦。我是得了絕症的女子，即將死於現在可以預防的一種癌症。「你們為何不保護自己的孩子免遭此罪？」是天下所有父母都應該自問的。

　　我很榮幸能與布倫蘭結為好友。她在 2019 年 3 月 20 日過世，得年二十六歲。她的去世引起了大眾洶湧的悲傷之情，同時也顯示了，這是一宗可以被嘉喜疫苗防範的悲劇。反對人類乳突病毒疫苗的風波，包括諸多熟悉的主題，像是：傳聞勝過數據、媒體左右大眾的想法、動機推理的影響。但是它同時也提醒我們，雖然證據和推理非常重要，情緒框架同樣重要。
　　要改變想法與心意，我們一定不能只提供更好的論點，我們還需要在情感的層面，提醒人們它為何這麼重要。布倫蘭強而有力的倡導，將全世界的注意力重新凝聚在為何接種疫苗如此重要上頭。在布倫蘭為期十八個月的倡導期間，疫苗接種率爬升超過 20%。此外，藉由無私的與世界衛生組織和愛爾蘭健康服務署合作，布倫蘭的影響力全世界都感受到了——這是一名勇敢女子的不朽傳奇。即便過世，布倫蘭仍將繼續拯救無數條生命。[84]
　　我們不該忘記我們是社會性動物，周遭人群的意見和態度對我

們的影響,大得不成比例。我們會因為共同的世界觀而合併形成部落,即使該世界觀被嚴重誤導。譬如說,陰謀論者往往是在偏激的回聲室裡活動,在他們愈來愈投入那些故事時,其他消息來源也隨之關閉。

信徒待在同一個回聲室裡,不只是基於共同的信念,還基於另一個很重要的東西:身分認同,這具有很特別的誘惑力,即便它可能是虛幻的。對信徒來說,這不只是把世界的複雜給單純化,同時也提供了一種自我膨脹感。研究顯示,這些信徒自認為屬於一個特殊的小團體,比其他「受騙上當的無知群眾」高明,可不是「沒主見的群眾」。至於其他群眾可能受過多少教育或是多有經驗,都沒關係——假行家[85]總是相信自己的公正,說話時展現的信心,與他們的理解力剛好成反比。

身邊圍繞著回應同樣信仰的人,會加強該信仰,也讓它與批評隔絕。在這樣的熔爐裡,信仰成為統一的因素。去質疑教條,有可能令你被自己的部落驅逐,例如,那些有勇氣敢放棄陰謀論的人,往往會因為變節,而遭到昔日同伴的猛烈攻擊。嚴峻的現實是,總有一些群體因為在意識型態上太過投入某項信仰,而使得他們的信念屹立不搖,絲毫不受現實的影響。這或許會讓情勢顯得無望;如果有人完全不看重證據,我們要如何在困難議題上取得共識呢?

謊言用飛的,真相在後面蹣跚而行

每當我們踏入評論區的大漩渦時,這種絕望感就會被放大,但是諺語「半瓶水響噹噹」的確有幾分真實:一份關於《衛報》網站評論區的分析發現,在七千萬讀者當中,最多只有 0.7% 的讀者會留

言評論；每個月六十萬則留言當中，有 17% 是每月至少留言四千則的人貼上的，只占《衛報》讀者人數的 0.0037%。其他分析顯示，許多在文章後面留言的人，甚至懶得先讀一遍文章。

聲音大但人數少的群體，不可能代表大部分人的意見。網上討論的惡劣狀況給人一種印象：好像所有的人都被困在某種二元狀態的戰爭中，但這其實只描述了最極端的人。「叫得最大聲的，往往是知道得最少、也最偏袒的人」並非新問題；詩人葉慈就曾哀嘆：「好人缺乏信念，而壞人狂熱到極點。」

我們大部分人不至於抱持如此根深柢固的偏激立場。當然，總是有一些人由於太過投入宗教或政治意識型態裡，寧願忽略事實，也不肯調整他們的看法，或是寧願宣傳迷思，也不願承認錯誤。其實再沒有比視而不見更盲目的了；與這種人爭論是沒有用的。但是絕大部分的人都並非不可理喻，是可以用道理說服的。我們不需要翻轉整個世界，只需要把話題轉向證據和理由即可。重要的是，我們要有能力分辨什麼是可靠的消息，什麼是我們應該提防的。

我自己的文章下面的留言，通常都會墜入你死我活的抷搏，一方是早已同意文章內容的人，另一方則是堅決不願考量現有證據的人。但這些立場分布極端的人，並非我的目標讀者；我努力的焦點在於有意願去瞭解的沉默大多數，也就是願意在一團可疑消息中，尋求有信譽的資料來源的人。

我們經常被告知，我們生活在後真相社會中，在這種社會裡，徹底的謊言遮蔽了真實的報導。這點可以理解。就在我撰寫本書之時，世界還沒有從川普勝選及英國公投脫歐的驚愕中恢復過來。這兩場政治運動都可以用「徹底的謊言、宣傳、以及煽情的捏造」來概括。但雖然這種事件令我們盲目，人們並未丟棄追求真相的基本

欲望。我們依然擁有好奇的能力和理解的渴望。在這個即時資訊充斥的年代，真正的挑戰在於分辨何者為可靠的、何者為可疑的，在於反思而非反應，在於嚴格質疑我們所聽聞的。這些從未像現在這般緊迫，也從未像現在這般艱難。

愛爾蘭諷刺作家史威夫特曾說：「謊言用飛的，真相在後面蹣跚而行，所以等到人們終於醒悟過來，一切都太遲了；笑話已經結束，故事掌握了影響力。」史威夫特在 1710 年寫下這段話時，可能有些誇張，但是三個世紀後，卻顯得頗有先見之明。我們如今被眾多宣傳者、騙子和傻瓜包圍，他們決心要把謊言投射得遠比從前更廣、更快。若無人挑戰，他們的陰謀將使我們變得柔順，容易導致低劣的決策品質與災難。

要對抗這些，第一步得從自身做起。我們的本體感是這麼容易與我們的價值和信念相糾結，以致可能會忽略一件重要的事：「我們」並不等於「我們的想法」。「我們」不是由「我們的信仰」來定義的，而是由「我們的思考能力」來定義的。

身為人類是會犯錯的，幸好我們擁有自我校正的能力。犯錯並不可恥，拒絕改正錯誤才可恥。我們在面對新資訊時，一定要願意去適應調整，在必要的時候拋棄錯誤的信仰，並擁抱真相，即使那是不愉快的。好思考學會（Good Thinking Society）的計畫總監馬歇爾（Michael Marshall）建議：

其中一件最重要的事情是去接受，而且要完全接受「你在某些方面可能是錯誤的」事實。想要克服偏見以及拒絕有魅力但虛假的想法，其中一個最大的因素，就是克服「為你所認為的真理熱心辯護」的本能，並盡可能開放心胸，很客觀的去審視它。嚴格質疑自

己，就像你覺得不得不質疑他人那般，尤其是針對你覺得最有必要辯護的議題。質疑你自己，就像你質疑他人……

　　這裡未言明的真相是：沒有人能改變他人的想法，我們只能改變自己的想法，但我們可以提供他人工具和自由，去做同樣的事。邁向以證據為基礎的社會，是一場馬拉松長跑，而非短跑衝刺。沒有任何單一事件能顛覆深植人心的誤解，或迎來自動的啟蒙。它一定得是漸進的過程，讓我們先願意吸收新資訊，逐步改正我們的錯誤，然後朝向更有智識的觀點移動。要形成一個更有正確知識、更健康、也更公正的世界，充分的討論勢在必行，才能堵住撕裂社會的謊言、偽科學及含糊推理，讓它們不再蔓延。

要對話，要討論，不要辯論

　　我們早就明確接受「辯論是真相的仲裁者」，然而辯論帶來的回報，往往不是最佳論點，而是最狡詐的辯士。在對抗的背景下，勝出的往往是機敏的辭令或是煽動觀眾的能力，而非清楚的解釋和推理。這個過程本身經常轉向，變成假兩難，把意見光譜的寬廣範圍削減成兩個誇張可笑的極端，強迫我們選邊站，即便事實可能更加複雜。辯論的過程本質上就是走極端的，使得人們不可能改變想法或是在反思後妥協。太常出現的情況是，辯論讓我們更加分裂，正確的信息也更加不流通。

　　此外，辯論還會不自覺的成為虛假平衡的盟友。我已經記不得有多少次受邀上節目，去「辯論」氣候變遷或是疫苗接種。正如我告訴製作人，這太荒謬了，想想看這些都是事實，辯論這些議題不

會比辯論「格陵蘭是否存在」更正當。政治極端份子和偏執狂濫用辯論所提供的平臺，他們非常清楚，只要有機會讓他們那些可惡的想法曝光，就已經勝利了。偽科學家和邊緣團體熱愛辯論，因為它能為站不住腳的信仰和論述，提供合法的虛飾。

　　我並不是說，這些議題不應該討論──剛剛相反，絕對應該討論。去瞭解為何氣候變遷是真的，去對付疫苗恐懼或是探討政治極端主義的復活，對我們來說都非常重要。但是這裡最關鍵的名詞是「討論」──膚淺、拳擊式的辯論，只會迫使我們陷入更僵硬的立場，對於增進理解沒有幫助。相反的，「討論」應該是一種流動的過程，我們的觀念在其中可以（而且也應該）有所演進。「討論」能鼓勵我們在知識和人性的層面上，更深入參與，詢問「為何你會這樣想？」──更重要的是「為何我會這樣想？」。

　　能夠改變想法並糾正錯誤的（不只是糾正他人的錯誤，也包括糾正自己的錯誤），是對話而非辯論。套一句伏爾泰的話，我們必須「熱愛真理，但要寬恕錯誤。」

　　同情也是極為重要的。我們常透過故事來理解世界。在簡單的敘事裡，英雄與惡棍涇渭分明。我們往往過於倉促的去神化或是誹謗，把人或事輕率區分為「好」與「壞」。然而，真實生活鮮少如此一分為二。我們全都有缺點，而且人性很複雜，你我都有可能懷抱愚蠢的想法。這些想法可能是非理性、有害、甚至仇恨的。我們對於本質主義的異常依戀是如此強烈；我們喜歡把這些標籤貼到人身上，而非想法身上。辯論過程的「攻擊、得分」思維模式，常會刻意歪曲對方的立場，而且通常會將對手完全非人化。

　　但是打敗稻草人是沒有意義的。如果我們真的要進行充分的討論，應該採用「善意理解原則」，堅持盡可能以最合理的方式，來詮

釋對手的論點。這樣做，能敦促我們主動考量他人的觀點，提供我們途徑去建構一個思考周到和健全的反擊，或是強迫我們反思修正自己的觀點。這樣做並非在為偏執辯解，或是幫站不住腳的想法合理化，而是單純要確保我們自己的思維足夠嚴謹。

貶抑他人是會產生反效果的，很少有人會在遭辱罵或被非人化之際，改變想法。我發現自己過去曾採用輕視、傲慢的語氣，而那些心態是我回想起來特別憎惡的。我努力避免再這樣做，因為雖然那樣能博取同樣想法的人的讚賞，但是卻可能趕跑原本最有可能從我的見解中獲益的人。此外，實際情況通常也比大部分敘事所能表達的，更為細緻微妙。公眾意見的鐘擺往往大幅度擺盪，而那些把你供在神壇上的人，也會轉眼就把你扔進烈火中。

莫忘當時的瘋狂

我們所有人在某個時候、在某些事物上，都會被誤導。如果我們真心想要有一個更好的世界，就必須包容他人的觀點，不去中傷他們的基本人性——就像我們自己也應該受到這樣的同理對待。

不過，這種寬宏大度還是得有限制條件。首先，它只適用於誠實的討論；那些蓄意歪曲現實的人，很不可能會改變想法，與他們打交道不太可能是具有建設性的。第二，理想的開放式討論，絕對不應該成為仇恨或壓迫的掩飾。我們沒有責任參與仇恨的哲學，也沒有義務容許別人在「否定他人基本權利或基本人性」的立場上大放厥詞。包容的矛盾之處在於：一個社會的包容要是沒有限制，這個社會最終將會被不包容給壓倒。波普爾（見第 341 頁）建議：我們應該以包容之名，主張有權利不包容那些「不包容的人」。

　　社會本身是一個很脆弱的組織，很容易被誤解或危言聳聽給撕裂。我們共同擁有一個美好的世界，而我們的命運也彼此交織在一起，無法斬斷。如果這個世界燒毀了，我們也會燒毀。如果我們被幻覺及草包族文化給拖累了，我們將不能期望改善情勢。那些會顛覆我們思維的人，可以令我們否認現實，創造出一個真空，好讓暴君及騙子來填塞仇恨與謊言。伏爾泰所警告的「那些能令我們相信荒謬之事的人，也能令我們犯下殘忍的暴行」，仍然是真確的，但是這則格言的必然結果，也同樣重要：那些能腐蝕人類互信、並對共同真理投下懷疑的人，也能令我們順應所有邪惡。不論這是蓄意播下仇恨種子的宣傳，還是由那些被意識型態蒙蔽了現實的人所宣傳的假消息，最後的結果都是社會的分裂與互不信任。分裂開來，我們會變得脆弱且無效率，被推向災難，沒有能力在我們面對的全球議題上進行合作。

　　容忍「事實被掩蓋、證據被否定、推理被扭曲」，就等於站在悲劇的懸崖邊上。柏林擁有許多悲慘的紀念碑，標記著納粹時代的野蠻行為。對我來說，最令人不安的是最低調的那個。在美麗的貝貝爾廣場（Bebelplatz）中央，有一片地板是透明的，你往下看，會看到一排排空蕩蕩的書架，上面一本書都沒有。旁邊有一段題字，摘自德國詩人海涅（Heinrich Heine）的話：「這只是一場前戲；會燒書的地方，最後也將燒人。」

　　柏林這座紀念碑是在紀念 1933 年 5 月 10 日納粹第一次焚書，當年凡是被判定不符合納粹教義的作品，都會被焚毀。如今，這片地板是一個提醒——提醒我們莫忘當時的瘋狂。

　　這座紀念碑也是一個很強有力的告誡——告誡我們，當真理被逼退並毀滅時，會出現怎樣黑暗的後果。海涅是在希特勒掌權之前

一百多年寫出這句話的，他不可能預見第三帝國的殘暴，也不可能預見他的觀點將被證明極具先見之明。但是，對於那些寧願抹煞真相也不願擁抱真相的人，海涅暗示了他們內心存在根本的黑暗面。

熱愛真理，但要寬恕錯誤

　　世上永遠有一些人，想讓我們更容易被困惑和謊言所影響，但是我們比自己所知道的更有彈性。即便是在假消息以前所未有的速度和廣度傳播的年代，我們分析思考的能力，仍是一把能夠劈分可靠消息與荒謬消息的利刃。情勢可能顯得難以招架，令人忍不住想退縮回冷漠之中。但是冷漠是我們的敵人，我們如果不肯參與，將無法挑戰謊言，我們如果被慣性擊退，也不可能邁向更好的世界。唯有我們願意去質問，去問「為何？」以及「何不？」，方能抵擋那些想要誤導或操縱我們的人。不冷漠、願意去參與、去質問，才是引導我們駛向共同面對的挑戰的有效方案。

　　這些挑戰真的很巨大，從氣候變遷到抗生素抗藥性，到地緣政治不穩定。要對抗、並持續下去，我們需要像科學家一樣思考，先反思，再反應，接受證據、而非受情緒的導引，而且永遠要自我校正。為我們全體更美好的將來而努力，不只需要智慧，也同樣需要勇氣和熱情。因為，雖然我們剛開始可能只是不理性的猿，但是我們天賦的能力卻遠不止於此。

　　我們一定要不畏懼放棄差勁的想法，不畏懼擁抱新想法。我們一定要不只原諒他人的錯誤，也原諒我們自己的錯誤。最後，我們會繁榮還是衰亡，取決於我們選擇從自己的錯誤中學習，還是順從那些錯誤。

誌謝

有價值的事物很少獨立發生。最好的科學是合作產生的，而在很多方面，出書也一樣，唯有在各種領域人才的專業與支持下，才可能完成。

本書提到的故事奠基於諸多科學、醫學、心理學的研究，源自眾多研究人員的努力。我非常感謝這些洞見，但願我能很貼切的傳達這些發現。為了服務有興趣深究的讀者，我斟酌情況，適度加注原始文獻的出處和相關資料（分別是中文版書末的〈延伸閱讀〉和〈補充說明〉）。

在這裡，我要感謝我的經紀人 Patrick Walsh、John Ash、Brian Langan，謝謝他們寶貴的輔導，也要謝謝我的編輯 Ian Marshall，他的專業對於本書製作助益良多。我很感謝 Richard Dawkins 提供很有幫助的評論，以及 Robin Ince 的慷慨協助，尤其特別希望謝謝 Simon Singh，因為要是沒有他的支持，我甚至很不可能會有動力想寫這本書。

我要感謝各媒體的編輯，謝謝他們提供我寫稿和廣播的機會，尤其是《愛爾蘭時報》、《衛報》、《週日商業郵報》以及英國廣播公司。另外我也十分感激「科學見識」，他們很早就發覺我有惹麻煩上身的傾向，而他們的認可，也說服我繼續倡導科學，即便身處逆境。因為，逆境往往正是這種倡導最被需要的時刻。

　　過去這些年來，我有幸擁有絕佳的學術支持，以及傑出的同僚和非凡的導師。我尤其想對 Enda McGlynn、David Basanta 及 Mike Partridge 致上深刻的謝忱——謝謝他們在我年輕時，就給我機會，不只塑造了我的專業生涯，也塑造了我對科學家如何貢獻世界的觀點。另外，我還要謝謝我曾任職的學府——牛津大學、貝爾法斯特女王大學、以及都柏林城市大學，謝謝它們提供的美好研究機會，以及在我的研究成為箭靶時，做我的後盾。

　　我很幸運擁有一群兼具科學頭腦與科學精神的好友和同事，他們成為我的支援網絡，他們的支持是無價之寶：在此要感謝 Robert O'Connor、Anthony Warner、Susan Mitchell、Dorothy Bishop、Ciara Kelly、Daniela Robles、Eileen O'Sullivan、Donal Brennan、Chris French、Michael Marshall、David Colquhoun、David Gorski，以及還有許多因為篇幅或是我思慮欠周而沒能提到的人。

　　然而，始終支持著我，雕塑我的想法、並原諒我的錯誤與藉口的，是我最親近的人。雖然要致意的人太多了，這裡寫不下，但我尤其需要感謝 Mathide Hernu，還有 Danny Murray、Laura Brennan 和 Graham Keatley，對你們的感激超過我所能表達。

　　最後，但也是最重要的，我的一切都要歸功於我的家庭：我的好兄弟 Stephen，以及我的雙親 Patricia 和 Brendan。他們塑造了今日的我。沒有他們，這本書將不會存在。

補充說明

第 1 章　陰謀論

1. 福慕最後被回復名譽，重新穿上教皇法衣埋葬，然而他的磨難仍未結束。幾年後，殘忍輕浮的教皇思齊三世（Sergius III）推翻了這項赦免。據說為了保險起見，他甚至將已故的福慕給斬首了。真相是否如此，很難判斷，但即便按照某些中世紀教皇的惡毒標準來論，思齊三世的臭名仍然特別響亮。一名同輩曾描述他是「一個卑鄙之徒，理該受絞刑和火刑。」

2. 也有其他類型的推理，最重要的是歸納推理（inductive reasoning），前提只是提供結論很強的證據，而不是絕對的證明。陳述是機率性的，而非確定性的。在本章裡，我們將主要關注演繹推理（deductive reasoning），但是其他類型的推理也同樣適用。

3. 這不只是邏輯錯誤。研究一再顯示，陰謀論一直是極左與極右團體的主要產物，它們與信徒的意識型態密切相關。它們的心理層面，我們在稍後的篇章會探討。

第 2 章　網路暴民

4. 哈代有一次吹噓說他的研究完全不能實際應用，對此他沒來由的感到自豪。但好笑的是，他的數論（number theory）研究，如今成為我們資訊年代深深倚重的密碼學的中心。辛格（Simon Singh）在《碼書：編碼與解碼的戰爭》（The Code Book）中，有精妙的探討。

5. 統計學家史蒂格勒（Stephen Stigler）提出的「史蒂格勒名字由來法則」（Stigler's Law of Eponymy）宣稱，沒有科學發現按照原有發現者來命名。畢達哥拉斯定理就是一個著名的例子，因為古巴比倫和埃及人早就熟知該定理了。史蒂格勒還很開心，把自己發現的法則歸功於社會學家莫頓（Robert K. Merton），以確保這項主張的一致性。數學定理有好多都是張冠李戴、功勞歸屬錯誤的，其中很多都被歷史學家波耶（Carl Boyer）記

錄下來，這也使得數學家肯尼迪（Hubert Kennedy）建立了一個「波耶法則」（Boyer's Law）：數學公式和定理通常都不是按照原始發現者來命名。肯尼迪挖苦道，波耶法則「倒是一個很罕見的名實相符的法則。」此一主張無疑會讓許多希臘哲學家不得安眠。

6. 艾迪夫人（Mary Baker Eddy）是基督教科學教派的創始人，在1908年創立了《基督教科學箴言報》。

7. 這並不是一個修辭用法；無窮有好幾種類型。自然數（1, 2, 3, ……）是最小的一種無窮，叫做「可數的無窮」（countable infinity）。實數（包含無理數）是更大的無窮，超過可數與不可數的無窮。這已經超出本書討論的範圍了，但它是一個很有趣的想法，值得思索。無窮是完全違反直覺的。數學家把最小的無窮種類稱作阿列夫數（Aleph number）；它具有諸多怪異特性，其中一項是阿列夫數加上或減去任何有限數之後，仍舊等於阿列夫數。這樣的設定引發了一個蹩腳的集合論冷笑話：「牆上有阿列夫數瓶啤酒；拿一瓶下來，傳給大家，牆上還有阿列夫數瓶啤酒！」看來，數論學家的集合與喜劇演員的集合之間，很少有交集。

8. 稍後我們會看到，危言聳聽如何灌輸，讓大家相信電磁波過敏症。

9. 在本書撰寫之際，同樣的套路又再重演，這回是反對5G科技，而5G其實也是非游離輻射。

10. 這令人想起薛丁格貓的悖論，現代物理學最被誤解的臆想實驗。為了說明量子世界的怪異性，薛丁格做了一個比喻：假設有隻貓和某樣放射性物質一同裝進一個箱子，那麼牠將有50/50的機會被殺死。如果這隻貓是真正的量子力學實體，牠在被觀測之前，將會處於「同時既是活的、又是死的」疊加狀態，直到被觀測後，該狀態才會崩陷成其中某一種狀態。薛丁格企圖用這種方式來說明，在巨觀尺度下的量子世界有多麼奇異。可惜他的這項企圖仍然受到誤解。澄清一下，薛丁格從未提出那隻形上學的殭屍貓是量子力學的結果。

11. 正如你可能也猜到了，「否定前提推得肯定結論」此種謬誤的相反為：「肯定前提推得否定結論」（negative conclusion from affirmative premises），

也就是從兩個肯定前提，推出一個否定結論。這個當然也是錯的，舉個例子：「要不是你對，就是我對 → 因為我對 → 所以，你是錯的。」

12. 想感受一下此舉對震央人物造成的傷害，朗森（Jon Ronson）所寫的《鄉民公審》（*So You've Been Publicly Shamed*）保證讓你大開眼界。

第 3 章　彩虹騙術

13. 滔滔不絕稱頌靈藥的假觀眾，稱為「托兒」（shill）。在蛇油的案例，這個名詞真是用得太貼切了。

14. 如果這些藥沒有效，為何還有這麼大的吸引力？部分答案在於「均值迴歸」（regression towards the mean，見第 14 章），還有我們天生容易被預期心理影響，這些我們稍後都會討論。就鐵路工人的例子來說，別無選擇可能也是一個重要因素。

15. 有一群被誤導的、以及不誠實的人士，會利用這種基本的恐懼來牟利。我們在接下來的章節將會看到。

第 4 章　魔鬼藏在細節裡

16. 鮑林九十三歲過世，但是他的高壽與維生素 C 沒有什麼關係；良好的保健之道與幸運的遺傳是比較可能的因素。說句題外話，2016 年我在牛津大學沃弗森學院的晚宴上，遇到病理學家艾波斯坦（Michael Epstein）爵士。他當時已經九十五高齡，但是頭腦和身體都好得不得了。席間有人詢問他健康和長壽的原因是什麼，他微笑答道：「祕訣是選對父母。」

17. 從反面角度來看，我們是否能聲稱科學本身也是訴諸權威呢？這一點我們稍後會看到，答案是否定的，雖說我們也會看到有時候個別科學家利用大眾的信賴，來推動虛假信息。

第 5 章　無火生煙，無風起浪

18. 第一次世界大戰期間，詩人士兵薩松（Siegfried Sassoon）譴責道：「大部分後方的人，用無情的自滿來看待極度的痛苦，那些痛苦是他們不曾體會過的，也是他們的想像力不足以理解的。」薩松指的是大眾對他們

看不到的屠殺的盲目冷漠。但是每當我遇到那些輕視疫苗的人，往往會想起薩松的這段話。

19. 反疫苗人士的心理特質，包括推理缺陷，倚賴軼事勝過數據，以及在思考模式上的認知複雜度很低。陰謀論思維很流行，所有批評都被嘲弄為某個邪惡的利益團體的代理人。

20. 這是一個典型的「虛假平衡」案例，這個議題我們將會在第五部討論到。

21. 值得注意的是，至少剛開始，韋克菲爾德的怒火集中在MMR疫苗，他倡導單一劑量的疫苗，而他也偷偷申請該疫苗的專利。也因此，有些記者不相信韋克菲爾德反對疫苗。但這是誤導，因為它起源於一則反疫苗的謬傳，所謂「疫苗過量」會損害到兒童，即便在當時就已經知道這是假信息。另外，也值得注意的是，反疫苗活動份子通常避免自稱反對疫苗，而是喜歡用委婉的「贊成安全疫苗」。但這只是文字遊戲——如果有人一再放大「贊成安全疫苗」的說法，但同時完全忽視大量疫苗安全和有效的證據，那麼這人的行為很難稱得上是誠實的。如果你只會質疑科學證據，但卻對任何老舊傳聞照單全收，那麼你顯然是在弄虛作假。一個人到底是不是反對疫苗（或主張種族主義、或厭惡女性），要看這人的行為而定，在這方面，自我認定其實沒什麼相干。韋克菲爾德的反對MMR疫苗立場，成為一種外表很體面的輸送工具，用來裝運陳腐的反疫苗胡扯。不令人意外，他後來徹底放棄任何偽裝，直白就是反對疫苗。

22. 金納（Edward Jenner）在1796年發明最早的疫苗接種。

第 6 章　野獸的天性

23. 拉塞福（Adam Rutherford）的著作《每個人的短歷史：人類基因的故事》（*A Brief History of Everyone Who Ever Lived*）提出深刻的見解，關於我們共有的人類傳承。

24. 需要澄清一點：雖然智商測驗可能遭到濫用，但它們仍舊是很重要的工具，能夠做出有用的測量。里奇（Stuart Ritchie）所寫的《智商：影響一切》（*Intelligence: All That Matters*）是一本很好的入門書。

25. 可不要和「蘇格蘭真男人」（True Scotsman）搞混了，這個名詞是指「穿著傳統蘇格蘭短裙，且短裙下沒穿內褲」的男人。這其實是標準的軍隊制服，英文詞彙going regimental或是going commando，通常用來委婉指稱「不穿內褲」，所以最好別把「沒有真正的蘇格蘭人」與「蘇格蘭真男人」這兩種概念弄混了。

第7章　攻擊稻草人

26. 如今在牛津自然史博物館外，靠近科學圖書館的地方，還立了一面匾額，紀念當年這場惡名昭彰的辯論。自然史博物館裡還有另一座人類學的皮特里弗斯博物館（Pitt-Rivers Museum），兩者合起來成為我最鍾愛的牛津展覽空間，它和當年在大廳中怒吼的人物一樣古怪迷人，典藏品包羅萬象，從恐龍化石到乾癟的頭顱，應有盡有。

27. 道金斯令我想起像這樣的不公平批評，曾被達爾文同輩的才子迪斯雷利拿來用過，他說：「人到底是猿還是天使？天哪，我選天使。」

28. 本書撰寫時，〈癌症療法（廣告）法案2018〉正在愛爾蘭眾議院審理中。

29. 學究的警告：「乞題」在這裡被列為邏輯謬誤。但是這個名詞經常誤用於指稱「提出問題」。前後文往往可以釐清它的意思，但我個人還是很討厭這一點。

第8章　賓拉登既生且死

30. 悲慘的是，李森科的許多信念都被中國採用了，因此也使得本書〈前言〉提到的中國大饑荒更加嚴重。

31. 說來奇怪，能夠批評李森科、但卻不會遭殃的科學家，好像只有物理學家。歷史學家朱特（Tony Judt）評論道：「很重要的是，史達林不會去動他的核物理學家，而且對他們的結論從來就是言聽計從。史達林可能很瘋狂，但是他可不笨。」

32. 參議員殷荷菲以2015年的一場發作著稱，當時他帶了一顆雪球進國會，堅稱這顆雪球證明了全球暖化是一場計謀。即便以氣候變遷否定者的輕率標準來看，這都可以算是一個特蠢的論證了。

33. 這一切又因化石燃料遊說團體混淆該議題的馬基維利主義（亦即「政治無道德」的現實主義）的做法，而更加惡化。我們在第15章將會討論到。

34. 有很好的心理學證據顯示，「接受陰謀論」與「需要控制」有很強的關聯。另外，還有「自我內驅力」（ego-drive）的因素，相信陰謀論的人自認消息比同儕更為靈通。

第9章　記憶中的記憶

35. 有一點很重要，需要提一下，撒旦教並未進行任何虐待，拉維的撒旦教甚至不相信宗教裡的魔鬼。相反的，該教的重點在於個人主義，它的名稱源自希伯來文，意思是「對抗者」。

36. 後來發現，這源自一則加州遊樂場的罵人的話：「你說什麼，你就是什麼！你是一個裸體電影明星！」——它完全沒有任何噁心的起源。

37. 很重要的，假記憶並不一定有欺騙的意圖。羅芙特斯曾經講述一段她本人的假記憶經驗：她還是青少年的時候，母親溺水身亡。多年後，一名親戚告訴她，當時是她發現屍體的，而這引發她產生一系列痛苦的回憶場景。好在羅芙特斯不久之後，確定自己並沒有發現母親的屍體，而她的親戚也發覺是自己弄錯了。也因此，羅芙特斯的那些記憶場景其實是假的，由此可以證明暗示的威力有多強大。

第10章　潛意識裡的幽靈

38. 身為重搖滾樂迷，我在青少年時期花了不知多少時間聆聽反轉錄音檔，想要捕捉這些所謂的隱密訊息。結果當然只是胡扯。在網路還沒有普及的年代，我們必須自己找點樂子。

39. 為博因頓（Janyce Boynton）說句公道話，她之後否認了促進性溝通的效益，改為接受科學的證據和發現。

第11章　虛幻優越感

40. 有一句話經常和巴南扯在一起，那就是「每分鐘都有一個傻子誕生」，但其實沒有證據顯示他說過這句話。不過，巴南喜歡欺騙觀眾倒是出了名

的。我最喜歡的一則趣聞，是關於他如何解決顧客在展覽場逗留不去的問題，據說他立起一面牌子，上面寫著「此路通往egress」（egress是一個冷僻的字，意思是出口）。興奮的觀眾因為不懂egress是什麼意思，馬上衝過去。結果發覺自己來到了會場外。更氣人的是，如果他們想重回展覽場，巴南命令手下要再收一次入場費。

41. 即便活在前科學時代，帕雷仍採用某種科學方法來評估各種療法，施行以證據為基礎的醫學。他發明了外科手術器械，而且還大大提升了戰地醫術。當時的戰地醫術非常落後，往往無力回天，導致士兵會將重傷的同僚安樂死。1536年，帕雷在米蘭的戰場上，遇到兩名被砲火嚴重燒傷的士兵。當帕雷承認他無能為力之後，他們的一位同袍就抽出匕首，將兩名傷兵的喉嚨割斷了。帕雷大驚失色，譴責這名士兵，但後者平靜回答說，若是自己處在那樣的情況下，也希望有同樣的結局。

42. 不管怎樣，電磁輻射源是以球形向四面八方放射的，其放射強度與距離的平方成反比——距離源頭兩公尺遠的放射強度，只有距離一公尺遠的四方之一；若是距離三公尺遠，強度更是只有九分之一了。這個物理定律意味著，電磁輻射源的強度會隨著距離的增加，而迅速遞減。Wi-Fi的涵蓋範圍也是如此。

第 12 章　生死機遇

43. 順便提一下，莎凡後來與本書第2章提過的賈維克結婚了。

44. 不過，硬幣正面朝上連續出現二十次的機率為1/1048576，所以我們若遇到這種情況，詢問一下該硬幣是否公平，也算是合理的疑問。

第 13 章　篩檢訊號

45. 儘管這純屬蓄意惡搞，但是在海盜問題猖獗的國家，諸如索馬利亞，二氧化碳排放量通常都比富裕國家低。背後的原因比較可能在於貧窮和工業不發達。但是我倒是很樂意以此為藉口，像十六世紀的海盜那樣四處遊蕩。

46. 關於水質的重要觀察：沒有把握，就喝啤酒吧。

47. 機械土耳其人是一臺建於1770年的機器，表面看起來會下棋。在將近八十四年期間，它打敗過許多名人，從拿破崙到富蘭克林。但是它其實是一個精心設計的騙局，機器裡面藏著一名實際下棋的人。在很多時候，隱藏的下棋者包括世界上最厲害的大師。

48. 有關Theranos故事的電影版權已經售出了。

第14章　分母是什麼？

49. 高達可（Ben Goldacre）所寫的《不良製藥》（*Bad Pharma*）就是在探討藥廠的作為與試驗報告。

50. 具有物理學背景的喜劇演員奧布萊恩（Dara O'Briain）對於順勢療法，有過一句妙語：「順勢療法的一大優點在於你不可能過量，呃，但你有可能他媽的被淹死。」

51. 有扎實證據顯示，安慰劑效應其實相當小，而「均值迴歸」能夠解釋大部分假干預所回報的效益。

52. 由於本章已經太過技術性了，我有點玩弄P值的概念，在此將它定義為一般性檢定，以判定某項結果是否值得更進一步的探討。

第15章　虛假平衡

53. 川普也是聲量最大的歐巴馬出生地質疑者，關於這群人，本書前幾章有提過。

54. 在2017年，韋克菲爾德原本要在倫敦攝政大學，接受某個順勢療法協會頒發的獎項，同時還要放映他的電影，而我們對此提出抗議。《每日電訊報》要求我評論此事，我很坦白直言虛假平衡這個議題，我說：「韋克菲爾德是一個早就被駁倒的恐懼販子，他企圖把自己描繪成像伽利略那樣的人物，是全然自戀和不誠實。不論是出於疏忽還是蓄意，提供韋克菲爾德一個關於疫苗的平臺，都將是嚴重的錯誤，因為我們至今仍在承受他的謊言對公眾健康造成的傷害。不只他的說法缺乏證據，而且這些說法已經被堆積如山的科學證據給推翻了。當證據完全指向某一方，根本

不需辯論，然而（該大學）接待這樣一位惡名昭彰的人士，卻會給人一種感覺，認為韋克菲爾德的主張或許也有道理。但事實上，完全沒有道理。」韋克菲爾德的電影後來被取消放映了。

55. 操縱公眾輿論來發動一場造成數千名無辜者喪生的戰爭，仍不能令偉達公關公司滿足，他們還將同樣的技巧用來達成另一些讓人驚嘆的目標，諸如代表山達基教會、以及協助迫害人權的國家改善名聲。同時，他們還幫忙第13章提到的Theranos公司進行損害控制。當然，偉達只是一家公關公司，世上還有許多像它一樣的公司，擅長利用我們提過的諸多謬誤，以便在大眾心中植入與事實不符的信息；這原本可能挺好笑的，如果不是我們被它們牽著鼻子走的話。

第16章　回聲室裡的傳聞

56. 這個雙關語不是故意的，但我選擇把它保留下來。

第17章　憤怒販賣機

57. 全美步槍協會的這項說法，幾乎可以斷定是不正確的。至目前為止的證據強烈顯示，「能夠取得武器」確實會大大增加武器被用於邪惡目的之風險，而且會令民眾整體來說更不安全。這對於世上大部分國家來說，早就不是新聞，而且在這些國家「武器取得」都是受管制的。然而不知為何，在美國要實施這種管制，仍然具有爭議性。

58. 這種把荒謬指控或狂野揣測，塑造成「只是提問」（Just Asking Questions）的戰術，是如此普遍的惡意伎倆，它甚至擁有專屬的名稱縮寫：JAQing off。

59. 雖然俄國在這個領域明顯領先全球，其他國家當然也有涉獵。2000年，《紐約時報》聲稱中情局曾將虛構故事植入新聞報紙，企圖影響伊朗的政局。另外，在1986年雷根政府時期，美國曾經用假消息來暗中顛覆利比亞領導人格達費，結果卻導致國務院發言人卡爾布（Bernard Kalb）在抗議這種手段的聲浪中，提出辭呈。

第 18 章　弱智媒體

60. 史威茲本人對蛇油的態度是零容忍。他在過世前接受的一段訪談中，表示對那些推銷給他的胡扯，非常反感：「如果真有什麼人被治癒了，就像這麼多人對我信誓旦旦保證的，那表示你一定有兩樣東西：你很有錢，而且很有名。否則，就閉嘴吧。」我們都應該為史威茲喝采。

61. 一般對於乳癌和疾病的錯誤想法，吉格倫澤（Gerd Gigerenzer）在傑出的著作《*Reckoning with Risk : Learning to Live With Uncertainty*》中，有詳盡的解說。

62. 雖然排毒飲食是沒用的，但是切勿把它們與螫合療法（chelation therapy）的排毒給搞混了，後者是用來治療暴露在過量有毒金屬下的病人。在螫合療法中，螫合劑將會與有毒金屬結合，以減輕該金屬對病人的傷害。這種治療應該不會和口語的排毒混淆，但是看起來凱蒂・佩芮實在很不像會重金屬中毒的人。

第 19 章　科學是什麼

63. 我曾經計算過，哪怕只想含有 1 個活性成分的分子，30C 稀釋液將需要一整個「克萊里昂行星」的水量，而且該行星的質量必須是太陽的一萬五千倍，體積必須是太陽的二十八倍。

64. 既然地球上所有的水都屬於一個密閉系統，而其中每一個水分子無疑都曾經看過許多排泄物。或許我們真應該感謝老天爺，還好這些水得了失憶症。

65. 順帶提一句，前文提過蘭迪每年都會頒發「飛豬獎」給厲害的騙子。這個獎項第一次頒發時，叫做「尤里獎」（Uri trophy），是以蓋勒的名字 Uri 來命名。

66. 稱亥姆霍茲為飽學之士，其實太過含蓄了。就物理學領域，亥姆霍茲在能量守恆、電動力學、熱力學方面，都做過先驅研究。就醫學領域，亥姆霍茲促進了聽覺與視覺的神經生理學和心理感知領域的進展。此外，

亥姆霍茲還寫了大量科學哲學以及社會評論的著作。有些人的存在，似乎就是為了讓我們這些芸芸眾生看起來像是差等生。

67. 這方面的證據現在已經多得數不清了，但是佩里1895年發表的論文還是沒有受到應有的激賞。晚近到1960年代，都還有把地球視為固態球體的地球物理模型。經常有人說，克耳文是因為不知道放射性，才會否決佩里的地球年齡估計值。其實並非如此。雖然這一點會令克耳文嚴重低估太陽的年齡，但這也不適用他對地球年齡的估算。就算克耳文把來自放射衰變的熱量考量進來，他的估計結果也幾乎不會改變。還是一樣，佩里在這方面的貢獻，理應獲得更大的榮耀，超過歷史書籍所給予他的。

68. 某些主張「年輕地球創造論」的人聲稱，克耳文也是他們的同夥。他們完全誤會了。首先，克耳文質疑的是演化的時間架構，並非演化的原理。第二，克耳文提出地球年齡超過二千萬年，而非區區幾千年。另外，克耳文也反對太陽的化學模型，因為那樣一來，只能容許一個太過年輕的地球（大約僅一萬年）。

69. 在科學哲學中，這被認為是一個劃定界線的問題。對很多科學家來說，這類令人畏懼的論證既累人，用處又很小。據稱費曼曾經說過，「科學哲學對科學家的用處，就好比鳥類學對鳥類的用處。」然而，不管個性有多莽撞，費曼一定會第一個贊成區分科學與非科學是重要的任務。

70. 哲學概念一向是有爭議的，波普爾的想法自不例外。有很多典籍在討論關於劃定界線的問題，但是論點往往很快就變鈍了。這些我就不多談論，留給有興趣的讀者自己去深究吧。

第 20 章　披著科學的外衣

71. 你們大概不會訝異，臭名在外的摩卡拉偽科學王國，堅定支持此一迷思，他們說：「阿巴斯甜是市面上最毒的食品添加物。」

72. 我曾與幾名煽動反對飲水加氟的政客談過話，因為我很困惑，他們手上都有愛爾蘭氟化物與健康委員會提供的詳盡資料（該委員會的設立正是

為了回應大約十年前又出現的反對飲水加氟恐慌），足以推翻那些迷思，他們為何還會受騙，因為「無能」這個解釋是有限度的。我懷疑，大部分支持該法案的政客只是想從抗議運動中攫取政治資本。他們寧願犧牲公眾健康來這樣做，充分說明了他們最看重的是什麼了。

73. 菲利普親王被拉抬到天神的地位，對許多熟悉他的人來說，其實挺好笑的，因為菲利普親王常常形容自己是個「壞脾氣的老混蛋」，開口噴出的言論經常會被認為魯莽、無心的幽默或充滿種族主義偏見 —— 有時以上皆是。

第 21 章　秉持科學的懷疑精神

74. 自然健康聯盟（Alliance for Natural Health）曾經刊登專文，想要中傷我，其中包括一句描述：「他很年輕，他很潮，他留酷炫的髮型。」我猜他們的用意是嘲笑我。但是坦白說，這正是我想印在名片上的標語。

75. 摩卡拉的網站獲得的流量遠高於可靠的科學網站，例如美國國家癌症研究所。

76. 我在研究陰謀論時，曾經想探查藥廠與科學家合謀掩飾癌症療法的可行性。正如你們可能料到的，數學模型顯示，就算所有參與者全都毫無道德，整個操作還是會迅速露出馬腳。

77. 不論藥廠有哪些罪過，壽命和生活品質的進步，至少有很大部分要歸功於製藥公司投下巨資所做的研究。研究並發明新藥是極端昂貴的，而藥廠獲得的利潤有很大部分都投入了研發。這當然不能成為藥廠犯錯的藉口，但是這讓藥廠的面貌更為複雜了，絕對不只是鬧劇中典型的惡棍而已。

78. 「核」這個字眼因為太具有負面聯想，以致被拔掉了原本在「核磁共振造影」（nuclear magnetic resonance imaging, NMRI）字頭的位置，以免病人擔憂。如今都以「磁振造影」（magnetic resonance imaging, MRI）來稱呼這種醫學造影技術和檢查。

後記　我們是感情的動物

79. 有人可能會認為這是一個「逆火效應」（backfire effect）的範例，意思是指非理性信仰在面對相反的數據時，反而變得更加堅定。逆火效應的證據基礎很繁雜，但我們預期當時至少有一些很像是起因於動機推理。華萊士自己也曾突然轉性，因大力反對疫苗而名聲受損。這證明了，一個人在某個領域表現傑出，不見得就代表這人能克服自己的意識型態盲點。

80. 人類乳突病毒的第六類型和十一類型也會導致生殖器疣，而HPV疫苗也能預防它們。

81. 譬如說，鋁中毒一再被提起。這個早就被推翻的說法，在韋克菲爾德那場災難（見第101頁）中，又再度興起，他們一口咬定，某些疫苗裡採用的極少量鋁會造成自閉症。姑且不說自閉症並非後天染上的疾病，就這種邏輯來說，等於是在暗示人們每次打開一個罐頭，都會變得神經異常。更荒謬的是，MMR疫苗甚至沒有用到鋁。

82. 其中一名創辦成員，很自豪的吹噓說她家五個孩子都沒有接種，然後指點「受到疫苗傷害」的女孩去接受她丈夫的順勢療法治療。

83. 與Wi-Fi引發的恐慌很像，反安慰劑效應在此似乎也扮演了一個角色，尤其是對容易受影響的青少年。

84. 就在我寫到這一部分的時候，布倫萳過世的事剛發生不久，傷痛還很深。喜愛布倫萳的人都深受打擊，包括我在內。但是，一想到多虧有她的無私，很多人將不用再承受她曾經受過的苦，而我們也可以不用再感到如此難過，就覺得稍堪安慰。

85. 《牛津英文辭典》對「假行家」（ultracrepidarian）的定義是：「對其知識或專業範圍之外的事物發表意見的人」。如果有正式的命名活動的話，我倒是想建議用「推特人」（a twitter）來代表「假行家」。

延伸閱讀

前言　從荒謬到殘酷

H. Rosling, *Factfulness*, Flammarion (2019).

U. Eco, 'Eternal fascism', *New York Review of Books* 22 (1995).

S. Wineburg et al, 'Evaluating information: The cornerstone of civic online reasoning', Stanford Digital Repository (2016).

M. Gabielkov et al, 'Social clicks: What and who gets read on Twitter?', *ACM SIGMETRICS Performance Evaluation Review* 44, no.1 (2016): 179–92.

W. Hofmann et al, 'Morality in everyday life', *Science* 345, no.6202 (2014): 1340–3.

W. J. Brady et al, 'Emotion shapes the diffusion of moralized content in social networks', *Proceedings of the National Academy of Sciences* 114, no.28 (2017): 7313–18.

S. Vosoughi, D. Roy, S. Aral, 'The spread of true and false news online', *Science* 359, no.6380 (2018): 1146–51.

Office of the Director of National Intelligence, 'Assessing Russian activities and intentions in recent US elections', Unclassified Version (2017).

C. Paul, M. Matthews, 'The Russian "firehose of falsehood" propaganda model', Rand Corporation (2016): 2–7.

L. Hasher, D. Goldstein, T. Toppino, 'Frequency and the conference of referential validity', *Journal of Verbal Learning and Verbal Behavior* 16, no.1 (1977): 107–12.

T. Goertzel, 'Belief in conspiracy theories', *Political Psychology* (1994): 731–42.

K. E. Stanovich, 'Dysrationalia: A new specific learning disability', *Journal of Learning Disabilities* 26, no.8 (1993): 501–15.

C. K. Morewedge et al, 'Debiasing decisions: Improved decision making with a single training intervention', *Policy Insights from the Behavioral and Brain Sciences* 2, no.1 (2015): 129–40.

第 1 章　陰謀論

R. E. Nesbitt, L. Ross, *Human Inference: 0Strategies and Shortcomings of Social Judgement*, Eaglewood Cliffs, NJ; Prentice Hall (1980).

FEMA 403, 'World Trade Center Building Performance Study', Federal Emergency Management Agency (2002).

K. D. Thompson, 'Final Reports from the NIST World Trade Center Disaster Investigation' (2011).

J. McCain, *Debunking 9/11 myths: Why conspiracy theories can't stand up to the facts*, Sterling Publishing Company, Inc. (2006).

T. Goertzel, 'The Conspiracy meme', *Skeptical Inquirer*, 35(1) (2011).

D. R. Grimes, 'On the viability of conspiratorial beliefs', *PloS one* 11.1 (2016): e0147905.

第 2 章　網路暴民

G. H. Hardy, *A mathematician's apology*, Cambridge University Press (1992).

S. Singh, *The code book: the evolution of secrecy from Mary, Queen of Scots, to quantum cryptography*, Doubleday (1999).

B. Russell, *History of western philosophy: Collectors edition*, Routledge (2013).

The World Health Organisation, 'Electromagnetic fields and public health: mobile phones' (2014).

INTERPHONE Study Group, 'Brain tumour risk in relation to mobile telephone use: results of the INTERPHONE international case-control study', *International Journal of Epidemiology* 39.3 (2010): 675–94.

P. Frei et al, 'Use of mobile phones and risk of brain tumours: update of Danish cohort study', *British Medical Journal* 343 (2011): d6387.

J. Schuz et al, 'Cellular phones, cordless phones, and the risks of glioma and meningioma (Interphone Study Group, Germany)', *American Journal of Epidemiology* 163.6 (2006): 512–20.

D. R. Grimes, D. V. M. Bishop, 'Distinguishing polemic from commentary in science: Some guidelines illustrated with the case of Sage and Burgio (2017)', *Child development* 89.1 (2018): 141–7.

J. Ronson, *So you've been publicly shamed*, Riverhead Books (2016).

第 3 章　彩虹騙術

J. A. Greene, '"For Me There Is No Substitute": Authenticity, Uniqueness, and the Lessons of Lipitor', *American Medical Association Journal of Ethics,* 12.10 (2010): 818–23.

United States Bureau of Chemistry, Service and Regulatory Announcements, Issues 21–30 (1917).

R. Wiseman, D. West, 'An experimental test of psychic detection', *The Police Journal* 70.1 (1997): 19–25.

D. Druckman, J. A. Swets, *Enhancing human performance: Issues, theories, and techniques*, National Academies Press, 1988.

第 4 章　魔鬼藏在細節裡

F. C. Bing, 'The book forum', *Journal of the American Medical Association* (1971).

H. Hemila et al, 'Vitamin C for preventing and treating the common cold', *Cochrane Database of Systematic Reviews* (2013).

D. J. A. Jenkins et al, 'Supplemental Vitamins and Minerals for CVD Prevention and Treatment', *Journal of the American College of Cardiology* 71(22) (2018).

J. W. Wheeler-Bennett, 'Ludendorff: The Soldier and the Politician', *The Virginia Quarterly Review* 14 (2): 187–202 (1938).

第 5 章　無火生煙，無風起浪

B. F. Skinner, 'Superstition in the pigeon', *Journal of Experimental Psychology* 38, (1948) 168–172.

B. Goldacre, *Bad Science*, London: Fourth Estate (2008).

B. Deer, 'How the case against the MMR vaccine was fixed', *British Medical Journal* 342 (2011).

F. Godlee, J. Smith, 'Wakefield's article linking MMR vaccine and autism was fraudulent', *British Medical Journal* 342 (2011).

F. E. Andre et al, 'Vaccination greatly reduces disease, disability, death and inequality worldwide', Bulletin of World Health Organization 86: 140–6 (2008).

D. Kahneman, *Thinking, fast and slow*, New York: Farrar, Straus and Giroux (2011).

第 6 章　野獸的天性

University of Virginia Center for Politics, Reuters/Ipsos/UVA Center for Politics Race Poll (2017).

D. Canning, S. Raja, A. S. Yazbeck, 'Africa's demographic transition: dividend or disaster?', The World Bank (2015).

A. Rutherford, *A Brief History of Everyone Who Ever Lived: The Stories in Our Genes*, Weidenfeld & Nicolson (2016).

T. C. Daley et al, 'IQ on the rise: The Flynn effect in rural Kenyan children', *Psychological Science* 14(3), (2003), 215–9.

S. Ritchie, *Intelligence: All that matters*, Hodder & Stoughton (2015).

N. W. Bailey, M. Zuk, 'Same-sex sexual behavior and evolution', *Trends in Ecology & Evolution* 24.8 (2009): 439–46.

G. Galilei, 'Dialogue Concerning the Two Chief World Systems' (1632).

第 7 章　攻擊稻草人

C. Darwin, *On the Origin of Species* (1859).

National Academies of Sciences, Engineering, and Medicine, 'The health effects of cannabis and cannabinoids: The current state of evidence and recommendations for research', National Academies Press (2017).

Joint Committee on Health, 'Report on Scrutiny of the Cannabis for Medicinal Use Regulation Bill 2016', Houses of the Oireachtas (2017).

第 8 章　賓拉登既生且死

G. Beale, 'The cult of T. D. Lysenko: thirty appalling years', *Science Journal* (1969).

L. Festinger, *When Prophecy Fails: A Social and Psychological Study of a Modern Group That Predicted the Destruction of the World*, Harper-Torchbooks (1956).

M. R. Allen et al, 'IPCC fifth assessment synthesis report-climate change 2014 synthesis report' (2014).

P. Diethelm, M. McKee, 'Denialism: what is it and how should scientists respond?', *European Journal of Public Health* 19.1 (2009): 2–4.

S. Weart, 'Global warming: How skepticism became denial', *Bulletin of the Atomic Scientists* 67.1 (2011): 41–50.

S. Lewandowsky, K. Oberauer, G. E. Gignac. 'NASA faked the moon landing – therefore, (climate) science is a hoax: An anatomy of the motivated rejection of science', *Psychological Science* 24.5 (2013): 622–33.

D. R. Grimes, 'Denying climate change isn't scepticism – it's "motivated reasoning" ', *The Guardian* (2014).

D. M. Kahan et al, 'Motivated numeracy and enlightened self-government', *Behavioural Public Policy* 1.1 (2017): 54–86.

第 9 章　記憶中的記憶

National Research Council, 'Identifying the culprit: Assessing eyewitness identification', National Academies Press (2015).

O. Sacks, 'Speak, Memory', *New York Review of Books* (2013).

E. F. Loftus, J.E. Pickrell, 'The formation of false memories', *Psychiatric Annals* 25.12 (1995): 720–5.

E. F. Loftus, 'Planting misinformation in the human mind: A 30-year investigation of the malleability of memory', *Learning & Memory* 12.4 (2005): 361–6.

N. Schreiber et al, 'Suggestive interviewing in the McMartin Preschool and Kelly Michaels daycare abuse cases: A case study', *Social Influence* 1.1 (2006): 16–47.

第 10 章　潛意識裡的幽靈

T. E. Moore, 'Scientific Consensus and Expert Testimony: Lessons from the Judas Priest Trial', *Skeptical Inquirer*, 20(6) 1996.

O. Blanke et al, 'Neurological and robot-controlled induction of an apparition', *Current Biology* 24.22 (2014): 2681–6.

J. A. Cheyne et al, 'Hypnagogic and hypnopompic hallucinations during sleep paralysis: neurological and cultural construction of the night-mare', *Consciousness and Cognition* 8.3 (1999): 319–337.

M. E. Chevreul, 'De la baguette divinatoire: du pendule dit explorateur et des tables tournantes, au point de vue de l'histoire de la critique et de la methode experimentale', Mallet-Bachelier (1854).

C. A. Mercier, 'Automatic Writing', *British Medical Journal* (1894): 198-9.

M. P. Mostert, 'An activist approach to debunking FC', *Research and Practice for Persons with Severe Disabilities* (2014): 203–10.

D. L. Wheeler et al, 'An experimental assessment of facilitated communication', *Mental Retardation* 31.1 (1993): 49.

M. P. Mostert, 'Facilitated communication and its legitimacy – Twenty-first century developments', *Exceptionality* 18.1 (2010): 31–41.

第 11 章　虛幻優越感

B. R. Forer, 'The fallacy of personal validation: a classroom demonstration of gullibility', *The Journal of Abnormal and Social Psychology* 44.1 (1949): 118.

S. Carlson, 'A Double-blind test of astrology', *Nature* 318, (1985), 419–25.

D. J. Pittenger, 'Measuring the MB TI … and coming up short', *Journal of Career Planning and Employment* 54.1 (1993): 48–52.

G. Montgomery, I. Kirsch, 'Mechanisms of placebo pain reduction: an empirical investigation', *Psychological Science* 7.3 (1996): 174–176.

E. Ernst, 'The attitude against immunisation within some branches of complementary medicine', *European Journal of Pediatrics* 156.7 (1997): 513–5.

G. J. Rubin, R. Nieto-Hernandez, S. Wessely, 'Idiopathic environmental intolerance attributed to electromagnetic fields (formerly "electromagnetic hypersensitivity"): An updated systematic review of provocation studies', *Bioelectromagnetics* 31(1) (2010).

The World Health Organization, 'Electromagnetic fields and public health – Electromagnetic hypersensitivity', (2005).

M. Lamberg, H. Hausen, T. Vartiainen, 'Symptoms experienced during periods of actual and supposed water fluoridation', *Community Dentistry and Oral Epidemiology*, 25.4 (1997): 291–5.

J. Kruger, D. Dunning, 'Unskilled and unaware of it: how difficulties in recognizing one's own incompetence lead to inflated self-assessments', *Journal of Personality and Social Psychology*, 77(6) (1999).

第 12 章　生死機遇

S. Selvin, 'A Problem in Probability (Letter to the Editor)', The American Statistician 29 (1): 67, (1975).

W. T. Herbranson, J. Schroeder, 'Are Birds Smarter Than Mathematicians? Pigeons (Columba livia) Perform Optimally on a Version of the Monty Hall Dilemma', *Journal of Comparative Psychology* 124(1) (2010).

G. Gigerenzer, *Reckoning with risk: learning to live with uncertainty*, Penguin UK (2003).

Royal Statistical Society, 'Royal Statistical Society concerned by issues raised in Sally Clark case' (2001).

Royal Statistical Society, 'Letter from the President to the Lord Chancellor regarding the use of statistical evidence in court cases' (2002).

S. J. Watkins, 'Conviction by mathematical error?: Doctors and lawyers should get probability theory right', *British Medical Journal* (2000): 2–3.

第 13 章　篩檢訊號

P. J. Bickel, E. A. Hammel, J. W. O'Connell. 'Sex bias in graduate admissions: Data from Berkeley', *Science*, 187.4175 (1975): 398–404.

D. R. Appleton, J. M. French, M. P. J. Vanderpump, 'Ignoring a covariate: An example of Simpson's paradox', *The American Statistician*, 50.4 (1996): 340–1.

T. Vigen – *Spurious Correlations*, Hachette Books (2015).

J. P. A. Ioannidis, 'Stealth research: is biomedical innovation happening outside the peer-reviewed literature?', *Journal of the American Medical Association* 313.7 (2015): 663–4.

E. P. Diamandis, 'Theranos phenomenon: promises and fallacies', *Clinical Chemistry and Laboratory Medicine*, 53(7) (2015): 989–93.

第 14 章　分母是什麼？

E. Yong, 'Beefing With the World Health Organization's Cancer Warnings', *The Atlantic* (2015).

J. P. A. Ioannidis, 'Why most published research findings are false', *PLoS medicine*, 2.8 (2005): e124.

D. Colquhoun, 'An investigation of the false discovery rate and the misinterpretation of p-values', *Royal Society open science*, 1.3 (2014): 140216.

D. R. Grimes, C. T. Bauch, J. P. A. Ioannidis, 'Modelling science trustworthiness under publish or perish pressure', *Royal Society open science*, 5.1 (2018): 171511.

第 15 章　虛假平衡

P. Krugman, 'The Falsity of False Equivalence', *New York Times* (2016).

D. R. Grimes, 'Impartial journalism is laudable. But false balance is dangerous', *The Guardian* (2016).

D. Michaels, M. Jones, 'Doubt is their product', *Scientific American*, 292.6 (2005): 96–101.

M. T. Boykoff, J. M. Boykoff, 'Balance as bias: global warming and the US prestige press', *Global Environmental Change*, 14.2 (2004): 125–136.

British Broadcasting Corporation, 'Trust Conclusions on the Executive Report on Science Impartiality Review Actions' (2014).

M. Bruggemann, S. Engesser, 'Beyond false balance: how interpretive journalism shapes media coverage of climate change', *Global Environmental Change*, 42 (2017): 58–67.

第 16 章　回聲室裡的傳聞

E. Bakshy, S. Messing, L. A. Adamic, 'Exposure to ideologically diverse news and opinion on Facebook', *Science* 348.6239 (2015): 1130–2.

M. Del Vicarioet et al, 'The spreading of misinformation online', Proceedings of the National Academy of Sciences, 113(3): 554–9, (2016).

M. Van Alstyne, E. Brynjolfsson, 'Electronic Communities: Global Villages or Cyberbalkanization?', ICIS 1996 Proceedings (1996): 5.

R. Gandour, 'Study: Decline of traditional media feeds polarization', *Columbia Journalism Review* (2016).

J. Maddox, 'Has Duesberg a right of reply?', *Nature*, 363.6425 (1993): 109.

第 17 章　憤怒販賣機

E. Williamson, 'Truth in a Post-Truth Era: Sandy Hook Families Sue Alex Jones, Conspiracy Theorist', *New York Times* (2018).

C. Silverman, 'This Is How Your Hyperpartisan Political News Gets Made', Buzzfeed (2017).

D. R. Grimes, 'Russian fake news is not new: Soviet Aids propaganda cost countless lives', *The Guardian* (2017).

C. Andrew, *The sword and the shield: The Mitrokhin archive and the secret history of the KGB*, Hachette UK (2000).

United States Department of State, 'Soviet Influence Activities: A Report on Active Measures and Propaganda, 1986-87' (1987).

第 18 章　弱智媒體

B. Donelly, N. Toscano, *The Woman Who Fooled The World: Belle Gibson's cancer con, and the darkness at the heart of the wellness industry*, Scribe US (2018).

D. R. Grimes, 'Beware the snake-oil merchants of alternative medicine – your life could depend on it', *Irish Times* (2018).

L. Lancucki et al, 'The impact of Jade Goody's diagnosis and death on the NHS Cervical Screening Programme', *Journal of Medical Screening*, 19.2 (2012): 89–93.

P. Cocozza, 'Whatever happened to the Jade Goody effect?', *The Guardian* (2018).

S. Chapman et al, 'Impact of news of celebrity illness on breast cancer screening: Kylie Minogue's breast cancer diagnosis', *Medical Journal of Australia*, 183.5 (2005): 247-250.

D. Gorski, 'The Oprah-fication of medicine', *Science-Based Medicine* (2009).

C. Korownyk et al, 'Televised medical talk shows – what they recommend and the evidence to support their recommendations: a prospective observational study', *British Medical Journal*, 349 (2014): g7346.

J. Gunter, *The Vagina Bible: The Vulva and the Vagina: Separating the Myth from the Medicine*, Citadel (2019).

G. Pennycook et al, 'On the reception and detection of pseudo-profound bullshit', *Judgment and Decision Making* (2015).

第 19 章　科學是什麼

D. R. Grimes, 'Proposed mechanisms for homeopathy are physically impossible', *Focus on Alternative and Complementary Therapies*, 17.3 (2012): 149–55.

J. Maddox, J. Randi, W.W. Stewart, '"High-dilution" experiments a delusion', *Nature* 334.6180 (1988): 287.

C. Sagan, *The demon-haunted world: Science as a candle in the dark*, Random House (1995).

P. C. England, P. Molnar, F. M. Richter, 'Kelvin, Perry and the age of the earth', *American Scientist*, 95.4 (2007): 342–9.

K. Popper, 'The Logic of Scientific Discovery' (1959).

第 20 章　披著科學的外衣

R. P. Feynman, 'Cargo Cult Science', California Institute of Technology commencement address (1974).

The Irish Expert Body on Fluorides and Health, 'Appraisal of Human toxicity, environmental impact and legal implications of water fluoridation' (2012).

National Research Council, 'Strengthening forensic science in the United States: a path forward', National Academies Press (2009).

Federal Bureau of Investigation, 'FBI Testimony on Microscopic Hair Analysis Contained Errors in at Least 90 Percent of Cases in Ongoing Review' (2015).

第 21 章　秉持科學的懷疑精神

J. E. Oliver, T. Wood, 'Medical conspiracy theories and health behaviors in the United States', *JAMA internal medicine*, 174.5 (2014): 817–8.

D. R. Grimes, 'Six stubborn myths about cancer', *The Guardian* (2013).

S. B. Johnson et al, 'Complementary medicine, refusal of conventional cancer therapy, and survival among patients with curable cancers', *JAMA oncology*, 4.10 (2018): 1375–81.

United Nations Scientific Committee on the Effects of Atomic Radiation, '"UNS CEAR 2008 report Vol. II." Effects of ionizing radiation. Annex D: Health effects due to radiation from the Chernobyl accident', United Nations, New York (2011).

The World Health Organization, 'Health effects of the Chernobyl accident: an overview', (2006).

D. R. Grimes, 'Why it's time to dispel the myths about nuclear power', *The Guardian* (2016).

V. Swami et al, 'Analytic thinking reduces belief in conspiracy theories', *Cognition*, 133.3 (2014): 572–85.

後記　我們是感情的動物

B. Nyhan et al, 'Effective messages in vaccine promotion: a randomized trial', *Pediatrics*, 133.4 (2014): e835–e842.

D. Jolley, K. M. Douglas, 'The effects of anti-vaccine conspiracy theories on vaccination intentions', *PloS one*, 9.2 (2014): e89177.

G. Prue et al, 'Access to HPV vaccination for boys in the United Kingdom', *Medicine Access@ Point of Care*, 2 (2018): 2399202618799691.

B. Corcoran, A. Clarke, T. Barrett, 'Rapid response to HPV vaccination crisis in Ireland', *The Lancet* 391.10135 (2018): 2103.

D. R. Grimes, 'Anti-HPV vaccine myths have fatal consequences', *Irish Times* (2017).

S. Mitchell, 'RE GRE T's regrettable behaviour', *Sunday Business Post* (2017).

R. Imhoff, P. K. Lamberty, 'Too special to be duped: Need for uniqueness motivates conspiracy beliefs', *European Journal of Social Psychology*, 47.6 (2017): 724–34.

D. Crotty, 'The Guardian Reveals an Important Truth About Article Comments', *The Scholarly Kitchen* (2013).

K. Popper, *The Open Society and Its Enemies, Volume 1, The Spell of Plato*, Routledge, United Kingdom (1945).

科學文化 195

反智
不願說理的人是偏執，不會說理的人是愚蠢，不敢說理的人是奴隸

The Irrational Ape:
Why Flawed Logic Puts us all at Risk
and How Critical Thinking Can Save the World

原著 —— 古倫姆斯（David Robert Grimes）
譯者 —— 楊玉齡
科學文化叢書策劃群 —— 林和（總策劃）、牟中原、李國偉、周成功

總編輯 —— 吳佩穎
編輯顧問暨責任編輯 —— 林榮崧
封面設計暨美術編輯 —— 江儀玲

出版者 —— 遠見天下文化出版股份有限公司
創辦人 —— 高希均、王力行
遠見・天下文化 事業群榮譽董事長 —— 高希均
遠見・天下文化 事業群董事長 —— 王力行
天下文化社長 —— 林天來
國際事務開發部兼版權中心總監 —— 潘欣
法律顧問 —— 理律法律事務所陳長文律師
著作權顧問 —— 魏啟翔律師
社址 —— 台北市 104 松江路 93 巷 1 號 2 樓
讀者服務專線 —— 02-2662-0012 ｜ 傳真 —— 02-2662-0007, 02-2662-0009
電子郵件信箱 —— cwpc@cwgv.com.tw
直接郵撥帳號 —— 1326703-6 號 遠見天下文化出版股份有限公司
排版廠 —— 極翔企業有限公司
製版廠 —— 東豪印刷事業有限公司
印刷廠 —— 祥峰印刷事業有限公司
裝訂廠 —— 精益裝訂股份有限公司
登記證 —— 局版台業字第 2517 號
總經銷 —— 大和書報圖書股份有限公司 電話／ 02-8990-2588
出版日期 —— 2020 年 07 月 30 日第一版第 1 次印行
　　　　　2024 年 01 月 29 日第一版第 21 次印行

國家圖書館出版品預行編目 (CIP) 資料

反智 : 不願説理的人是偏執, 不會説理的人
是愚蠢, 不敢説理的人是奴隸 / 古倫姆斯
(David Robert Grimes) 著 ; 楊玉齡譯 . -- 第
一版 . -- 臺北市 : 遠見天下文化, 2020.07
　面 ; 　公分 . -- (科學文化 ; 195)
譯 自 : The irrational ape : why flawed logic
puts us all at risk and how critical thinking
can save the world
ISBN 978-986-5535-42-1 (精裝)

1. 思考　2. 推理
176.4　　　　　　　　　　109010380

定價 —— NT600 元
書號 —— BCS195
ISBN —— 978-986-5535-42-1
天下文化官網 —— bookzone.cwgv.com.tw

天下文化
BELIEVE IN READING